Sammlung

Erwin Grochla

Einführung in die Organisationstheorie

C. E. Poeschel Verlag Stuttgart

Grochla, Erwin:
Einführung in die Organisationstheorie / Erwin Grochla. – Stuttgart : Poeschel, 1978.
(Sammlung Poeschel ; P 93)
ISBN 3-7910-9103-4

Satz: Bauer & Bökeler KG, Denkendorf
Druck: Gulde-Druck, Tübingen
Printed in Germany

Vorwort

Gemessen an der langen Geschichte zielgerichteter, regelnder menschlicher Handlungen und deren Ergebnis, die wir als Organisieren bzw. Organisation bezeichnen, ist die wissenschaftliche Auseinandersetzung mit diesem Gebiet noch relativ jung. Aber es handelt sich um ein Wissensgebiet, das sich seit einigen Jahren durch ein außergewöhnliches Wachstum auszeichnet. Als ich 1960 an der Wirtschaftshochschule Mannheim und 1961 an der Universität zu Köln die ersten deutschen speziellen Lehrstühle für Betriebswirtschaftliche Organisationslehre aufbaute, gab es nur wenige deutschsprachige Wissenschaftler, die sich dem Organisationsgebiet widmeten. Inzwischen ist die Zahl der Lehrstühle und Professuren an wissenschaftlichen Hochschulen im deutschsprachigen Raum, die sich speziell mit Organisationsproblemen befassen, auf ca. 40 angewachsen. Darüber hinaus dürften nach meinen Informationen allein in der Bundesrepublik Deutschland mindestens 60 Fachhochschullehrer das Fach Organisation vertreten. Eine Umfrage im Rahmen der vor drei Jahren von mir gegründeten wissenschaftlichen Kommission »Organisation« im »Verband der Hochschullehrer für Betriebswirtschaft« ergab, daß an der Arbeit dieser Kommission über 100 Wissenschaftler interessiert sind. Hinzu kommt die große Zahl Organisationswissenschaftler aus anderen Disziplinen, wie von der Soziologie, Psychologie, Systemtheorie und Kybernetik. Nicht zuletzt sei das Wachsen des Organisationswissens in den Unternehmungen und anderen Institutionen erwähnt, das nicht nur eine Herausforderung an die Organisationstheorie, sondern auch zunehmend eine Voraussetzung für empirische Untersuchungen und damit eine Grundlage für eine Ausweitung der Organisationstheorie ist.

Es erschien mir daher sinnvoll, der Anregung des Poeschel Verlages zu folgen, für die gleichfalls wachsende Zahl von Studierenden der Organisationslehre und theoretisch interessierten Praktikern eine Einführung zu schreiben, die dem Leser sowohl einen Einblick in die Grundproblematik der Organisationstheorie als auch einen Überblick über die Vielfalt bisher vorliegender Lösungsansätze bietet. Dabei konnte ich mich auf meine Vorlesungen sowie auf Publikationen stützen, in denen ich mich um eine Erfassung und Integration der verschiedenen Forschungsversuche und -ergebnisse und damit um eine breite Fundierung der betriebswirtschaftlichen Organisationstheorie bemüht habe. Wesentliche Publikationsetappen auf diesem Weg sind der Beitrag »Organisationstheorie« im Handwörterbuch der Organisation (1969), das Buch »Unternehmungsorganisation« (1972) und der zweibändige Reader »Organisationstheorie« (1975 u. 1976). Diesem Reader soll die vorliegende Einführung in die Organisationstheorie zur Seite gestellt werden; beide können sich nunmehr gegenseitig ergänzen. Über Zweck und Lehrziel des Buches informieren die anschließenden einleitenden Anmerkungen.

Da diese Schrift das Ergebnis einer langjährigen kontinuierlichen Arbeit an meinem Seminar ist, haben mehrere Mitarbeiter bei Literaturanalysen mitgewirkt, wofür ich ihnen hiermit herzlich danke. Ganz besonderer Dank gilt Herrn Dipl.-Kfm. Michael Wollnik sowie auch den Herren Dipl.-Kfm. Manfred Vahle und Dipl.-Kfm. Klaus-Dieter Fessmann, die mich bei der Vorbereitung und Redaktion mit großem Engagement unterstützt haben. Dank sei auch den Herren Dr. Helmut Lehmann, Dr. Robert Fieten, Dr. Norbert Thom und Dr. Martin K. Welge für wertvolle Kritik und Anregung gesagt. Nicht zuletzt danke ich Frau Lucia Garben für die Übernahme der mühevollen Schreibarbeit. Ich hoffe, daß diese Schrift ein kleiner Schritt auf dem Weg zu einer integrierten praxeologischen Organisationstheorie ist.

Köln, im Juni 1978 **Erwin Grochla**

Gliederung

Vorwort

Einleitende Anmerkungen zum Zweck und zum Lehrziel des Buches 1

1. Die Objekte der Organisationstheorie 8

1.1 Das sozio-technische System als Ausgangspunkt zur Identifizierung organisationstheoretischer Objekte . . 8
1.2 Die Grundfunktion der Organisation im Rahmen sozio-technischer Systeme 12
1.3 Festlegung der Objekte der Organisationstheorie . . . 16

2. Dimensionen der Organisation 30

2.1 Arbeitsteilung und Koordination als organisatorische Grunddimensionen und Konfiguration als abgeleitete Dimension 31
2.2 Merkmale der Arbeitsteilung (Spezialisierung) 32
2.3 Merkmale der Koordination 36
2.3.1 Kompetenzverteilung 37
2.3.2 Festlegung von Aufgabenerfüllungsprozessen (Formalisierung) 41
2.4 Merkmale der Konfiguration 48

3. Anliegen der Organisationstheorie sowie entsprechende Ziele, Stufen und Strategien der Organisationsforschung 53

3.1 Die Unterstützung der organisatorischen Gestaltung als Anliegen der Organisationstheorie 53
3.2 Leitvorstellungen und Ziele der Organisationsforschung 58
3.2.1 Methodologische Grundlagen der Organisationsforschung 59
3.2.2 Gedankliche Bezugsrahmen als Leitvorstellungen der Organisationsforschung 61
3.2.3 Ziele der Organisationsforschung 66
3.3 Stufen und Strategien der Organisationsforschung . . 67
3.3.1 Stufen der Theorieentwicklung 68
3.3.2 Die sachlich-analytische Strategie 72
3.3.3 Die empirische Strategie 78
3.3.4 Die formal-analytische Strategie 85

3.4 Die Zusammenführung der Strategien in praxeologischen Aussagen 93
3.5 Interdependenzen zwischen den Forschungsstufen und zwischen den Forschungsstrategien 97

4. Gliederung und Darstellung organisationstheoretischer Ansätze 101
4.1 Gliederungsvorschläge in der Literatur 101
4.2 Die Gliederung organisationstheoretischer Ansätze auf der Grundlage des Komponentenschemas sozio-technischer Systeme 105
4.3 Darstellung ausgewählter Beiträge im Rahmen der organisationstheoretischen Ansätze 112
4.3.1 Betriebswirtschaftlich-pragmatische Ansätze 112
4.3.2 Verhaltenstheoretisch orientierte Ansätze 130
4.3.2.1 Beiträge zum strukturbezogenen Verhalten sozio-technischer Systeme 130
4.3.2.2 Beiträge zum Individual- und Gruppenverhalten . . 144
4.3.3 Entscheidungsorientierte Ansätze 165
4.3.3.1 Entscheidungslogisch orientierte Beiträge 166
4.3.3.2 Entscheidungsverhaltens-orientierte Beiträge . . . 181
4.3.4 Informationssystem-orientierte Ansätze 192
4.3.5 Systemtheoretisch-kybernetisch orientierte Ansätze 203

5. Perspektiven einer sachlichen und methodischen Integration in der Organisationstheorie 220
5.1 Gründe für die Forderung nach Integration 220
5.2 Vorschläge für eine sachliche und methodische Integration in der Organisationstheorie 225
5.2.1 Sachliche Integration 227
5.2.2 Methodische Integration 230

6. Möglichkeiten eines Beitrages der Organisationstheorie zur organisatorischen Gestaltungspraxis . 235

Abkürzungsverzeichnis 243
Literaturverzeichnis 244
Personenregister 261
Sachregister 264
Angaben zum Autor 271

Einleitende Anmerkungen zum Zweck und zum Lehrziel des Buches

Das *Gebiet der Organisationstheorie* läßt sich heute weniger denn je in kurzer Form umreißen. Die Forschungsbemühungen auf dem organisationstheoretischen Feld sind in den letzten 25 Jahren rapide angewachsen und haben sich in so unterschiedliche Richtungen entwickelt, daß ein einigermaßen vollständiger Überblick kaum noch möglich erscheint. Um so wichtiger ist daher ein Leitfaden, der dem Studenten und dem um Fortbildung bemühten Praktiker den Zugang zur Organisationstheorie erleichtert und ein besseres Zurechtfinden in diesem oft schwer verständlichen Gebiet ermöglicht. Ein solcher Leitfaden soll die vorliegende »Einführung in die Organisationstheorie« sein.

Da die Möglichkeiten eines allgemeinen, einführenden Lehrbuches zwangsläufig begrenzt sind, orientiert sich der Aufbau an einigen speziellen *Lernzielen*. Diese Einführung kann und soll in erster Linie:

- *Wissen* vermitteln und mitteilbar machen, indem Begriffe festgelegt, Methoden vorgestellt und der Stand der Forschung im Hinblick auf die Entwicklung einer integrierten Organisationstheorie dokumentiert wird,
- ein *kritisches Verständnis* inhaltlicher Aussagen fördern, indem Probleme aufgezeigt und Ansätze zu ihrer Lösung diskutiert werden,
- den Leser zu einem *begründeten Urteil* darüber befähigen, inwieweit gewählte Forschungskonzeptionen und -methoden zweckmäßig sowie logische Schlußfolgerungen zulässig sind,
- durch die Gesamtheit dieser Punkte die Voraussetzungen für die *Anwendung* des erworbenen Wissens bei eigener wissenschaftlicher sowie praktischer Betätigung schaffen.

Dies geschieht mit einer *vorwiegend betriebswirtschaftlich orientierten Betrachtungsweise,* d.h. organisationstheoretische Fragestellungen werden im wesentlichen auf der Basis einer einzelwirtschaftlichen Sichtweise behandelt.

Wenn hier auch grundsätzlich von der Organisationstheorie gesprochen wird, so darf das nicht darüber hinwegtäuschen, daß es im Grunde »*die* Organisationstheorie« noch nicht gibt. Es existiert zwar eine Vielzahl von theoretischen Ansätzen, die zur Organisationstheorie gerechnet werden, jedoch nicht ohne weiteres ein *einheitliches Erkenntnisinteresse* deutlich machen. So gibt es in der Forschungspraxis eine Reihe von Forschungsansätzen, in denen, abhängig von dem betrachteten Forschungsgegenstand und den angewandten Methoden, durch einzelne Personen Gemeinsamkeiten zu erkennen sind, die mit dem Prädikat »organisationstheoretisch« belegt werden können. Da aber verschiedene Personen oft unterschiedliche Betrachtungsweisen einnehmen, kommen sie auch zu abweichenden Vorstellungen über das, was sie als organisationstheoretisch bezeichnen wollen. Für jeden auf klare Orientierung bedachten Wissenschaftler stellen der unscharfe Umriß und die mangelnde objektive Identifizierbarkeit der Organisationstheorie ein ernst zu nehmendes Problem dar. Tröstlich ist dabei nur die Tatsache, daß diese Problematik in keiner Weise eine Besonderheit der Organisationstheorie ist, sondern in vielen anderen Wissenschaftsbereichen in ähnlicher Weise auftritt. Dies gilt insbesondere für solche Wissenschaften, die sich mit individuellen und kollektiven Handlungszusammenhängen beschäftigen und zu ihrer Erfassung subjektiv beeinflußte theoretische Konstrukte benötigen.

Die Organisationstheorie ist darüber hinaus keine traditionelle Grunddisziplin, wie z.B. die Physik, Biologie, Psychologie und auch die Wirtschaftswissenschaften, sondern eher ein *Konglomerat von Forschungsansätzen*, da zur Bewältigung der in der Organisationstheorie behandelten Probleme in besonderem Maße die Erkenntnisse anderer Disziplinen herangezogen werden. Dieser Typ von Wissenschaft ist interdisziplinär orientiert und unterscheidet sich somit von den traditionellen Disziplinen. Allerdings ist eine solche Kennzeichnung umstritten, zumal sich die Grunddisziplinen selbst in einem Prozeß der permanenten Veränderung ihres Inhaltes befinden.

Organisationstheoretische Überlegungen sind heute eine wichtige Komponente zahlreicher Forschungsthemen mehrerer Disziplinen und vieler Studiengänge. Insbesondere in der Betriebswirtschaftslehre hat das organisationstheoretische Denken in zunehmendem Maße Eingang gefunden, was sich auch in dem stetigen Anwachsen betriebswirtschaftlicher Lehrstühle und Lehrbereiche mit spezieller Ausrichtung auf organisatorische Fragen äußert.

In dieser Situation soll das vorliegende Buch eine *Orientierungsgrundlage* vor allem für Studenten der Betriebswirtschaftslehre an Universitäten und Fachhochschulen und für wissenschaftlich interessierte Praktiker sein. Um die Erreichung der zuvor skizzierten Lernziele zu erleichtern und um gleichzeitig das Problem des unscharfen Umrisses und der mangelnden Identifizierbarkeit der Organisationstheorie zu lösen, wird dabei eine Perspektive zugrunde gelegt, von der aus bestimmte Forschungs- und Lehrinhalte zweckmäßig interpretiert werden können. Zwangsläufig gilt aber das oben Gesagte auch für dieses Buch: Es handelt sich um ein ganz bestimmtes Interpretationsschema, das im Hinblick auf ein bestimmtes Verständnis organisationstheoretischer Ansätze so konstruiert wurde.

Das Buch versteht sich schließlich auch als Anregung für organisationstheoretisch interessierte Wissenschaftler, sich mit der hier aufgezeigten Perspektive auseinanderzusetzen, in ihren Forschungsbemühungen einen *methodischen Pluralismus* zu fördern und eine *integrative Orientierung* sowohl in sachlicher als auch methodischer Hinsicht zu entwickeln. In diesem Sinne kann es der zukünftigen organisationstheoretischen Forschung dienen.

Der gedankliche Rahmen, der dem Buch zugrunde liegt, läßt sich folgendermaßen skizzieren:

- Zur Klärung dessen, was in der Organisationstheorie behandelt wird bzw. was behandelt werden sollte, wird zunächst das *Konzept des sozio-technischen Systems* vorgestellt sowie die *Grundfunktion der Organisation* in solchen Systemen bestimmt. Aufgrund dieser Vorarbeiten werden anschließend die *Objekte der Organisationstheorie* festgelegt und näher erläutert (Kapitel 1).
- In Kapitel 2 wird ausgeführt, was man sich inhaltlich konkret unter Organisation bzw. unter organisatorischen Regeln vorstellen kann. Zu diesem Zweck wird einmal der *Organisationsbegriff durch eine dimensionale Sichtweise ergänzt* und weiterhin einige Merkmale bzw. *Dimensionen der Organisation* vorgestellt, mit deren Hilfe Art und Ausmaß organisatorischer Regeln detaillierter erfaßt werden können.

  Die Bestimmung der Grundfunktion der Organisation in sozio-technischen Systemen und die Präzisierung des Begriffes »Organisation« sind grundlegende Voraussetzungen für die Interpretation bestehender Ansätze und das Aufdecken ihrer Gemeinsamkeiten.
- Im folgenden 3. Kapitel werden das *Anliegen der Organisationstheorie sowie die sich hieraus ergebenden Ziele, Stufen und Strategien (Methoden) der Organisationsforschung* skizziert.
- Kapitel 4 geht ausführlich auf Inhalte vorliegender organisationstheoretischer Ansätze ein. Dabei wird zunächst im Hinblick auf die inhaltliche Darstellung eine auf der Konzeption des sozio-technischen Systems beruhende *Gliederungssystematik organisationstheoretischer Ansätze* entwickelt. In jeder mit Hilfe dieser Systematik identifizierten Gruppe von Beiträgen werden dann neben einem kurzgefaßten Überblick *ausgewählte Beiträge von Organisationstheoretikern* behandelt.

- Die in den Kapiteln 3. und 4. festgestellten methodischen und inhaltlichen Unterschiede organisationstheoretischer Beiträge zeigen eine Problematik auf, die in die Forderung nach einer stärkeren *sachlichen und methodischen Integration in der Organisationstheorie* einmündet: Im Kapitel 5. wird daher aufgezeigt, welche Vorstellungen und Instrumente der Organisationsforschung einen Beitrag zu einer integrativen Sichtweise leisten können.
- Abschließend werden die Möglichkeiten der *Unterstützung des praktischen organisatorischen Handelns*, d. h. der organisatorischen Gestaltung, durch organisationstheoretische Erkenntnisse erläutert (Kapitel 6.).

Diese einzelnen Schritte des Textes lassen sich anhand der Abb. 1 veranschaulichen.

Ausgehend von diesem Aufbau des Buches seien hier noch einige Vorschläge unterbreitet, wie der Leser mit dem nachfolgenden Text arbeiten kann.

Der Titel des Bandes weist bereits auf seinen Charakter als »Einführung« hin. Das Buch ist also in erster Linie für Leser gedacht, die sich bisher nur wenig oder gar nicht mit der Organisationstheorie beschäftigt haben. Für diese Zielgruppe sind daher die grundlegenden Kapitel 1. und 2. sowie Kapitel 4. besonders wichtig. Dabei ist es für die Erreichung der zuvor skizzierten Lernziele erforderlich, daß der Lernende den Inhalt dieser Einführung kritisch reflektiert und als Anregung für die eigene wissenschaftliche Arbeit begreift. Auch in diesem Sinne soll der Charakter dieses Buches als Orientierungsrahmen verstanden werden.

Darüber hinaus sei das Kapitel 3. insbesondere solchen Studenten empfohlen, die sich während ihres Studiums mit Organisationsproblemen verstärkt auseinandersetzen wollen. Weiterhin können Studierende, die eine wissenschaftliche Arbeit aus dem Themenbereich »Organisation« in Angriff nehmen wollen oder die eine entsprechende methodologische Veranstaltung besuchen, einige Anregungen aus diesem Kapitel erfahren. Dies gilt in gleicher Weise für die Kapitel 5. und 6.

Das Kapitel 4. enthält nach den vorbereitenden Punkten 4.1 und 4.2 im wesentlichen die systematische Darstellung ausgewählter organisationstheoretischer Beiträge einer größeren Zahl von Wissenschaftlern und gibt damit den Studenten einen breiten Überblick über den ideengeschichtlichen Zusammenhang und theoretischen Inhalt der Organisationsliteratur, um die teilweise noch bestehende Einseitigkeit des Denkens und Studierens zu überwinden. Diese Ausführungen sollen den Zugang zu der Vielfalt der organisationstheoretischen Schriften erleichtern sowie die grundle-

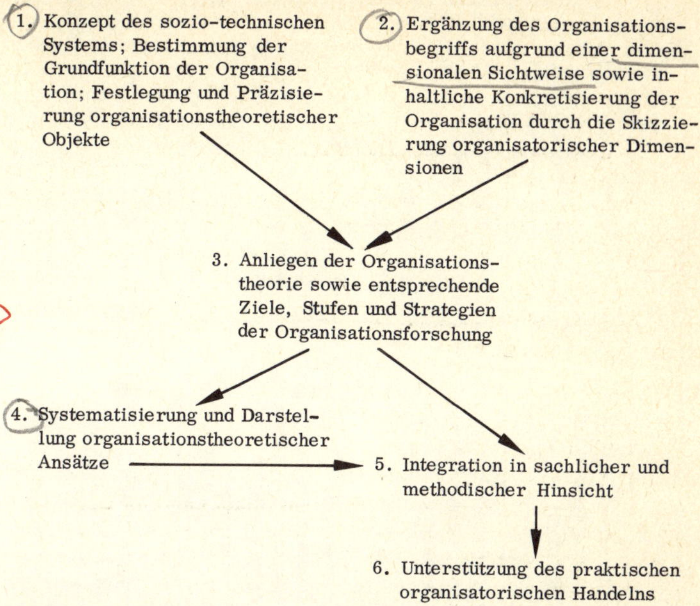

Abb. 1: Aufbau und gedanklicher Rahmen dieser »Einführung«

genden Kapitel 1. und 2. vertiefen und konkretisieren. Dabei sollte der Leser versuchen, die *Bezüge zwischen den Theoriegehalten der einzelnen Ansätze und den Grundlagen der Kapitel 1. und 2. zu reflektieren und zu ergänzen.*

Den Abschluß der Haupt-Kapitel des Buches – bis auf das programmatische Schlußkapitel – bildet stets ein Satz von Fragen, der die wesentlichsten Inhalte der vorangehenden Ausführungen verdeutlicht. Der Studierende sollte nach der Lektüre eines Kapitels diese Fragen, evtl. schriftlich, zu beantworten versuchen. Auf diese Weise kann der Lernfortschritt vom Studierenden selbst kontrolliert werden.

Diese »Einführung in die Organisationstheorie« ergänzt die von mir für das Studium der Betriebswirtschaftlichen Organisationslehre verfaßten, mitverfaßten und herausgegebenen Arbeiten um einen wichtigen theoretischen Grundbaustein und ist zugleich als Begleittext für entsprechende Einführungsveranstaltungen ge-

Organisation			
Theoretische Grundlagen und Materialien	Unternehmungs-organisatorische Konzeptionen	Theorie und Technik der organisatorischen Gestaltung	Organisation und Datenverarbeitung
Einführung in die Organisationstheorie, 1978	Unternehmungsorganisation, 1972 (überarbeitete Fassung in Vorbereitung)	Grundlagen der organisatorischen Gestaltung, 1979	Datenverarbeitung Bd. I, Grundlagen, 1974 und Bd. II, Gestaltung und Anwendung, 1977
Organisationstheorie, Reader 2 Bde., 1975 und 1976	Unternehmungsorganisation, Reader + Abstracts, 1972	Elemente der Organisatorischen Gestaltung, Reader + Abstracts, 1978	Integrierte Gesamtmodelle der Datenverarbeitung, 1974
Handwörterbuch der Organisation (HWO), 1. Aufl. 1969 (2. Aufl. 1979)			

Abb. 2: Unterstützende Lektüre für das Studium der Betriebswirtschaftlichen Organisationslehre

dacht. Ihre Stellung im Rahmen der von mir vorgelegten Lehrbücher und Reader ist der Übersicht (vgl. Abb. 2) zu entnehmen.

Wie aus dieser Zusammenstellung hervorgeht, ist als sinnvolle Ergänzung der vorliegenden Einführung der zweibändige Reader »Organisationstheorie« entwickelt worden. Dieser Reader enthält zur Vertiefung des Stoffes ausgewählte, nach den unterschiedlichen organisationstheoretischen Ansätzen geordnete Originalbeiträge der deutschen und englischsprachigen Literatur (in deutscher Übersetzung).

Ebenfalls der Vertiefung des Wissens dient die im anschließenden Text angegebene Literatur. Interessierte Fachstudenten, insbesondere solche, die eine wissenschaftliche Arbeit (Hausarbeit, Referat, Diplomarbeit) im Fach »Organisationslehre« schreiben, sollten diese Beiträge als Einstieg in die Spezialliteratur studieren. Auch wird empfohlen, zumindest einige grundlegende Werke der in dieser Einführung referierten Literatur einzusehen, um mehr über die Denk- und Schreibweise sowie das Verständnis einzelner Autoren der verschiedenen organisationstheoretischen Richtungen zu erfahren. Schließlich sei auch auf das »Handwörterbuch der Organisation (HWO)« hingewiesen, das als enzyklopädisches Werk in einer großen Reihe von Stichworten eine kurze Auskunft über alle organisatorischen Phänomene und Probleme sowie über die wichtigste Literatur gibt und das der Studierende und der Praktiker daher vor jeder wissenschaftlichen oder konzeptionellen Arbeit unter Benutzung des umfangreichen Sach- und Personenregisters als erste Anregung heranziehen sollten.

1. Die Objekte der Organisationstheorie

In diesem Kapitel wird zunächst das Konzept des sozio-technischen Systems vorgestellt (Punkt 1.1), das als Grundlage für die Betrachtung organisatorischer Probleme verschiedene Funktionen erfüllen kann.

Das sozio-technische System dient durch die Festlegung seiner Elemente und die Identifizierung von »Komponenten« sozio-technischer Systeme als Basis für eine erste Präzisierung und Abgrenzung des Begriffs »Organisation« mit Hilfe ihrer Grundfunktion (Punkt 1.2). Darüber hinaus eignet sich das sozio-technische System in Verbindung mit der Grundfunktion der Organisation zur Identifizierung und Systematisierung von organisatorisch relevanten Tatbeständen bzw. »Objekten der Organisationstheorie« (Punkt 1.3). Schließlich dient das Konzept des sozio-technischen Systems im 4. Kapitel dieser Einführung als Grundlage für eine Gliederung der verschiedenen organisationstheoretischen Ansätze.

1.1 Das sozio-technische System als Ausgangspunkt zur Identifizierung organisationstheoretischer Objekte

Die Menschen verbringen einen großen Teil ihres Lebens in oder in enger Verbindung mit bestimmten *Institutionen:* Kinder gehen in die Schule, Berufstätige arbeiten in Unternehmungen, Behörden, Verbänden etc., Studenten sind in der Universität immatrikuliert, Kranke liegen in Krankenhäusern, viele gehören einem Verein und praktisch alle einem Staat an. Die Tatsache, daß in allen diesen Institutionen jeweils mehrere Menschen zusammengeschlossen sind, erfaßt man in dem Begriff des *sozialen Systems* (vgl. *Irle,* 1963; *Atteslander*, 1969).

Wie in den einleitenden Anmerkungen bereits ausgeführt worden ist, wird in dieser Einführung eine vorwiegend einzelwirtschaftliche Sichtweise eingenommen, d. h., es werden in erster Linie *Betriebe oder Unternehmungen* betrachtet (zur Abgrenzung der Begriffe »Betrieb« und »Unternehmung« vgl. *Grochla*, 1959 (c), 1974). Im Unterschied zu der allgemeineren Betrachtung von sozialen Systemen fällt bei Unternehmungen sofort auf, daß in ihnen nicht nur Menschen, sondern in der Regel auch technische Aggregate bestimmte Leistungen erbringen. Am deutlichsten wird dies natürlich im Produktionsbereich von industriellen Betrieben, aber auch in der Verwaltung werden heute viele Arbeiten durch Maschinen (Büromaschinen, Computer etc.) erledigt (vgl. *Grochla*, 1966, 1972 (a)).

Die Zusammenfassung von Menschen und Maschinen in Unternehmungen wird mit dem Begriff *»sozio-technisches System«* belegt. Solche Systeme lassen sich folgendermaßen charakterisieren:
In sozio-technischen Systemen handeln (bzw. funktionieren)

- in der Regel mehrere *Personen* und *Maschinen* und zwar zur
- Erfüllung bestimmter *Aufgaben*,
- über eine bestimmte *Zeitdauer* und
- unter bestimmten *Verhaltenserwartungen* des Systems an seine Mitglieder.

Wegen der Erfüllung bestimmter Aufgaben kann man sozio-technische Systeme auch als »Arbeitssysteme« oder »Leistungssysteme« bezeichnen und so von anderen Systemtypen abheben.

Die oben angegebene Charakterisierung sozio-technischer Systeme wirft jedoch bei eingehenderer Betrachtung einige Probleme auf.

Die Denkweise der Allgemeinen Systemtheorie hat den Systembegriff stets als »einen Komplex von in Wechselwirkung stehenden Elementen« (*Bertalanffy,* 1949 (a), S. 185 f.; vgl. hierzu auch die Ausführungen auf S. 203 ff. des vorliegenden Buches) definiert. Um ein System beschreiben zu können, müssen demzufolge auch immer seine **Elemente** benannt werden. Es wäre nun recht einfach, gemäß den obigen Ausführungen die Menschen und Maschinen, die in einer Institution Leistungen erbringen, als deren Elemente zu bezeichnen. Diese stark vereinfachende Sichtweise führt jedoch zu einer Reihe von Schwierigkeiten, wenn versucht wird, ein sozio-technisches System abzugrenzen. Zum Beispiel wären dann alle Arbeiter und Angestellten einer Unternehmung Mitglieder des Systems »Unternehmung«; sie würden (mit anderen Personen und Maschinen zusammen) dieses System »ausmachen« – auch dann, wenn sie zu Hause vor dem Fernseher sitzen und sich einen Spielfilm ansehen. Dieses Ergebnis ist aber offensichtlich nicht sehr sinnvoll, denn in der Regel gehören Menschen und oftmals auch Maschinen mehreren Systemen an. Wenn also von Menschen und Maschinen als Elementen eines sozio-technischen Systems gesprochen wird, meint man im Grunde nicht Personen und technische Aggregate in ihrer ganzen

Individualität bzw. Totalität, sondern nur in ihrer Funktion als Leistungsfaktoren. Genau genommen sind also bestimmte Verhaltensweisen mit dem Begriff des sozio-technischen Systems angesprochen, d. h. *personelle Handlungen und maschinelle Operationen*; allerdings nicht nur als jeweils gerade ausgeführte, sondern vor allem als im Prinzip *immer wieder ausführbare Aktivitäten*.

Diesen Überlegungen entsprechend wurde der Begriff des sozialen Systems in der Soziologie bereits frühzeitig, aber auch in neueren Strömungen, als sinnhaft geordnete Menge von Handlungen verwendet (vgl. etwa *Parsons*, 1951; *Luhmann*, 1967, 1968). Diese Begriffsbestimmung, übertragen auf sozio-technische Systeme im hier verstandenen Sinne, bleibt jedoch sehr abstrakt. Um dennoch der vorgebrachten, sicherlich plausiblen Argumentation gerecht zu werden, sollen hier das sozio-technische System und seine Systemelemente folgendermaßen bestimmt werden:

> Ein *sozio-technisches System* ist definiert als eine Menge von in Beziehung stehenden Menschen und Maschinen, die unter bestimmten Bedingungen nach festgelegten Regeln bestimmte Aufgaben erfüllen sollen.

Elemente eines so definierten sozio-technischen Systems sind also Personen und Aggregate nicht in ihrer Totalität, d. h. mit sämtlichen Eigenschaften und Verhaltensweisen auch außerhalb des sozio-technischen Systems, sondern in bezug auf *systembezogene Verhaltensweisen*. Im soziologischen Sinne kann man bei den Personen hier auch von ihren Rollen als Leistungsträger sprechen. In dieser Eigenschaft sollen sie als **Aktionsträger** bezeichnet werden.

> *Elemente* sozio-technischer Systeme sind personelle und maschinelle Aktionsträger.

Die teilweise Zugehörigkeit zu einem sozialen oder sozio-technischen System wird – je nach dem Sinn der Handlungen, die man ausführt – als *Partialinklusion* bezeichnet (vgl. *Luhmann,* 1964; *Allport,* 1933; *Katz/Kahn,* 1966). Sie betrifft in der Regel aber nur Personen als Mitglieder des Systems. Aggregate sind demgegenüber vorwiegend total einbezogen und werden nur in bestimmten Fällen in mehreren Systemen eingesetzt (z. B. Maschinen, die vermietet werden oder der Zentralcomputer eines Computerverbundsystems). Maschinen haben vor allem kein Privatleben, d. h. die Möglichkeiten der Zugehörigkeit zu verschiedenen Systemen sind im Vergleich zum Menschen erheblich begrenzter.

Aus dieser Unterscheidung zwischen Menschen und Maschinen wird deutlich, daß *Aggregate als Leistungsträger eine etwas andere Bedeutung haben als Personen* und nicht in allen Punkten gleich behandelt werden können. Insbesondere ergeben sich bei den Aggregaten keine großen *Verhaltensspielräume*, weswegen sich auch technisch mögliches Leistungssoll und Istleistung, abgesehen von technischen Fehlern, im allgemeinen in Übereinstimmung bringen lassen. Allerdings lösen die wesentlich stärkere Determiniertheit und Steuerungsmöglichkeit maschineller Leistungsträger noch nicht das Problem, sie in möglichst günstiger Weise in die Leistungsprozesse zu integrieren, d. h. sie bestimmten Aufgaben entsprechend zum Einsatz zu bringen.

Die oben angegebene Definition eines sozio-technischen Systems anhand der Elemente des Systems hat zugleich gezeigt, daß für eingehendere Untersuchungen sozio-technischer Systeme nicht nur die genannten Elemente selbst wesentlich sind, da diese bzw. deren Verhalten von verschiedenen Tatbeständen beeinflußt werden. Neben den Elementen sind auch die *Bedingungen* und *Regeln*, unter denen die Aufgaben erfüllt werden, die *Aufgaben* selbst und die *Effizienzkriterien* sowie natürlich auch die *Aufgabenerfüllungsprozesse* und deren Ergebnisse in Form bestimmter *Effizienzgrade* von Bedeutung.

Diese verschiedenen Sachverhalte sollen als **Komponenten** eines sozio-technischen Systems bezeichnet werden. Prinzipiell wäre es möglich, alle genannten Bestandteile oder Komponenten als Systemelemente zu bezeichnen. Damit würden jedoch sehr heterogene Gegenstände als Systemelemente angesprochen, und es ergäbe sich ein sehr uneinheitlicher Elementbegriff. Um dies zu verhindern, pflegt man im allgemeinen nur ganz bestimmte, wesentliche Bestandteile als Systemelemente auszuzeichnen. Die Systemelemente bilden dann nach dieser Auffassung eine Teilmenge der Systemkomponenten. Dies kann auch in folgender Ausdrucksweise erfaßt werden:

Das System wird durch seine Elemente definiert und durch die übrigen Komponenten über diese Definition hinaus konkretisiert.

Die vorgenommene Trennung erleichtert, wie sich später zeigen wird, zugleich eine Klassifizierung der Variablen, die für organisationstheoretische Betrachtungen als relevant angesehen werden (vgl. S. 16ff.). Bevor darauf im Punkt 1.3 näher eingegangen wird, soll zunächst der bei der Definition des sozio-technischen Systems (vgl. S. 10) bereits angedeutete Aspekt »festgelegte Regeln« herausgegriffen und konkretisiert werden.

1.2 Die Grundfunktion der Organisation im Rahmen sozio-technischer Systeme

Innerhalb eines sozio-technischen Systems läßt sich eine Vielzahl von festgelegten Regeln identifizieren, unter denen sich die Aufgabenerfüllung bzw. das gesamte Geschehen des Systems vollzieht. Bei der hier im Vordergrund stehenden organisationstheoretischen Perspektive werden hingegen nur solche »festgelegten Regeln« in die Betrachtung einbezogen, die der *Verhaltens- und Funktionssteuerung der personellen und maschinellen Aktionsträger* in Form von Erwartungen bzw. Anforderungen dienen. Diese festgelegten Regeln werden im weiteren auch als *organisatorische Regeln* bezeichnet. Die *Gesamtheit der organisatorischen Regeln*, die selbst wiederum als ein System, nämlich das System der organisatorischen Regeln innerhalb des Systems »Unternehmung«, aufgefaßt werden kann, wird mit dem Begriff *»Organisation«* belegt.

> Das *System organisatorischer Regeln*, d.h. der personenbezogenen Verhaltensregeln (Verhaltenserwartungen) und der maschinenbezogenen Funktionsregeln (Leistungsanforderungen), wird als Organisation bezeichnet.

Ein so festgelegter Organisationsbegriff wurde bereits relativ früh in der deutschen betriebswirtschaftlichen Organisationslehre vertreten (vgl. *Nordsieck,* 1934), wurde dann von verschiedenen anderen Begriffen abgelöst und setzt sich heute in der organisationstheoretischen Literatur zunehmend wieder durch (vgl. *Grochla,* 1972(a), 1975(b); *Hill/Fehlbaum/Ulrich,* 1974; *Kubicek,* 1975(a)).

Die Organisation ist auf eine möglichst gute Erreichung der Ziele und auf eine Sicherstellung der Stabilität oder Dauerhaftigkeit eines Systems ausgerichtet. Daher wird häufig bei der Kennzeichnung der Organisation im Hinblick auf die durch sie ausgeübte Funktion auf diese Kriterien der *Zielerreichung* und der *Bestandssicherung* Bezug genommen. Im folgenden soll jedoch eine etwas konkretere funktionale Charakterisierung vorgenommen werden, die den Bezug zu den personellen und maschinellen Leistungen von Aktionsträgern stärker betont. Die Ziele oder Zwecke in Institutionen werden nämlich erfüllt und der Bestand wird dadurch gesichert, daß sich die Mitarbeiter entsprechend den Arbeitsanforderungen verhalten und Maschinen ihre spezifischen Funktionen erfüllen.

> Die *Grundfunktion der Organisation* kann als zielgerichtete, dauerhafte Regelung der durch die Aktionsträger bewirkten Aufgabenerfüllungsprozesse gekennzeichnet werden.

Auf die im Vergleich zu personalen Aktionsträgern sehr viel größere Steuerungsmöglichkeit der maschinellen Aktionsträger wurde zuvor schon hingewiesen. Wegen dieser Unterschiedlichkeit lag der Problemschwerpunkt der Organisation bisher in den personellen Verhaltensweisen. Mit steigendem Automatisierungsgrad wird jedoch auch die Integration maschineller Aktionsträger in die Aufgabenerfüllungsprozesse eines Systems zunehmend problematischer, d.h. auch sie muß organisatorisch gelöst werden.

Wie aus den vorangegangenen Ausführungen deutlich wurde, sind die organisatorischen Regeln nur eine von mehreren Komponenten eines sozio-technischen Systems, wobei die Regeln angeben, in welcher Form und in welchem Ausmaß die Verhaltens- bzw. Funktionsweisen der personellen und maschinellen Aktionsträger beeinflußt werden sollen. Dahinter verbirgt sich aber ein ganzer Komplex von Einzelaspekten, die sich in Form einzelner organisatorischer Regeln konkretisieren lassen. Es genügt daher offensichtlich nicht, nur die Gesamtheit an organisatorischen Regeln zu betrachten und global von »Organisation« zu sprechen; aus diesem Grunde wird im 2. Kapitel eine Konkretisierung und Unterscheidung organisatorischer Regeln anhand bestimmter Merkmale (Dimensionen) vorgenommen.

Betrachtet man nämlich ein System organisatorischer Regeln in der Realität, so weist dieses System stets auch ein gewisses Muster oder eine bestimmte Struktur (Organisationsstruktur) auf. In den folgenden Ausführungen wird jedoch zwischen den Begriffen **Organisation** und **Organisationsstruktur** *keine Unterscheidung* vorgenommen, zumal diese auch umgangssprachlich nicht durchsetzbar erscheint. Allerdings wird gesehen, daß bei einer rein analytischen Vorgehensweise zwischen der Gesamtheit organisatorischer Regeln (d.h. der Organisation) und der formalen Ordnung der organisatorischen Regeln (d.h. der Organisationsstruktur) doch ein gewisser Unterschied zu konstatieren ist. Die konkrete Ordnung der organisatorischen Regeln könnte dabei durch die Feststellung der Ausprägung organisatorischer Merkmale erfaßt werden (vgl. hierzu Kap. 2.).

In diesem Zusammenhang muß darauf hingewiesen werden, daß die Organisationsstruktur nur eine, aber nicht die einzige Struktur eines sozio-technischen Systems, etwa einer Unternehmung, darstellt. Daneben unterscheidet man z.B. die Personalstruktur, die Anlagenstruktur, die Kapitalstruktur etc. Alle diese Strukturen geben Verhältnisse bestimmter Tatbestände in einem sozio-technischen System wieder und können daher auch zu den Komponenten sozio-technischer Systeme gezählt werden. Aus organisationstheoretischer Sichtweise gehen sie aber – wie in 1.3 gezeigt wird – in die Bedingungen als eine der Komponenten sozio-technischer Systeme ein.

Neben dem formalen, d.h. bewußt gestalteten System organisatorischer Regeln (formale Organisation) gibt es in der Realität immer auch gewisse nicht bewußt gestaltete Interaktionen und Verhaltenserwartungen der personellen Aktionsträger untereinander. Diese werden als **informale Organisation** bezeichnet (vgl. zum Überblick *Ziegler,* 1969 sowie S. 145f. dieser Einführung). Die informale Organisation (oft auch als »informale Gruppen« in einer Institution angesprochen) kann im Hinblick auf die Verhaltenserwartungen der formalen organisatorischen Regeln sowohl funktionale als auch dysfunktionale Wirkungen haben und muß daher bei der Gestaltung der formalen Organisation immer Berücksichtigung finden (vgl. u.a. *Simon,* 1947; *Rosenkranz*, 1974).

Die Ausführungen zur Funktion und zur Art und Weise des Auftretens der organisatorischen Regeln bzw. der Systeme von organisatorischen Regeln in sozio-technischen Systemen, speziell in Unternehmungen, lassen sich nunmehr in folgenden Kernsätzen zusammenfassen:

> Eine *Unternehmung* ist ein sozio-technisches System. Sie hat eine Organisation. Diese Organisation besteht aus einem System von Regeln, das die Aufgabenerfüllung der Unternehmung zielgerichtet und dauerhaft ordnet.

Aus der Kennzeichnung der Organisation als einem System von Regeln zur Verhaltens- und Funktionssteuerung läßt sich leicht folgern, daß die Bildung von Organisationen offenbar darin besteht, Regeln aufzustellen und einzuführen. Die *Schaffung und Einführung von Regeln* sind daher die entscheidenden Teilaktivitäten der Tätigkeit des Organisierens. Dabei kommen als »Organisatoren« oder »Träger des Organisierens« viele Personen in einem sozio-technischen System in Betracht; in Unternehmungen sind es je nach dem betrachteten Bereich meist Mitglieder der Geschäftsleitung, Leiter von Funktionsbereichen bzw. Werken oder Abteilungsleiter, spezielle Organisationsfachleute oder externe Berater.

Das »Organisieren« wird oft ebenfalls als Organisation bezeichnet (vgl. *Kosiol,* 1962). Aus Gründen der sprachlichen Abgrenzung wird hier jedoch für die handlungsbezogene Begriffsverwendung neben »Organisieren« insbesondere von *»Organisatorischer Gestaltung«* gesprochen.

Die oben gegebene funktionale Kennzeichnung der Organisation macht in Verbindung mit der aufgezeigten bewußten Gestaltbarkeit organisatorischer Regeln den instrumentalen Charakter der Organisation besonders deutlich. Insofern läßt sich der eingeführte Organisationsbegriff als **instrumentaler Organisationsbegriff** kennzeichnen. Im Gegensatz dazu steht der **institutionale Organisationsbegriff**, der vor allem in der Soziologie verbreitet ist. Zwar richtet sich das Augenmerk in beiden Organisationsbegriffen auf den Tatbestand, daß die Aufgabenerfüllung in einem sozialen bzw. sozio-technischen System durch organisatorische Regeln strukturiert ist, d. h., daß das soziale bzw. sozio-technische Gebilde strukturiert ist. Doch beinhaltet der institutionale Organisationsbegriff nicht allein eine bestimmte Komponente sozialer bzw. sozio-technischer Systeme, sondern belegt das gesamte Gebilde (z. B. Unternehmungen, Krankenhäuser, Parteien etc.) mit dem Begriff »Organisation«. Wird dieser institutionale Organisationsbegriff in der Organisationstheorie mit betriebswirtschaftlicher Orientierung verwendet – was teilweise geschieht – so entsteht die Gefahr des Mißverständnisses bei der Kommunikation im Rahmen der Betriebswirtschaftslehre und vor allem mit der Wirtschaftspraxis, da in den Unternehmungen der instrumentale Organisationsbegriff benutzt wird. Daher richtet die vorliegende Einführung den Blick in erster Linie auf die Problematik *der organisatorischen Regeln als Instrumenten zur Verhaltens- und Funktionssteuerung,* d. h. den weiteren Ausführungen wird ausschließlich der instrumentale Organisationsbegriff zugrundegelegt.

Die besonders betonte Funktion der zieladäquaten Verhaltens- und Funktionssteuerung sollte aber nicht den Blick auf weitere, oft *negative Funktionen der Organisation* verstellen. Zieladäquate Verhaltens- und Funktionssteuerung ist in der hier zu entwickelnden Perspektive nur die Grundfunktion, die vor allem den zielgerichteten instrumentalen Charakter der Organisation hervortreten läßt. Daneben kann Organisation von den organisatorischen Gestaltungsträgern und von den betroffenen Mitgliedern sozio-technischer Systeme auch ganz anders erlebt und interpretiert werden. So können die Träger der organisatorischen Gestaltung organisatorische Regeln z.B. vorwiegend unter dem Aspekt der Durchsetzung von Machtansprüchen oder der Rechtfertigung eigener Stellungen sehen, die betroffenen Mitglieder können Regeln z.B. als Orientierungshilfen für berufliche Tätigkeiten aber auch als Einengung ihrer Entfaltungsmöglichkeiten auffassen. Organisation kann also viel mehr Funktionen haben als nur die der zielgerichteten Verhaltens- und Funktionssteuerung, und sie kann und muß oft dementsprechend unter Bezug auf die anderen Funktionen gestaltet und interpretiert werden. Insbesondere muß sie nicht immer auf ökonomische Ziele hin ausgerichtet sein oder als Zwang erlebt werden. Dies sollte über eine Betrachtung der Grundfunktion von Organisation nicht übersehen werden.

1.3 Festlegung der Objekte der Organisationstheorie

Die Notwendigkeit der Ausrichtung organisatorischer Regeln auf vielfältige und z.T. sehr unterschiedliche Tatbestände einerseits und die Möglichkeit negativer organisatorischer Funktionen andererseits bilden für die Organisationstheorie die zentralen Probleme. Dementsprechend besteht das grundsätzliche *Anliegen einer Organisationstheorie* darin – wie später (Kapitel 3.) noch ausführlicher geschildert wird –, *organisatorisch als relevant erachtete Tatbestände zu erfassen, zu präzisieren und die Zusammenhänge zwischen ihnen zu erklären,* um so schließlich für die Praxis brauchbare Aussagen zu erhalten.

Welche Tatbestände aber als relevant zu erachten sind, ergibt sich durch die oben festgesetzten Voraussetzungen: Einmal dadurch, daß die Organisation sozio-technischer Systeme in den Mittelpunkt organisationstheoretischer Betrachtungen gestellt wird; zum anderen dadurch, daß die Grundfunktion der Organisation als dauerhafte Regelung der durch die Aktionsträger bewirkten Aufgabenerfüllungsprozesse interpretiert wird.

Indem die Organisation sozio-technischer Systeme in den Mittelpunkt der Betrachtung gestellt wird, steckt man den groben

Rahmen des Bereiches ab, in dem organisatorisch relevante Tatbestände oder *organisationstheoretische Objekte* identifiziert werden können. Dazu wurde in Punkt 1.1 bereits durch die Bestimmung der Komponenten sozio-technischer Systeme wesentliche Vorarbeit geleistet. Die Festlegung von Objekten der Organisationstheorie kann also in Anlehnung an diese Komponenten erfolgen, da sie sich alle als organisatorisch relevant erweisen; darüber hinaus müssen aber noch die Beziehungen zwischen diesen Komponenten Berücksichtigung finden. Dementsprechend werden die folgenden organisatorisch relevanten Tatbestände in den weiteren Ausführungen als *Objekte der Organisationstheorie* hervorgehoben:

(1) die Aufgaben,
(2) die Bedingungen,
(3) die organisatorischen Regeln,
(4) die Aufgabenerfüllungsprozesse durch Aktionsträger,
(5) die Effizienz und
(6) die Beziehungszusammenhänge zwischen diesen Komponenten.

Auf diese Objekte der Organisationstheorie wird nunmehr im einzelnen eingegangen:

(1) Aufgaben

Die erste wichtige Komponente sozio-technischer Systeme stellen die Aufgaben (Sachziele) dar, die innerhalb des Systems oder durch das System insgesamt erfüllt werden sollen. Die Gesamtaufgabe einer Unternehmung beinhaltet sowohl die *Marktaufgabe* (z. B. »Herstellung und Absatz von Personenkraftwagen« in der Automobilindustrie, »Verkauf von Waren« in Handelsunternehmungen, »Bereitstellen von Geldmitteln« durch Banken etc.) als auch die daraus abzuleitenden *Teilaufgaben* (z.B. Montage der Fahrzeuge in der Fertigung, Lohn- und Gehaltsabrechnung in der Verwaltung, Verkauf der hergestellten Produkte durch den Absatzbereich u.ä.).

Die *Aufgaben (Sachziele)* stellen das konkrete Handlungsprogramm der Unternehmung dar. Sie enthalten die Art, die Menge und den Zeitpunkt für die zu erstellenden und am Markt abzusetzenden Güter und/oder Dienstleistungen.

Das Sachziel ist dabei zu trennen von der Präferenzstruktur, anhand derer die Unternehmung ihre zur Erstellung der marktorientierten Leistungen notwendigen Aktivitäten bewertet und auswählt (Formalziel). Auf diesen Aspekt wird im Punkt »Effizienz« noch näher eingegangen.

(2) Bedingungen

Eine weitere Komponente sozio-technischer Systeme wird von den Bedingungen (Kontextfaktoren) gebildet, die die nähere *Situation bestimmen, unter der sich die Aufgabenerfüllung in einem System zu vollziehen und unter der sich ein System zu erhalten hat.* Es handelt sich um Faktoren, die die Aufgabenerfüllung beeinflussen, ohne darauf ausgerichtet und von dem System selbst maßgeblich beeinflußbar zu sein. Eine solche Beeinflussung zweckorientierter Verhaltensvorgänge geht von der Umwelt eines Systems (externe Bedingungen) sowie bestimmten Eigenschaften der Unternehmung und den Eigenschaften der in ihrem Rahmen eingesetzten Menschen und Maschinen (interne Bedingungen) aus. Diese Faktoren können zweifellos nicht alle als vollkommen unveränderbar gelten. Vielmehr sind bei genauer Betrachtung einer Situation verschiedene Arten der Einflußnahme und Grade der Beeinflußbarkeit zu unterscheiden. Eine Handhabung in der Form eines Aktionsparameters der Unternehmungsführung ist jedoch ausgeschlossen.

(21) Bei den *externen Bedingungen* handelt es sich generell um Aspekte, die sich auf die **Umwelt einer Unternehmung** beziehen. Mit Umwelt werden die aktuellen oder potentiellen Aktionen direkter oder indirekter Interaktionspartner der Unternehmung angesprochen. Auf deren Aktionen muß sich eine Unternehmung in einer bestimmten Art und in einem bestimmten Ausmaß einstellen. Beispielsweise können für eine Unternehmung als Interaktionspartner Einzelpersonen, bestimmte Personenkategorien (die Kunden, die Lieferanten usw.), die »Öffentlichkeit« (repräsentiert etwa durch Zeitungen u. ä.) sowie wirtschaftliche und nicht-wirtschaftliche Institutionen (andere Unternehmungen, Verbände, Behörden etc.) in Frage kommen. Grundsätzlich lassen sich diese Interaktionspartner zu sechs wichtigen *Umweltsegmenten* zusammenfassen, von denen möglicherweise ein Einfluß auf die Unternehmungsorganisation ausgeht:

- die Beziehungen zu anderen Unternehmungen (Konzernbeziehungen, Beziehungen zu Lieferanten, Kunden, Kreditgebern etc.),
- die ökonomischen Umweltbedingungen (z. B. Wirtschaftsordnung, Konjunkturpolitik, Währungspolitik),
- die Marktformen und -verhältnisse (oligopolistischer Markt, Arbeitsmarktlage, Kapitalmarktlage etc.),
- die politischen Umweltbedingungen (z. B. Staatssystem, Prozeß der politischen Meinungsbildung, Stellung der Parteien),
- die rechtlichen Umweltbedingungen (Steuerrecht, Mitbestimmungsrecht, Arbeitsschutz, Umweltschutz etc.) und
- die sozio-kulturellen Umweltbedingungen (z. B. soziale Mobilität, Religion, Einstellung zur Arbeit).

(22) Zu den *internen Bedingungen* zählen die *spezifischen* **Eigenschaften der Menschen und Maschinen**, *die als Aktionsträger eines sozio-technischen Systems* eingesetzt werden. Wegen ihrer geringeren Steuerungsmöglichkeit stellen hierbei – wie bereits ausgeführt – die personellen Aktionsträger ein besonderes Problem dar. Obwohl ihre Verhaltensweisen einerseits die Aufgabenerfüllung bewirken, tragen sie andererseits wegen ihrer Eigenschaften, d. h. ihrer spezifischen Neigungen, Orientierungen, Wissensbeständen etc. den Charakter von eigenständigen Einflußfaktoren auf die Prozesse in einem sozio-technischen System, insbesondere da sie nur zum Teil in die systemspezifischen Aufgabenerfüllungsprozesse mit genauer Zielausrichtung und zielorientierter Kontrolle integriert werden können. Bildlich gesprochen transportieren sie Umwelt in die Unternehmung hinein. Zudem haben die menschlichen Aktionsträger grundsätzliche, zum Teil rechtlich abgesicherte Freiräume, in die auch von seiten der Unternehmung nicht eingegriffen werden kann bzw. darf. Da sich sozio-technische Systeme aber personeller Leistungen bedienen müssen, sind sie dadurch auch möglichen unerwünschten Auswirkungen der Eigenschaften menschlicher Aktionsträger ausgesetzt: Ein Angestellter kann fleißig und pflichtbewußt seine Arbeit tun, er kann sich aber auch so verhalten, daß er möglichst wenig zu tun hat, er kann seine Kollegen von der Arbeit abhalten, er kann Fehler machen, seine persönlichen Bedürfnisse stärker verfolgen als die ihm übertragenen Aufgaben etc. Wie er sich tatsächlich verhält, hängt nicht nur von den Verhaltenserwartungen des Systems ab, sondern eben auch von den spezifischen Orientierungen, Einstellungen, dem Wissen, den Interessen und Bedürfnissen der Mitarbeiter, d. h. generell: von den Komponenten ihrer Persönlichkeit sowie von ihren situationsspezifischen Verhaltensneigungen und -möglichkeiten. Diese Eigendynamik der System-

mitglieder hat einige Autoren dazu veranlaßt, »aktuelle ebenso wie potentielle (rekrutierbare) Mitglieder ... in ihrer personalen Kognitions- und Motivationsstruktur zur Umwelt des sozialen Systems« zu rechnen (vgl. u.a. *Luhmann,* 1975, S. 40).

Wenn auch die Problematik der Eigenschaften maschineller Aktionsträger geringer ist, so sind doch die Eigenschaften der Maschinen wesentliche Bedingungen für die organisatorischen Regeln in sozio-technischen Systemen, insbesondere in solchen mit einem hohen Grad der Technisierung. Beispiele bilden die technischen Merkmale und Leistungsgrößen von Produktionsmaschinen, Transportanlagen, Computern und Kommunikationsanlagen.

Neben den Eigenschaften von Aktionsträgern sind als interne Bedingungen der Unternehmungsorganisation alle **Eigenschaften des sozio-technischen Systems** zu verstehen, die nicht organisatorische Regeln sind und von denen ein Einfluß auf die jeweilige Organisation zu erwarten ist. Dazu zählen in Unternehmungen u.a. die schon genannten Eigenschaften Personalstruktur, Kapitalstruktur, Anlagenstruktur (vgl. S. 14) aber auch Eigenschaften wie Rechtsform, Alter und historische Entwicklung der Unternehmung, Führungsstil etc. Jede dieser Eigenschaften könnte in einer Untersuchung mit anderer als organisationstheoretischer Perspektive in den Mittelpunkt der Betrachtung gerückt werden, wobei die organisatorischen Regeln dann zwangsläufig entweder in die Bedingungen oder die Wirkungen eingehen. Bei einer organisationstheoretischen Sichtweise bilden hingegen die organisatorischen Regeln die zentrale Komponente und die genannten Eigenschaften der Unternehmung werden zu der Gruppe der Einflußfaktoren (Bedingungen) auf die organisatorischen Regeln zusammengefaßt. Dabei sind in bisher vorliegenden Untersuchungen als *wichtige Einflußfaktoren* insbesondere identifiziert worden (vgl. S. 132ff.):

- die Unternehmungsgröße,
- die Diversifikation im Leistungsprogramm der Unternehmung und
- die in der Unternehmung eingesetzte Fertigungs- und Informationstechnologie.

Zusammengefaßt läßt sich feststellen:

Die *externen und internen Bedingungen* bestimmen die nähere Situation, unter der organisiert wird und von der ein Einfluß auf die Ergebnisse organisatorischer Maßnahmen ausgeht. Unter externen Bedingungen werden dabei Faktoren verstanden, die die Umwelt einer Unternehmung beschreiben. Zu den internen Bedingungen zählen hingegen die Eigenschaften von Menschen und Maschinen, die als Aktionsträger innerhalb des sozio-technischen Systems Aufgabenerfüllungsprozesse vollziehen sowie alle Eigenschaften des sozio-technischen Systems, die nicht organisatorische Regeln sind, von denen aber ein Einfluß auf die Organisation angenommen werden kann.

(3) Organisatorische Regeln

Die grundsätzlichen Systemaufgaben werden durch die organisatorischen Regeln konkretisiert. Diese wirken auf die Verhaltensweisen und Einstellungen der personellen Aktionsträger und auf die Funktionsweisen bzw. Einsatzformen der maschinellen Aktionsträger. Wie bereits ausgeführt, treten dabei einzelne organisatorische Regeln als *Verhaltens- oder Funktionserwartungen bzw. -normen* auf; das gesamte System der organisatorischen Regeln bildet die Organisation (vgl. S. 12ff.).

Bei der Aufstellung organisatorischer Regeln steht der Organisator vor der schwierigen Aufgabe, zwei gegenläufige Tendenzen so gegeneinander abzuwägen, daß eine möglichst zweckmäßige Lösung erreicht wird. Auf der einen Seite gilt es, stabile Handlungsmuster zu schaffen. Zum anderen muß beachtet werden, daß das System oder Teile des Systems (Subsysteme) die sich zumeist permanent ändernden Bedingungen berücksichtigen. Insbesondere sind Anpassungen an die Umweltsituation und möglicherweise auch an die Eigenarten der Aktionsträger vorzunehmen, d. h. ein sozio-technisches System benötigt in der Regel ein gewisses Maß an Anpassungs- und Innovationsfähigkeit. Erfolgt also eine Festlegung der organisatorischen Regeln in zu straffer Form, hat dies eine Beeinträchtigung der Flexibilität zur Folge.

Allgemein kann daher gesagt werden: Befindet sich die Unternehmung nicht in einer relativ stabilen Umwelt bzw. Bedingungslage, so gilt es Verhaltens- und Funktionsregeln vorzugeben, die eine Förderung der Innovations- und Anpassungsfähigkeit versprechen, ohne den Systembestand zu gefährden. Die Steuerung zu innovativem und anpassendem Verhalten wird theoretisch dadurch erfaßbar, daß für die Systemstabilitäten gewisse Spielräume unterstellt werden. Organisatorische Regeln dienen dann der Erhaltung eines hinreichend stabilen Zustandes; dieser kann durchaus nicht nur mit einem stetigen, kontrollierten Wandel verträglich sein, sondern auch Impulse zu einem solchen Wandel enthalten und gerade im stetigen Wandel von Teilbereichen oder -aspekten seine besondere Kontinuität finden.

> Die *organisatorischen Regeln* stellen eine spezifische Form der Konkretisierung der grundsätzlichen Systemaufgaben dar. In ihrer geordneten Gesamtheit bilden sie das System von Verhaltens- und Funktionserwartungen, das die Aufgabenerfüllungsprozesse der personellen und maschinellen Aktionsträger steuern soll.

(4) Aufgabenerfüllungsprozesse durch Aktionsträger

Bei der Definition sozio-technischer Systeme durch die Festlegung ihrer Elemente wurden neben den bisher angeführten Komponenten auch die Aktionsträger und die Aufgabenerfüllungsprozesse genannt, wobei zugleich die enge Verbindung zwischen diesen beiden Komponenten deutlich wurde (vgl. S. 10). Innerhalb der durch die organisatorischen Regeln festgelegten Struktur bewirken Menschen und Maschinen als Aktionsträger, daß *gewisse Aktivitäten und Aktivitätsfolgen* ablaufen, die allgemein als Aufgabenerfüllungsprozesse bezeichnet werden. Die Aufgabenerfüllungsprozesse können entsprechend der zu vollbringenden Leistung grundsätzlich in Prozesse *mentaler* (geistiger) und *korporaler* (physischer) *Arbeit* eingeteilt werden. Da sich in der Realität in der Regel eine Aktivität selten eindeutig einer mentalen (d.h. Vorbereiten und Treffen von Entscheidungen) oder korporalen (d.h. Durchführung physischer Transformationsprozesse) Tätigkeit zuordnen läßt, müssen die Prädikate »mental« und »korporal« als abstufbare Variablen begriffen werden, die für unterschiedliche Aktivitäten angeben, mit welchem Schwerpunkt oder in welchem Verhältnis sich die Aufgabenerfüllungsprozesse aus korporaler und mentaler Tätigkeit zusammensetzen.

> Der Leistungsvollzug erfolgt in einer Unternehmung durch die *Aktionsträger* in den *Aufgabenerfüllungsprozessen.* Die Aufgabenerfüllungsprozesse können entsprechend der Art der zu vollbringenden Leistung in Prozesse mentaler und korporaler Arbeit eingeteilt werden.

(5) Effizienz

Nachdem in den vorangegangenen Abschnitten die Aufgaben, Bedingungen, organisatorischen Regeln und die Aufgabenerfüllungsprozesse durch Aktionsträger akzentuiert wurden, soll nunmehr die *Wirkung dieser Komponenten* thematisiert werden. Zur Kennzeichnung der Wirkungen bietet sich der umfassende Begriff »Effizienz« an. Die Effizienz kann im Sinne eines generellen Rationalitätskriteriums zur Bewertung der unterschiedlichsten Tatbestände wie dem Verhalten einzelner Individuen, zur Bewertung einer Struktur, eines Prozesses, Führungsstils o. ä. herangezogen werden. In organisatorischer Hinsicht müssen jedoch die Aufgaben, die organisatorischen Regeln und die Aufgabenerfüllungsprozesse mit ihren Beziehungen zur Effizienz in den Vordergrund gerückt werden. Dabei ist zwischen bestimmten Kriterien (Effizienzkriterien) zu unterscheiden, mit denen die Maßstäbe des Erfolgs geschaffen werden und den Ausprägungen (Effizienzgraden), die sich z. B. bei der Bewertung eines konkreten Prozesses unter Zugrundelegung der vorgegebenen Effizienzkriterien ermitteln lassen.

Die **Effizienzkriterien** beziehen sich auf die Präferenzstruktur, anhand derer die Unternehmung ihre zur Erstellung der sachzielorientierten Leistungen erforderlichen Aktivitäten bewertet und auswählt (Formalziel; vgl. zur Unterscheidung Sachziel/Formalziel die S. 17f.). Eine Systematisierung der Effizienzkriterien kann zunächst einmal mit Hilfe der globalen Kategorien *technisch-ökonomische* und *individuale bzw. soziale Kriterien* erfolgen. In anderen Gliederungen wird mehr auf Prozeßgrößen abgehoben und z. B. eine Input-Effizienz, eine Output-Effizienz und eine Input-Output-Effizienz unterschieden. Zudem wird häufig auf die Bedeutung der Flexibilität hingewiesen, die langfristig das Überleben der Unternehmung sichern soll.

Abhängig von den zu erfüllenden Aufgaben und der jeweils betrachteten hierarchischen Ebene müssen die aggregierten Effizienzkriterien der Gesamtunternehmungsebene, wie z. B. Rentabilität, Wirtschaftlichkeit, Zufriedenheit der Mitarbeiter, Nutzung von Ressourcen etc., weiter spezifiziert werden. Dies führt auf einer geringeren Abstraktionsebene bis zu sehr detaillierten Effizienzkriterien, wie beispielsweise Schnelligkeit, Fehlerrate oder Zufriedenheit mit den Kollegen, dem Meister . Weitgehend ungelöst ist neben der Entwicklung operationaler Maße in diesem Zusammenhang die Trennung der verschiedenen Einflüsse auf die Effizienz, z. B. von seiten der Organisationsstruktur, der Umwelt, der Aufgabenerfüllungsprozesse, sowie die Zusammenfassung einzelner Effizienzkriterien zu einem Kriteriensystem.

Während die Auswahl von Effizienzkriterien als ein Aspekt der Formalzielsetzung zu betrachten ist, stellt die Ermittlung der verschiedenen **Effizienzgrade** eine Fragestellung dar, die der Realisation des Systems, d. h. den Aufgabenerfüllungsprozessen durch die Aktionsträger zuzuordnen ist. Der Effizienzgrad gibt an, in welchem Ausmaß das gesetzte Formalziel erreicht wurde.

> *Effizienz* bedeutet Leistungswirksamkeit oder Erfolgsniveau. Welche Effizienzkriterien z.B. zur Bewertung der Strukturen herangezogen werden, ist dabei eine Frage der Formalzielsetzung. Der jeweils erreichte Effizienzgrad ergibt sich hingegen durch eine graduelle Bewertung der Aufgabenerfüllungsprozesse im Rahmen dieser Strukturen (z.B. durch Angabe eines Zielerreichungsgrades).

(6) Beziehungszusammenhänge zwischen den Komponenten

Bei einer eingehenden Erörterung der organisationstheoretischen Objekte sind nicht nur die bisher angeschnittenen Komponenten sozio-technischer Systeme von Belang, sondern auch die Beziehungen zwischen diesen Komponenten. Dabei muß zwangsläufig insofern selektiv vorgegangen werden, als nur diejenigen Beziehungszusammenhänge hier stärker behandelt werden können, denen eine besondere organisatorische Relevanz zukommt.

Oben wurde bereits festgestellt, daß die Organisation unmittelbar vor allem auf die Aufgabenerfüllungsprozesse in einem System und mittelbar auf die Systemeffizienz wirkt. Die Gestaltung einer bestimmten Organisation bzw. Organisationsstruktur ist ihrerseits abhängig von den Aufgaben und Effizienzkriterien, der Umwelt und den Eigenschaften von Personen und Maschinen. Die in einem System handelnden personellen Aktionsträger üben dabei insofern eine doppelte Wirkung aus, als sie zum Teil der Gruppe der Gestalter angehören, zum Teil die Betroffenen der organisatorischen Regeln sind, so daß die Ausarbeitung organisatorischer Regeln von den Eigenschaften der Mitarbeiter in beiden Gruppen abhängig ist (zu weiteren Ausführungen vgl. S. 144 ff.).

Mit dem abschließenden Punkt »Beziehungszusammenhänge«

sind nunmehr alle eingangs festgelegten Objekte der Organisationstheorie vorgestellt und näher erläutert worden. Aufgrund einer systematisierenden Zuordnung der Komponenten in Aufgaben und organisatorische Regeln, Bedingungen sowie Wirkungen lassen sich *drei* **Grundkategorien** *der Organisationstheorie* bilden. Entsprechend ihrer Funktion, die sie im Rahmen sozio-technischer Systeme ausüben, werden diese Grundkategorien als Systemstabilisatoren, Systemspezifikatoren und Systemrealisatoren bezeichnet.

Systemstabilisatoren

Die zentrale Grundkategorie besteht aus Faktoren, die das System konstituieren und auf Dauer zusammenhalten. Ohne diese Faktoren könnte man gar nicht von einem »System« sprechen; sie definieren den Sinn, auf den sich die Handlungen eines Systems beziehen, und sichern den Bestand oder die Stabilität des Systems. Zu ihnen gehören die *Aufgaben* (Sachziele), die *Effizienzkriterien* (Formalziele) und die *organisatorischen Regeln*.

Systemspezifikatoren

Eine weitere Grundkategorie sozio-technischer Systeme wird von den *Bedingungen* gebildet, unter denen sich ein System zu erhalten und seine Aufgaben zu erfüllen hat. Zu den externen Bedingungen zählen Merkmale der Umwelt eines Systems (Umweltsegmente), während die Eigenschaften der Menschen und Maschinen, die als Aktionsträger eingesetzt werden, sowie Merkmale des sozio-technischen Systems wie Alter, Größe, Rechtsform etc. unter dem Begriff »interne Bedingungen« zusammengefaßt werden.

Systemrealisatoren

Eine andere Grundkategorie sozio-technischer Systeme wird durch die wesentlichen Aktivitäten zur Erfüllung der Aufgaben, d. h. durch die *Aufgabenerfüllungsprozesse* der Aktionsträger, repräsentiert. Ein System »lebt« erst dann, wenn durch mentale und korporale Arbeit Handlungen stattfinden und wenn die Mitglieder sich den Aufgaben und Regeln entsprechend verhalten bzw. Aggregate die geplante Leistungsabgabe liefern. Inwieweit die Aufgabenerfüllungsprozesse zur Verwirklichung der Formalziele beitragen, kann schließlich durch die Ermittlung von *Effizienzgraden* festgestellt werden.

Das folgende Schema faßt die oben angestellten Überlegungen zu den organisationstheoretisch relevanten Komponenten eines sozio-technischen Systems und insbesondere zur Stellung der organisatorischen Regeln im Beziehungszusammenhang dieser Komponenten unter Anwendung der zuletzt aufgezeigten Systematisierung zusammen (vgl. Abb. 3):

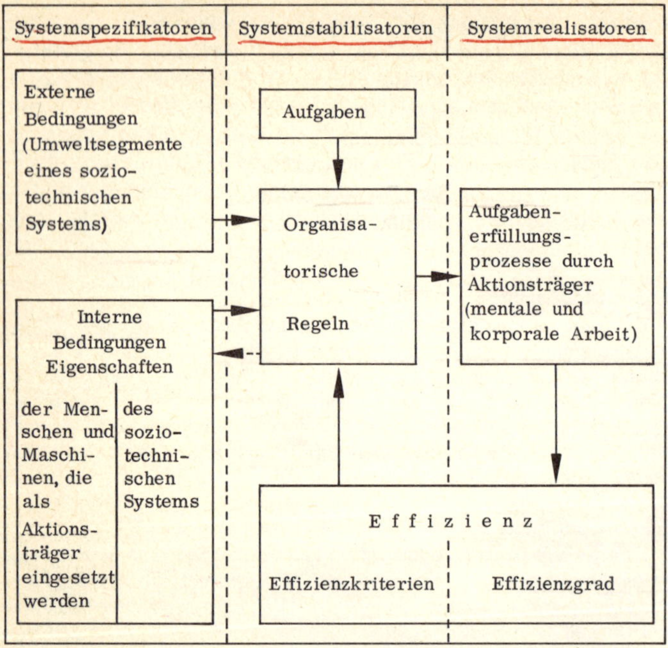

Abb. 3: Die organisatorisch relevanten Komponenten eines sozio-technischen Systems und ihre Beziehungen (Objekte der Organisationstheorie)

Die identifizierten Objekte der Organisationstheorie (vgl. Abb. 3) stellen das Grundmodell für die in diesem Buch enthaltene Organisationskonzeption und für die auf ihrer Grundlage zu entwickelnde Organisationstheorie dar. Die Abbildung beschränkt sich dabei auf diejenigen Beziehungen, in die die Organisation unmittelbar einbezogen ist, sowie auf die Beziehung zwischen Aufgabenerfüllungsprozessen und Effizienzgraden, aus der sich letztlich die Rechtfertigung organisatorischen Handelns ableitet. Damit soll keinesfalls behauptet werden, daß zwischen den anderen aufgeführten Merkmalen keine Beziehungen bestehen. Vielmehr sind in der Tat etwa zwischen Aufgabenmerkmalen und Persönlichkeitsmerkmalen, zwischen Aufgaben- und Umweltmerkmalen sowie zwischen Persönlichkeits-, Aufgaben- und Umweltmerkmalen einerseits und den Aufgabenerfüllungsprozessen und der Effizienz andererseits vielfältige Beziehungen anzunehmen. Es wäre somit durchaus möglich, die Darstellung durch weitere Beziehungspfeile zu ergänzen. Für eine Präzisierung der Stellung der Organisation bzw. der organisatorischen Regeln im Beziehungszusammenhang der Merkmale eines sozio-technischen Systems erscheinen die eingetragenen Beziehungen jedoch ausreichend. Diese Beziehungen lassen sich wie folgt plausibel machen:

Die organisatorischen Regeln darüber, *wie* etwas gemacht werden soll, sind vorgeformt durch das, *was* getan werden soll. Die Beziehungen zwischen *Aufgaben und Effizienzkriterien* (das »Was«) und der *Organisation* (das »Wie«) sind also so zu verstehen, daß Aufgaben und Effizienzkriterien je nach Definitionsgrad bestimmte Handlungsspielräume offen lassen, die dann durch *organisatorische Regeln* soweit zu ordnen sind, daß kontinuierliches Verhalten und Funktionieren zu erwarten ist. Die Beziehung zwischen Aufgaben und Effizienzkriterien einerseits und der Organisation andererseits ist somit eine Beziehung der Ergänzung und Anpassung. Organisatorische Regeln ergänzen Aufgaben und Formalziele und müssen auf sie abgestimmt sein, etwa derart, daß die Erfüllung einer Aufgabe, bei der es auf Flexibilität ankommt, nicht durch entgegengesetzt wirkende organisatorische Regeln (z.B. eine sehr straffe Festlegung der Aufgabenerfüllungsprozesse) behindert wird.

Bei den internen Bedingungen besitzen insbesondere die *individuellen Merkmale der personellen Aktionsträger* eine Bedeutung für die Organisation. Zum einen insofern, als die Organisation von bestimmten Mitarbeitern der Unternehmung gestaltet wird und sich dementsprechend deren Werte und Erfahrungen in den Regeln niederschlagen. Zum anderen gibt es Grenzen der Zumutbarkeit bestimmter Regeln, Rücksichtnahmen auf besondere Eigenarten und auch Erwartungen der betroffenen Mitarbeiter hinsichtlich der Organisation, denen sich die Organisationsgestalter anpassen müssen. Beispielsweise erwarten Personen mit hohem Ausbildungsniveau hinsichtlich der organisatorischen Regeln größere Spielräume als Personen mit niedrigem Ausbildungsniveau; letzteren kann man daher oftmals restriktivere Regeln vorgeben. Schließlich ist aber zu ergänzen, daß auch einige generelle Verhaltensneigungen und -möglichkeiten als organisatorisch beeinflußbare Tatbestände in Frage kommen; es können also auch manche Eigenschaften der Mitglieder, d.h. interne Bedingungen, langfristig durch organisatorische Maßnahmen verändert werden. Dies geschieht vor allem über Lern- bzw. Sozialisationsprozesse (Aus- und Weiterbildung, gruppendynamisches Training etc.), die im Rahmen der Organisationsentwicklung (organizational development) besonders betont werden. In diesem Sinne ist auch der gestrichelte Pfeil in Abb. 3 zu verstehen.

Die *Beziehung zu den externen Bedingungen* ist ebenfalls durch Anpassungsprobleme geprägt. So nehmen Entscheidungsträger innerhalb einer Unternehmung bestimmte Umweltprobleme nicht nur wahr, sondern versuchen, durch organisatorische Maßnahmen diese Umweltprobleme zu lösen. Ein Beispiel ist etwa der Aufbau einer Marktforschungsabteilung bei einem zunehmend komplexer werdenden Absatzmarkt.

Die Wirkung der Organisation *auf die Aufgabenerfüllungsprozesse durch die Aktionsträger* entsteht dadurch, daß die personellen Aktionsträger sich an den organisatorischen Regeln orientieren und die maschinellen Aktionsträger gemäß den organisatorischen Regeln zum Einsatz gebracht werden. Zum Beispiel können organisatorische Regeln bezüglich der Zusammenarbeit mehrerer Aktionsträger (Teams, Gruppenbesprechungen etc.) bei bestimmten Aufgaben und Arbeitsprozessen das Arbeitsklima erheblich verbessern, das Problembewußtsein stärken und zur besseren Entscheidungsvorbereitung beitragen.

Der angegebene Beziehungszusammenhang zwischen den Aufgabenerfüllungsprozessen durch die Aktionsträger und dem *Effizienzgrad* ist schließlich so zu verstehen, daß der jeweils realisierte Effizienzgrad die Ergebnisse der Aufgabenerfüllungsprozesse hinsichtlich der in den Effizienzkriterien festgelegten Aspekte wiedergibt. Eine klare Trennung der für die Feststellung dieser Zusammenhänge erforderlichen Variablen bereitet allerdings einige analytische Schwierigkeiten.

Die Abb. 3 kann aber auch – und darin liegt ihre mögliche Funktion als Lernhilfe – dazu verwendet werden, verschiedene, als organisationstheoretisch gekennzeichnete Zusammenhänge daraufhin abzufragen, über welche Komponenten oder welchen Beziehungszusammenhang dieses Modells sie informieren. Dazu sind allerdings jeweils Abstraktionen notwendig, d. h. ein in einem bestimmten Literaturbeitrag behandelter Tatbestand muß so interpretiert werden, daß seine Zugehörigkeit zu einem der aufgezeigten Variablenkomplexe deutlich wird. In den Versuchen, vorliegende *Beiträge der Organisationstheorie mit Hilfe dieses Modells zu interpretieren,* dürfte ein nicht zu unterschätzendes Potential für die Verständnisgewinnung liegen. Bei diesen Versuchen sollte man sich aber nicht scheuen, das Modell bzw. die literarische Interpretation stets in Frage zu stellen und ggf. zu modifizieren.

Die Lernziele dieses Kapitels können nun mit Hilfe folgender Fragen kontrolliert werden:

- *Durch welche Eigenschaft unterscheiden sich soziale und sozio-technische Systeme?*
- *Welche Bestandteile eines sozio-technischen Systems werden als Systemelemente bezeichnet?*
- *Sind Menschen und Maschinen in ihrer Beziehung zu sozio-technischen Systemen identisch, d. h. sind personelle und maschinelle Aktionsträger als Systemelemente gleich zu behandeln?*
- *Inwiefern benötigt man bei der Antwort auf die vorangehende Frage den Begriff der Partialinklusion?*
- *Welche angestrebten und nicht-angestrebten Wirkungen kann die Organisation in einem sozio-technischen System haben? Welches ist ihre Grundfunktion?*
- *Grenzen Sie gegeneinander ab:*
  - *das sozio-technische System,*
  - *die Organisation (Organisationsstruktur)!*
- *Woraus lassen sich die Objekte der Organisationstheorie herleiten? Nennen und beschreiben Sie diese Objekte!*
- *Zu welchen Grundkategorien können die organisationstheoretischen Objekte zusammengefaßt werden? Charakterisieren Sie kurz die einzelnen Kategorien!*

2. Dimensionen der Organisation

Die im 1. Kapitel entwickelten Vorstellungen zur Organisation besaßen insofern einen geringen Detaillierungsgrad, als nur global von der Gesamtheit organisatorischer Regeln die Rede war. Daher soll nachfolgend durch die Behandlung einzelner Merkmale, der sog. Dimensionen der Organisation, auf die Frage Antwort gegeben werden, was man sich konkreter unter organisatorischen Regeln vorstellen kann und wie bestimmte Muster organisatorischer Regeln, d.h. Organisationsstrukturen, systematisch beschrieben werden können.

Unter Dimensionen sind Merkmale zu verstehen, die die *Art und das Ausmaß organisatorischer Regeln* erfassen. Damit ist noch nicht ein Detaillierungsgrad gegeben, der das direkte Auffinden einzelner organisatorischer Regeln in realen sozio-technischen Systemen erlaubt, sondern eher ein mittlerer Detaillierungsgrad, der jedoch für eine theoretisch orientierte Beschreibung konkreter Organisationsformen sowie ihren Vergleich die derzeit bestmögliche Grundlage bietet. Es ist allerdings möglich, die im folgenden genannten Dimensionen weiter zu zerlegen, wodurch dann noch differenziertere Vorstellungen über einzelne organisatorische Regeln erreichbar sind. Die Entwicklung solcher detaillierter Vorstellungen ist für praktisches organisatorisches Handeln unerläßlich. Jedoch steckt die systematische Aufgliederung organisatorischer Dimensionen in Teilaspekte, die für das praktische organisatorische Handeln von Relevanz sein könnten, noch in ihren Anfängen. Wenn daher auch die praktische Relevanz der im folgenden genannten Beschreibungsdimensionen noch ungenügend ist, so ermöglichen sie doch ein tieferes Eindringen in das Verständnis und die Unterscheidung von Organisationsstrukturen. Vor allem können die organisatorischen Dimensionen als *organisatorische Aktionsparameter* begriffen werden, d.h. als Instrumente, die ein Organisator zur zweckadäquaten Verhaltens- und Funktionssteuerung einsetzen kann. Dabei bleibt allerdings stets zu bedenken, daß sich das reale organisatorische Gestalten z.T. auf erheblich konkretere Inhalte beziehen muß. Für eine theoretische Behandlung von Organisationsstrukturen haben sich die anzuführenden Dimensionen jedoch als recht nützlich erwiesen. Sie geben vornehmlich diejenigen Tatbestände wieder, an die bei der wissenschaftlichen Behandlung organisatorischer Problemstellungen spezifische Überlegungen angeknüpft werden müssen.

Die Angabe von Dimensionen präzisiert den hier zugrundegelegten Organisationsbegriff. Dieser war im vorigen Kapitel als instrumentaler Organisationsbegriff eingeführt worden, da Organisation als Instrument zur Verhaltens- und Funktionssteuerung aufgefaßt wird. Aufgrund des hier zusätzlich erläuterten dimensionalen Verständnisses von Organisation läßt sich der zugrundegelegte Organisationsbegriff nunmehr genauer als **instrumentaler, dimensionaler Organisationsbegriff** kennzeichnen.

Zur Herausarbeitung von Merkmalen bzw. Dimensionen der Organisation existieren vor allem in der vergleichenden empirischen Organisationsforschung zahlreiche Beiträge. Als Begründer einer systematischen, dimensionalen Beschreibung von Organisationsformen wird *M. Weber* angesehen, der mit seinem Bürokratiemodell (1921) eine ganz bestimmte Organisationsform charakterisiert hat. Später wurden die Merkmale, die er dazu verwendete, als Variable mit verschiedenen Ausprägungen begriffen (*Udy,* 1959; *Hall,* 1962), um auf diese Weise zu dimensionalen Beschreibungen unterschiedlicher Organisationsstrukturen zu gelangen.

Unter Rückgriff auf die in der empirischen Organisationsforschung vorliegenden Merkmalsentwicklungen sowie auf einige Merkmale, denen in der traditionellen betriebswirtschaftlichen und management-orientierten Organisationslehre besondere Beachtung geschenkt wird, sollen nachfolgend die hier als relevant angesehenen Dimensionen der Organisation dargestellt werden.

2.1 Arbeitsteilung und Koordination als organisatorische Grunddimensionen und Konfiguration als abgeleitete Dimension

Aus den bisherigen Ausführungen ist bereits deutlich geworden, daß organisatorische Probleme nur in sozialen und sozio-technischen Systemen, d.h. in arbeitsteiligen Systemen, auftreten. Die arbeitsteilige Aufgabenerfüllung mehrerer Aktionsträger macht es sodann notwendig, diese auf die geplante Zielsetzung hin zu koordinieren. Dementsprechend bestehen die beiden Grunddimensionen der Organisation aus der Arbeitsteilung und der Koordination. Unter weiterer Zugrundelegung des sozio-technischen Systems wird die *Arbeitsteilung* durch *Art und Ausmaß der Gliederung der Aufgaben des sozio-technischen Systems* deutlich. Die *Koordination* umfaßt die *organisatorischen Regeln, die eine im Sinne der gemeinschaftlichen Aufgabenerfüllung und Effizienz-*

Def. Koordination

erzielung möglichst reibungslose und wirkungsvolle Kooperation der Aktionsträger sichern sollen. Hinzu tritt als abgeleitete Dimension die *Konfiguration*. Sie ist als Resultante der Festlegungen bei der Arbeitsteilung und der Koordination zu betrachten und beinhaltet *Globalaspekte der Struktur der organisatorischen Einheiten sowie des hierarchischen Aufbaus,* wie sie etwa einem Organisationsplan zu entnehmen sind. Konfigurative Merkmale weisen sowohl zur Arbeitsteilung als auch zur Koordination einen engen Bezug auf, ohne sich aber exklusiv der einen oder anderen dieser Grunddimensionen zuordnen zu lassen.

Alle organisatorischen Regeln lassen sich auf die beiden Grunddimensionen und die abgeleitete Dimension beziehen: Sie legen die Aufgabenteilung und die Koordinationsweise und mit diesen Bestimmungen implizit die Art der Konfiguration fest. Zu beachten ist, daß z. B. bei einem Vergleich mehrerer Organisationsstrukturen eine differenzierte Analyse nicht nur nach den Arten angewendeter Regeln (inhaltlich-klassifikatorisches Merkmal), sondern auch nach dem Ausmaß der Anwendung einzelner Regeln (intensitätsmäßig abgestuftes Merkmal) vorgenommen werden kann. Während konfigurative Aspekte nach dem bisher erreichten Ausarbeitungsstand nur intensitätsmäßig beschrieben werden können, lassen sich bei der Arbeitsteilung und der Koordination sowohl *inhaltlich-klassifizierend* verschiedene Formen von Arbeitsteilung und Koordination unterscheiden als auch *intensitätsmäßig* verschiedene Grade der Arbeitsteilung und der Koordination definieren.

Eine der Hauptannahmen aller organisationstheoretischen Beiträge, die sich mit den Grunddimensionen Arbeitsteilung und Koordination befassen, besagt, daß mit einer Zunahme des Grades der Arbeitsteilung auch die Koordinationsintensität (zumindest die erforderliche) zunimmt. Diese Aussage ist sicherlich in dieser Form zu allgemein; sie wird in den folgenden Ausführungen zu den verschiedenen Merkmalen der einzelnen Dimensionen zu präzisieren sein.

2.2 Merkmale der Arbeitsteilung (Spezialisierung)

Die Arbeitsteilung wird in der Literatur häufig unter dem Begriff »Spezialisierung« behandelt. Deshalb wird auch hier die die Arbeitsteilung reflektierende Dimension zugleich als Spezialisierung bezeichnet.

Unter *Arbeitsteilung bzw. Spezialisierung* ist die Zerlegung von größeren Aufgabenkomplexen in Teilaufgaben und die Übertragung dieser Teilaufgaben oder Kombinationen von Teilaufgaben auf bestimmte strukturelle Teileinheiten zu verstehen.

Bei diesen strukturellen Teileinheiten handelt es sich je nach ihrem Umfang um Aktionseinheiten bzw. Stellen oder um Zusammenfassungen von Stellen in größeren Einheiten, wie Abteilungen, Bereichen, Sparten etc. Arbeitsteilung enthält somit sowohl den Gedanken der Aufgabenzerlegung als auch den Gedanken der strukturellen Verselbständigung von Aufgaben durch ihre Zusammenfassung zu einem Aufgaben- bzw. Kompetenzbereich und die Zuordnung der Aufgaben zu bestimmten Aktionsträgern (zur »Aufgabenanalyse und -synthese« vgl. *Kosiol,* 1962). Es ist weiterhin nicht selten der Fall, daß durch Arbeitsteilung bestimmte Aufgaben erst entstehen bzw. explizit wahrgenommen werden. Zum Beispiel ist die Einrichtung einer Marktforschungsabteilung und damit die »Herausnahme« der Aufgabe »Marktforschung« aus bereits bestehenden Verkaufsabteilungen in einer Unternehmung in aller Regel mit einer intensiveren Erfüllung, möglicherweise sogar mit einer erstmaligen bewußten Wahrnehmung dieser Aufgabe verbunden. Arbeitsteilung bedeutet somit häufig auch Schaffung neuer Aufgaben. Spezialisierung als organisatorische Dimension erfaßt also primär das Ergebnis der Bildung dieser spezialisierten, strukturellen Aufgabenbereiche.

Wie bereits erwähnt, läßt sich die Arbeitsteilung sowohl als inhaltlich-klassifikatorisches Merkmal (Spezialisierungsart) wie auch als intensitätsmäßig abgestuftes Merkmal (Spezialisierungsintensität) betrachten.

In *klassifizierender Hinsicht* wird zwischen verschiedenen Formen der Arbeitsteilung unterschieden. Diese Formen kommen dadurch zustande, daß die Arbeitsteilung nach bestimmten Kriterien erfolgt. Dabei stehen in Unternehmungen die folgenden *Kriterien* im Vordergrund:

(1) Verrichtung
(2) Objekt
  (21) Produkt, Produktgruppe
  (22) Markt
  (23) Region

(1) Arbeitsteilung nach der Verrichtungsart

Bei der Kennzeichnung der Aufgaben einer Unternehmung zur Identifizierung organisationstheoretischer Objekte wurde bereits deutlich, daß bei der inhaltlichen Konkretisierung der Aufgaben einerseits ein Bezug auf bestimmte Aufgabenerfüllungsprozesse (z.B. Beschaffung, Produktion) und andererseits auf bestimmte Objekte (z.B. Güter und Dienstleistungen) erfolgt (vgl. S. 17).

Die Arbeitsteilung nach der Verrichtungsart bezieht sich nun auf einen dieser Aspekte, nämlich die **Aufgabenerfüllungsprozesse,** die als Verrichtungen bezeichnet werden. Sie beinhaltet die *Zusammenfassung gleichartiger Aufgabenerfüllungsprozesse in einer strukturellen Einheit der Unternehmung,* etwa einer Stelle oder einer Abteilung. Die Zusammenfassung kann auf verschiedenen Abstraktionsebenen erfolgen, die in einer Unternehmung im wesentlichen mit den Hierarchieebenen korrespondieren. Wird z.B. in einer Unternehmung auf der zweiten Hierarchieebene eine Arbeitsteilung nach der Verrichtungsart durchgeführt, entsteht eine verrichtungs- bzw. funktionsorientierte Organisationsstruktur (*funktionale Organisation;* vgl. *Grochla,* 1972(a)), die z.B. durch die Funktionsbereiche Beschaffung, Produktion, Absatz und Finanzen u.ä. gekennzeichnet sein kann. Auf niedrigeren hierarchischen Ebenen ist das Abstraktionsniveau weitaus geringer, so daß z.B. im Produktionsbereich Verrichtungen wie Drehen, Bohren, Fräsen etc. unterschieden und zusammengefaßt werden können (Werkstattprinzip).

Die oben angeführte verrichtungsorientierte Gliederung der Gesamtunternehmung erscheint unter theoretischen Gesichtspunkten oftmals problematisch; es bedarf daher einer Präzisierung. Diese könnte im Hinweis auf *typische Wissensgrundlagen* und *Hilfsmittel der Aufgabenerfüllung* bestehen. Eine Gliederung nach der Verrichtungsart würde dementsprechend solche Tätigkeiten zusammenfassen und von anderen trennen, für die ein einigermaßen einheitliches Wissen und ähnliche Hilfsmittel erforderlich sind (*Gulick,* 1937, S. 23). Dies wären beispielsweise in der Buchhaltung die Kenntnisse über das Verfahren der doppelten Buchführung mit den Buchungsjournalen, Kontokarten etc. als Hilfsmittel. Analog wären für die Schweißerei im Produktionsbereich die Kenntnisse über verschiedene Schweißverfahren mit entsprechenden Schweißapparaten zu nennen. Eine solche Konkretisierung erscheint auch unmittelbar verträglich mit dem immer wieder betonten wesentlichsten Vorteil einer Arbeitsteilung nach der Verrichtungsart, nämlich der Möglichkeit, Spezialwissen auszunutzen und besser zu entwickeln.

(2) Arbeitsteilung nach Objekten

Eine Arbeitsteilung nach Objekten bezieht sich auf den zweiten Bestandteil der Aufgaben, der z.B. in Sachleistungsunternehmungen in der Regel aus **Produkten** und in Dienstleistungsunternehmungen aus **Dienstleistungsarten** besteht. Eine nach diesem Kriterium auf der zweiten Hierarchieebene vorgenommene Gliederung führt zu einer weiteren wichtigen Strukturierungskonzeption, der divisionalen Organisation (*Spartenorganisation;* vgl. *Grochla,* 1972(a)).

(21) Arbeitsteilung nach Produkten, Produktgruppen

Als Beispiel für eine solche Gliederung sind etwa die Grundgliederung einer Unternehmung der Maschinenbauindustrie in die Geschäftszweige »Motoren«, »Traktoren«, »Lastkraftwagen« und »Anlagenbau« oder einer stärker diversifizierten Unternehmung in die Geschäftszweige »Hüttenbau«, »Walzwerksbau«, »Fördertechnik«, »Baumaschinen«, »Verdichtertechnik«, »Drucklufttechnik« und »Kunststofftechnik« anzuführen. Auch die Gliederung einer (Sach-) Versicherungsunternehmung in die Bereiche »Kfz-Versicherung«, »Gebäudeversicherung«, »Hausratversicherung« und »Valorenversicherung« wäre hier zu nennen.

(22) Arbeitsteilung nach Marktkriterien

Die Arbeitsteilung nach dem Marktkriterium berücksichtigt die *Zusammenfassung von Aktivitäten, die sich auf das Zusammenwirken der Unternehmung mit den Märkten beziehen.* Für eine Unternehmung sind in diesem Zusammenhang insbesondere die individuellen Beschaffungs- und Absatzmärkte von Bedeutung. Aber auch eine Gliederung nach Arbeits-, Kapital-, Anlagen- und Warenmarkt wäre nach diesem Kriterium möglich.

(23) Arbeitsteilung nach regionalen Kriterien

Bei der Gliederung nach regionalen Kriterien werden organisatorisch diejenigen *Aktivitäten zusammengefaßt, die in einer bestimmten Region zur Leistungserstellung dienen.* Ein Beispiel bietet die primäre Unterstellung geographisch gestreuter Zweigbetriebe (z. B. in Köln, München und Offenburg) unter Regionalleiter statt unter bestimmte Funktions- oder produktorientierte Geschäftsbereichsleiter in einer Zentrale.

Die obigen Beispiele lassen erkennen, daß es auch bei einer Gliederung nach grundlegenden Objektkategorien um eine wissensorientierte Differenzierung geht. Hierbei richtet sich das Wissen allerdings vornehmlich auf Informationen über bestimmte Objekte und differenziert erst in zweiter Linie nach den einzelnen Verrichtungsarten.

An die grundlegenden Gliederungsformen der Verrichtungs- und der Objektgliederung lassen sich *intensitätsmäßige Merkmale* anschließen. Der Grad der Spezialisierung bezeichnet dabei das Ausmaß der Arbeitsteilung nach dem jeweiligen Kriterium (also Verrichtung oder Objekt). Zum Beispiel wird durch den *funktionalen Spezialisierungsgrad* (Grad der Arbeitsteilung nach dem Verrichtungskriterium) erfaßt, inwieweit für bestimmte Funktionen spezialisierte Abteilungen oder Stellen vorhanden sind. Die Feststellung eines Spezialisierungsgrades nach dem Objektkriterium (*Divisionalisierungsgrad*) kann z. B. dadurch erfolgen, daß geprüft wird, ob nur eine funktionsgegliederte Beschaffungsabteilung besteht oder ob für verschiedene in einer Unternehmung hergestellte Produkte jeweils besondere Beschaffungsabteilungen oder zumindest Beschaffungsgruppen (-unterabteilungen) vorliegen.

2.3 Merkmale der Koordination

Aus der Gliederung der Aufgaben und ihrer Zuordnung zu verschiedenen Aktionseinheiten erfolgt die Notwendigkeit, die sich ergebenden einzelnen Teilaufgabenbereiche auf die jeweils übergeordnete Aufgabenerfüllung und letztlich auf die Erreichung der Gesamtziele hin zu koordinieren.

> Die *Koordination* umfaßt diejenigen organisatorischen Regeln, die die arbeitsteilige Aufgabenerfüllung im Hinblick auf die Ziele des Gesamtsystems ausrichtet und miteinander abstimmt.

Art und Ausmaß der Koordination lassen sich anhand der folgenden Teildimensionen der Koordination präzisieren:

2.3.1 Kompetenzverteilung
2.3.2 Festlegung von Aufgabenerfüllungsprozessen (Formalisierung).

2.3.1 Kompetenzverteilung

Die wegen ihrer primären Bedeutung für die Koordination zuerst zu nennende Teildimension erfaßt die unterschiedlichen Arten und Grade der Kompetenzverteilung in einer Unternehmung. Bei diesen organisatorischen Regeln geht es darum, für verschiedene Tätigkeiten das Ausmaß der Zuständigkeit der jeweils betroffenen Aktionsträger festzulegen. Das Merkmal »Kompetenzverteilung« wird in der organisationstheoretischen Literatur auch unter dem Begriff »Zentralisation« behandelt und in diesem Zusammenhang das Ausmaß der Zentralisation bzw. Dezentralisation (Delegation) hinsichtlich verschiedener Tätigkeiten wie Entscheidung, Weisung und Beschluß unterschieden. Da jedoch in dieser Verwendungsweise mit dem Begriff Zentralisation sehr unterschiedliche Sachverhalte (vertikale Verteilung von Befugnisssen, Zusammenfassung von Befugnissen in Gruppen etc.) angesprochen wurden, soll nunmehr bei weitgehendem Verzicht auf den Zentralisationsbegriff eine Aufspaltung der Teildimension Kompetenzverteilung in die folgenden drei *Unterpunkte* vorgenommen werden:

(1) Verteilung von Entscheidungsbefugnissen in der Hierarchie
(2) Verteilung von Entscheidungsbefugnissen auf eine oder mehrere Personen
(3) Verteilung von Weisungsbefugnissen.

(1) Verteilung von Entscheidungsbefugnissen in der Hierarchie

Ein erster Aspekt der Kompetenzverteilung liegt in der Verteilung von Entscheidungsbefugnissen über die verschiedenen hierarchischen Ebenen hinweg. Mit Entscheidungsbefugnis ist dabei angesprochen, ob *ein oder mehrere Entscheidungsträger in einem Entscheidungsprozeß* (nach den Phasen Problemerkennung, Initiierung und Promotion, Aufnahme und Strukturierung des Problemfeldes, Generierung von Lösungsalternativen, Bewertung der Lösungsalternativen) *selbständig die Auswahl der Lösungsalternative vornehmen können.* Das Merkmal »Verteilung von Entscheidungsbefugnissen in der Hierarchie« bezieht sich nun auf die konkrete hierarchische Ebene, der die mit Entscheidungsbefugnis ausgestatteten Entscheidungsträger zugeordnet sind.

Eine weitgehende Konzentration der Entscheidungsaufgaben in der Hierarchiespitze wird dabei als *hoher Grad der Entscheidungszentralisation* (niedriger Grad der Entscheidungsdezentralisation) in einer Organisationsstruktur bezeichnet. In diesem Fall haben nachgeordnete Aufgabenträger nur geringe Möglichkeiten zur eigenständigen Auswahl von Entscheidungsalternativen.

Von einem *geringen Grad der Entscheidungszentralisation* oder hoher Entscheidungsdezentralisation wird demgegenüber dann gesprochen, wenn die Entscheidungsbefugnisse derart verteilt sind, daß auch Aufgabenträger auf der zweiten, dritten und vierten Ebene (je nach Größe des Systems) eigenständig Entscheidungen treffen dürfen.

Eine weitere Klassifikation dieses Merkmals der Entscheidungszentralisation hätte darauf abzustellen, welche Arten von Entscheidungen auf welchen konkreten Hierarchieebenen getroffen werden.

(2) Verteilung von Entscheidungsbefugnissen auf eine oder mehrere Personen

Ein weiterer wichtiger Unterpunkt der Kompetenzverteilung ist die Verteilung von Entscheidungsbefugnissen auf eine oder mehrere Personen. Bei der Auswahl einer Entscheidungsalternative liegen die beiden extremen Möglichkeiten in dem »einsamen Beschluß« oder dem Beschluß durch die Konsensbildung mehrerer Personen. Das Merkmal »Verteilung von Entscheidungsbefugnissen auf eine oder mehrere Personen« bezieht sich somit konkret auf die Frage, ob die *Entscheidungen vorwiegend als Beschlüsse einzelner, leitender personeller Aktionsträger (unipersonale Beschlußfassung) oder ob die Entscheidungen (zumindest zu einem bestimmten Teil) als Ergebnisse von Interaktionsprozessen mehrerer mitspracheberechtigter Personen zu verstehen sind (multipersonale Beschlußfassung).*

Im Falle der Entscheidung durch mehrere personelle Aktionsträger werden die jeweils zugrundeliegenden Beschlüsse durch einen Gruppenkonsens getragen und müssen dann auch von dieser Gruppe kollektiv verantwortet werden. Diese Aspekte des Zustandekommens einer Entscheidung sind unabhängig davon, auf welcher Ebene sie getroffen werden (vgl. dazu das zuvor behandelte Merkmal »Verteilung von Entscheidungsbefugnissen in der Hierarchie«).

Der in einer Unternehmung bestehende Grad der Konzentration von Entscheidungsbefugnissen auf eine bestimmte Anzahl von Personen ergibt sich aus dem Verhältnis von individuell zu kollektiv gefaßten Beschlußtatbeständen.

Von einer *relativ hohen Konzentration von Entscheidungsbefugnissen auf einzelne Aktionsträger* kann in dem Maße gesprochen werden, in dem ein hoher Anteil von Entscheidungen nur von relativ wenigen, in bestimmter Form ausgezeichneten (etwa durch eine hohe Ebene oder durch ihre Stellung in der Linie) Mitgliedern jeweils allein gefaßt wird, ohne Rücksicht darauf, daß diese Entscheidungen u. U. auf Entscheidungsvorbereitungstätigkeiten zahlreicher anderer Mitarbeiter beruhen. Eine *relativ ausgeprägte Zuweisung von Entscheidungsbefugnissen zu Gruppen* liegt demgegenüber dann vor, wenn für viele Entscheidungen festgelegt ist, daß sie unter Beteiligung mehrerer voll mitspracheberechtigter Personen ausgearbeitet und durch einen festgelegten Mehrheitskonsens getragen werden müssen. Dieser Tatbestand wird häufig auch als *Partizipation im engeren Sinne* bezeichnet, während die Partizipation im weiteren Sinne auch Information und Beratung umfaßt.

Bei dieser Betrachtungsweise muß allerdings beachtet werden, daß sie vorwiegend aus der Führungstheorie stammt und daher zu Mißverständnissen führen kann. Wichtig für die hier zur Diskussion stehende Verteilung von Entscheidungsbefugnissen auf einen oder mehrere personelle Aktionsträger ist, daß damit nur solche individuell-autonomen bzw. gruppenhaft-kollektiven Entscheidungsakte und Verantwortlichkeiten erfaßt werden, die hinsichtlich dieser Eigenschaft organisatorisch geregelt sind, nicht jedoch z. B. Autokratie- und Partizipationsverhältnisse aufgrund persönlicher Führungsstile oder betriebsklimatischer Bedingungen.

Beispiele für die Merkmalsklasse »Verteilung von Entscheidungsbefugnissen auf eine oder mehrere Personen« bilden einerseits die traditionellen Strukturen, in denen eine Entscheidung und Verantwortung einzelner Mitglieder in der sog. Linie vorgesehen sind, und andererseits die sog. Teamstrukturen (*Likert,* 1961; *Schnelle,* 1966; *Golembiewski,* 1967), in denen für bestimmte Aufgaben eine kollektive Beschlußfassung und Verantwortlichkeit bestehen.

(3) Verteilung von Weisungsbefugnissen

Ein dritter und letzter Aspekt der Kompetenzverteilung ist die Verteilung von Weisungsbefugnissen. Diese Variable beinhaltet die *Zusammenfassung bzw. die Aufteilung von Weisungskompetenzen für die unterschiedlichen Aspekte der Aufgabenerfüllung untergeordneter Aufgabenträger.* Sie beruht auf der Feststellung, daß bei den meisten Aufgabenerfüllungsprozessen jeweils eine Mehrzahl von Aktivitäten mit entsprechend unterschiedlichen Anforderungen und Qualitätsmaßstäben erforderlich ist. So müssen im Fertigungsbereich etwa die herzustellenden Mengen geplant, die Maschinen eingerichtet, die personellen Aufgabenträger eingewiesen, die Arbeitsleistungen überwacht, die Arbeitsergebnisse geprüft und Maschinen instandgehalten werden. Auch in Entscheidungsprozessen lassen sich, wie bereits erwähnt, mehrere Teilaktivitäten differenzieren (vgl. S. 37f.). Stets stellen die Teilaktivitäten verschiedenartige Anforderungen und orientieren sich an verschiedenen Qualitätsmaßstäben. Diese unterschiedlichen Anforderungen und Qualitätsmaßstäbe können in aller Regel insgesamt nicht dauerhaft allgemeinverbindlich fixiert werden und bilden den Gegenstand der sog. *funktionalen Weisung,* d.h. bei bestimmten Teilaktivitäten werden nicht dauerhafte Regeln vorgegeben, sondern der »Vorgesetzte« entscheidet über ihre Ausführung im Einzelfall und gibt diese Entscheidung als »Weisung« an seinen »Untergebenen« weiter.

Darüber hinaus muß sichergestellt werden, daß die Aufgabenerfüllung von einem vorher bestimmten personalen Aktionsträger unter Wahrung genereller Umgangs- und Verhaltensnormen durchgeführt wird. Diese Gesichtspunkte bilden den Gegenstand des *disziplinarischen Weisungsrechts.* Die Anweisungsrechte können nun für alle weisungsrelevanten Aspekte einer einzigen Person übertragen oder sie können entsprechend den Einzelaspekten bzw. Weisungsbereichen auf mehrere Aktionsträger verteilt werden. *Die Zahl der Weisungsbefugten für irgendwelche Aspekte der Stellentätigkeit eines untergeordneten personalen Aktionsträgers ergibt den Grad der Konzentration von Weisungsbefugnissen.*

Die Verteilung von Weisungsbefugnissen wird in der Literatur häufig aufgrund einer Gegenüberstellung der beiden grundsätzlichen Ausprägungen von Leitungssystemen, nämlich des Einliniensystems und des Mehrliniensystems, erläutert. Im *Einliniensystem,* das die Verwirklichung des Prinzips der »Einheit der Auftragserteilung« von *Fayol* (1916) darstellt, besitzt jeder personale

Aktionsträger jeweils nur einen Vorgesetzten (Weisungsberechtigten). Im *Mehrliniensystem,* das auf *Taylor's* Funktionsmeistersystem zurückgeführt werden kann (1911), besitzt ein personaler Aktionsträger mehrer Vorgesetzte, die für bestimmte Aspekte seiner Aufgabenerfüllungstätigkeit weisungsberechtigt sind.

In komplexen sozio-technischen Systemen sind die Regeln bezüglich der drei genannten Unterpunkte der Kompetenzverteilung nicht ausreichend. Sie müssen durch eine weitere koordinative Teildimension – die formale Festlegung von Aufgabenerfüllungsprozessen (Formalisierung) – ergänzt werden.

2.3.2 Festlegung von Aufgabenerfüllungsprozessen (Formalisierung)

Formalisierung wird in diesem Buch als Oberbegriff für alle *organisatorischen Regeln mit koordinativer Funktion* verwendet, soweit sie sich nicht als Aspekte der Kompetenzverteilung auffassen lassen.

Diese Begriffsverwendung weicht von der vorherrschenden Auffassung in der organisationstheoretischen Literatur ab (z.B. *Pugh u.a.,* 1968; *Kieser,* 1973). Im allgemeinen wird unter Formalisierung das Ausmaß schriftlicher Regeln für die Arbeitsdurchführung sowie die Benutzung von schriftlichen Unterlagen für die laufende Arbeit verstanden (Formulare, aktenmäßige Dokumentation der wesentlichen Vorgänge). Der so definierten Dimension *»Formalisierung«* wird dann die Dimension *»Standardisierung«* nebengeordnet; diese wiederum erfaßt allgemein das Ausmaß, in dem bestimmte Regelmäßigkeiten der Verhaltensweisen bei der Aufgabenerfüllung das Ergebnis bewußt gestalteter organisatorischer Regeln sind. Es ist deutlich erkennbar, daß Standardisierung und Formalisierung in dieser Betrachtungsweise insofern eine starke Überschneidung aufweisen, als ein wesentlicher Teilaspekt beider die Fixierung von Leistungsansprüchen beinhaltet. Bei der Standardisierung genügt dabei eine mündliche bzw. gedankliche Fixierung, bei der Formalisierung geht es um das Vorliegen schriftlicher Verhaltensregeln. In dieser Fassung ist jedoch der Standardisierungsbegriff kaum noch vom Organisationsbegriff zu unterscheiden. Alles, was organisiert ist, ist auch standardisiert. Die einzelnen Dimensionen sollen nun aber den Organisationsbegriff näher bestimmen, und insbesondere soll ein Vergleich realer Organisationsstrukturen durch sie ermöglicht werden. Um diese Aufgabe erfüllen zu können, benötigt man Merkmale, die enger,

d. h. konkreter sind als der Organisationsbegriff. Da außerdem die Unterscheidung organisatorischer Dimensionen nach der Festlegung bzw. der Kommunikationsform (mündlich oder schriftlich) für praktische und auch für theoretische Zwecke nachgeordnet erscheint, wird der Standardisierungsbegriff als Organisationsdimension hier nicht mehr verwendet. An seine Stelle tritt allein der eingangs bereits definierte Formalisierungsbegriff, der im Vergleich zum üblichen organisationstheoretischen Standardisierungsbegriff enger, im Vergleich zum üblichen organisationstheoretischen Formalisierungsbegriff hingegen weiter ist.

> Die *Festlegung von Aufgabenerfüllungsprozessen (Formalisierung)* bezeichnet in den vorliegenden Ausführungen alle nicht auf die Kompetenzverteilung bezogenen koordinativen Regeln. Allgemein liegt Formalisierung immer dann vor, wenn Regeln *gezielt festgelegt werden und hinsichtlich der Art ihrer Festlegung »objektiv«,* d. h. »vorzeigbar« und unabhängig von einzelnen Personen übertragbar sind.

Die Formalisierung äußert sich in drei Merkmalskomplexen:

(1) in der Programmierung von Aufgabenerfüllungsprozessen,
(2) in der Dokumentation von Aufgabenerfüllungsprozessen und
(3) im Einsatz spezieller Steuerungssysteme.

(1) Programmierung von Aufgabenerfüllungsprozessen

Von »Programmierung« soll im Hinblick auf die folgenden Sachverhalte gesprochen werden:

(11) Spezifische und allgemein bekannte Erwartungen bzw. Forderungen in bezug auf die Erfüllung von Aufgaben,
(12) Anwendung bestimmter Verfahrensweisen für Aktivitäten und Handlungsabläufe, die mit Befolgungszwang verbunden sind.

Beide Aspekte stehen in enger Beziehung zueinander. Die Objektivierung und rationale Planung von Handlungen in Form bestimmter Verfahren steigert in der Regel das Ausmaß, in dem steuerungsrelevante Funktionen spezialisiert werden. Umgekehrt begünstigt die Wahrnehmung verschiedener steuerungsrelevanter Funktionen die Formulierung von Verfahrensweisen.

So begründen die Teilgrößen der Programmierung eine Routinisierung von Verhaltensweisen und eine Objektivierung von Bewertungsprozessen. Diese routinisierenden Verhaltensregeln können sich generell darauf beziehen,

- *wann* (unter welchen Bedingungen) gehandelt werden soll (Zeitregeln, zeitliche Vorgabe),
- *welche Handlung* in einer bestimmten Situation ausgeführt werden soll (Handlungswahlregeln, bedingte Vorgaben von Arbeitsleistungen),
- *wie* man bestimmte Tätigkeiten durchführen soll (Methodenregeln, arbeitsmethodische Vorgaben),
- *welche Ergebnisse* ein Arbeitsprozeß erbringen soll (Ergebnisregeln, Zielvorgaben) und
- *welche Aktionsträger bei welcher Arbeitsteilung* im Arbeitsprozeß jeweils zusammenarbeiten und wie diese miteinander in Verbindung treten sollen (Kooperations- und Kommunikationsregeln).

Im folgenden sollen die beiden eingangs genannten Teilaspekte der Programmierung kurz näher erläutert werden. Dabei ist auch auf einige Abgrenzungsschwierigkeiten zu anderen Dimensionen einzugehen.

(11) Das **Vorhandensein spezifischer Verhaltensanforderungen** für einzelne Aufgaben wird besonders deutlich, wenn neue Mitarbeiter eingewiesen werden. Sie müssen dann lernen, wie sie ihre Arbeit zu erledigen haben, mit wem sie dabei in Kontakt treten können, welche Termine sie beachten müssen etc. All dies wird ihnen entweder nur mündlich mitgeteilt (bzw. sie erfahren es sogar nur indirekt aus bestimmten Reaktionen von Kollegen und Vorgesetzten), oder die Verhaltensanforderungen werden in Organisationshandbüchern und Stellenbeschreibungen dokumentiert. In jedem Falle ist mit jeder Stelle als kleinster Einheit in der Organisation ein Satz solcher mehr oder minder detaillierter Verhaltens- und Funktionserwartungen verbunden.

Je mehr man diese Verhaltenserwartungen konkretisiert, desto schwieriger erscheint meist eine klare Trennung zwischen Spezialisierung und organisatorischer Programmierung. Mit zunehmender Arbeitsteilung gehen nämlich in der Regel diejenigen Verhaltensspezifikationen, die die Art der Erfüllungsweise vorschreiben (Programmierung), in Ansprüche über, die sich ausschließlich auf die Erfüllung der Aufgabe beziehen. Solche Erfüllungsansprüche sind aber ebenfalls mit der Formulierung von Verhaltensanforderungen bei der Spezialisierung verbunden.

Diese konzeptionelle Problematik sollte im Auge behalten werden, wenn man empirische Studien der Organisationstheorie analysiert, die mit den Variablen »funktionaler Spezialisierungsgrad« und »Standardisierungsgrad« (= Programmierungsgrad im hier verwendeten Begriffssystem) arbeiten und meist eine enge positive Beziehung zwischen diesen Variablen feststellen (d. h. je stärker der funktionale Spezialisierungsgrad, desto stärker die Standardisierung). Dieser Zusammenhang besitzt, wie oben ausgeführt, wahrscheinlich einen gewissen rein analytisch begründeten Anteil.

(12) Beispiele für die **Anwendung spezieller Verfahrensweisen** sind etwa die Verwendung eines bestimmten Buchhaltungs- oder Abrechnungssystems oder einer einheitlichen Methode der Lagerdisposition. Insbesondere der Einsatz der automatisierten Datenverarbeitung ist in der Regel mit einer verfahrensbildenden Strukturierung von Aufgabenerfüllungsprozessen verbunden.

(2) Dokumentation von Aufgabenerfüllungsprozessen

Das Merkmal »Dokumentation von Aufgabenerfüllungsprozessen« erfaßt in einer Unternehmung die schriftliche (im weitesten Sinne) *Bindung der Aufgabenerfüllungsprozesse,* die Form und Intensität der Speicherung von Informationen sowie die aktenmäßige Festlegung der Geschäftsvorgänge, d. h. die Techniken der Fixierung. Die Einführung eines zusätzlichen Formulars bzw. der Mikroverfilmung, die Einrichtung eines neuen Ablagesystems, der Übergang von Lochkarten zu Magnetbändern, die Speicherung bestimmter Informationen in einer Datenbank oder Bestimmungen über die schriftliche Erfassung von Besprechungen (Protokollführung) wären etwa Veränderungen der Dokumentation. Da durch die Art und Intensität der Dokumentation die Organisation sichtbar bzw. gegenständlich wird, hat sie für das praktische Organisieren eine große Bedeutung.

(3) Einsatz spezieller Steuerungssysteme

Die dritte Teildimension der Formalisierung wird durch den Einsatz spezieller Steuerungssysteme dargestellt. Damit sind zum einen sog. *Managementkonzeptionen,* wie etwa Management by Exception (*Bittel,* 1964), Management by Objectives (*Odiorne,* 1965; *Humble,* 1972) oder Management by Results (*Schleh,* 1961) und zum anderen *Lenkpreissysteme* (*Schmalenbach,*

1947, 1948; *Whinston*, 1964; *Hirshleifer*, 1964) angesprochen.

Von den **Managementkonzeptionen** seien im folgenden als Beispiel die Grundgedanken des *Management by Exception* (Ausnahmeprinzip) kurz dargestellt.

Das Ausnahmeprinzip fordert zunächst eine möglichst weitgehende *Entscheidungsdezentralisation (Delegation)* und steht damit in einem sehr engen Zusammenhang zum entsprechenden Unterpunkt der Teildimension »Kompetenzverteilung«. Es bleibt jedoch nicht bei der Delegationsforderung stehen. Das Ausnahmeprinzip spezifiziert vielmehr eine bestimmte Form der Kommunikation zwischen zwei Hierarchieebenen sowie der Kontrolle von untergeordneten Aktionsträgern durch ihre Vorgesetzten. Die in ihm enthaltene Delegation wird durch eine genaue Festlegung der Ermessensspielräume der untergeordneten Aktionsträger abgesichert. Die Abgrenzung von Ermessensspielräumen geschieht durch die Vorgabe von Schwellenwerten für bestimmte entscheidungsrelevante Größen (z. B. bei Überschreiten eines vorgegebenen Budgets) oder durch die Definition bestimmter Situationen, bei deren Überschreiten bzw. Eintreten ein nachgeordneter Mitarbeiter seinen Vorgesetzten zu informieren hat bzw. die Zuständigkeit für die Aufgabenerfüllung an diesen übergeht. Gerade in diesen Regeln für die Informations- und Kontrollbeziehungen ist der wesentlichste Aspekt des Ausnahmeprinzips zu sehen. Insofern muß das Ausnahmeprinzip als eine, einem bedingten Programm sehr ähnliche Regelung für die Kommunikations- und Kontrollbeziehungen zwischen personalen Aktionsträgern und ihren direkten Vorgesetzten oder direkten Untergebenen begriffen werden.

Die im Ausnahmeprinzip angelegte Formalisierung hierarchischer Beziehungen wird immer dann notwendig, wenn die starre, an Aufgabeninhalte oder Tätigkeiten gebundene Kompetenzbegrenzung durch eine anhand graduell erfaßbarer Größen festgelegte Zuständigkeitsverteilung ersetzt werden soll.

Die Anwendung des Ausnahmeprinzips bedeutet im Unterschied zur Programmierung nicht eine Aufstellung von Regeln für den Vollzug der Aufgabenerfüllung, sondern es geht letztlich um *Regeln dafür, welcher Aktionsträger unter bestimmten Bedingungen jeweils zur Aufgabenerfüllung berechtigt sein soll.* Das Ausnahmeprinzip strukturiert somit nicht Handlungsabläufe, sondern es determiniert den Aktionsträgereinsatz bzw. den situationsspezifischen Rahmen der Zuständigkeitsverteilung. Das Zusammenwirken des Ausnahmeprinzips mit der Programmierung kann man sich wie folgt vorstellen: Das Ausnahmeprinzip legt die Reaktionen von Aktionsträgern auf das Auftreten von Ausnahmen in deren Zuständigkeitsbereichen fest. Dies geschieht durch die Definition der möglichen Ausnahmen und die Angabe der fallspezifischen Abtretung der Zuständigkeit für die Erfüllung einer bestimmten Aufgabe. In denjenigen Situationen, die keine Ausnahmen enthalten, werden die Reaktionen durch Programmierung formalisiert.

Im Unterschied zu den Managementkonzeptionen beziehen sich **Lenkpreise** auf die *Abstimmung von Entscheidungen größerer betrieblicher Teilbereiche* im Hinblick auf die Erreichung bestimmter Formalziele, wobei die Gewinn- oder Rentabilitätsmaximierung im Vordergrund steht. Lenkpreissysteme finden sich nur in ökonomischen Systemen, insbesondere in Unternehmungen.

Die Preisfestlegung kann sich sowohl auf von einer Steuerungszentrale gehaltene knappe Ressourcen (z.B. Finanzmittel etc.), die von einer Mehrzahl von Unternehmungsbereichen benötigt werden, als auch auf den Transfer von Leistungen zwischen bestimmten Unternehmungsbereichen beziehen. Man spricht in diesem Zusammenhang von vertikalen und horizontalen Leistungsbeziehungen.

Die jeweils bestimmten Aktionsträgern vorgegebenen Preise stellen für diese implizite Verhaltensnormen dar (*Hax*, 1965). Um Verhaltenserwartungen handelt es sich, weil mit den Preisvorgaben die Erwartung verknüpft ist, daß die Unternehmungsbereiche bestimmte Ressourcenmengen abnehmen oder Leistungen produzieren. Die Verhaltenserwartungen sind implizite, weil die Vorgabe von Preisinformationen im Gegensatz zu anderen Formen der Formalisierung die konkreten Verhaltensweisen bei der Aufgabenerfüllung völlig offen läßt. Die Preisfestlegung bestimmt lediglich einen zentralen Entscheidungsparameter und induziert auf diesem Wege bei rationalem Verhalten der betroffenen Aktionsträger prognostizierbare Entscheidungen. Wie bereits angedeutet, betreffen diese Entscheidungen vor allem die Leistungsarten und -mengen des Perioden-Aktionsprogramms eines Unternehmungsbereiches sowie die Bewertung der eigenen Leistungen und den Bezug von Vorleistungen aus anderen Bereichen der eigenen Unternehmung oder vom Markt.

Aus der Anwendung von Lenkpreisen ergibt sich somit die Möglichkeit, Prozesse der Leistungserstellung (Arten und Mengen), der Bewertung der eigenen Leistungen (Lieferung an andere Unternehmungsbereiche oder an den Markt) und des Vorleistungsbezuges (Bezug durch andere Unternehmungsbereiche oder durch den Markt) zu verstetigen. Diese »Verstetigung« kann je nach der externen Preissituation sowie den Ressourcenbeständen und den Ressourcenbeschaffungsmöglichkeiten durchaus konditionalen Charakter tragen. Jedoch bleibt eine Formalisierungswirkung in jedem Fall erhalten. Sie bezieht sich dann zwar nicht mehr auf die absolute Kontinuität von nach Arten, Mengen und Input-/Outputbereichen definierten Handlungsprogrammen in einer Unternehmung, sondern auf den kontrollierten Aufbau der relevanten Entscheidungsfelder (zumindest soweit es den außerordentlich wichtigen Parameter »Preis« betrifft). Die Konstanz der Ermittlungsverfahren für die Lenkpreise sowie der Umstand, daß eine innerbetriebliche Preissteuerung, in der Zielvorstellungen der Gesamtunternehmung und Marktbedingungen verarbeitet sind, zu erwarten ist, bewirken gemeinsam eine Strukturierung der Orientierungen bei den relevanten Entscheidungsträgern.

Auf die Ausgestaltung von Lenkpreissystemen im einzelnen kann an dieser Stelle nicht eingegangen werden. Eine spezielle Behandlung dieser Koordinationsform ist auch für die weiteren Ausführungen nicht erforderlich.

Die Formalisierungseffekte von Lenkpreisen werden am ehesten dann deutlich, wenn man sich Ressourcenallokations- und Transferprozesse ohne innerbetriebliche, als Verfahren festgelegte Preissteuerung vorstellt. Unter diesen Bedingungen wären zahlreiche Verhandlungsprozesse erforderlich, deren Ergebnisse von einer ganzen Reihe unkontrollierbarer Faktoren (Macht, persönliche Beziehungen etc.) abhängen und insofern den Spielraum möglicher Verhaltensweisen beträchtlich erweitern.

Alle genannten Teildimensionen der Formalisierung lassen sich sowohl als inhaltlich-klassifikatorische als auch als rein intensitätsmäßige Merkmale formulieren.

Bei *inhaltlicher Aufschlüsselung* der Programmierung wäre ein Zugang zu den einzelnen Regelungsinhalten im Hinblick auf bestimmte Aufgabenerfüllungsprozesse zu gewinnen. Außerdem könnten die jeweils regelmäßig durchzuführenden, die Leitungsprozesse vorbereitenden und kontrollierenden Maßnahmen deutlicher herausgestellt werden. Bei inhaltlicher Konkretisierung der Dokumentation sind die jeweils verwendeten Formulare, Ablagen und Speicherungsformen sowie die aktenkundigen Informationen zu beschreiben. Die Anwendung des Ausnahmeprinzips müßte als inhaltlich-klassifikatorisches Merkmal jeweils diejenigen Entscheidungsbereiche erfassen, in denen die Vorgesetzten-Untergebenen-Verhältnisse nach diesem Prinzip gestaltet sind. Eine systematische inhaltliche Beschreibung der Anwendung von Lenkpreissystemen müßte auf die konkrete Form derartiger Systeme eingehen.

Die *Bildung rein intensitätsmäßiger Merkmale* würde bei der Programmierung und der Dokumentation zu den Merkmalen »Programmierungsgrad« und »Dokumentationsgrad« führen, die sich möglicherweise aus ordinalen oder metrischen Teilmerkmalen zusammensetzen könnten. Der Programmierungsgrad umfaßt zumindest zwei Teilkomponenten: Zum einen enthält er den Anteil von Aufgabenerfüllungsprozessen, für die Programme, d.h. fixierte Verhaltensweisen vorliegen, zum anderen müßte in ihm die Strukturierungsintensität der Verfahren, die durch ihre Detaillierung und das Ausmaß ihrer Konditionalisierung bestimmt wird, erfaßt werden. Die Detaillierung äußert sich in der Einengung von Verhaltensmöglichkeiten. Die Konditionalisierung wird in der Ungleichförmigkeit von Verhaltensabläufen bei Vorliegen unterschiedlicher Situationen trotz einer Programmierung deutlich. Sie gibt die in den Verhaltensregeln berücksichtigten Situationsunterschiede wieder, die ein programmiertes Verhalten trotz seiner Programmierung möglicherweise sehr ungleichförmig erscheinen lassen. Starke Detaillierung und geringe Konditionalisierung bedeuten somit eine hohe Strukturierung bzw. Programmierung. Auch den Dokumentationsgrad muß man sich in ähnlicher Weise als aus den Komponenten »Ausdehnung der Bereiche, in denen dokumentiert wird« und »Intensität der Dokumentation in den verschiedenen Bereichen« zusammengesetzt vorstellen. Bei den Steuerungssystemen könnte z.B. das Ausmaß der Anwendung des Ausnahmeprinzips dadurch festgestellt werden, daß die Stellen ermittelt werden, bei denen eine Abgrenzung von Kompetenzen nicht aufgabeninhaltlich, sondern nach bestimmten Werten von Entscheidungsparametern erfolgt (z.B. im Einkauf und Verkauf nach Auftragswerten gestaffelte Zuständigkeiten). Eine intensitätsmäßige Erfassung von Lenkpreissystemen müßte auf Aspekte wie »Zahl berührter Bereiche«, »Wichtigkeit für die Gesamtunternehmung« etc. abstellen.

2.4 Merkmale der Konfiguration

Zu den Grunddimensionen Arbeitsteilung und Koordination tritt als abgeleitete Dimension die Konfiguration. Diese umfaßt die *jeweilige Form einer Organisation aufgrund der individuellen Arbeitsteilung und Koordination.* Konfigurative Aspekte finden weitgehend ihren Ausdruck in einem Organisationsplan oder -schaubild (Organigramm).

> Unter *Konfiguration* einer Organisation ist die individuelle Art ihrer horizontalen und vertikalen Gliederung zu verstehen.

Aus dieser Kennzeichnung darf jedoch nicht abgeleitet werden, daß Konfiguration mit der Organisationsstruktur gleichzusetzen ist. Vielmehr erfaßt die Konfiguration nur ganz bestimmte Merkmale der Arbeitsteilung und Koordination, während die Organisationsstruktur durch die Gesamtheit der organisatorischen Merkmale und deren Ausprägungen festgelegt wird.

Die Konfiguration läßt sich mit den im folgenden genannten *Merkmalen* präzise beschreiben:

(1) die Zahl der hierarchischen Ebenen,
(2) die Leitungsspannen auf den verschiedenen Hierarchieebenen,
(3) die Verteilung von Aktionsträgern auf die verschiedenen strukturellen Einheiten und
(4) die Bildung von Verhältnisgrößen durch Inbeziehungsetzung der verschiedenen Arten von Aktionseinheiten bzw. der verschiedenen Gruppen personeller Aktionsträger.

Dabei haben insbesondere die beiden ersten Merkmale eine starke Wirkung auf das äußere Bild einer Unternehmung.

(1) Die **Zahl der hierarchischen Ebenen** repräsentiert die *Tiefe der vertikalen Gliederung einer Organisation.* Sie wird in de Regel bedingt durch die Größe der Unternehmung sowie durch die Verteilung von Weisungsbefugnissen und steht in direktem Zusammenhang mit den Leitungsspannen.

(2) Unter **Leitungsspanne** (in der englischsprachigen Literatur als »span of control« bezeichnet) wird die *Anzahl von Aktionsträgern verstanden, die ein Vorgesetzter als unmittelbare Untergebene zu leiten hat.* In einer Unternehmung gibt es in der Regel sehr viele unterschiedliche Leitungsspannen; die Berechnung einer durchschnittlichen Leitungsspanne für die Gesamtunternehmung erscheint daher in der Regel wenig sinnvoll, weil es auf die zweckmäßige Leitungsspanne jedes Leitungsteilsystems ankommt und sich die einzelnen Leitungsspannen bei der Durchschnittsbildung gegenseitig kompensieren können. Deshalb wählt man zur Analyse organisatorischer Eigenschaften ganz bestimmte Leitungsspannendurchschnitte einzelner Hierarchieebenen aus. So wird z. B. häufig die Leitungsspanne an der Spitze der Hierarchie, d. h. auf Geschäftsführerebene o. ä., untersucht. Auch die durchschnittliche Leitungsspanne auf der zweituntersten Hierarchieebene, d. h. etwa im Meister-Arbeiter-Bereich, ist ein wichtiges Merkmal. In der Regel nimmt die Leitungsspanne in der Hierarchie von oben nach unten zu.

(3) Ein drittes konfiguratives Merkmal ergibt sich aus der **Verteilung von Aktionsträgern auf die verschiedenen strukturellen Einheiten** (z. B. Anzahl des Personals im Verkaufsbereich im Produktionsbereich etc.). Mit Hilfe dieser Informationen lassen sich unter Berücksichtigung anderer Faktoren, wie dem Ausbildungsstand des Personals, Aussagen über die Wichtigkeit bestimmter struktureller Bereiche in sozio-technischen Systemen treffen.

(4) Weiterhin können verschiedene **Verhältnisgrößen** als konfi-

gurative Merkmale begriffen werden. Zwei in diesem Zusammenhang besonders wichtige Größen sind:

(41) die Relationen der verschiedenen Arten von Aktionseinheiten wie Instanzen, Stäbe, Dienstleistungsstellen, Kollegien, Ausführungsstellen etc. und

(42) die Relationen bestimmter Gruppen personeller Aktionsträger.

(41) Bei der Bildung von Verhältnisgrößen durch **Inbeziehungsetzung der verschiedenen Arten von Aktionseinheiten** können Unternehmungen z.B. nach dem Ausmaß unterschieden werden, in dem Stäbe und Kollegien im Verhältnis zu Instanzen eingerichtet sind. So führt z.B. eine intensive Delegation der Entscheidungsvorbereitung auf Führungs- und Fachstäbe zu einer Konfiguration, die in der Leitungstiefe zwar begrenzt wird, jedoch auf den hierarchischen Ebenen durch die Stäbe eine Ausbreitung erfährt. Zwar erscheint bei der oben genannten Festlegung die Abgrenzung zur Dimension »Arbeitsteilung (Spezialisierung)« als nicht sehr deutlich und durchaus fließend, es ist aber zwischen der Frage nach der Art der Arbeitsteilung und der Frage nach der Existenz bestimmter spezialisierter Stellen oder Abteilungen doch ein gewisser Unterschied zu konstatieren.

In diesem Zusammenhang ist zu beachten, daß die Schaffung von speziellen Stellen als eine der Standardreaktionen auf organisatorische Probleme angesehen werden kann. Besteht das Problem etwa darin, daß bestimmte Aufgaben vernachlässigt werden, so ist die Ergänzung des Stellenaufbaus, wie z.B. die Bildung einer Stabsstelle für »Unternehmungsgesamtplanung« und damit die Änderung der Konfiguration ohnehin das naheliegendste Mittel. Aber auch auf Koordinationsprobleme wird sehr häufig einfach durch die Schaffung von Koordinationsstellen (etwa Komitees, permanten Verbindungsstellen zwischen Bereichen, Abstimmungsgruppen u.ä.) reagiert.

(42) Weiterhin ist in der Literatur neben der einfachen Feststellung der Zahl von Aktionsträgern in bestimmten Funktionsbereichen die **Inbeziehungsetzung bestimmter Gruppen von personalen Aktionsträgern zu anderen Gruppen** anzutreffen (*Blau,* 1970; *Kieser,* 1971). Durch Bildung eines Verhältnisses, z.B. der Beschäftigten in den indirekten (d.h. mittelbar mit der Leistungserstellung befaßten Stellen wie Verwaltungs-, Leitungs-, Hilfs- und Überwachungsstellen) zu den direkten Stellen (Arbeiter, d.h. unmittelbar in die Leistungserstellung einbezogenes Personal), oder durch Bildung des Verhältnisses der Mitarbeiter in Hilfsstellen (Dienstlei-

stungsstellen, Stabsstellen) zur Gesamtbeschäftigung oder der Instanzen in direkter Linie zur Gesamtbeschäftigung etc., lassen sich wichtige Aufschlüsse über die Leitungsstruktur eines sozio-technischen Systems gewinnen (vgl. z.B. den Parkinson-Effekt, *Parkinson,* 1957; *Child,* 1973 (b)). Ein besonders häufig akzentuiertes Merkmal ist die sog. L/A-Relation (= Leitungspersonal und Leitungshilfspersonal/Ausführungsstellen). Sie wird als Indikator für die Leitungsintensität verwendet.

Die Abb. 4 gibt noch einmal einen Überblick über die in den vorangegangenen Ausführungen herausgestellten Dimensionen der Organisation.

Das Verständnis der wesentlichsten Problemaspekte dieses Kapitels kann mit Hilfe der folgenden Fragen bzw. Aufgaben kontrolliert werden:

- *Welche organisatorischen Merkmale in sozio-technischen Systemen werden hier als Grunddimensionen bezeichnet, und inwiefern nimmt die abgeleitete Dimension eine Sonderstellung ein?*
- *Was ist der Zweck der Formulierung dieser organisatorischen Dimensionen?*
- *Wie ist die Relevanz der Dimensionen für die Praxis zu beurteilen?*
- *Beschreiben Sie einige klassifikatorische Merkmale der Arbeitsteilung!*
- *Mit Hilfe welcher dieser Merkmale können die »funktionale Organisationsform« und die »divisionale Organisationsform« unterschieden werden?*
- *Aus welchen Teildimensionen setzt sich die Grunddimension »Koordination« zusammen? Wie lassen sich die beiden Teildimensionen gegeneinander abgrenzen?*
- *Nennen Sie einige klassifikatorische Merkmale der Kompetenzverteilung und der Festlegung von Aufgabenerfüllungsprozessen (Formalisierung)!*
- *Erklären Sie mit Hilfe der klassifikatorischen Merkmale der Kompetenzverteilung*
  - *die Teamstrukturen,*
  - *das Einliniensystem und*
  - *das Mehrliniensystem!*
- *Bei welchen Tatbeständen kann von Entscheidungsdezentralisation, bei welchen von organisatorischer Programmierung gesprochen werden?*
- *Welche Beispiele für spezielle Steuerungssysteme können Sie benennen?*
- *Formulieren Sie einige Beispiele zu den verschiedenen intensitätsmäßig abgestuften Merkmalen der Konfiguration!*
- *Erklären Sie den Zusammenhang zwischen der Zahl der hierarchischen Ebenen und der Leitungsspanne!*

Dimensionen		inhaltlich-klassifikatorische Merkmale		intensitätsmäßig abgestufte Merkmale	
		Benennung der klassifikatorischen Merkmale	Beispiele	Benennung der intensitätsmäßig abgestuften Merkmale	Beispiele
Arbeitsteilung (Spezialisierung)		Verrichtung	Bildung von Funktionsbereichen: – Beschaffung – Fertigung – Absatz – Finanzierung	Grad der Spezialisierung nach der Verrichtungsart	auf der zweiten Hierarchieebene werden 6 Funktionsbereiche gebildet
		Objekt – Produkt, Produktgruppe – Markt – Region	Bildung von Produktsparten: – Personenfahrzeuge – Nutzfahrzeuge	Grad der Spezialisierung nach dem Objekt	auf der zweiten Hierarchieebene wird in 5 Sparten nach Produktgruppen gegliedert
Koordination	Kompetenzverteilung	Verteilung von Entscheidungsbefugnissen in der Hierarchie		Grad der Entscheidungszentralisation/-dezentralisation	alle Entscheidungen werden ausschließlich vom Geschäftsführer getroffen
		Verteilung von Entscheidungsbefugnissen auf eine oder mehrere Personen	Teamstrukturen	Konzentration von Entscheidungsbefugnissen auf eine bestimmte Anzahl von Personen	alle Entscheidungen über Investitionsprojekte erfolgen im Team
		Verteilung von Weisungsbefugnissen	– Einliniensystem – Mehrliniensystem	Konzentration von Weisungsbefugnissen auf eine bestimmte Anzahl von Personen	in der Abteilung »Technisches Design« einer Unternehmung sind im Rahmen einer Matrixorganisation der Abteilungsleiter disziplinarisch, die 3 Produktmanager sachlich weisungsberechtigt
	Festlegung von Aufgabenerfüllungsprozessen (Formalisierung)	Programmierung von Aufgabenerfüllungsprozessen	Anwendung der doppelten Buchführung	Programmierungsgrad	zur Bearbeitung eines bestimmten Werkstückes muß ein Arbeiter insgesamt 6 verschiedene Handlungsfolgen ausführen
		Dokumentation von Aufgabenerfüllungsprozessen	Verwendung von Formularen	Dokumentationsgrad	für alle Stellen liegen schriftlich fixierte Stellenbeschreibungen vor
		Einsatz spezieller Steuerungssysteme	– Management by Exception – Transferpreissystem	Grad des Vorhandenseins bzw. der Bedeutung bestimmter Steuerungssysteme	Einkäufer B ist berechtigt, bis zum Betrag von DM 10000 selbständig Bestellungen aufzugeben. Darüber hinausgehende Bestellsummen müssen von seinem Chef genehmigt werden
Konfiguration		./.	./.	Zahl der hierarchischen Ebenen	eine Unternehmungsorganisation hat folgende 4 hierarchische Ebenen: Geschäftsleitung, Spartenleitung, Funktionsbereichsleitung, Meister bzw. Gruppenleiter
				Größe der Leitungsspanne	die Leitungsspanne beträgt in der Hierarchiespitze 2–4 Personen, im Realisationsbereich 10–15 Personen
				Verteilung von Aktionsträgern auf verschiedene strukturelle Einheiten	
				Relationen der verschiedenen Arten von Aktionseinheiten bzw. Gruppen personeller Aktionsträger	auf drei Instanzen kommt in einer Unternehmung eine Stabsstelle; Leitungspersonal : Ausführungspersonal = 1 : 6,3.

Abb. 4: Dimensionen der Organisation

3. Anliegen der Organisationstheorie sowie entsprechende Ziele, Stufen und Strategien der Organisationsforschung

Nachdem im ersten Kapitel die funktionale Charakterisierung der Organisation sowie die Identifizierung organisationstheoretischer Objekte erfolgt sind, und im zweiten Kapitel die Komponente »Organisatorische Regeln« aufgrund mehrerer Dimensionen präzisiert wurde, soll nun das Anliegen der Organisationstheorie unter der Zielvorstellung der »Unterstützung der organisatorischen Gestaltung« herausgearbeitet werden (Punkt 3.1).

Anschließend wird die Frage gestellt, welche Ziele sich daraus für die Forschungsaktivitäten ableiten lassen (Punkt 3.2), und mit welchen Strategien diese Ziele erreicht werden können. Im Punkt 3.3 werden dabei die Strategien der Forschung beschrieben und anhand von Beispielen näher erläutert, im Punkt 3.4 wird die Zusammenführung der Strategien in praxeologischen Aussagen thematisiert, und anschließend werden im Punkt 3.5 die Interdependenzen aufgezeigt, die zwischen den Forschungsstufen und den Forschungsstrategien bestehen.

3.1 Die Unterstützung der organisatorischen Gestaltung als Anliegen der Organisationstheorie

Die Organisationstheorie muß sich als eine praktisch orientierte Wissenschaft verstehen (zur näheren Begründung vgl. insbesondere Kapitel 6.) und sollte sich daher auch als solche beweisen. *Praktische Orientierung* bedeutet dabei, daß die zu entwickelnden Aussagen für reale Problemdefinitionen und -lösungsvorschläge eine Unterstützung leisten, d. h. die Ergebnisse der Organisationstheorie müssen praktisches organisatorisches Handeln anleiten können.

Diese Forderung für die Organisationstheorie soll in keiner Weise die jeweiligen Werte und Zwecke festlegen, die einem konkreten, praktischen Handeln zugrunde liegen. Organisationstheoretische Aussagen lassen sich vielmehr als prinzipiell offen begreifen, d. h. sie können für eine Unterstützung von organisatorischen Handlungen durch höchst verschiedenartige Zwecke und Werte geleitet sein. Dabei sollte aber nicht übersehen werden, daß grundsätzlich in jeden Forschungsprozeß verschiedene Wertvorstellungen einfließen, und daß diese Wertvorstellungen auch hinterfragt werden können.

Die erhobene Forderung einer praktischen Orientierung bezieht sich auf die globale Ausrichtung der Organisationstheorie. Sie betont, daß die Organisationstheorie nicht Selbstzweck ist, sondern einen ökonomischen und einen sozialen Nutzen haben sollte. Dies impliziert jedoch nicht, daß ein großer Teil von Aussagen oder sogar jede Aussage praktisch verwendbar sein muß. Dies wäre auch eine völlig unrealistische Forderung. Denn jede Wissenschaft bedarf auch der sog. *Grundlagenforschung*, in der spezielle Einzelfragen sehr intensiv und ohne einen direkten Praxisbezug untersucht und einer Antwort zugeführt werden. Ein Beispiel dafür wäre etwa eine noch weitergehende Präzisierung einzelner organisatorischer Dimensionen, als sie im vorangegangenen Kapitel vorgenommen wurde. Obwohl unmittelbar einsichtig sein dürfte, daß eine solche Präzisierung eine grundlegend wichtige Forschungsarbeit darstellt, beinhaltet die direkte Anwendbarkeit in der Praxis jedoch ein zusätzlich noch zu lösendes Problem. Aus der Forderung einer praktischen Orientierung ist daher für die Grundlagenforschung lediglich ableitbar, daß auch für solche »vorgelagerten«, grundlegenden Forschungsarbeiten die Erarbeitung vernünftiger handlungsanleitender Aussagen als letztes Ziel der Organisationsforschung bereits im Auge behalten werden sollte. Für das Beispiel der organisatorischen Dimensionen bedeutet dies etwa, daß ihre Präzisierung nicht ausschließlich unter dem Aspekt vorgenommen wird, daß die entsprechenden Tatbestände in der Realität beobachtbar sind. Vielmehr müssen die präzisierten Dimensionen später für den Organisationspraktiker als Aktionsparameter erkennbar sein, so daß er sie zur zieladäquaten Verhaltens- und Funktionssteuerung einsetzen kann.

Wie aus diesen Ausführungen zu ersehen ist, bedeutet die Forderung nach praktischer Orientierung in keiner Weise einen Verzicht auf theoretische Fundierung bzw. allgemein auf *Theorieentwicklung*. Es ist vielmehr zu betonen, daß nur eine »gute Theorie« die Voraussetzungen für zweckmäßige, praxisorientierte Aussagen und damit für Handlungsanweisungen bieten kann.

Was ist nun aber eine »gute Theorie«? Um die Anforderungen an eine solche herauszuarbeiten, muß zunächst der *Theoriebegriff* selbst festgelegt werden. In der Wissenschaftstheorie wird der Theoriebegriff im allgemeinen auf Aussagen beschränkt, die reale Phänomene erklären (vgl. *Popper*, 1935; *Hempel,* 1965; *Opp*, 1970, S. 29ff.). Dieser relativ enge Theoriebegriff ist aber in der Forschungspraxis weitgehend ungebräuchlich. Vielmehr werden auch solche Aussagen dem Theoriebegriff zugeordnet, wenn nicht gar selbst bereits als Theorie bezeichnet, die in einem Forschungsprozeß die Vorstufen zu den erklärenden Aussagen bilden. Um nämlich reale Phänomene erklären zu können, ist es zunächst nötig, sie begrifflich zu verarbeiten und systematisch zu beschreiben. Ein entsprechend *weiter Theoriebegriff*, der also sowohl *begriffliche, beschreibende* als auch *erklärende* Aussagen über reale Tatbestände beinhaltet sowie schließlich auch Aussagen, aus denen in der Praxis direkt *Handlungsanweisungen zur Lösung realer Probleme* abgeleitet werden können, soll auch hier zugrundegelegt werden.

Die methodologische Literatur hat sich sehr ausführlich damit beschäftigt, welche Anforderungen an solche theoretischen Aussagen, die eine »gute Theorie« bilden, zu stellen sind. Dabei werden im allgemeinen die folgenden Qualitätsmerkmale theoretischer Aussagen genannt (vgl. *Popper,* 1935; *Albert,* 1964; *Chmielewicz,* 1970; *Schanz,* 1975):

- ein hoher Informationsgehalt,
- eine intersubjektive Überprüfbarkeit (Objektivität) und
- eine empirische Bestätigung oder Absicherung.

Inwieweit die Orientierung an diesen Qualitätsstandards tatsächlich zu einem Erkenntnisfortschritt führt, erscheint trotz (oder möglicherweise wegen) umfangreicher wissenschaftstheoretischer Diskussionen weitgehend unklar. Zudem beziehen sich die genannten Qualitätsstandards auf einen engen Theoriebegriff, d. h. lediglich auf Erklärungsaussagen. Demgegenüber sollen hier Qualitätskriterien zugrundegelegt werden, die zwar z. T. mit den oben genannten vergleichbar sind, sich im wesentlichen aber mehr an der eingangs aufgestellten Forderung nach einer praktischen Ausrichtung einer Wissenschaft, d. h. also an der Erarbeitung praktischer Handlungsempfehlungen orientieren.

Um praktische Handlungsanleitungen geben zu können, benötigt man letztlich *instrumentale Aussagen*, in denen die Beschreibungen und Erklärungen vorkommender Größen so geordnet werden, daß ihre Bedeutung als **Ziele, Restriktionen, Aktionsparameter** und **Wirkungen** organisatorischen Handelns erkennbar wird. Solche Aussagen kann man dann auch als eine »Theorie der organisatorischen Gestaltung« (vgl. *Grochla,* 1977) bezeichnen. Diese instrumentalen Aussagen müssen aber jeweils theoretisch fundiert sein, d. h. es müssen zunächst Aussagen erarbeitet werden, in denen die Abhängigkeit und Wirkung von Formen und Intensitäten organisatorischer Dimensionen begrifflich geordnet, systematisch beschrieben und erklärt werden. Aus dieser Sichtweise geht es dann bei den *Anforderungen an theoretische Aussagen* um

- die *präzise* Aufschlüsselung *aller* einbezogenen Variablenkategorien, d.h. die **Informativität** der Aussagen,
- die empirische Feststellung von *Zusammenhängen* zwischen den Merkmalen verschiedener Kategorien, d.h. die **empirische Bestätigung** der Aussagen, und um
- die Verarbeitung der Variablen und ihrer Zusammenhänge im Hinblick auf ihre spätere Verwendung bei organisatorischen Entscheidungen, d.h. die **entscheidungstechnische Verwendbarkeit** der Aussagen.

Als Variablenkategorien sind dabei die in der Abbildung am Ende des ersten Kapitels aufgeführten Blöcke (Systemstabilisatoren, Systemspezifikatoren, Systemrealisatoren) aufzufassen (vgl. Abb. 3).

Die der Organisationstheorie zugewiesene Erkenntnisaufgabe, diese Blöcke aufzuschlüsseln und nach Beziehungen zwischen den Größen, soweit sie für die Ausprägung oder die Wirkung organisatorischer Dimensionen relevant erscheinen, zu durchleuchten, setzt der Organisationstheorie einen weiten Rahmen. Sie hat sich u.a. mit der Beschreibung von Aufgaben, der Festlegung von Effizienzkriterien, der Erarbeitung differenzierter Erfolgsmeßsysteme und vor allem der Entwicklung alternativer Organisationsstrukturen zu befassen. Dabei müssen aber auch die Fragen der Umwelt sozio-technischer Systeme sowie Fragen der Entstehung individueller und kollektiver Verhaltensweisen und Einstellungen zum Gegenstand der Organisationstheorie gemacht werden.

Die theoretische Fundierung, d.h. die Abstützung von Handlungsvorschlägen durch solche Erklärungsaussagen, kann insgesamt aber nur unter Einschränkung als absolute Vorbedingung für vernünftige instrumentale Aussagen aufgefaßt werden. Darüber hinaus ist der Praktiker immer auch auf eigene Vorstellungen und insbesondere Erfahrungen angewiesen, solange ihm die Organisationstheorie keine vollständigen und ausreichend begründeten Handlungsanweisungen für seine spezifischen Probleme bietet. Theoretisches Wissen und praktische Erfahrungen müssen sich also gegenseitig ergänzen. Theoretische Erklärungen wird der Praktiker nur solange vernachlässigen können, wie er Erfolg hat. Bei Mißerfolgswahrnehmungen wird diesem dann plötzlich bewußt, daß das organisatorische Handeln nur ad hoc erdacht und nicht systematisch in seinen Abhängigkeiten und Wirkungen verstanden war. In diesen Fällen wird der Ruf nach Unterstützung durch die Theorie laut. Die ad-hoc-Aufstellung von Organisationsvorschlägen dürfte daher nur in dem Maße eine brauchbare Strategie sein, in dem die Verhaltens- und Funktionssteuerung unproblematisch ist und es mehr auf die Zweckadäquanz der Regeln ankommt.

Das *Anliegen der Organisationstheorie* läßt sich nun wie folgt zusammenfassen:

> Die Organisationstheorie soll praktisches, organisatorisches Handeln in unterschiedlichen sozio-technischen Systemen unterstützen und somit helfen, reale Probleme bei der Steuerung von personellen Verhaltensweisen und maschinellen Funktionsweisen zu lösen. Sie soll – anders ausgedrückt – die theoretischen Grundlagen für die organisatorische Gestaltung liefern. Hierin liegt ihre *praktische Funktion*.
>
> Um sinnvolle, vernünftige Handlungsvorschläge machen zu können, will die Organisationstheorie die oben angeführten Variablenkategorien aufschlüsseln und ihre internen Beziehungen durchleuchten sowie die Zusammenhänge zwischen den Komponenten verschiedener Kategorien feststellen. Dies ist ihre *erklärende Funktion*.

In Verfolgung dieses Anliegens werden begriffliche, beschreibende und erklärende Aussagen formuliert, die letztlich einer instrumentalen Unterstützung organisatorischer Entscheidungen dienen.

Den Grad der Verwirklichung dieses Anliegens kann man bildlich in einem Würfel darstellen, dessen Kanten die genannten Anforderungen an theoretische Aussagen in gradueller Fassung bilden (vgl. Abb. 5):

- den Grad der konzeptionellen Ausarbeitung der einzelnen Variablenkomplexe und ihrer Zusammenhänge *(Grad der Informativität)*,
- den Grad der Entwicklung bestätigter Vorstellungen über die Zusammenhänge zwischen den Variablenkategorien *(Grad der empirischen Bestätigung)* und
- den Grad der instrumentellen Verarbeitung *(Grad der entscheidungstechnischen Verwendbarkeit)*.

Die Anforderungen lassen sich in dieser Form auch als *Kriterien des organisationstheoretischen Erkenntnisfortschritts* auffassen. Die präzisierende Ausarbeitung, die Ermittlung von Zusammenhängen zwischen den Variablenkomplexen und die instrumentelle Verarbeitung sind ineinandergreifende Forschungsleistungen, die sich gegenseitig Impulse vermitteln und ihre Fortschrittsmöglichkeiten kontrollieren (hierzu werden in den nächsten Kapiteln weitere Ausführungen gemacht). Wie bereits mehrfach angedeutet wurde, ist der gegenwärtige Entwicklungsstand der Organisationstheorie noch gering; diese Tatsache soll durch den kleineren, inneren Würfel in der Abbildung 5 zum Ausdruck gebracht werden.

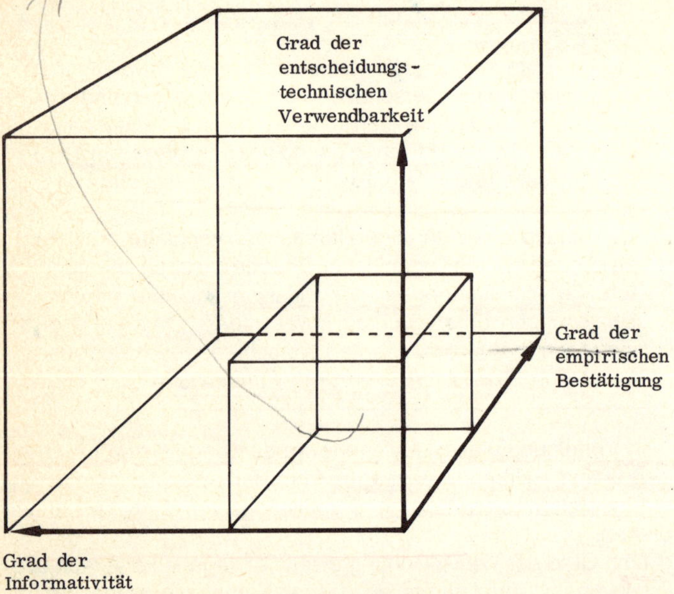

Abb. 5: Der theoretische Erkenntnisfortschritt in Abhängigkeit von der Informativität, der empirischen Bestätigung und der entscheidungstechnischen Verwendbarkeit

3.2 Leitvorstellungen und Ziele der Organisationsforschung

In dem vorangegangenen Punkt 3.1 wurde als Anliegen der Organisations*theorie* die Unterstützung der organisatorischen Gestaltung in realen, sozio-technischen Systemen herausgestellt; ausgehend von dieser Sichtweise wurden weiter einige Anforderungen aufgeführt, die an eine solche Theorie zu stellen sind. Es fragt sich nun, auf welche Weise dieses Anliegen unter Beachtung der Anforderungen erreicht werden kann. Daher werden in den nächsten Ausführungen, ausgehend von einigen methodologischen Grundlagen (Punkt 3.2.1), die sog. »gedanklichen Bezugsrahmen« als Leitvorstellungen (Punkt 3.2.2) und die Ziele der Organisations*forschung* (Punkt 3.2.3) herausgearbeitet.

3.2.1 Methodologische Grundlagen der Organisationsforschung

Forschung ist heute in allen Wissenschaftsbereichen ein außerordentlich komplexer Vorgang, an dem eine Vielzahl von Forschern teilnimmt; der Einzelforscher kann in der Regel kaum noch die gesamten Forschungsbemühungen überblicken. In einer solchen Situation ist es daher notwendig, daß die Forschungsaktivitäten nach bestimmten systematischen Vorgehensweisen (d. h. mit Methodik) ablaufen müssen, wenn eine fruchtbare, direkte oder indirekte Zusammenarbeit zwischen den Forschern stattfinden soll. Es kann also gesagt werden, daß die erhöhte Komplexität der Forschungsprozesse, mit der jeder Forscher heute konfrontiert ist, die Ausarbeitung einer klaren Methodologie verlangt und dieser daher gegenwärtig zu Recht große Bedeutung beigemessen wird.

Die Funktion einer Methodologie besteht dementsprechend schon darin, daß sie die Grundlage abgibt, auf der über Sachfragen diskutiert werden kann. Soweit diese Grundlage nicht explizit erarbeitet und auch interpersonell anerkannt wird, ist eine Verständigung im Wissenschaftsbereich nur schwer möglich. Die Methodologie erfüllt somit einmal eine wichtige *kommunikative Funktion*. Über diese kommunikative Funktion hinaus thematisiert die Methodologie vor allem die Beziehungen zwischen dem Einzelforscher und der Realität, die er erkennen will. Sie macht Aussagen darüber, wie sich der Forscher der Realität zu nähern hat, wenn systematisch Erfahrungen gewonnen werden sollen, und wie diese Erfahrungen zu formulieren sind, damit andere sie verstehen und prüfen können. Man kann diesbezüglich von einer *kognitiven Funktion* der Methodologie sprechen.

Kommunikative und kognitive Funktion zeigen die grundsätzliche Notwendigkeit einer Methodologie für die Organisationstheorie. Da die Grundfragen der Methodologie in das Gebiet der Wissenschaftstheorie gehören, stellt sich nun die Frage, ob eine in der Wissenschaftstheorie entwickelte Methodologie ohne weiteres in allen Punkten auf die Organisationsforschung übertragen werden kann.

Diese Frage ist nicht ganz einfach zu beantworten. Faktisch ist festzustellen, daß Organisationstheoretiker, die sich überhaupt in irgendeiner Weise mit methodologischen Fragen auseinandersetzen, meist am kritischen Rationalismus ansetzen. Der **kritische Rationalismus,** der eng mit den Namen *K. Popper* im internationalen Bereich (1935, 1964) und *H. Albert* im deutschen Bereich (1964, 1968; vgl. auch *Spinner,* 1974) verbunden ist, kann als die in der Gegenwart verbreitetste wissenschaftstheoretisch-methodologische Richtung angesehen werden (zu dieser methodologischen Richtung aus betriebswirtschaftlicher Sicht vgl. *Köhler,* 1966; zu der im folgenden nicht weiter verfolgten, z.T. konträren Position der »kritischen Theorie«, die auch als »Frankfurter Schule« bezeichnet wird, vgl. *Horkheimer,* 1968; *Adorno,* 1970; *Habermas,* 1970, 1973). Der kritische Rationalismus ist durch eine große Bescheidenheit im Geltungsanspruch von wissenschaftlichen Aussagen gekennzeichnet. Die darin vorgeschlagene Forschungsweise besteht aus einer wechselseitigen Verknüpfung und Folgebeziehung von Vermutung und Zurückweisung, Spekulation und Prüfung. Attraktiv ist diese Position in besonderem Maße aufgrund ihres hohen Grades an Aufnahmefähigkeit für logische Denkrichtlinien und aufgrund ihrer Verzahnung mit der sog. *Methodik der empirischen Sozialforschung,* d.h. mit den Normen der empirischen Forschungspraxis. Diese Normen stellen sich zwar als Folge einer Orientierung am Wissensgewinn durch systematische Erfahrung dar, beruhen im Grunde jedoch stärker auf statistischen als auf wissenschaftstheoretischen Überlegungen (vgl. hierzu u.a. *König,* ab 1962; *Mayntz/ Holm/Hübner,* 1969).

Die Hauptforderung des kritischen Rationalismus besteht darin, daß wissenschaftliche Aussagen *informativ* (empirisch gehaltvoll) sein müssen (vgl. S. 55). Das bedeutet, daß sie bestimmte logisch mögliche Fälle ausschließen müssen. Je mehr logisch mögliche Fälle ausgeschlossen werden, desto größer ist der Informationsgehalt einer wissenschaftlichen Aussage (vgl. hierzu *Albert,* 1964, S. 23ff.; *Popper,* 1966 (1935)). Den Informationsgehalt einer Aussage kann man auch als *»empirischen Gehalt«* bezeichnen, der durch den Umfang der Falsifizierungsmöglichkeiten bestimmt wird (vgl. *Popper,* 1966 (1935); *Schanz,* 1975, S. 53ff.). Die empirische Überprüfung von Aussagen kann sich deshalb auf die Falsifizierung ihrer Inhalte erstrecken. Dabei ist absolute Wahrheit (Gültigkeit) in wissenschaftlichen Aussagen prinzipiell nicht erreichbar (*Opp,* 1976, S. 369ff.). Man kann jeweils nur eine mehr oder weniger große Annäherung erreichen, wobei die *Approximation* an die absolute Wahrheit durch die permanente kritische Prüfung von

Aussagen gewährleistet werden soll. Der Begriff der Wahrheit wird daher durch den Begriff des *Bewährungsgrades* ersetzt (vgl. *Lakatos*, 1974).

Der kritische Rationalismus erscheint als methodologische Grundlage für die Organisationsforschung durchaus akzeptabel. Allerdings sollten einige seiner insgesamt relativ hohen Anforderungen, die vor allem am Wissenschaftsmodell der Naturwissenschaft entwickelt wurden, für den Bereich der Organisationstheorie im Sinne ihres Anliegens modifiziert werden. Entsprechende Änderungen wurden daher bereits bei der Festlegung des Theoriebegriffs und den Anforderungen an die Theorie (vgl. S. 56) vorgenommen.

Im folgenden soll nun ein *methodologisches Konzept für die Organisationsforschung* weiter präzisiert werden, das stark auf einer Betrachtung der gegenwärtigen Forschungspraxis und auf der realistischen Einschätzung von Fortschrittsmöglichkeiten in naher Zukunft beruht. Damit wird aber keineswegs der Anspruch erhoben, eine wissenschaftstheoretisch-methodologische Position vorzustellen, die sich auf derselben Ebene wie etwa der kritische Rationalismus bewegt. Es geht vielmehr darum, unter forschungspragmatischen Gesichtspunkten *Stufen des Fortschritts und strategische Aspekte der Organisationsforschung zu systematisieren* und auf ein Wissensziel hin auszurichten, das etwas offener ist als eines, das aufgrund strenger methodologischer Ausführungen entwickelt würde. Entsprechend diesen Überlegungen soll zunächst die Zielvorstellung der Organisationsforschung in Form forschungsleitender Bezugsrahmen und dreier präziserer Ziele umrissen werden.

3.2.2 Gedankliche Bezugsrahmen als Leitvorstellungen der Organisationsforschung

Im methodologischen Schrifttum ist häufig die traditionelle Einteilung in ein *theoretisches* und in ein *pragmatisches Wissenschaftsziel*, also in Erklärung einerseits und in problemorientierte Gestaltung andererseits anzutreffen (vgl. *Opp*, 1970; *Popper*, 1964; *Wild*, 1975). Eine solche einfache Gegenüberstellung ist wenig zufriedenstellend, denn sie überdeckt zwei wichtige, problematische Aspekte des pragmatischen Wissenschaftsziels: Zum einen läßt sich das pragmatische Wissenschaftsziel in realwissenschaftlichen Bereichen nicht erreichen, ohne daß vorher gewisse Forschungsleistungen erbracht worden sind, die der Erfüllung des theoretischen Wissenschaftsziels dienen. Ohne *Erklärung* ist realwissenschaftlich gestütztes Handeln nur bedingt möglich. Jede echte realwissenschaftliche Handlungsunterstützung besteht also in Erklärungsversuchen bestimmter Zusammenhänge. Dieses Ineinandergreifen von theoretischen und pragmatischen Forschungsbemühungen wird heute zwar weitgehend zugestanden, es fehlen jedoch Konzepte, die angeben, wie ein solches Ineinandergreifen aussehen kann.

Zum anderen wird das pragmatische Wissenschaftsziel in Formulierungen wie »Erarbeitung von Anweisungen für praktisches Handeln« oder »Ermöglichung von Bewertung und Auswahl von Gestaltungsmaßnahmen nach den Kriterien des Handlungsziels« häufig unzureichend konkretisiert. Diese »Konkretisierung« erfolgt so *inoperational,* daß sie dem Wissenschaftler den Zugang zu dem, was er im Hinblick auf dieses Ziel eigentlich zu tun hat, eher verstellt als öffnet. Im folgenden soll daher versucht werden, eine deutlichere organisationstheoretische Zielvorstellung zu formulieren.

Wird die Formulierung eines konkreten Ziels für die organisationstheoretische Forschung überlegt, so sollte sowohl die enge Verknüpfung zwischen theoretischem und pragmatischem Wissenschaftsziel als auch die Notwendigkeit einer präziseren Angabe des pragmatischen Wissenschaftsziels berücksichtigt werden. Dies kann geschehen, wenn das Nahziel der Organisationsforschung als *Entwicklung gedanklicher Bezugsrahmen* definiert wird, die den Handlungsspielraum im Rahmen einer praktischen Problemlösung, d. h. die bei bestimmten verfolgten Zielen relevanten Aktionsparameter und die zu beachtenden Restriktionen, zu skizzieren vermögen.

Ein gedanklicher Bezugsrahmen kann grundsätzlich zwei verschiedene Formen besitzen. Er kann zum einen als **Konzeptionsrahmen** die Form eines *Begriffs- und Hypothesenschemas* annehmen, das in erster Linie auf die Beschreibung und Erklärung realer Phänomene gerichtet ist. Dabei enthält ein ausgereifter Konzeptionsrahmen:

- eine Forschungsfragestellung,
- die Bestimmung der realen Gegenstände, auf die sich diese Forschungsfragestellung bezieht und an denen sie zu untersuchen ist, und zwar
- im Hinblick auf die für die jeweiligen Untersuchungsziele relevant erscheinenden Merkmale (konzeptionelle Größen, Variablen) bzw. Merkmalskomplexe sowie
- Indikatoren, d. h. detaillierteren, konkreten Merkmalen, die für eine Er-

fassung der konzeptionellen Größen an den möglichen Untersuchungseinheiten verwendet werden können und
- Annahmen über die Beziehungen zwischen den konzeptionellen Größen.

Man kann das Kapitel 1. und das auf S. 26 dargestellte theoretische Modell der organisationstheoretischen Objekte und ihrer Beziehungen untereinander als einen solchen – wenngleich noch sehr groben – Konzeptionsrahmen begreifen. Dieses Modell enthält allerdings noch keine Forschungsfragestellung und hinreichend detaillierte Merkmale zur Erfassung der konzeptionellen Größen. Solche Merkmale wären z. B. für die Erfassung organisatorischer Regeln aus den im zweiten Kapitel dargestellten Dimensionen abzuleiten, etwa in Form konkreter Fragen, mit deren Hilfe man Art und Intensität dieser organisatorischen Merkmale in der Realität erheben kann.

Die zweite Form eines gedanklichen Bezugsrahmens ist der **Entscheidungsrahmen.** Ein Entscheidungsrahmen ist gegenüber dem Konzeptionsrahmen stärker auf (verallgemeinerte) *praktische Handlungszwecke* ausgerichtet und beinhaltet:

- bestimmte (verallgemeinerte) praktische Problemstellungen,
- Zielgrößen (als mittelbar disponibel betrachtete Größen),
- Aktionsparameter (als unmittelbar disponibel angesehene Größen),
- Bedingungen (Restriktionen),
- Wirkungen (als Ergebnisse des Einsatzes bestimmter Aktionsparameter unter bestimmten Bedingungen) und
- Behauptungen über aktionsrelevante Zusammenhänge zwischen den enthaltenen Größen.

Damit stellt ein Entscheidungsrahmen einen fortentwickelten Konzeptionsrahmen dar, der sich bereits zur Unterstützung realer organisatorischer Problemlösungen heranziehen läßt. Diese *Weiterentwicklung von Konzeptionsrahmen zu Entscheidungsrahmen* ist keineswegs ein rein quantitativer Vorgang, sondern sie bedeutet auch eine qualitative Umwertung des Aussagegehaltes eines Bezugsrahmens. Die theoretischen Aussagen müssen nämlich insbesondere auf praktische Problemstellungen hin ausgerichtet werden, d. h. es besteht die äußerst wichtige und dabei keineswegs leicht zu lösende Aufgabe, begriffliche, beschreibende und erklärende theoretische Aussagen im Hinblick auf ein praktisches Problem auszuwerten und damit ihre vorerst nur implizite praktische Fruchtbarkeit auszuschöpfen. Dies ist eine Aufgabe, für deren Lösung sich keine generellen Regeln angeben lassen und die im Einzelfall stets ein großes Maß an Kreativität, Phantasie, Intuition und wohl auch Erfahrung erfordert. Auf gar keinen Fall darf man den Übergang von einem Konzeptionsrahmen zu einem Entscheidungsrahmen, der sich im übrigen niemals sehr scharf fixieren läßt, stets allein als eine sprachlich-logische Operation der Umformung theoretischer Aussagen in sog. technologische Aussagen verstehen (zu diesem Problemkreis vgl. *Stählin,* 1973). Dies ist vielmehr in erster Linie ein Prozeß der *Identifizierung bestimmter Variablen als Aktionsparameter,* der seinerseits einer Fülle von Vorinformationen bedarf, die nicht unbedingt von vornherein in der (theoretischen) Forschungsfragestellung enthalten sind. Diese Problematik ist besonders im zweiten Kapitel dieser Einführung deutlich geworden. Die dort aufgeführten organisatorischen Dimensionen können zwar eine Orientierung geben über das, was man sich unter Organisation vorstellen kann, sie sind aber noch nicht so weit entwickelt, daß sie direkt in der Realität auffindbar wären. Insofern kann man sagen, daß die Identifizierung von Aktionsparametern in organisationstheoretischen Aussagen ein bisher weitgehend ungelöstes Problem darstellt (vgl. hierzu auch *Grochla,* 1977).

Gerade die Frage nach der Identifizierung von Aktionsparametern hat auch besondere Rückwirkungen auf die zu erbringenden theoretischen Vorleistungen. Als Aktionsparameter können nur solche Größen ausgesucht werden, die bereits im Konzeptionsrahmen berücksichtigt worden sind. Diese Verzahnung macht es im Grunde erforderlich, daß bei der Entwicklung von Konzeptionsrahmen praktische Problemstellungen, deren Lösungen die Theorie zu unterstützen versucht, den Ausgangspunkt bilden und zumindest teilweise antizipiert werden. Die Identifizierung von Aktionsparametern ist indes ein zwar grundlegendes Problem, aber es ist nicht die einzige Schwierigkeit bei der Erarbeitung von Entscheidungsrahmen. Daher wird der Praktiker z.Z. noch die Ausrichtung von theoretischen Forschungsfragestellungen auf die tatsächlich in seiner Praxis anfallenden Probleme als nicht ausreichend empfinden. In engem Zusammenhang damit steht die Problematik, ein Optimum dafür zu finden, daß theoretische Aussagen einerseits konkrete reale Probleme, z.B. in der Form der spezifischen Bedingungen bestimmter Unternehmungen, thematisieren, andererseits aber einen Allgemeinheitsgrad besitzen, der nicht nur einigen wenigen Wirtschaftseinheiten Problemlösungen anbietet (dieser Problemkreis wird im 6. Kapitel noch einmal aufgegriffen).

Zusammenfassend läßt sich also sagen:

Gedankliche Bezugsrahmen sind Ordnungsschemata für erkenntnisbezogene und handlungsbezogene Vorstellungen über die Realität.

Ihre Varianten reichen vom Begriffssystem bis zum komplexen Entscheidungsmodell mit zahlreichen Verhaltensgleichungen. Ihre unmittelbare praktische Funktion gewinnen die gedanklichen Bezugsrahmen dadurch, daß sie den organisatorisch handelnden Praktikern eine Orientierung in ihren oft sehr komplexen Gestaltungsbereichen ermöglichen. Gedankliche Bezugsrahmen stekken den Handlungsspielraum bei Problemlösungen durch das Aufzeigen der relevanten Aktionsparameter und der zu beachtenden Restriktionen ab. Sie haben darüber hinaus aber auch eine forschungsleitende Funktion. Als theoretische Schemata zeigen sie einem Forscher, an welchen Stellen er zusätzliche Forschungsbemühungen einzusetzen hat und wo möglicherweise Revisionen bisher erarbeiteter Aussagen erforderlich sind.

Die Abbildung 6 veranschaulicht noch einmal die Funktionen und Inhalte gedanklicher Bezugsrahmen.

Gedankliche Bezugsrahmen	
Konzeptionsrahmen	**Entscheidungsrahmen**
Funktion Aufzeigen unerforschter Bereiche und Einordnung einzelner Forschungsresultate in einen größeren Zusammenhang	*Funktion* Ordnung organisatorischer Problemsituationen und Angabe von Handlungsempfehlungen
Inhalt – Forschungsfragestellung – Bestimmung von Erfahrungsobjekten – Festlegung der konzeptionellen Größen – Indikatorenbildung – Aufstellung von Beziehungshypothesen	*Inhalt* – bestimmte (verallgemeinerte) praktische Problemstellungen – Zielgrößen – Aktionsparameter – Bedingungen – Wirkungen – Behauptungen über aktionsrelevante Zusammenhänge

Abb. 6: Funktionen und Inhalte gedanklicher Bezugsrahmen

3.2.3 Ziele der Organisationsforschung

Mit der Entwicklung von gedanklichen Bezugsrahmen in Form von Konzeptionsrahmen und ihrer Überführung in Entscheidungsrahmen sind erste Leitvorstellungen für die Organisationsforschung aufgezeigt worden, die aber für konkrete Forschungsaktivitäten noch keineswegs ausreichend sind. Doch läßt sich die Zielvorstellung für die Organisationsforschung mit Hilfe graduell abgestufter Kriterien konkretisieren, die aus den in Punkt 3.1 aufgeführten Anforderungen an eine »gute Theorie« abgeleitet werden können (vgl. S. 56). Insofern können folgende *Ziele der Organisationsforschung* herausgestellt werden:

- konzeptionelle Vervollkommnung und Präzisierung,
- empirische Absicherung und
- instrumentelle Verarbeitung.

Diese Ziele der Organisationsforschung lassen sich zugleich als *Qualitätsstandards* begreifen, die gleichermaßen auf *Entscheidungsrahmen* als letztes Ziel der wissenschaftlichen Bemühungen als auch auf *Konzeptionsrahmen* als Voraussetzung für die Bildung von Entscheidungsrahmen zu beziehen sind.

Dabei bedeutet **konzeptionelle Vervollkommnung,** daß möglichst alle forschungs- und handlungsrelevanten Größen sowie auch Hintergrundfaktoren, wie z.B. Ideologien, Wirtschaftssysteme, und Variablen, die bestimmte Zusammenhänge vermitteln (intervenierende Variablen), sowie allgemeine Zusammenhänge aufzunehmen sind. Unter *konzeptioneller Präzisierung* ist eine begriffliche Ausarbeitung der einzubeziehenden Vorstellungen, die klare Spezifikation von Zusammenhängen und eine im Hinblick auf die empirische Erfassung erfolgende Präzisierung von verwendeten Größen durch Indikatorenbildung zu verstehen. Die konzeptionelle Vervollkommnung und Präzisierung zielt damit auf die *Informativität der Organisationstheorie* ab.

Gegenstand der **empirischen Absicherung** ist die Bestätigung oder Modifikation hypothetischer Zusammenhangsbehauptungen in empirischen Untersuchungen. Die empirische Absicherung begründet also den *Grad der empirischen Bestätigung* (Bestätigungs- bzw. Bewährungsgrad).

Die **instrumentelle Verarbeitung** erfolgt dadurch, daß aus dem konzeptionellen Bezugsrahmen insgesamt oder aus Teilen von ihm Entscheidungshilfen entwickelt werden. Sie begründet die *entscheidungstechnische Verwendbarkeit* der Theorie oder des Bezugsrahmens, der dann auch – wie erwähnt – als Entscheidungsrahmen bezeichnet wird.

Informativität, Bewährungsgrad und entscheidungstechnische Verwendbarkeit sind die Qualitätsstandards gedanklicher Bezugsrahmen, um deren Realisierung es in der Organisationstheorie gehen soll. Die Zerlegung des Wissenschaftsziels, zu der man über das Konzept des gedanklichen Bezugsrahmens vorstößt, lautet somit: *Ziele der organisationstheoretischen Forschung* sind

- eine hohe Informativität,
- einen hohen Bestätigungs- bzw. Bewährungsgrad und
- eine entscheidungstechnische Verwendbarkeit gedanklicher Bezugsrahmen zu fördern.

Diese Qualitätsstandards korrespondieren mit den in Kapitel 3.1 genannten Anforderungen an theoretische Aussagen und den Kriterien des Erkenntnisfortschritts (vgl. S. 56 ff.). Erst wenn alle drei Ziele möglichst weitgehend erfüllt werden, kann das Anliegen der Organisationstheorie, d. h. die Erarbeitung von Handlungsanweisungen zur Lösung realer organisatorischer Probleme, als erreicht angesehen werden.

Da die genannten Kriterien auch als graduelle Merkmale zu verstehen sind, die die Qualität eines gedanklichen Bezugsrahmens bestimmen, unterscheiden sich verschiedene Bezugsrahmen mit gleichem Inhalt (d. h. mit gleichen Variablen) nur aufgrund ihres Ausarbeitungsgrades. Die Ausrichtung der Organisationsforschung an gedanklichen Bezugsrahmen bietet somit die Möglichkeit, daß die Praxis schon dann einen gedanklichen Bezugsrahmen übernehmen kann, wenn dieser noch nicht in sehr hohem Maße ausgearbeitet ist. Ein dermaßen grober gedanklicher Bezugsrahmen besitzt zwar eine geringere Qualität als diejenigen, die im Verlauf zukünftiger Forschungsprozesse entwickelt werden. Der Vorteil einer solchen frühzeitigen Übernahme liegt aber darin, daß der Praktiker bereits das erarbeitete – wenn auch geringe – Wissen nutzt oder zumindest seine eigenen Erfahrungen in einem grundlegenden Begriffsrahmen systematisieren kann.

3.3 Stufen und Strategien der Organisationsforschung

Eine Methodik bliebe unvollständig, wenn sie nur die Ziele organisationstheoretischer Bemühungen erfassen würde. In einem zweiten Schritt soll deshalb eine *grobe Kategorisierung verschiedener Forschungsorientierungen oder Forschungsstrategien* vorgeschlagen werden, die der Erreichung der genannten Ziele dienen. Die Funktion dieser Kategorisierung kann in drei Aspekten gesehen werden:

- Anhand der Kategorisierung lassen sich verschiedene Forschungsarbeiten bezüglich ihrer methodischen Vorgehensweise einordnen.
- Die Kategorisierung bildet weiterhin eine Voraussetzung
  - für ein differenzierteres methodisches Problemverständnis, das der wissenschaftstheoretischen Diskussion zuträglich sein könnte,
  - für eine Klärung von Chancen des organisationstheoretischen Erkenntnisfortschritts aus dem Ineinandergreifen verschiedener Forschungsstrategien und schließlich
  - für die Identifizierung methodischer Problemschwerpunkte, zu deren gezielter Inangriffnahme Spezialstudien aufgerufen sind.
- Nicht zuletzt verfolgt die Kategorisierung den Zweck, durch einen Überblick und einen Vergleich der Forschungsstrategien einen methodischen Pluralismus zu fördern.

Die Differenzierung der Strategien der Organisationsforschung kann sich an den Zielkriterien orientieren, die im vorstehenden Abschnitt im Zusammenhang mit der Qualität gedanklicher Bezugsrahmen unterschieden worden sind.

Forschungsleistungen, die sich besonders an der *Informativität* gedanklicher Bezugsrahmen orientieren, werden hier als *sachlich-analytische Forschungsstrategie* bezeichnet (Punkt 3.3.2).

Forschungsleistungen, die sich in erster Linie auf den *Bestätigungsgrad* gedanklicher Bezugsrahmen konzentrieren, sind Gegenstand der *empirischen Forschungsstrategie* (Punkt 3.3.3).

Forschungsleistungen, deren vornehmlicher Orientierungspunkt die *entscheidungstechnische Verwendbarkeit* gedanklicher Bezugsrahmen ist, werden schließlich der *formal-analytischen Forschungsstrategie* zugerechnet (Punkt 3.3.4).

Reale Forschungsarbeiten enthalten in der Regel alle drei Orientierungen, allerdings mit erheblich wechselnden Gewichtungen und oft mit langfristigen Einseitigkeiten. Bevor die drei Strategien der Organisationsforschung skizziert werden, sollen zunächst einige Stufen der Theorieentwicklung angegeben werden, die für alle Forschungsstrategien gleichermaßen relevant sind.

3.3.1 Stufen der Theorieentwicklung

Die Entwicklung gedanklicher Bezugsrahmen mit hoher Informativität, hohem Bestätigungsgrad und einer guten entscheidungstechnischen Verwendbarkeit ist ein Ziel, das nur über einen *mehrstufigen Entwicklungsprozeß von Theorien* erreicht werden kann. Dieser Entwicklungsprozeß vollzieht sich über die folgenden vier *Aussagestufen:*

(1) begriffliche Aussagen,
(2) deskriptive Aussagen,
(3) explanatorische Aussagen und
(4) praxeologische Aussagen.

(1) Gegenstand **begrifflicher Aussagen** ist die Erarbeitung eines begrifflichen Instrumentariums zur Formulierung und empirischen Erfassung der als relevant erachteten Phänomene. Begriffliche Aussagen besitzen dabei eine gedanklich-vorstellungsorientierte und eine kommunikative Funktion: In gedanklich-vorstellungsorientierter Hinsicht konzentriert sich die *Erfassung realer Erscheinungen* auf einzelne, relevante Merkmale, die gedanklich aus der Realität isoliert werden. Dies ist ein Vorgang der Setzung von Perspektiven zur Erfassung der Realität.

Den Merkmalen (Designata, Bezeichnetes) werden dann Worte (Prädikate, Zeichen) zugeordnet, die weiter definiert werden können (Designata und Prädikate werden häufig auch zusammengefaßt als »Begriff« bezeichnet). Ein Beispiel für diesen Vorgang bietet das Kapitel 2. dieser Einführung, in dem Merkmale realer Organisationen gedanklich isoliert, identifiziert und schließlich als Dimensionen bezeichnet und erklärt wurden. Dieser Vorgang ist durch die Konkretisierung der begrifflichen Inhalte in direkt beobachtbare Indikatoren, d. h. durch die sog. Operationalisierung, zu ergänzen. Die so geschaffenen begrifflichen Aussagen dienen in kommunikativer Hinsicht der *Festlegung eines wissenschaftlichen Sprachgebrauchs* durch die Setzung terminologischer Konventionen. Daher steht die Entwicklung begrifflicher Aussagen am Anfang jeder Forschung.

(2) Ist ein begriffliches Grundgerüst erarbeitet, so geht es in einer nächsten Stufe der Theoriebildung um eine *Deskription der Realität*. Man verwendet also die entwickelten Begriffe dazu, den Gegenstandsbereich zu beschreiben, etwa in Form für gewiß gehaltener genereller Aussagen, in Form der Darstellung typischer Fälle, eines hervorragenden praktischen Beispiels oder statistischer Kennzahlen. Die dabei gewonnenen Aussagen sind als **deskriptive Aussagen** zu bezeichnen. Aus ihrer beschreibenden Funktion ergibt sich also, daß bereits die Entwicklung eines Begriffssystems auf die Deskription der Realität ausgerichtet sein muß. Ähnliches gilt auch für die Verbindung zwischen den anderen Stufen. Die Arbeit auf einer Entwicklungsstufe der Theorienbildung muß jeweils auf die Arbeit auf der nächsthöheren Stufe ausgerichtet sein.

(3) Auf einer dritten Stufe der Theorienbildung stellt sich die Aufgabe, die *Beziehungen zwischen den in den Bezugsrahmen enthaltenen Größen* zu erklären. Hierdurch wird es möglich, zu **explanatorischen Aussagen** zu gelangen. Die gewonnenen Erklärungen sind dabei als eine besondere Systematisierungs- und Ordnungsleistung, die auf der Grundlage der Beschreibung vollzogen wird, anzusehen. Sie dienen jedoch letztlich dazu, bestimmte Beziehungszusammenhänge transparent zu machen.

(4) Auf der vierten Stufe der Theorieentwicklung folgt der Übergang zu **praxeologischen Aussagen**, d.h. zu solchen Aussagen, die einem praktisch Handelnden *unmittelbare Hilfestellungen für seine Problemlösung* zu bieten vermögen. Praxeologische Aussagen stellen somit zugleich instrumentale Aussagen dar und müssen daher gewissen inhaltlichen Anforderungen genügen, d.h. sie müssen angeben, *unter welcher Zielsetzung welche Maßnahmen für bestimmte Aufgaben unter den jeweils herrschenden Bedingungen bei Berücksichtigung der Wirkungen ergriffen werden können* (vgl. S. 55, 63). Außerdem sind praxeologische Aussagen identisch mit gut ausgearbeiteten Entscheidungsrahmen, d.h. sie müssen neben den inhaltlichen Anforde-

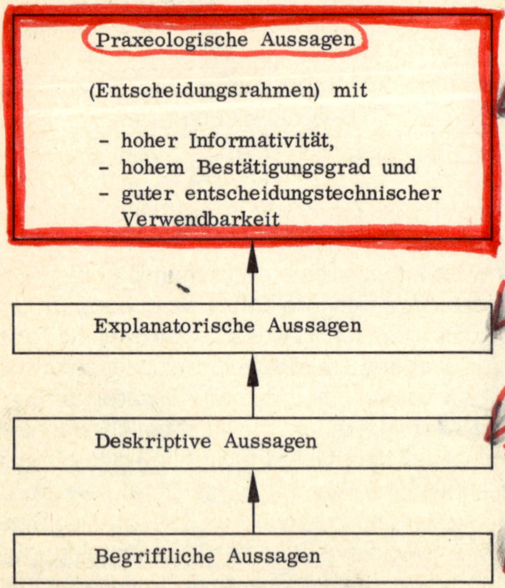

Abb. 7: Die Stufen der Theorieentwicklung

rungen auch gewisse formale Anforderungen erfüllen, die als Ziele der Organisationsforschung bzw. Qualitätsstandards für Entscheidungsrahmen eingeführt wurden (vgl. S. 66f.).

> *Praxeologische Aussagen* sind also Entscheidungsrahmen mit hoher Informativität, hohem Bestätigungsgrad und einer guten entscheidungstechnischen Verwendbarkeit für spezifische Problemstellungen.

Damit gilt für praxeologische Aussagen die gleiche Problematik, die bereits bei der Schilderung der Entscheidungsrahmen hervorgehoben wurde und die für den Erkenntnisfortschritt der Organisationstheorie kennzeichnend ist (vgl. S. 63f.).

Die *vier Stufen der Theorieentwicklung* gibt die Abbildung 7 noch einmal wieder.

Alle diese Forschungsstufen müssen von den drei bereits genannten Forschungsstrategien durchlaufen werden, die nachfolgend beschrieben werden sollen:

3.3.2 die sachlich-analytische Strategie,
3.3.3 die empirische Strategie und
3.3.4 die formal-analytische Strategie.

Für jede dieser Forschungsstrategien werden

- ihre Grundorientierung angegeben,
- der Charakter der Aussagen auf der zweiten und dritten Forschungsstufe erläutert und
- ein typisches Beispiel vorgestellt.

Dabei wird die Diskussion von forschungsstrategiespezifischen Leistungen auf die zweite und dritte Entwicklungsstufe von Theorien beschränkt. Dies ist daraus zu erklären, daß die drei Forschungsstrategien auf der ersten Entwicklungsstufe (begriffliche Aussagen) sehr ähnlich sind, und die Differenzierung eigentlich erst ab der zweiten Ebene, der Deskription, erfolgt. Allerdings lassen sich gewisse Unterschiede in der Begriffsbildung insofern feststellen, als die Entwicklung von Begriffen auf die Deskription ausgerichtet sein muß, von der sich wiederum Rückwirkungen ergeben. So ist z. B. im Bereich der empirischen Forschungsstrategie eine Begriffsbildung zu finden, die schon auf die Beobachtbarkeit bestimmter bezeichneter Zustände oder Merkmale abstellt. Im

Bereich der formal-analytischen Forschungsstrategie, in der es, wie noch zu zeigen sein wird, im wesentlichen um die Formulierung quantitativer Modelle geht, läßt sich oft eine Orientierung der Begriffsbildung an der Quantifizierbarkeit bezeichneter Tatbestände erkennen. Substantielle Unterschiede ergeben sich aber – und vor allem – ab der zweiten Stufe der Theorieentwicklung.

Zu den Aussagen der vierten Stufe, den praxeologischen Aussagen, können deshalb keine inhaltlichen Ausführungen gemacht werden, weil es z.Z. praktisch noch keine Aussagen gibt, die alle genannten Ziele dieser Forschungsstufe erfüllen können. Wie die nachfolgende Schilderung der Forschungsstrategien zeigen wird, können einzelne Forschungsbeiträge bisher den notwendigen Zielen nur annähernd gerecht werden. Daher erfordert die Entwicklung praxeologischer Aussagen vor allem eine Konvergenz der Leistungen einzelner Forschungsstrategien, die in Punkt 3.4 thematisiert wird.

3.3.2 Die sachlich-analytische Strategie

Die Forschungsinteressen des sachlich-analytischen Forschers richten sich auf die Durchleuchtung komplexer Zusammenhänge und auf die Erarbeitung von Handlungsgrundlagen, die lediglich durch Plausibilitätsüberlegungen und eventuelle, empirisch festgestellte Teilzusammenhänge gestützt werden. Dabei wird keine eigene systematische empirische Überprüfung entwikkelter Aussagen angestrebt. Vielmehr werden bestimmte grundlegende, vermutete oder subjektiv gesehene Zusammenhänge als evident oder aufgrund von Erfahrungen als existent betrachtet und nicht systematisch mit der Realität konfrontiert. Weitere Zusammenhänge werden dann durch Folgerungen erschlossen. Im Vordergrund steht eine Art *gedankliche Simulation der Realität mit dem Erkenntnisziel, die Beziehungen transparent zu machen und hieraus direkt Handlungsempfehlungen abzuleiten.* Sofern in dieser Forschungsrichtung mit Modellen gearbeitet wird, handelt es sich um konzeptionelle Modelle, die eine überwiegend heuristische Funktion für das Auffinden möglicher Erklärungen erfüllen. Die Formalisierung dient dabei lediglich der Abbildung komplexer Sachverhalte zum Zwecke der Durchschaubarkeit. Eine Quantifizierung findet – von wenigen Versuchen abgesehen (z.B. *Bonini/Jaedicke/Wagner,* 1964) – nicht statt.

In dieser Forschungsstrategie kommt vor allen Dingen das spekulative Element zum Ausdruck. Dabei ist besonders die *Suche nach neuen relevanten Größen und nach neuen Aussagen über mögliche Beziehungen zwischen verschiedenen Größen* Gegenstand der sachlich-analytischen Forschung. In bezug auf die geschilderten Forschungsziele läßt sich diese Strategie also grundsätzlich dadurch kennzeichnen, daß die Informativität und z. T. die entscheidungstechnische Verwendbarkeit, nicht jedoch eine empirische Bestätigung der Aussagen angestrebt werden. Ein weiteres Merkmal der sachlich-analytischen Forschungsstrategie liegt darin, daß ihre Aussagen oft definitorischen oder logisch-analytischen Charakter besitzen, d. h. sie tendieren häufig zu einem Verbleiben auf der Begriffsbildungsebene.

Verfolgt man die sachlich-analytische Forschungsstrategie, so geht es im Anschluß an die Begriffsbildung auf der *Stufe der deskriptiven Aussagen* meist darum, die Relevanz der entwickelten Konzepte durch Hinweise auf ihre bisherige literarische Behandlung und ihre praktische Bedeutung exemplarisch aufzuzeigen und bestimmte Grundannahmen zu formulieren, die mehr deskriptiven als explizit hypothetischen Charakter tragen. Die hierbei formulierten Aussagen können als **interpretierend-deskriptive Aussagen** bezeichnet werden. Ein Beispiel bietet etwa die sog. »Anreiz-Beitrags-Theorie« (*Barnard,* 1938; *March/Simon,* 1958). Sie geht von der Annahme aus, daß für die Verbleibensentscheidungen der Mitglieder sozialer bzw. sozio-technischer Systeme ein Gleichgewicht zwischen den Anreizen, die ein organisiertes System seinen Mitgliedern bietet, und den Beiträgen, die diese Mitglieder zu leisten bereit sind, Voraussetzung ist. Diese Behauptung ist einer unmittelbaren empirischen Überprüfung kaum zugänglich. Trotzdem stellt sie eine wertvolle Vorstellung über die Grundlagen von Beitritts- und Verbleibensentscheidungen von Mitgliedern dar, die über die reine Begriffsbildung deutlich hinausgeht. Als weitere Beispiele für Aussagen dieser theoretischen Entwicklungsstufe der sachlich-analytischen Forschungsrichtung könnte eine Reihe von Organisationsprinzipien (soweit es sich nicht um Normen, sondern um Hinweise auf Organisationsmöglichkeiten handelt) angeführt werden.

Auf der dritten *Erkenntnisstufe der explanatorischen Aussagen* folgt in der sachlich-analytischen Forschungsstrategie die gedankliche Konstruktion von Zusammenhängen und die damit verbundene Erklärung bestimmter Sachverhalte. Die auf dieser Erkenntnisstufe formulierten Aussagen kann man als **hypothetisch-spekulative Aussagen** bezeichnen. Damit soll angedeutet werden, daß *Hypothesen generiert* werden, *ohne daß der Forscher ein explizites empirisches Prüfinteresse begründet.* In der

Organisationstheorie finden sich in diesem Zusammenhang sehr häufig Möglichkeitsaussagen, die unter der Voraussetzung zweckrationalen Verhaltens und unter Voraussetzung bestimmter Effizienzkriterien formuliert werden. Dabei handelt es sich um Aussagen folgender Art: Starke organisatorische Programmierung und Dokumentation sowie hohe Entscheidungszentralisation wirken sich negativ auf die Zufriedenheit der Organisationsmitglieder aus (vgl. hierzu auch die Darstellung von *March/Simon* auf S. 76ff.). In derartigen Aussagen deutet sich zwar das Grundmuster einer »angewandten Organisationstheorie« an. Sie bleiben jedoch zunächst ohne Überzeugungskraft, solange die Günstigkeit bestimmter Handlungen im Hinblick auf bestimmte Problemstellungen nicht empirisch bestätigt werden kann. Wenn auch derartige Aussagen in der sachlich-analytischen Forschungsstrategie häufig getroffen werden, so ist doch festzustellen, daß sie nicht notwendig mit ihr verbunden sind. Vielfach tragen hypothetisch-spekulative Aussagen auch den Charakter ganz normaler Hypothesen, d.h. sie sind als Wenn-Dann-Aussagen formuliert, die zwar meist nicht-operationale Größen enthalten, möglicherweise aber in nachfolgenden Forschungsschritten einer empirischen Überprüfung unterzogen werden können. Auch die angedeuteten Möglichkeitsaussagen können verbessert werden, indem man ihren Möglichkeitscharakter eingrenzt und indem auf die Situation Bezug genommen wird, in der ein bestimmtes Problem auftritt. In diesem Fall werden die genannten Aussagen zu echten Hypothesen über die Effizienzwirkung bestimmter Maßnahmen unter bestimmten Randbedingungen.

Die Einbeziehung von konzeptionellen Größen in den Erklärungsvorgang wird in der sachlich-analytischen Forschungsstrategie durch *kausale Annahmen* gesteuert. Kausale Annahmen stellen Vermutungen darüber dar, daß zwei oder mehrere Größen in einem Beeinflussungszusammenhang stehen, und in welcher Richtung diese Wirkungszusammenhänge verlaufen. Kausale Annahmen sind sowohl in der sachlich-analytischen als auch in den nachfolgend zu behandelnden Strategien ein wesentlicher Bestandteil von Konzeptionsrahmen. Die Behandlung der Zusammenhänge zwischen den Merkmalskomplexen sozio-technischer Systeme im ersten Kapitel bietet ein Beispiel für die Aufstellung kausaler Annahmen. Graphisch werden kausale Annahmen durch Linien (Beziehungen, Wirkungszusammenhänge) bzw. Pfeile (Richtung der Wirkungszusammenhänge) symbolisiert (vgl. Schaubild S. 26).

Den *gedanklichen Prozeß,* der die sachlich-analytische Forschung trägt, kann man sich als eine abwechselnde Präzisierung und Erweiterung von konzeptionellen Variablen und kausalen Annahmen vorstellen, wobei das jeweils erreichte Variablensystem der Aufstellung neuer kausaler Annahmen und die kausalen Annahmen dem Suchen nach neuen Variablen zugrundegelegt werden.

Hinsichtlich der Formulierung kausaler Annahmen lassen sich insgesamt vier Präzisierungsstufen unterscheiden, die zugleich als Entwicklungsstadien der in einem gedanklichen Bezugsrahmen enthaltenen Beziehungen angesehen werden können. Diese vier *Präzisierungsstufen kausaler Annahmen* sollen nachfolgend charakterisiert werden (vgl. *Dubin,* 1969; hierbei ist zu beachten, daß diese Präzisierungsstufen nicht zu verwechseln sind mit den geschilderten Aussagenstufen des Erkenntnisfortschritts; alle Präzisierungsstufen kausaler Annahmen gehören vielmehr zu den explanatorischen Aussagen):

1. Zunächst ist zu unterscheiden, zwischen welchen Größen überhaupt eine Beziehung angenommen werden soll. Es sind somit *Verbundenheitsannahmen* zu treffen (z. B. stehen bestimmte Marktverhältnisse, jedoch nicht bestimmte klimatische Gegebenheiten, in Verbindung mit bestimmten organisatorischen Regeln in einer Unternehmung).
2. Als nächstes ist eine Entscheidung darüber zu treffen, in welche Richtung der Beeinflussungsprozeß zwischen zwei Variablen verläuft. Die Spezifikation der Beeinflussungsrichtung ist Aufgabe von *Asymmetrieannahmen* (z. B.: die Marktverhältnisse beeinflussen die Organisation, die Organisation einer Unternehmung wirkt jedoch nicht auf ihre Marktverhältnisse).
3. Auf der dritten Präzisierungsstufe werden die Vorzeichen der Beeinflussungsprozesse (zugleich der erwarteten Korrelationen) spezifiziert (*Vorzeichenannahmen, Kovarianz-Richtungsannahmen*). Positive Vorzeichen bedeuten gleichgerichtete Veränderungen, negative Vorzeichen gegenläufige Veränderungen der als abhängig betrachteten Variablen (z. B.: die Konkurrenzintensität als Ausdruck der Marktverhältnisse weist zum Spezialisierungsgrad eine positive Beziehung auf, d. h.: »je stärker die Konkurrenzintensität, desto stärker der Spezialisierungsgrad« oder »Unternehmungen mit hoher Konkurrenzintensität weisen einen relativ hohen (über dem Durchschnitt liegenden) Spezialisierungsgrad auf, Unternehmungen mit einer geringen Konkurrenzintensität weisen einen relativ schwachen Spezialisierungsgrad auf«).
4. Auf der vierten Stufe werden die Beeinflussungsbeziehungen schließlich durch Annahmen über die Stärke der Zusammenhänge (z. B. durch die Höhe von Korrelationskoeffizienten) weiter präzisiert (*Intensitätsannahmen;* z. B.: die Beeinflussung des Spezialisierungsgrades durch die Konkurrenzintensität ist geringer als die Beeinflussung durch die Abnehmerstruktur).

Mit jeder Präzisierungsstufe der Annahmen steigt der Informationsgehalt eines Konzeptionsrahmens. Innerhalb der sachlich-analytischen Forschungsstrategie werden kausale Annahmen in der Regel bis höchstens zur dritten Stufe spezifiziert, während im Rahmen der empirischen und der formal-analytischen Strategie durchaus Annahmen mit Intensitätsspezifizierungen der vierten Stufe etwa in Form von Modellgleichungen (vgl. *Schwemmer*, 1976, S. 65) zu finden sind.

Ein vorzügliches Beispiel für die sachlich-analytische Forschungsstrategie in der Organisationstheorie stellt das Buch »Organizations« von *March/Simon* (1958) dar. Ihr Anliegen besteht darin, Verhaltensweisen in Institutionen zu erklären. In der Studie wird vor allem davon ausgegangen, daß eine Interpretation menschlichen Handelns in Institutionen als vollkommen regelgesteuerte Leistungen unzureichend ist. Auch eine Ergänzung um motivationale (interessenbezogene, einstellungsorientierte) Aspekte genügt nicht; vielmehr müssen zusätzlich die *kognitiven Bedingungen des Verhaltens* erfaßt werden. Dies führt zu einer Konzeption, die das Verhalten in Institutionen als Ergebnis von (zumeist subjektiv rationalen) individuellen und kollektiven Entscheidungen darstellt. Die Folge des darin implizierten Wandels des Menschenbildes vom »machine-model« zum motivierten, seine Umwelt wahrnehmenden und bewertenden Entscheidungssubjekt liegt vor allem darin, daß sich die Verhaltenssteuerung bzw. die Befolgung von organisatorischen Regeln nicht mehr als unproblematisch begreifen läßt. Damit wandelt sich die Organisationstheorie zur Verhaltenstheorie.

March und *Simon* gehen von der generellen Vorstellung aus, daß das Verhalten von Individuen und auch von Institutionen als sozialen Systemen abhängt von den Bildern der sie umgebenden Situation, die sich die Aktoren jeweils machen. Zu diesem Bild der Situation oder dieser Definition der Situation, die gegenüber der Realität stets vereinfacht, stets subjektiv ist, gehören Vorstellungen über die nicht-beeinflußbaren Gegebenheiten und ihre Entwicklung, über mögliche Handlungsweisen und ihre Konsequenzen sowie über anzustrebende Ziele und einzusetzende Bewertungsregeln. Vereinfacht ausgedrückt wird das Verhalten als abhängig von den Wahrnehmungen oder Kognitionen und den Zielen eines Aktors begriffen. Dies impliziert weitgehend sich selbstbestimmende Subjekte.

Unter Zugrundelegung dieser Konzeption entwickeln *March* und *Simon*, ausgehend von einer Kritik des Scientific Management und der organisatorisch orientierten Management- und Administrationslehre, ein umfangreiches System von interpretierend-deskriptiven und hypothetisch-spekulativen Aussagen. Diese beiden Aussagentypen werden als »qualitative descriptive generalizations« und hypothetische Beziehungsaussagen auch explizit unterschieden. *Beispiele für interpretierend-deskriptive Aussagen* sind etwa folgende Feststellungen:

»Individuen handeln nicht unter Zugrundelegung jeweils objektiver Situationen, sondern unter Zugrundelegung subjektiver, erheblich vereinfachter Situationsabbilder, weil ihre kognitive Kapazität beschränkt ist«,

»In den meisten Entscheidungen werden lediglich zufriedenstellende, nicht aber optimale Alternativen gesucht«,

»Die organisatorischen Programme in einer Institution stehen derart in einer Hierarchie, daß bestimmte Regeln bzw. die Handlungen nach einem Programm andere Programme modifizieren, auslösen oder in ihrem Ablauf beeinflussen können. Diese Programmhierarchie steht in einem engen Verhältnis zur Kompetenzhierarchie« oder

»Die Aufgabenteilung dient einer Reduktion von Problemkomplexität soweit, daß die Probleme von personellen Aufgabenträgern im Rahmen ihrer beschränkten Informationsverarbeitungskapazität behandelt werden können«.

Auch funktionale Kennzeichnungen bestimmter Tatbestände und grobe Klassifikationen tragen meist interpretierend-deskriptiven Charakter.

Die *hypothetischen Beziehungsaussagen* entwickeln *March* und *Simon* entsprechend ihrer generellen Fragestellung in Auseinandersetzung mit *sieben Problemkreisen:*

1. dem Aufzeigen dysfunktionaler Konsequenzen bürokratischer, d. h. relativ stark programmierter und dokumentierter sowie entscheidungszentralisierter Organisationen,
2. der Untersuchung des Zusammenhangs zwischen Zufriedenheit und Leistung von Individuen,
3. der Analyse der Leistungsmotivation (decision to produce) und der
4. Fluktuation (bzw. von Beitritts- und Verbleibensentscheidungen; decision to participate),
5. der Analyse von Konflikten in Institutionen,
6. der Behandlung der Existenz von Programmen in Institutionen (der Begriff des Programms bezeichnet bei *March* und *Simon* nicht wie in dem vorliegenden Buch einen Satz von Regeln, sondern einen geordneten Satz von Aktivitäten, er wird also auf der Verhaltensebene und nicht auf der Organisationsebene expliziert), ihrer wahrnehmungsleitenden und koordinierenden Funktion sowie der Schwierigkeiten, die durch eine Arbeitsteilung nach Programmen (= Verrichtungsgliederung) auftreten und schließlich
7. der Untersuchung von Prozessen der Bildung neuer Programme (Innovationsprozesse in einem speziellen Sinn).

Jeder dieser Problemkreise wird unter Heranziehung einer außerordentlichen Fülle einzelner Variablen und unter Bildung zahlreicher Beziehungsaussagen aufgeschlüsselt. Eine Wiedergabe eines der vielen dabei entwickelten konzeptionellen Modelle ist hier aus Raumgründen nicht möglich.

Der hypothetisch-spekulative Charakter der Modelle kommt vor allem darin zum Ausdruck, daß ihre Variablen vielfach nicht hinreichend operational formuliert sind und viele Beziehungszusammenhänge nur als unspezifizierte Einflußzusammenhänge (ohne Vorzeichenannahmen) oder gar als reine Verbundenheitsannahmen angegeben sind. Die Autoren qualifizieren auch selbst ihre Arbeit als sachlich-analytisch; sie wollen »lediglich« einige konzeptionelle Bezugsrahmen entwickeln und bisher vorliegende empirische Evidenz zusammenfassen, selbst aber nicht unmittelbar auf empirische Untersuchungen hinarbeiten.

Das Buch von *March* und *Simon* kann zweifellos als eines der bedeutendsten Werke auf dem Gebiet der entscheidungs- und verhaltensorientierten Organisationstheorie angesehen werden. Die in ihm enthaltenen Gedanken haben in entscheidendem Maße einige Arbeiten auf dem Gebiet der Organisationstheorie arbeitender deutscher Forscher (etwa *Luhmann, Kirsch*) beeinflußt.

Nach dieser Skizzierung der sachlich-analytischen Strategie soll nun auf die empirische Strategie eingegangen werden.

3.3.3 Die empirische Strategie

Die empirische Forschungsstrategie ist primär auf das theoretische Qualitätsmerkmal der empirischen Bestätigung gerichtet: Es geht ihr um eine systematische Erfahrungsgewinnung. Diese Erfahrungsgewinnung richtet sich in der Regel nach bestimmten Methoden, die vorwiegend im Bereich der empirischen Sozialforschung bzw. der induktiven Statistik niedergelegt sind. Die gewonnenen Erfahrungen werden dazu verwendet, bestimmte *Aussagen über die Realität zu prüfen* und damit entweder ihre Geltung zu begründen oder ihren Wahrheitsmangel zu belegen (vgl. S. 66).

Bei der empirischen Forschungsstrategie wird auf der zweiten Stufe des Forschungsprozesses bei der Bildung *deskriptiver Aussagen* versucht, die jeweils betrachteten Realitätsbereiche unter Verwendung der erarbeiteten Konzepte zu beschreiben. Dabei will man prüfen, ob die im Zuge der Begriffsbildung entwickelten Vorstellungen und Indikatoren die Realität tatsächlich in geeigneter Weise abzubilden vermögen. Die bei diesem Vorgang formulierten Aussagen sollen als **real-deskriptive Aussagen** bezeichnet werden. Real-deskriptive Aussagen dienen entweder der *statistischen Darstellung eines Realitätsbereiches* ohne unmittelbare Erklärungsabsicht (Betriebsvergleiche, amtliche Statistik, Meinungsforschung, statistische Wirtschaftsforschung) oder der *Prüfung von operationalen Definitionen und Meßinstrumenten hinsichtlich ihrer Abbildungskraft* im Vorfeld explanatorischer Analysen. Die im letzten Fall angesprochene konstatierende Analyse der Realität wird z. T. auch deskriptive Untersuchung oder »Diagnose« genannt (*Zetterberg,* 1973). Der erwähnte (begriffliche) Prüfvorgang mittels beschreibender Anwendung von Begriffen ist zwar für den weiteren Fortschritt des Erkenntnisprozesses notwendig, jedoch darf die Prüfungsmöglichkeit nicht überschätzt werden. Sie beschränkt sich im Grunde auf die forschungsoperative Ebene. Kritische Ergebnisse deskriptiver Untersuchungen verweisen vor allem auf Mängel in der Operationalisierung, d. h. in der Festlegung von empirisch erfaßbaren Merkmalen (Indikatoren), mit denen die konzeptionellen Größen in der Realität erhoben werden können (zu diesen Problemen, die sich im wesentlichen auf die *Gültigkeit* (Validität) und *Zuverlässigkeit* (Reliabilität) von Indikatoren und Meßinstrumenten erstrecken, vgl. zum Überblick: *Scheuch,* 1973; *Zetterberg,* 1973; zur detaillierteren Orientierung siehe die Beiträge in *Mehrens/Ebel,* 1967). Möglicherweise lassen sie auch die Vernachlässigung bestimmter relevanter Aspekte, mangelnde Differenzierungen bzw. scharfe Abgrenzungen und mögliche Verknüpfungen oder Übereinstimmungen erkennen. Die Ergebnisse dieser Untersuchungen bleiben jedoch meist im Rahmen gegebener Vorstellungs- und Begriffsschemata. Diese werden nicht ernstlich in Frage gestellt. Sie prädeterminieren den »Prüfungsprozeß« durch die Formung der jeweiligen Betrachtungsperspektive. Von diesen deskriptiven Untersuchungen sind die eigentlichen Hypothesenprüfungen deutlich zu unterscheiden. Sie gehören bereits zum explanatorischen Stadium der empirischen Forschungsstrategie und setzen im Grunde gesicherte Indikatoren und Meßinstrumente voraus.

Die Erreichung einer empirischen Präzisierung von Zusammenhängen und vor allem ihre empirische Bestätigung innerhalb von konzeptionellen Bezugsrahmen erfordert auf der dritten Entwicklungsstufe des Forschungsprozesses **empirisch-kognitive Aussagen.** Gegenstand dieser Aussagen sind *Beziehungen zwischen den betrachteten Variablen und zwischen Variablenkategorien.* Dabei handelt es sich entweder um mit einem expliziten Prüfungsinteresse formulierte kausale Annahmen oder um die Verallgemeinerung von Zusammenhangbeschreibungen und ihre Überführung in eine erklärende Form (Weil-Argument).

Empirisch-kognitive Aussagen sollen eine empirisch abgesicherte Erklärung von Zusammenhängen anhand von Annahmen über *Ursache-Wirkungs-Zusammenhänge* leisten und einer empirisch untermauerten Prognose von Entwicklungen dienen. Eine solche empirisch abgesicherte Erklärung kommt jeweils dann zustande, wenn beobachtete Daten den in einer kausalen Annahme behaupteten Verhältnissen tatsächlich entsprechen bzw. wenn

Aussagen über beobachtete Daten zu universellen Weil-Aussagen umformuliert werden. Nach allgemeiner Auffassung müssen im zweiten Fall die induktiv gewonnenen Aussagen, bevor sie als »empirisch abgesichert« gelten können, jedoch noch einer weiteren Prüfung an einem Datenmaterial unterzogen werden, das unabhängig von dem Datenmaterial, aus dessen Analysen die Aussagen formuliert wurden, erhoben worden ist (Forderung nach unabhängiger Prüfung von Hypothesen).

Die zentrale forschungsinhaltliche Aufgabe in Verbindung mit der Erarbeitung empirisch-kognitiver Aussagen ist die *Aufstellung der kausalen Annahmen* bzw. die Aufstellung induktiv gewonnener Weil-Aussagen, die dann als kausale Annahmen für nachgelagerte Studien betrachtet werden. Hierbei lassen sich wiederum die oben bereits angeführten Präzisierungsstufen unterscheiden (vgl. S. 75f.). Daß mit der Präzisierung einer Annahme ihr Informationsgehalt steigt, bedeutet in diesem Zusammenhang: Je präziser eine kausale Annahme formuliert ist, desto größer ist ihre Prüfbarkeit und desto höher ist der Erkenntniswert einer empirischen Bestätigung.

Im Rahmen eines empirischen Forschungsprozesses sind neben den angesprochenen konzeptionellen Arbeiten auch die Verfahren zur Gewinnung und Auswertung von Daten wesentlich. Diese Verfahren werden in der Literatur unter den Bezeichnungen »Techniken der empirischen Sozialforschung« und »Verfahren der (multivariaten) Datenanalyse« diskutiert; sie können hier nur kurz erwähnt werden.

Zu den *Techniken der empirischen Sozialforschung* gehören vor allem die verschiedenen Erhebungsverfahren (Befragung, Beobachtung, Dokumentenanalyse), Verfahren der Stichprobenauswahl, experimentelle Versuchsanordnung etc. (vgl. hierzu z. B. *Mayntz/Holm/Hübner,* 1969; *Friedrichs,* 1973; *Büschges/Lütke-Bornefeld,* 1977).

Unter dem Stichwort der *Verfahren zur Datenanalyse* werden vor allem statistische Probleme der Datenaufbereitung sowie komplizierte Techniken wie Skalierungsverfahren, Regressions- und Korrelationsanalyse etc. behandelt (vgl. zur Einführung in diese Verfahren *Mayntz*, 1971; einen guten Überblick vermitteln *Andrews* u. a., 1974; *Sachs,* 1974; zur detaillierteren Einarbeitung in multivariate Verfahren siehe *Cooley/Lohnes*, 1971).

Die Erhebungsmethoden und zum Teil auch die Auswertungsmethoden variieren mit der gewählten Form der Datengewinnung. Als Hauptform sind zu unterscheiden:

- Die Fallstudie,
- die empirische Feldforschung,
- das Feldexperiment,
- das Laborexperiment und
- die Aktionsforschung.

Die Bedeutung der genannten Verfahren für die empirische Forschung wird häufig überbetont. Sehr oft ist sogar eine Identifizierung von empirischer Forschung mit »empirischer Sozialforschung« festzustellen. Es ist daher zu betonen, daß die Datengewinnungs- und -auswertungstechniken in jeder Disziplin eingesetzt werden können, und daß ihr Erfolg entscheidend von der konzeptionellen Vorbereitung abhängt. Vor allem sind auch Interpretationsmöglichkeiten und damit die Qualität empirischer Ergebnisse durch die Qualität des Forschungskonzeptes (gedanklicher Bezugsrahmen) vorherbestimmt.

Als Beispiel für eine organisationstheoretische Arbeit, die der empirischen Forschungsstrategie folgt, soll kurz ein Beitrag von *Kieser* (1974) dargestellt werden, der sich mit der *Abhängigkeit organisatorischer Dimensionen von bestimmten Merkmalen der Umwelt einer Unternehmung befaßt.* Seine Ergebnisse zu den untersuchten Beziehungszusammenhängen stammen aus einer umfangreichen empirischen Studie, in der zahlreiche organisatorische Merkmale (ähnlich wie im 2. Kapitel behandelt) dargestellt und Kontextmerkmale in 51 industriellen Unternehmungen erhoben wurden. Der ausgewählte Beitrag stellt aber nur einen Ausschnitt aus dem durchgeführten Gesamtprojekt dar (vgl. *Kieser,* 1973).

Die organisatorische Konzeption *Kiesers* ist im wesentlichen identisch mit den von *Pugh* (1968) und *Child* (1973 (b)) sowie *Child* u. a. (1975) vorgeschlagenen Dimensionen zur Erfassung und zum Vergleich realer Organisationsstrukturen (vgl. hierzu auch S. 132 ff.). *Kieser* übernimmt diese Konzeption und zum größten Teil auch die von *Pugh* u. a. entwickelten Meßinstrumente, um eine möglichst präzise Replikation der englischen Untersuchungen (d.h. eine Wiederholung der Analysen an einem anderen empirischen Material) durchführen zu können. Unter dem Aspekt einer Absicherung vorliegender Ergebnisse und Vermutungen ist diese Vorgehensweise besonders gut geeignet. Man findet sie recht häufig vor allem in amerikanischen organisationssoziologischen Studien. Unter dem Aspekt der Gewinnung neuer Forschungsideen oder neuer Hypothesen erscheint die replikative Vorgehensweise demgegenüber weniger fruchtbar.

Die konkret zu prüfenden Hypothesen zum Zusammenhang zwischen Umweltvariablen und Organisation entwickelt *Kieser* in Anlehnung an ein Modell der Beziehungen zwischen Umwelt und Organisation von *Khandwalla* (1972 bzw. 1977). Dieses Modell geht davon aus, daß eines der Grundbedürfnisse von Unternehmungen die Reduktion von Unsicherheit, die aus der Umwelt resultiert, ist. Zur *Unsicherheitsreduktion* verwenden

Unternehmungen bestimmte Mechanismen, wie z. B. vertikale Integration, partizipative Entscheidungsfindung und den Einsatz spezieller Informationstechniken und -stellen. Die Anwendung dieser Mechanismen führt zu einer Strukturierung bzw. zu einer Segmentierung von Unsicherheitsbereichen. Diese Bereiche werden von *verschiedenen strukturellen Subsystemen* in einer Unternehmung behandelt. Unsicherheitssegmentierung begründet deshalb eine Differenzierung der Unternehmung in strukturelle Subsysteme mit unterschiedlichen Einstellungen und Orientierungen der Aktionsträger und mit verschiedenartigen Verfahrensweisen. Diese Differenzierung ruft ihrerseits Koordinationsschwierigkeiten hervor, auf die eine Unternehmung mit *Integrationsbemühungen* reagieren muß (vgl. hierzu auch *Lawrence/Lorsch*, 1969 bzw. die hier gegebene Übersicht auf S. 139 ff.).

Die zentrale Aussage dieses Modells bezieht sich darauf, daß Unternehmungen, die auf Unsicherheit deutlicher mit Differenzierung reagieren und die Folgeproblematik der Integration besser bewältigen, *erfolgreicher* sind als andere Unternehmungen.

Die wichtigsten der von *Kieser* in die Analyse einbezogenen *organisatorischen Dimensionen* (die sich teilweise von den auf S. 30 ff. eingeführten unterscheiden) sind
– die funktionale Spezialisierung,
– die Formalisierung,
– die Entscheidungsdezentralisation,
– die Zahl der Ebenen sowie
– das horizontale und vertikale Kommunikationsmuster.

Die betrachteten *Umweltmerkmale* sind
– die Umweltdynamik, gemessen an der erwarteten Änderungsrate der folgenden fünf Aufgabenbedingungen in einer Unternehmung:
  • Produktionsprogramm,
  • Absatzinstrumentarium,
  • Fertigungsverfahren,
  • Forschungsstand,
  • Organisation;
– die Konkurrenzintensität, gemessen durch ein vierwertiges Rating und
– die Preisempfindlichkeit, gemessen durch die Frage »Um wieviel Prozent muß ein Konkurrent Sie preislich unterbieten, um Ihnen einen treuen Kunden wegnehmen zu können?«.

Die Untersuchung von *Kieser* erbrachte folgende *Ergebnisse* zu den Zusammenhängen zwischen den genannten Variablen:

1. Mit zunehmender Dynamik der Umwelt zeigt sich eine Zunahme der Formalisierung, der Entscheidungsdezentralisation, der Zahl der Ebenen sowie der horizontalen Kommunikation. Im Unterschied zur vorherrschenden Auffassung in der Literatur, nach der Unternehmungen in dynamischen Umwelten, also unter einem relativ starken Innovationszwang, eher eine gering formalisierte und wenig hierarchisierte Struktur aufweisen, legen die Ergebnisse von *Kieser* den Eindruck steigender bürokratischer Koordination bei zunehmender Dynamik nahe. Es ist nicht ganz auszu-

schließen, daß hierbei möglicherweise ein nicht berücksichtigter Effekt der Unternehmungsgröße eine Rolle spielt, und zwar derart, daß größere Unternehmungen tendenziell eine dynamischere Umwelt besitzen. Diese Überlegung drängt sich vor allem deshalb auf, weil das Maß für die Umweltdynamik (s. o.) streng genommen nicht Merkmale von Außenbereichen der Unternehmung erfaßt, sondern sich offenbar mehr auf die interne Veränderungsrate bezieht.

Aus dieser Beobachtung folgt als generelle Strategie zur Analyse empirischer Untersuchungen, daß man stets sehr genau prüfen sollte, wie eine bestimmte Variable erfaßt wird. Autoren empirischer Arbeiten neigen nicht selten dazu, die Ergebnisse ihrer Erhebungen weitergehender zu interpretieren, als es ihre Maße und die einbezogenen Variablen zulassen.

2. Die Konkurrenzintensität weist einen positiven Zusammenhang mit der funktionalen Spezialisierung und der horizontalen Kommunikation auf. Unternehmungen in einer konkurrenzintensiven Umwelt sind offenbar durchschnittlich etwas stärker spezialisiert und auf horizontale Kommunikation ausgerichtet als Unternehmungen in einer Umwelt mit geringem Konkurrenzdruck.

3. Die Preisempfindlichkeit schließlich zeigt einen positiven Zusammenhang zum Spezialisierungsgrad, zum Formalisierungsgrad, zur Entscheidungsdezentralisation, zur Zahl der Ebenen und zur vertikalen Kommunikationsintensität. Wird die Preisempfindlichkeit als Indikator für die Umwelt- bzw. Marktvariabilität interpretiert, so kann man sagen, daß eine steigende Marktvariabilität die Ausbildung einer bürokratischen Koordinationsform bedingt.

4. In einem weiteren Schritt unterwirft *Kieser* das Modell von *Khandwalla* einem empirischen Test und kommt zu einer grundsätzlichen Zustimmung zu den Hypothesen des Modells. Es würde aber im Rahmen dieser Einführung zu weit führen, diesen Testvorgang im einzelnen wiederzugeben.

Aus dieser kurzen Skizzierung einer empirischen Forschungsarbeit wird erkennbar, an welchen Stellen die Probleme der empirischen Forschung liegen. Zur Verdeutlichung sei der Prozeß einer empirischen Untersuchung am Beispiel der Arbeit von *Kieser* noch einmal kurz analysiert:
Zunächst einmal müssen zu einer bestimmten Fragestellung (im Beispiel: In welcher Weise beeinflußt die Umwelt einer Unternehmung die Organisation der Unternehmung?) geeignete *Begriffe und Merkmale*, z. B. Umweltdimensionen und Dimensionen der Organisation, gebildet werden. Die inhaltliche Ausgestaltung der gewählten Begriffe und Merkmale wird dabei u. a. nach Zweckmäßigkeitsgesichtspunkten vorgenommen, so daß sich schon dadurch Abweichungen zu Begriffen und Merkmalen ergeben, die andere Autoren auswählen (vgl. z. B. die Unterschiede zwischen den von *Kieser* verwendeten und den in dieser Einführung auf S.

30ff. vorgestellten Dimensionen der Organisation). Sofern eine empirische Untersuchung nicht völlig explorativ gestaltet werden soll, benötigt man einige Hypothesen über die Beziehungen zwischen den für die Beantwortung der Fragestellung als relevant erachteten Merkmalen (*Kieser* betont in diesem Zusammenhang vor allem das Modell von *Khandwalla*, stützt sich daneben aber auch auf die Kontingenztheorie von *Lawrence* und *Lorsch* (1969) sowie auf ein Modell von *Wilson* (1966) zum Dilemma innovationsfähiger Organisationsstrukturen).

Bevor eine empirische Erhebung durchgeführt wird, müssen die herangezogenen Merkmale derart spezifiziert werden, daß sie unmittelbar erfaßbar bzw. meßbar sind. Diesen Vorgang nennt man – wie oben (vgl. S. 79) bereits ausgeführt – Operationalisierung. Die *Operationalisierung* von Merkmalen geschieht meist über die *Angabe von Indikatoren*. Bei *Kieser* fungiert z.B. die erwartete Veränderungsrate des Produktionsprogramms als Indikator für die Umweltdynamik, die Preisdifferenz zur Abwerbung von Kunden als Indikator für die Preisempfindlichkeit.

Sodann ist eine geeignete *Auswahlgesamtheit* zu bestimmen und nach einem bestimmten Verfahren eine *Stichprobe* zu ziehen. Bei *Kieser* wurde die Auswahlgesamtheit von allen Industrieunternehmungen Nordrhein-Westfalens gebildet, die 1971 im »Handbuch der Großunternehmen« verzeichnet waren. Gezogen wurde eine geschichtete Zufallsstichprobe, d.h. die Auswahlgesamtheit wurde in verschiedene Größenklassen eingeteilt, innerhalb derer nach dem Zufallsprinzip einzelne Unternehmungen ausgewählt wurden.

Wenn die Daten mit Hilfe der erstellten Meßinstrumente in einer Stichprobe erhoben worden sind, stellt sich das Problem der *Auswahl geeigneter Auswertungsmethoden* und möglicherweise *zweckmäßiger Datenverknüpfungen* (in Form von Additionen, Quotientenbildung etc.). Mit bestimmten *Auswertungsmethoden* (im dargestellten Beispiel von *Kieser* handelt es sich um Korrelationsanalysen) ermittelte Ergebnisse (etwa Korrelationskoeffizienten) bedürfen einer Rückübersetzung in die theoretische Sprache, die meist mit vielfältigen begrifflichen und hypothetischen Interpretationen verbunden ist.

Für den kritischen Leser einer empirischen Studie kommt es darauf an, alle diese Schritte gedanklich nachzuvollziehen, um die Qualität einer Arbeit und deren *Aussagewert* beurteilen zu können. Er muß insbesondere

– die Operationalisierungen,
– die Erhebungsmethoden und

- die Repräsentativität der Stichprobe prüfen,
- die Anwendung von Auswertungsmethoden auf ihre Adäquanz beurteilen und
- die Interpretationsschritte verfolgen.

Eine Beschäftigung mit empirischen Forschungsarbeiten setzt deshalb in aller Regel eine große Aufmerksamkeit für Details und gute statistisch-methodische Kenntnisse voraus.

3.3.4 Die formal-analytische Strategie

Im Unterschied zu der sachlich-analytischen und der empirischen Forschungsstrategie ist die formal-analytische Forschung vorwiegend an der *vereinfachten und mehr oder weniger abstrakten Beschreibung von Problemstrukturen* interessiert. Ausgangspunkt ist eine bestimmte verallgemeinerte reale Problemstellung, z. B. ein reales Handlungs- bzw. Entscheidungsproblem. Dieser unmittelbare Problembezug ist das deutlichste Unterscheidungsmerkmal der formal-analytischen Strategie gegenüber der sachlich-analytischen und der empirischen Strategie. Die in den Autonomiebereich des Forschers fallende Definition des Problems erlaubt dabei stets eine gewisse Vollständigkeit der Beschreibung bzw. der Modellbildung im Hinblick auf das Anliegen des Forschers. Dieses Anliegen besteht allgemein darin, ausgehend von bestimmten Zielvorschriften und gesetzten, zunächst nicht weiter problematisierten Aussagen über die Realität, *Vorgehensweisen aufzuzeigen,* um die jeweils behandelten Probleme auf der Ebene der gedanklichen Problemlösung einer möglichst guten Lösung zuzuführen. An dieser Formulierung ist zu erkennen, daß es dem formal-analytischen Forscher weniger um die vollständige Realitätserkenntnis geht, sondern vielmehr um die geeignete Anwendung eines komplexen Methodenvorrats im Hinblick auf bestimmte Problemlösungen. Vorherrschend sind dabei die Erarbeitung entscheidungslogischer Methoden und Modelle sowie eine quantifizierende Betrachtungsweise.

Nur dadurch, daß die Realität als Menge von generalisierten Entscheidungsproblemen begriffen wird, für die Lösungen zu erarbeiten sind, wird die formal-analytische Forschungsstrategie der Zielkomponente »entscheidungstechnische Verwendbarkeit« von gedanklichen Bezugsrahmen gerecht. Daß es dem formal-analytischen Forscher in der Regel aber eher um das Auffinden geeigneter Modellanalysen und geeigneter Methoden zur Ermittlung optimaler Problemlösungen im Einzelfall und weniger um eine Abbildung realer Verhältnisse geht, ist besonders deutlich z.B. bei den Beiträgen von *Hanssmann* zur Optimierung der Organisationsstruktur (1970) oder in dem weiter unten skizzierten Beitrag von *Müller-Merbach* zur optimalen Abteilungsbildung (1973) zu sehen.

Die auf der zweiten Stufe der formal-analytischen Forschungsstrategie formulierten *deskriptiven Aussagen* dienen einer problemorientierten Abgrenzung und Beschreibung bestimmter Realitätsausschnitte. Man geht dabei von mehr oder weniger eindeutigen Vorstellungen eines Realproblems aus und versucht, die Bedingungen, die für dieses Problem relevant sind, zu isolieren und so zunächst einen problemrelevanten Realitätsausschnitt in einer Art konzeptionellem Modell zusammenzustellen.

Ist der problemrelevante Realitätsausschnitt derart modellhaft strukturiert, erfolgt die Formulierung eines *mathematischen Modells,* d.h. eine formalisierte »Beschreibung« der verallgemeinerten realen Situation mit Hilfe bestimmter Funktionen, die die relevanten Variablen enthalten und ihre Beziehungen repräsentieren. Dieses mathematische Modell muß dann noch durch die Fragestellung ergänzt werden, die den Problemgehalt der realen Situation ausmacht. Durch dieses Hinzufügen der *Fragestellung* zu dem mathematischen Modell (man nennt die Fragestellung den *Zieloperator* eines Modells) entsteht ein Formalproblem.

Die Konstruktion des Formalproblems und ihre vorgelagerten Schritte (konzeptionelles Modell, mathematisches Modell) fassen wir unter dem Begriff der **Modellbildung** zusammen. Die Modellbildung stellt die zweite Stufe der formal-analytischen Forschungsstrategie dar. Im Unterschied zur sachlich-analytischen Forschungsstrategie erfolgt die Modellbildung hier vor allem im Hinblick auf ihre instrumentale Funktion, d.h. sie soll nicht nur die Grundlage für Möglichkeitsaussagen bilden (vgl. S. 72), sondern letztlich zur Problemlösung realer Situationen herangezogen werden.

Der kritische Schritt bei der Modellbildung besteht in der *Ausgrenzung des problemrelevanten Realitätsbereichs* bzw. der verallgemeinerten Situationsbeschreibung. Ist diese Arbeit vollzogen, so stellt die Formulierung des mathematischen Modells, zumindest für den geübten formal-analytischen Forscher, eine weniger problematische Tätigkeit dar. In der Spezifizierung des relevanten Realitätsbereiches müssen oft durch Vereinfachung der realen Komplexität erhebliche Zugeständnisse gemacht werden, um die mathematischen Modelle nicht zu komplex werden zu lassen und ihre anschließende Lösung zu ermöglichen. Die »Beschreibung« der Realität ist insofern bei der formal-analytischen Forschungsstrategie stark an bestimmten gewünschten Modelleigenschaften und verfügbaren Lösungsmethoden orientiert. Daraus können beträchtliche Abweichungen zwischen Modellen und der normal erlebten Realität folgen. Diese Abweichungen sind für die formal-analytische Forschung jedoch kein grundlegendes Problem, da die Modellbildung in formal-analytischen Forschungsprozessen nicht unbedingt eine sehr genaue Abbildung der Realität anstrebt, sondern vielmehr eine *Abbildung von Problemstrukturen* im Hinblick auf die Anwendung modellanalytischer Manipulationsmethoden, die es gestatten, im konkreten Einzelfall eine optimale Lösung zu ermitteln.

Der abstrakte Charakter formal-analytischer Realitätsbeschreibungen läßt sich an zwei problematischen Sachverhalten besonders gut verdeutlichen:
Zum einen führt die Loslösung der Beschreibung von der Realität sehr häufig dazu, daß Modelle entwickelt werden, bevor praktische Probleme identifiziert sind, auf die sie unmittelbar anwendbar wären. Viele formal-analytische Forschungsarbeiten bemühen sich dementsprechend darum, ausgehend von fertigen Modellen nach Situationen zu suchen, in denen sie anwendbar und nützlich sind. Dabei ist vor allem ein Erkennen von Analogien in den Problemstrukturen wichtig. Oftmals zeigt sich allerdings, daß entwickelte Modelle den praktischen Problemstellungen nicht gerecht werden, weil sie etwa wichtige Aspekte unberücksichtigt lassen, weil sie den Problemen eine Form geben, die sie in der Praxis nicht haben oder weil sie für die konkrete Anwendung wichtige Beziehungszusammenhänge nicht hinreichend spezifizieren.

Ein weiteres Problem bei der Anwendung von Modellen besteht darin, ihren Datenanforderungen gerecht zu werden. Dies erweist sich oft als entscheidendes Hindernis, weil die Daten in der Praxis entweder überhaupt nicht oder nicht wirtschaftlich ermittelt werden können. Einfache Zahlenbeispiele in formal-analytischen Forschungsarbeiten täuschen darüber nicht selten hinweg. Ferner werden Verbindungen zwischen bestimmten Variablen oft nur in Form vereinfachter mathematischer Funktionen angenommen, denn die Feststellung der konkreten Funktionsverläufe erweist sich in der Praxis oft als unmöglich oder zu aufwendig.

Daß die formal-analytische Organisationsforschung üblicherweise mit ausgesprochen vereinfachten »Beschreibungen« auskommt, die sowohl von Realitätsstrukturen als auch von realen Daten abstrahieren, d. h. die weder praktische Problemstrukturen hinreichend genau erfassen noch konkrete reale Verhältnisse reflektieren, zeigt, daß es in dieser Forschungsstrategie zunächst gar nicht um eine Beschreibung im Sinne der Abbildung von Bestehendem geht, sondern eher um eine Beschreibung im Sinne der Abbildung von Möglichem. Die Erfassung von Möglichem ist für die weiteren Schritte des formal-analytischen Forschungsprozesses auch völlig hinreichend. Insofern wird die Übereinstimmung unterstellter Aussagen mit realen Verhältnissen oft nicht nur nicht überprüft, sondern auch mit einem gewissen Recht als irrelevant angesehen. Im Vordergrund stehen nämlich mehr die *Methoden der Modellanalyse.* Nicht selten findet man deshalb in formal-analytischen Forschungsarbeiten Hinweise darauf, daß gesetzte Annahmen über die Realität nicht »kritisch« seien, weil sie die Überlegungen zur Modellanalyse nicht beeinflussen (*Hanssmann,* 1970, S. 21).

Bei den *explanatorischen Aussagen* auf der dritten Stufe des formal-analytischen Forschungsprozesses geht es um **modellanalytische Problemlösungen** und ihre interpretierende Auswertung. Voraussetzung hierfür ist, daß geeignete Verfahren zur Modellanalyse bzw. zur verallgemeinerten Lösung des Modells gefunden werden. Entweder werden aus dem sehr umfangreichen Repertoire vorliegender Methoden (*Algorithmen, Heuristiken*) bestimmte Methoden zur Modellbehandlung ausgewählt oder es werden ausgehend von einem speziellen Modell neue Methoden entwickelt. Die Kennzeichnung der Modellanalyse als »explanatorisch« ist nur in einem übertragenen Sinn zu verstehen: Die Modellanalyse dient dem Aufzeigen zieladäquater und möglicherweise optimaler Verhaltensweisen und vermag damit gewissermaßen die problemimmanenten Zusammenhänge sowie die Effizienz bestimmter Verhaltensweisen zu erklären.

Soweit das modellhaft dargestellte Formalproblem modellanalytisch einer Lösung zugeführt werden kann, stellt sich abschließend die Aufgabe, diese *Lösung in die Realität rückzuübersetzen.* Diese Rückübersetzung kann der Wissenschaftler natürlich nur auf einem sehr allgemeinen Niveau bzw. an beispielhaften Demonstrationen leisten.

Die eigentliche Umsetzungsaufgabe von Modell-Lösungen in konkrete Entscheidungsvorschläge fällt dem Praktiker zu, der ein Modell und bestimmte Lösungsmethoden anwendet. Nur er verfügt nämlich über »reale« Daten, nur in seiner realen Situation kann sich das Ergebnis formal-analytischer Organisationsforschung in praktisch relevanten Informationen niederschlagen, die in Entscheidungsprozesse bzw. Alternativvorschläge eingehen.

Einen Gesamtüberblick über die Vorgehensweise innerhalb der formal-analytischen Forschungsstrategie gibt die Abb. 8.

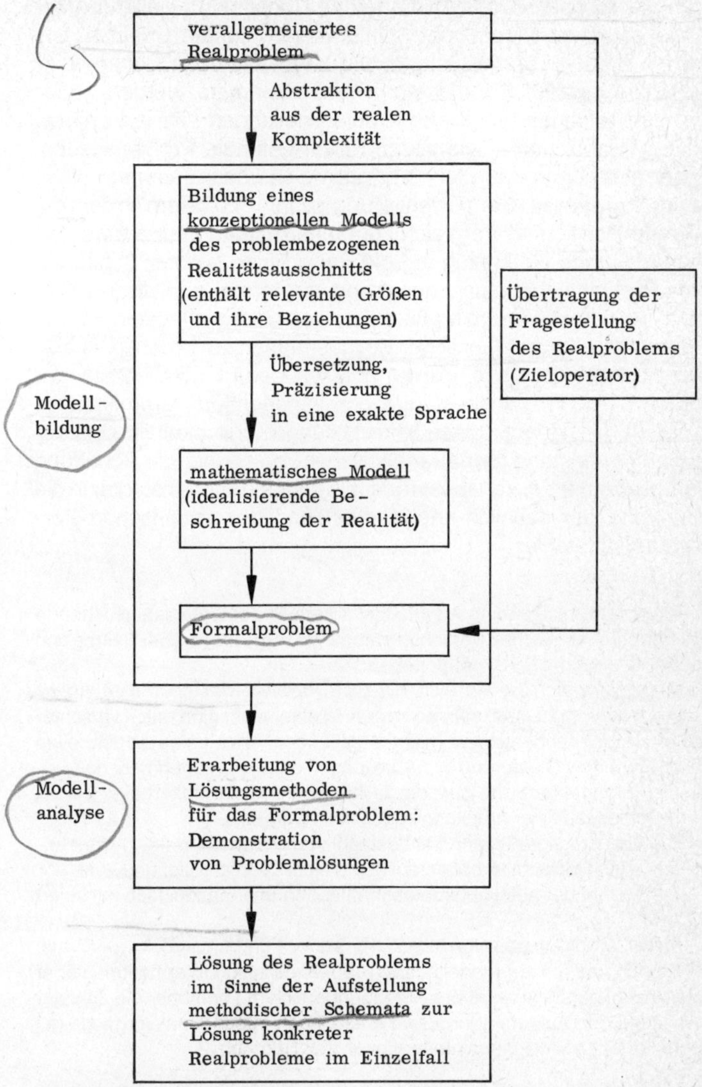

Abb. 8: Die Schritte des formal-analytischen Forschungsprozesses

Die Kennzeichnungen der formal-analytischen Forschungsstrategie zeigen, daß die Ergebnisse dieser Strategie nicht erfahrungswissenschaftliche Aussagen sind (oder sein sollen), die über die Realität verallgemeinernd informieren, sondern vielmehr *logisch-mathematische Schemata zur quantitativen Behandlung von Organisationsproblemen*. Diese Schemata werden angesichts bestimmter konkreter Problemstellungen aktiviert und erlauben dann eine in günstigen Fällen optimale Problemlösung. Aber auch ohne das Ziel einer optimalen Lösung vermag diese Vorgehensweise einen Orientierungsrahmen zu liefern, in dem die eigene Position im Vergleich zum Idealzustand beurteilt werden kann. Gerade der Bezug auf die Entwicklung solcher Schemata zur Problembehandlung qualifiziert die formal-analytische Forschung in besonderem Maße dafür, die entscheidungstechnische Verwendbarkeit gedanklicher Bezugsrahmen zu fördern. Die entscheidungstechnische Verwendbarkeit beruht nämlich auf der Möglichkeit, Wissensbestände problemorientiert verarbeiten zu können, und gerade diese Verarbeitungsmöglichkeit ist ein zentraler Gegenstand formal-analytischer Forschung; die Schaffung hinreichender Wissensbestände fällt demgegenüber stärker in die Bereiche der sachlich-analytischen und der empirischen Forschungsstrategie.

Als ein Beispiel für eine Arbeit, die im Bereich der Organisationstheorie der formal-analytischen Forschungsstrategie folgt, soll nun der Beitrag von *Müller-Merbach* (1973) näher behandelt werden.

Müller-Merbach befaßt sich mit dem *Problem der optimalen Abteilungsgliederung*. Dabei geht es darum, in einer Institution mit m verschiedenen Aufgabenbereichen (nicht Abteilungen, also keine strukturellen Einheiten) eine Gliederung in n Abteilungen derart vorzunehmen, daß

- die Aufgabenbereiche bzw. die zu ihnen gehörenden Mitarbeiter jeweils geschlossen einer Abteilung zugeordnet werden,
- die Abteilungsgröße eine Mindestzahl von Mitarbeitern (k_{min}) nicht unter-, eine Höchstmitarbeiterzahl (k_{max}) nicht überschreitet und
- die Anzahl der abteilungsüberschreitenden Informationsfälle minimiert wird.

Müller-Merbach geht von $m = 7$, $n = 3$ oder 4 und $k_{min} = 5$, $k_{max} = 7$ aus. Weiterhin werden zur modellhaften Problemdefinition Informationen über die Anzahl der Mitarbeiter pro Aufgabenbereich (h_i) und über die Zahl der zwischen den Aufgabenbereichen erfolgenden Informationsvorgänge (f_{ij}) benötigt. Diese Ausgangsinformationen zeigt die Abb. 9.

Mit der Zielfunktion (Minimiere die Zahl der die Abteilungsgrenzen überschreitenden Informationsfälle!) und den Angaben über m, n, h_i, k_{min}, k_{max} und f_{ij} ist das Realproblem beschrieben. An dieser Beschreibung zeigt sich

	Zahl der die Aufgabenbereiche 1–7 überschreitenden Informationsfälle							Zahl der Mitarbeiter (pro Aufgabenbereich)
	1	2	3	4	5	6	7	
1	0	170	200	10	110	100	150	2
2		0	40	60	200	20	30	4
3			0	20	50	80	80	3
4				0	110	30	10	3
5					0	20	100	5
6						0	170	1
7							0	2

Abb. 9: Ausgangsinformationen für das Modell von *Müller-Merbach*

u. a., daß die Problemdefinitionen bzw. die Modelle in der formal-analytischen Forschungsstrategie

- außerordentlich selektiv und oft sehr stark vereinfachend,
- quantitativ formuliert und
- beliebig zwar nicht in ihrer Struktur, aber doch in ihrem materiellen Gehalt (d. h. konkreten Werten für m, n, h_i etc.) sind.

Der nächste Schritt in der formal-analytischen Forschungsstrategie besteht nun darin, dem formulierten Realproblem eine *mathematische Fassung* zu geben. Dabei wird häufig versucht, das Realproblem in ein zufriedenstellend lösbares mathematisches Problem zu transformieren, so daß die Modellanalyse bzw. -lösung unter Rückgriff auf bereits bekannte Lösungsalgorithmen erfolgen kann. Im Bereich der Unternehmungsforschung existiert eine ganze Reihe grundlegender Modell- oder Problemtypen, die völlig losgelöst von irgendwelchen realen Bedeutungen ihrer Variablen analysiert werden und mit Hilfe entsprechender Algorithmen einer Lösung zugeführt werden können.

Müller-Merbach diskutiert im Anschluß an die quantitative modellhafte Formulierung des Realproblems »Abteilungsbildung« eine alternative mathematische Standardproblemformulierung, zu denen das Realproblem eine Strukturisomorphie (Problemkongruenz) aufweist. Er behandelt in diesem Zusammenhang das quadratische Zuordnungsproblem, das Set-Covering-Problem (ein Problem aus der Klasse der ganzzahligen Verschnittprobleme) und das Matching-Problem.

Er stellt fest, daß sich das Realproblem weder in der Formulierung als quadratisches Zuordnungsproblem noch als Set-Covering-Problem mit vertretbarem Aufwand und Sicherheit des Findens einer optimalen Lösung lösen läßt. Die Formulierung als Matching-Problem erweist sich für das Problem der Abteilungsbildung als nicht ausreichend, da sich mit der Lösung des Matching-Problems nur ein unterer Grenzwert für eine optimale Lösung ermitteln läßt.

Trotz der organisationstheoretisch relativ einfach erscheinenden Problemstellung läßt sich also ohne weiteres kein mathematisches Modell angeben, in dem das Realproblem mit Sicherheit optimal lösbar ist. *Müller-Merbach* wendet sich deshalb verschiedenen Rechenverfahren zu, die direkt auf das Realproblem bzw. seine quantitative Form anwendbar sind. Er skizziert ein graphentheoretisches Verfahren, Voll- und Teilenumerationen sowie einige heuristische Verfahren. Auch für diese Verfahren gilt grundsätzlich, daß sie entweder sehr rechenaufwendig (d. h. wenig praktikabel und teuer) sind oder aber keine sichere Auswahl optimaler Lösungen garantieren. Soll überhaupt ein brauchbarer formal-analytischer Lösungsansatz vorgeschlagen werden, so muß letztlich die Praktikabilität gegen die Treffsicherheit, d. h. die Sicherheit eines Verfahrens, zur optimalen Lösung zu führen, abgewogen werden. Eine günstige Kombination dieser Kriterien der Methodenqualität sieht *Müller-Merbach* in einigen heuristischen Verfahren, vor allem in solchen mit zunehmendem Freiheitsgrad, oder in Iterationsverfahren verwirklicht.

Diese kurze Illustration macht deutlich, um welche Art von Problemen es in der formal-analytischen Organisationsforschung vorwiegend geht und welche Überlegungen sich an die Formulierung eines Realproblems (die in exakter Form natürlich schon eine erheblich konstruktive und selektive Leistung darstellt) anschließen.

Zur weiteren Verdeutlichung der Schritte des formal-analytischen Forschungsprozesses sei das Beispiel von *Müller-Merbach* noch durch den Beitrag von *Hanssmann* (1970) ergänzt, wobei die wesentlichsten Merkmale des methodischen Vorgehens gegenübergestellt werden sollen (vgl. Abb. 10).

Die festgestellten Schwierigkeiten, besonders im Bereich der mathematischen Modellformulierung, die für den ungeschulten Betrachter zwangsläufig außerordentlich groß erscheinen, sollten nicht darüber hinwegtäuschen, daß die Probleme in der sachlich-analytischen und der empirischen Forschungsstrategie ähnlich gravierend sind. Nur fallen sie bei der formal-analytischen Forschung besonders auf, weil ihre Ausdrucksweise exakter ist. Wenn somit auch die aufgezeigten Schwächen keineswegs ein Grund zur Ablehnung der formal-analytischen Forschungsbemühungen sind, sollte man aber doch stets kritisch fragen, was die Ausarbeitung eines mathematischen Modells und eines Lösungsverfahrens für ein bestimmtes Problem effektiv leistet, und dabei insbesondere prüfen, inwieweit die Vereinfachungen des konzeptionellen Modells eines problembezogenen Realitätsausschnitts noch vertretbar sind.

In den vorangegangenen Abschnitten wurden einzelne strategische Zweige der organisationstheoretischen Forschung erläutert und hinsichtlich ihrer Probleme untersucht. Die Definition der Strategien richtet sich dabei danach, an welchem Qualitätsmerkmal gedanklicher Bezugsrahmen (Informativität, empirische Bestätigung, entscheidungstechnische Verwendbarkeit) sie sich orientierten. Es zeigte sich, daß auf der Ebene der begrifflichen Aussagen die Forschungsstrategien noch nicht scharf gegeneinander abgegrenzt sind, sondern daß Unterschiede erst auf den Ebenen deskriptiver und explanatorischer Aussagen deutlich werden. Zwar wurde in diesem Zusammenhang bereits geklärt, auf welche Weise entscheidungstechnisch verwendbare Aussagen erarbeitet werden, der Schritt zu praxeologischen Aussagen bzw. zu Entscheidungsrahmen wurde dabei jedoch noch nicht vollzogen. Der Grund dafür liegt darin, daß die Erarbeitung praxeologischer Aussagen eine andere Bedeutung besitzt als die bloße Förderung entscheidungstechnischer Verwendbarkeit, wenn auch gewisse Ähnlichkeiten (etwa hinsichtlich der gedanklichen Ordnung der Realität in bezug auf praktische Probleme) bestehen. Die Orientierung an der entscheidungstechnischen Verwendbarkeit ist logisch und auch faktisch unabhängig von dem Anspruch, zu praxeologischen Aussagen vorzustoßen. Für letztere ist nämlich zusätzlich eine hohe Informativität und eine hohe empirische Bestätigung vorauszusetzen; diese Eigenschaften brauchen jedoch in der Regel für die Aussagen einer einzelnen Forschungsstrategie, d.h. hier für die Aussagen der formal-analytischen Forschungsaktivitäten, nicht unbedingt gegeben zu sein. Es stellt sich also abschließend ganz allgemein die Frage, wie sich der Übergang zu praxeologischen Aussagen, also zur vierten Stufe der Theorieentwicklung, vollzieht.

3.4 Die Zusammenführung der Strategien in praxeologischen Aussagen

Auf der Grundlage der bisherigen Ausführungen erscheint für den Übergang zu praxeologischen Aussagen vor allem die *Konvergenz der genannten Forschungsstrategien* wesentlich; einfach gesagt: Es sind alle drei Forschungsstrategien hierzu notwendig. Die Entwicklung praxeologischer Aussagen, und d.h. zugleich die Entwicklung von Entscheidungsrahmen oder von informativen, empirisch bestätigten, entscheidungstechnisch verwendbaren gedanklichen Bezugsrahmen, erfordert die Verbin-

	Müller-Merbach 1973	Hanssmann 1970
Realproblem	Abteilungsgliederung, die einen möglichst reibungslosen Ablauf gewährleistet.	Mangelnde Schlagkraft eines Vertriebsbereiches, insbesondere – falsche Distriktgröße, – zu geringe Leistungsanreize aufgrund zu hoher Gehälter der Distriktleiter, – Mängel in der Aufgabenwahrnehmung.
konzeptionelles Modell	Wichtige Größen: Zahl der Aufgaben(bereiche), Zahl der erforderlichen Mitarbeiter pro Aufgabenbereich, Zahl von Informationsfällen zwischen den Aufgabenbereichen, Zahl gewünschter Abteilungen mit Mindest- und/oder Maximalzahl von Mitarbeitern.	Wichtige Größen: Kontrollspannen (als Indikator für Aufgabenumfang bzw. für Distriktgröße), Gehälter der Mitarbeiter auf verschiedenen hierarchischen Ebenen, Qualität der Aufsicht und Umsatzleistung als Effizienzmaße; Wichtige Relationen: Leistungsfunktion: Die Qualität der produzierten Aufsicht oder die Umsatzleistung ist umso geringer, je größer die Kontrollspannen, je höher das Gehalt und die Qualität der von oben empfangenen Aufsicht. Der erreichte Marktanteil ist abhängig vom Vertretergehalt und der empfangenen Aufsicht der Vertreter. Die Zahl der Vertreter ergibt sich als Quotient aus Umsatzanteil am Marktvolumen und Vertreterumsatzleistung. Der Gewinn bestimmt sich aus der Differenz zwischen gesamtem Deckungsbeitrag und Personalkosten des Vertriebsbereichs.

mathematisches Modell	Varianten: quadratisches Zuordnungsmodell, Set-Covering-Modell, Matching-Modell.	Modell der dynamischen Optimierung.
Formalproblem	Minimiere die Zahl der abteilungsüberschreitenden Informationsfälle! bzw. Maximiere die Zahl der Informationsfälle innerhalb der Abteilungen!	Maximiere den Gesamtgewinn unter sukzessiver Einbeziehung der Kosten höherer Hierarchieebenen und veränderter Spezialisierung!
Lösung des Realproblems in dem Sinne, daß Beispiele für Lösungsmöglichkeiten im Einzelfall aufgezeigt werden		

Abb. 10: Gegenüberstellung der wesentlichen Merkmale des methodischen Vorgehens in den Beiträgen von *Müller-Merbach* (1973) und *Hanssmann* (1970)

dung informativer Hypothesen, empirisch präzisierter und gesicherter Beziehungsaussagen und entscheidungs-analytischer Modelle.

> *Praxeologische Aussagen* stellen eine Synthese von systematischer Spekulation, systematischem empirischem Wissen und systematischem analytischem Denken dar.

Auch aus dieser methodischen Ausrichtung praxeologischer Aussagen ergeben sich damit die Anforderungen formaler Art, d. h. die oben genannten Ziele der Organisationsforschung (vgl. S. 66f.), aus denen die Klassifizierung der Forschungsstrategien abgeleitet wurde.
Die inhaltlichen Anforderungen, die an praxeologische Aussagen zu stellen sind, wurden bereits bei der Kennzeichnung instrumentaler Aussagen (vgl. S. 55f.) sowie bei der Überführung von Konzeptionsrahmen in Entscheidungsrahmen (vgl. S. 63f.) ausgeführt. Bei der praktischen Verwendung von Entscheidungsrahmen spielen außerdem *Handlungsinteressen und Wertvorstellungen* eine Rolle.
Die Ordnung des Wissens im Hinblick auf eine praktische Verwertung bedeutet vor allem eine *Einteilung der relevanten Größen*

- in anzustrebende (Formal)Ziele in Form von Effizienzkriterien,
- in unmittelbar disponible Größen (Aktionsparameter),
- in die gegebenen Daten, d.h. nicht veränderbare Restriktionen des Handelns (Bedingungen, Aufgaben) und
- in Wirkungen (Effizienzgrade).

Praxeologische Aussagen geben demnach an, bei welchen angestrebten Formalzielen und unter welchen konkreten Bedingungen, d. h. in welchen Situationen, welche Maßnahmen in Form der Ausgestaltung organisatorischer Regeln für bestimmte Aufgaben ergriffen werden müssen und welche Wirkungen diese Maßnahmen haben (vgl. auch S. 55, 70).
Erst diese Ordnung erlaubt geeignete Problemdefinitionen (Problemorientierungen) und die Ermittlung von zweckmäßigen Lösungsmöglichkeiten unter Ausnutzung des vorliegenden Wissens.

Für die Erarbeitung von Aussagen dieser Qualität fehlen neben *inhaltlichen* vor allem *methodische Anhaltspunkte.* Die geforderte *Konvergenz der verschiedenen Forschungsstrategien* könnte nun zu einer entsprechenden methodischen Orientierung, d.h. zu einem methodischen Pluralismus, führen, der wesentliche Voraussetzungen für die Erarbeitung praxeologischer Aussagen schafft. Auf weitere Anhaltspunkte in diesem Zusammenhang wird im 5. Kapitel eingegangen.

Einen zusammenfassenden Überblick der skizzierten Theoriebildungsstufen und Forschungsstrategien gibt nun die Abb. 11.

3.5 Interdependenzen zwischen den Forschungsstufen und zwischen den Forschungsstrategien

Die Abb. 11 visualisiert nicht nur die obigen Ausführungen, sondern macht zugleich deutlich, daß sowohl zwischen den verschiedenen Stufen der Theorieentwicklung als auch zwischen den Forschungsstrategien ein enger Zusammenhang besteht. Ausgeprägte *Beziehungen zwischen den Theorieentwicklungsstufen* sind insofern gegeben, als die wissenschaftlichen Leistungen auf einer Entwicklungsstufe jeweils an den zu erbringenden Leistungen auf der nächsthöheren Entwicklungsstufe orientiert sein müssen (Vorkopplungsbeziehungen). Eine bestimmte Begriffsbildung weist bereits, wie oben angedeutet, in Richtung bestimmter Deskriptionsleistungen. Die Deskription wiederum muß derart angelegt sein, daß auf ihrer Grundlage erklärende (hypothetisch, empirisch verallgemeinernde oder modellanalytische) Aussagen möglich werden. Ferner bestehen zwischen den Stufen der Theorieentwicklung zahlreiche Rückkopplungsbeziehungen (vgl. die gestrichelten Pfeile in Abb. 11). Zum Beispiel gehen einer Begriffsbildung oft deskriptive und auch explanatorische Aussagen voraus. Eine geeignete Deskription kann häufig nur auf der Grundlage von Beziehungshypothesen oder -wissen erfolgen und wird auch häufig derart vorgenommen, daß eine klare Trennung zwischen Deskription und Erklärung nur schwer möglich ist. Darüber hinaus können, wie oben bereits aufgezeigt, die modellanalytischen Möglichkeiten in entscheidendem Ausmaß die Formen der Modellbildung beeinflussen.

Es bestehen aber auch vielfältige *Interdependenzen zwischen den Forschungsstrategien.* Hypothetisch-spekulative Aussagen können zur Grundlage für empirische Forschungsarbeiten werden. Empirisch bestätigte Zusammenhänge gehen ihrerseits in quantitativ formulierte Modelle ein. Im Bereich der Deskription können interpretierend-deskriptive Aussagen durch entspre-

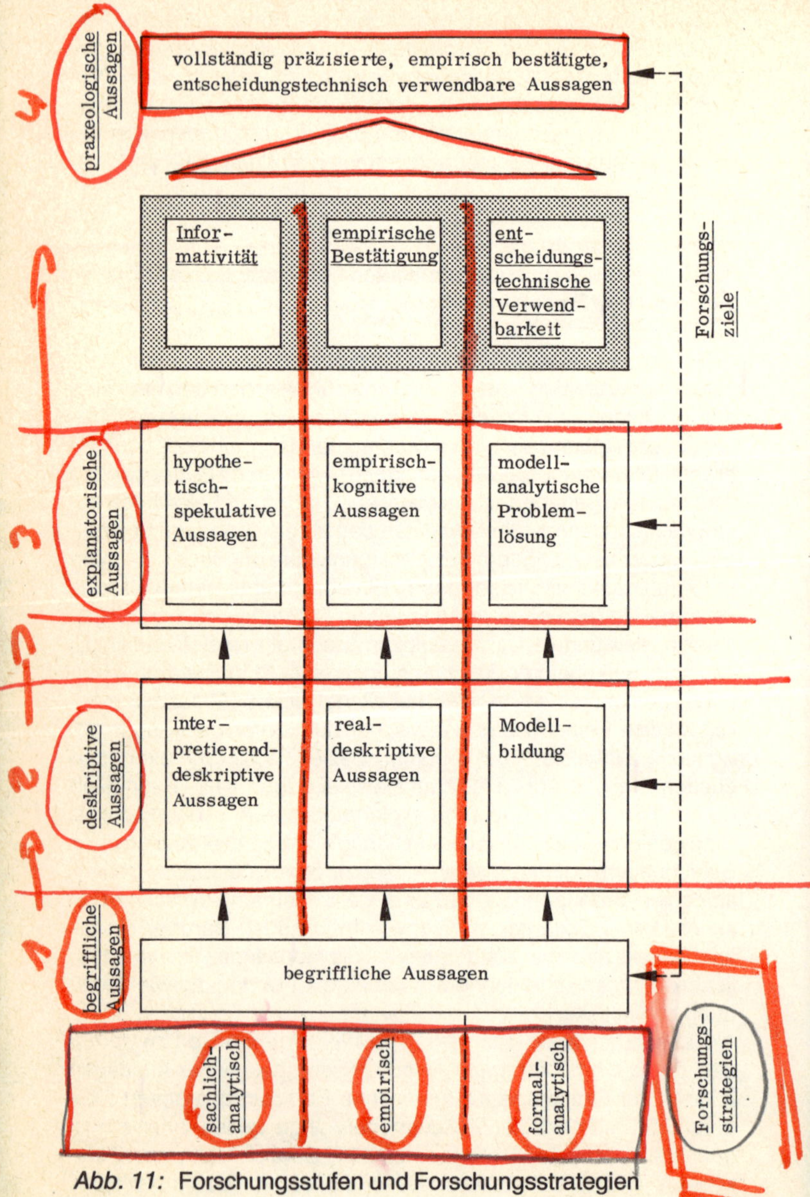

Abb. 11: Forschungsstufen und Forschungsstrategien

chende Operationalisierungen und Beobachtungen in real-deskriptive Aussagen überführt werden. Bei einer zuverlässigen Quantifizierung kann man schließlich zu Modellen vorstoßen. Besonders zu betonen ist in Verbindung mit den Zusammenhängen zwischen den verschiedenen Forschungs*strategien*, daß die jeweiligen Übergänge in horizontaler Richtung stets über die Ebene der Begriffsbildung verlaufen müssen, was wiederum auf die vertikalen Interdependenzen zwischen den Forschungs*stufen* zurückzuführen ist.

Forschungsprozesse besitzen im allgemeinen einen revolvierenden Charakter, d.h. man beginnt mit der Ausarbeitung von Begriffen, versucht sich dann an Deskriptionen und steigt schließlich zu Erklärungsversuchen auf, um im Lichte von Erklärungen möglicherweise die begriffliche Basis wieder umzuarbeiten. Aufgrund dieses zyklischen Charakters von Forschungsprozessen muß hier gesagt werden, daß sich mit der Kennzeichnung von organisationstheoretischen Ansätzen durch ihre Zugehörigkeit zu bestimmten Forschungsstrategien eine Bewertung im Sinne des Erkenntnisfortschritts letztlich kaum vornehmen läßt. Es mag als »begrifflich« einzustufende Ansätze geben, denen die Zukunft gehört und empirisch-kognitive Aussagen, die unwesentlich oder überholt erscheinen. Desgleichen ist auch ein wertendes Urteil über die Verfolgung der verschiedenen Forschungsstrategien kaum zu rechtfertigen. Forschungsansätze lassen sich prinzipiell nur unter Beobachtung ihrer jeweiligen Zielsetzung und aus der kritischen Analyse ihrer konkreten Ergebnisse heraus bewerten, nicht jedoch aufgrund der in ihnen angewandten Forschungsstrategie oder aufgrund ihrer Stellung im Prozeß der Theorieentwicklung.

Die hier vorgestellte methodologische Konzeption der Organisationsforschung liefert zunächst eine Klassifikation von vorzufindenden Forschungsweisen. Dabei spielen zur Abgrenzung weniger die konkreten Forschungsmethoden eine Rolle als vielmehr der Geist, in dem Forschung betrieben wird. Der Hauptgedanke ist dabei die Relativierung verschiedener Erkenntnisstrategien auf bestimmte wissenschaftliche Forschungskriterien und ist somit auf eine *pluralistische Konzeption von Forschungsstrategien* gerichtet. Diese wendet sich gegen einen Methodenmonismus, d.h. gegen die Verbindung von Alleingültigkeits- oder Allgemeinbrauchbarkeitsansprüchen mit bestimmten Methoden oder Forschungshaltungen und zugleich gegen die Verurteilung von Forschungsweisen als für einen bestimmten Forschungsbereich inadäquat. Betont wird vielmehr die *Unterschiedlichkeit* der Forschungsorientierungen in ihrer *Zusammengehörigkeit* bei der Verfolgung des Ziels der Entwicklung praxeologischer Aussagen.

Die Ausführungen des vorangehenden Kapitels sollen den Studierenden zur Beantwortung der folgenden Fragen bzw. zur Lösung folgender Aufgaben befähigen:

- *Was versteht man unter einer Theorie?*
- *Worum geht es in praxeologischen bzw. instrumentalen Aussagen?*
- *Welches ist das praktische Anliegen der Organisationstheorie, und welche zwei Aufgaben lassen sich dabei unterscheiden?*
- *Was versteht man unter einem gedanklichen Bezugsrahmen?*
- *Welche Inhalte und Funktionen hat*
  - *ein Konzeptionsrahmen*
  - *ein Entscheidungsrahmen?*
- *Nennen Sie einige Ziele bzw. Qualitätsstandards für gedankliche Bezugsrahmen!*
  Beschreiben Sie mit einigen Worten, worum es bei diesen Qualitätsstandards jeweils geht!
- *Über welche Stufen verläuft der Prozeß der Theorieentwicklung?*
- *Nennen Sie einige Strategien der Organisationsforschung! Welche Forschungsinteressen werden innerhalb der einzelnen Strategien verfolgt?*
- *Stellen Sie einen Katalog von fünf hypothetisch-spekulativen Aussagen aus Ihrem bisherigen organisationstheoretischen Wissensstand oder aus organisatorischem Alltagswissen zusammen!*
- *In welchen Bereichen und für welche Zwecke werden real-deskriptive Aussagen aufgestellt?*
- *Welche Beziehungen zwischen den Theorieentwicklungsstufen sowie welche Interdependenzen zwischen den Forschungsstrategien können Sie anführen?*

4. Gliederung und Darstellung organisationstheoretischer Ansätze

Nachdem in den vorangegangenen Kapiteln der Organisationsbegriff erläutert und grundlegende Ausführungen über das Anliegen, die Entwicklung und die Forschungsaktivitäten in der Organisationstheorie gemacht worden sind, sollen nun ausgewählte organisationstheoretische Beiträge (Punkt 4.3) in einem gewissen Detail beschrieben werden.

Diese Darstellung verfolgt in erster Linie zwei Ziele: Zum einen gibt sie einen ideengeschichtlichen und inhaltlichen Überblick über Forschungsbereiche, die man heute mit dem Prädikat »organisationstheoretisch« belegt. Zum anderen werden ausgewählte Einzelbeiträge detaillierter dargestellt, um dem Studierenden einen exemplarischen Einblick in den gegenwärtigen Erkenntnisstand der Organisationstheorie zu vermitteln. Darüber hinaus werden die hier skizzierten Ansätze in globaler Form beurteilt, um sichtbar zu machen, in welchem Maße sie die Qualitätsstandards ›Informativität‹, ›empirische Bestätigung‹ und ›entscheidungstechnische Verwendbarkeit‹ betonen. Bevor die Beschreibung erfolgt, muß nach einer geeigneten Gliederungssystematik gesucht werden, die der Darstellung zugrundegelegt werden kann (Punkte 4.1 und 4.2).

4.1 Gliederungsvorschläge in der Literatur

In der Literatur zur Organisationstheorie gibt es eine Reihe von Versuchen, bestehende Beiträge zu klassifizieren. Einige der entwickelten Klassifikationsschemata zeigt die folgende Übersicht (vgl. Abb. 12):

Bennis (1959)	Classical or Traditional; Organization Theory; Human Relations Approach; Revisionists
Gore/Silander (1959)	Traditionalists; Human Relations Approach; Organizational-Behavioral Approach

Koontz (1961)	Management Process School; Empirical School; Human Behavior School; Social System School; Decision Theory School; Mathematical School
Scott (1961)	Classical Doctrine; Neoclassical Theory of Organization; Modern Organization Theory
Mayntz (1964)	Classical Organization Theory; Organizational Human Relations; Modern Organization Theory
Grochla (1969 (b))	Pragmatische Ansätze; Entscheidungstheoretische Ansätze; Verhaltenstheoretische Ansätze; Informationstechnologische Ansätze
Kirsch/Meffert (1970)	Theorie des Organisierens; Verhaltenswissenschaftliche Organisationstheorien; Theorien des geplanten organisatorischen Wandels
Hoffmann (1973)	Klassische Organisationstheorien (administrativer Ansatz, Bürokratietheorie); Neoklassische Organisationstheorien (manipulativ-personale Ansätze, Machtausgleichs-Ansätze); Entscheidungsbezogene Organisationstheorien (mathematisch-statistische Entscheidungstheorie, verhaltenswissenschaftliche Entscheidungstheorie); Systembezogene Organisationstheorie
Hill/Fehlbaum/Ulrich (1974)	Physiologischer Ansatz; Bürokratisch-administrativer Ansatz (bürokratische Variante, administrative Variante); Motivationsorientierter Ansatz (Human-Relations-Variante, motivationstheoretische Variante); Entscheidungsorientierter Ansatz (mathematische Variante, verhaltenswissenschaftliche Variante); Systemorientierter Ansatz (organisations-

	soziologische Variante, systemtheoretisch-kybernetische Variante, integrierendes Konzept des sozio-technischen Systems)

Abb. 12: Gliederungsversuche in der organisationstheoretischen Literatur

Derartige Klassifikationen haben die Funktion, eine Ordnung in der Vielfalt von Beiträgen herzustellen, die üblicherweise zur Organisationstheorie gerechnet werden. Sie erfüllen in dieser Ordnungsleistung die weitere Funktion, Unterschiede zwischen verschiedenen Gruppen von Beiträgen zu beleuchten. Auf diese Weise erlauben sie eine Orientierung in der Fülle vorliegender Beiträge. Schließlich lassen sie sich auch als Mittel zur Abgrenzung der Organisationstheorie begreifen; was nicht in eine der bestehenden Gruppen von Beiträgen eingeordnet werden kann, gehört nach Ansicht dieser Autoren entweder nicht zur Organisationstheorie oder hat noch kein entsprechend eigenständiges Profil gewonnen. Dies bedeutet jedoch nicht, daß außerhalb dieser Gruppen liegende Forschungsleistungen nicht Hilfestellungen bei der Entwicklung der Organisationstheorie leisten können.

Den meisten bisher vorgeschlagenen Gliederungen fehlt ein aussagekräftiges, durchgehendes Ordnungskriterium. Sicherlich differieren die jeweils unterschiedlichen Ansätze nach ihren Perspektiven; aber die perspektivischen Differenzen bzw. deren Kriterien sind bei verschiedenen Paaren von Ansätzen höchst unterschiedlich. Dies wird z. B. bei der Systematik von *Koontz* (1961) besonders deutlich. Wenig aussagefähig für die vorliegende Konzeption erscheint auch die Einteilung in klassische und moderne Ansätze, da nicht nur die sog. modernen Ansätze auf »klassisches« Gedankengut zurückgreifen, sondern auch im Laufe der Forschungsentwicklung »moderne« Beiträge sehr schnell als »klassisch« angesehen werden.

Eines der wichtigsten perspektivischen Unterscheidungsmerkmale dürfte das **Menschenbild** oder besser das Arbeiter- und Angestelltenbild sein, das verschiedene Beiträge verwenden (vgl. z. B. *March/Simon,* 1958; *Schein,* 1965). Man kann dabei zumindest drei grundsätzliche Vorstellungen unterscheiden:

1. Die erste Vorstellung geht davon aus, daß Arbeiter und Angestellte in ihren Verhaltensweisen prinzipiell durch pekuniäre Anreize geleitet werden, daß sie z. B. demjenigen ihre Arbeitskraft voll zur Verfügung stellen, der sie entsprechend entlohnt. Die Bereitschaft zur Leistung erscheint nach dieser Vorstellung also als vollständig »kaufbar«. Die Leistungsfähigkeit der Arbeiter und Angestellten – insbesondere ihre Fähigkeit zu selbstverantwortlichem Handeln, Mitdenken, Selbststeuerung etc. – wird als gering erachtet; deshalb wird es als erforderlich angesehen, die gewünschten Verhaltensweisen genau vorzuschreiben und auf eine strenge Einhaltung der Vorschriften zu achten. Dieses *Bild des nur durch Geld motivierten und zur Selbststeuerung inkompetenten Mitarbeiters* liegt der klassischen anglo-amerikanischen Arbeitsorganisations- und Managementlehre zugrunde, die in organisationstheoretischen Gliederungen unter Bezeichnungen wie »classical theory«, »tradionalists«, »physiologisch-administrativer Ansatz« u. ä. geführt wird. Sie entspricht der im weiteren noch eingehender zu behandelnden »Scientific-Management-Bewegung« und der »organisatorisch orientierten Administrations- und Managementlehre« (vgl. S. 117 ff.).
2. Die zweite Vorstellung des Menschen erweitert vor allem die Annahmen über die Motivationsstruktur von personalen Aktionsträgern. Sie erachtet Geld nicht als alleinigen Faktor zur Erzielung einer bestimmten Verhaltensbereitschaft, sondern betont daneben eine Fülle weiterer möglicher verhaltensbeeinflussender Größen. Dazu zählen insbesondere auch solche, die sich nicht aus bewußt gesetzten Verhaltensbedingungen, sondern vielmehr aus den sozialen Beziehungen zum anderen Menschen und besonders zu den Kollegen ergeben, wie z. B. Statusbewußtsein oder Karrierestreben. Dieses *an einem komplexeren Motivationssystem orientierte Menschenbild,* das jedoch durchaus noch eine Art Inkompetenzverdacht enthält, liegt der hier ebenfalls noch darzustellenden Human-Relations-Bewegung zugrunde (in Gliederungen etwa als »Human Relations-Approach«, »Human Behavior School«, »Neoclassical Theory of Organizations«, »manipulativ-personale Ansätze« oder »motivationsorientierter Ansatz« bezeichnet; vgl. hierzu S. 144 ff.).
3. Das dritte Menschenbild sieht den *Menschen als vielfältig motivierten und durchweg zur Selbststeuerung fähigen und bereiten Verhaltens- bzw. Entscheidungsträger.* Es liegt vor allem den Machtausgleichs-Ansätzen und den verhaltenswissenschaftlich/entscheidungsorientierten Ansätzen zugrunde. Die Forderung nach Machtausgleich, d. h. nach einer gleichmäßigeren Machtverteilung in Institutionen, läßt sich erst auf der Grundlage eines derartigen Menschenbildes theoretisch begründen und legitimieren (vgl. hierzu S. 154 ff.).
   Das Bild des komplex motivierten und sachlich kompetenten wie verantwortungsbewußten Mitarbeiters ist generell in den Ansätzen zu finden, die durch Bezeichnungen wie »Revisionist«, »Modern Organization Theory« u. a. von den theoretischen Beiträgen getrennt werden, die eines der beiden zuvor genannten Menschenbilder verwenden.

Die Gliederung organisationstheoretischer Beiträge nach dem ihnen zugrundeliegenden Menschenbild ist zwar für die Entwicklung der Organisationstheorie von Bedeutung, wird aber der Vielfalt der sachlichen Orientierungen in der neueren Organisationsforschung nicht hinreichend gerecht. Damit erscheint auch die grundsätzliche Vorstellung vom Mitarbeiter als durchgängiges Ordnungskriterium für organisationstheoretische Ansätze heute nicht mehr differenziert genug.

Ein genereller Nachteil bisheriger Gliederungsversuche ist darin zu sehen, daß zwar auf Unterschiedlichkeiten hingewiesen wird, jedoch die Frage nach möglicherweise vorhandenen gemeinsamen Grundlagen selten gestellt wird. Gerade der Nachweis eines gemeinsamen Fundamentes vermag jedoch die Orientierungsfunktion einer Systematik beträchtlich zu stärken. Zudem kann nur eine Gliederung, die sich um ein *Aufzeigen gemeinsamer Basisaspekte* trotz aller Unterschiedlichkeiten bemüht, einen *Beitrag zur Begründung einer integrativen Sichtweise* in der Organisationstheorie leisten. Eine Gliederung, die dieses versucht, ist nicht nur ein Ordnungsschema, sondern besitzt zugleich einen forschungsprogrammatischen Charakter, weil sie die inneren Beziehungen zwischen verschiedenen Ansätzen zeigt und ihre Klärung sowie die Schließung auftretender Lücken anregt. Eine solche Systematik soll im folgenden erarbeitet werden.

4.2 Die Gliederung organisationstheoretischer Ansätze auf der Grundlage des Komponentenschemas sozio-technischer Systeme

Als grundlegender Orientierungsrahmen für die Begründung der hier vorzunehmenden Klassifizierung organisationstheoretischer Ansätze soll das *Komponentenschema sozio-technischer Systeme* herangezogen werden, das in Kapitel 1. entwickelt wurde. Zweifellos läßt sich die Unterschiedlichkeit organisationstheoretischer Beiträge nicht ausschließlich mit Hilfe der Komponenten erläutern, die von den verschiedenen Beiträgen jeweils besonders betont bzw. untersucht werden. Darüber hinaus muß immer auch das spezifische Anliegen und das Selbstverständnis des jeweiligen Ansatzes berücksichtigt werden. Durch die Akzentuierung bestimmter Komponenten ergeben sich jedoch in aller Regel beträchtliche Perspektivenunterschiede.

Auf einer relativ abstrakten Ebene lassen sich perspektivische Unterschiede in der Beschäftigung mit organisatorischen Problemen zunächst darauf zurückführen, daß unterschiedliche Grundkategorien (Systemstabilisatoren, Systemspezifikatoren, Systemrealisatoren) betrachtet werden. Eine stärkere Differenzierung der Perspektivenunterschiede kann dann anhand folgender Gegensatzpaare erfolgen:

- »Betrachtung organisatorischer Tatbestände unter Verwendung einer Vorstellung sozio-technischer Systeme als *geschlossene versus offene Systeme*« (Merkmal I) und
- »Betrachtung organisatorischer Tatbestände in einer *statischen versus dynamischen* bzw. prozeßorientierten Sichtweise« (Merkmal II).

Werden ausschließlich oder fast nur Systemstabilisatoren behandelt, kann man tendenziell von einer statischen Perspektive und einer Betrachtung als geschlossene Systeme sprechen.

Werden vorwiegend Systemstabilisatoren und Systemspezifikatoren betrachtet, so handelt es sich mehr um eine statische Perspektive und eine Betrachtung als offenes System.

Bei Akzentuierung von Systemstabilisatoren und Systemrealisatoren liegt im wesentlichen eine dynamische Perspektive mit einer Betrachtung als geschlossenes System vor. Wenn alle drei Hauptkomponenten gleichermaßen erfaßt werden, ist die Perspektive primär dynamisch, und das sozio-technische System wird als offen betrachtet.

Die nachfolgende Übersicht faßt diese *perspektivischen Kennzeichnungen* zusammen (vgl. Abb. 13).

Diese grobe Klassifikation ermöglicht jedoch nur eine globale Orientierung im Hinblick auf die noch herauszuarbeitenden einzelnen organisationstheoretischen Ansätze. Eine inhaltliche Identifikation einzelner Ansätze gestattet sie jedoch noch nicht. Dazu müssen die drei Grundkategorien in ihre Teilkomponenten aufgegliedert werden. Im Anschluß an Kapitel 1.3 führt diese Aufspaltung zu folgenden Systemkomponenten, die in der nachstehenden Übersicht nochmals zusammengestellt sind:

- Systemstabilisatoren
  - Aufgaben, Effizienzkriterien
  - organisatorische Regeln
- Systemspezifikatoren
  - Umweltsegmente (angrenzende Fremdsysteme)
  - Eigenschaften des sozio-technischen Systems
  - Eigenschaften der Menschen und Maschinen, die als Aktionsträger eingesetzt werden

Die Akzentuierung der Grundkategorie(n)	führt zu einer Perspektive, die sich charakterisieren läßt als	
	I	II
Systemstabilisatoren	geschlossen	statisch
Systemstabilisatoren und Systemspezifikatoren	offen	statisch
Systemstabilisatoren und Systemrealisatoren	geschlossen	dynamisch
Systemstabilisatoren und Systemspezifikatoren und Systemrealisatoren	offen	dynamisch

Abb. 13: Perspektivische Kennzeichnungen durch Akzentuierung verschiedener Grundkategorien

– Systemrealisatoren
  • Aufgabenerfüllungsprozesse durch Aktionsträger (mentale und korporale Arbeit)
  • Effizienzgrad.

Dabei ist zu betonen, daß als logische Konsequenz der bisherigen Ausführungen jeder als »organisationstheoretisch« zu kennzeichnende Ansatz in irgendeiner Form einen Bezug zur Komponente *»organisatorische Regeln«* besitzen muß; sei es, daß er ganz explizit von organisatorischen Regeln handelt, sei es, daß seine Aussagen einen Beitrag zur Lösung des Problems der Aufstellung zieladäquater und verhaltensbeeinflussender Regeln zu leisten vermögen, ohne daß die Verhaltens- und Funktionsregeln explizit thematisiert werden. Man kann nun organisationstheoretische Beiträge daraufhin untersuchen, welchen der angeführten Komponenten sie *neben* den »organisatorischen Regeln« besondere Aufmerksamkeit schenken. Dadurch lassen sich *Gruppen von Beiträgen* finden, *deren Gemeinsamkeit jeweils darin besteht, daß sie gleiche Systemkomponenten akzentuieren.*

Für die nachfolgende Systematik (vgl. Abb. 14) können sieben Gruppen von Ansätzen hervorgehoben werden, weil sie schon ein relativ eigenständiges Profil entwickelt haben. Diese konzentrieren sich jeweils auf ganz bestimmte Kombinationen von Systemkomponenten. Dabei sollen zweimal je zwei Gruppen von Beiträgen unter eine gemeinsame Oberbezeichnung gestellt werden (siehe die »verhaltenstheoretisch orientierten Ansätze« und die »entscheidungsorientierten Ansätze«), um ihrem übergreifenden Bezug zu einem einheitlichen Grundphänomen (Verhalten bzw. Entscheidung) Rechnung zu tragen. Damit ergibt sich insgesamt eine Systematik von fünf bzw. sieben Forschungsschwerpunkten in der Organisationstheorie:

(1) Betriebswirtschaftlich-pragmatische Ansätze
(2) Verhaltenstheoretisch orientierte Ansätze
  (a) Beiträge zum strukturbezogenen Verhalten sozio-technischer Systeme
  (b) Beiträge zum Individual- und Gruppenverhalten
(3) Entscheidungsorientierte Ansätze
  (a) Entscheidungslogisch orientierte Beiträge
  (b) Entscheidungsverhaltens-orientierte Beiträge
(4) Informationssystem-orientierte Ansätze
(5) Systemtheoretisch-kybernetisch orientierte Ansätze.

Die von den verschiedenen Ansätzen bzw. Beiträgen jeweils schwerpunktmäßig thematisierten Komponenten gehen aus der folgenden Übersicht (vgl. Abb. 14) hervor, die eine Weiterentwicklung früherer Überlegungen darstellt (vgl. *Grochla,* 1976(b)).

Damit Mißverständnisse bezüglich der Aussage dieses Schemas vermieden werden, scheinen drei Anmerkungen hierzu besonders wichtig:

– Die *Bezeichnung der Ansätze* folgt zum Teil Kategorisierungen, die bereits aus anderen Arbeiten zur Klassifikation organisationstheoretischer Ansätze bekannt sind. Da jedoch zur Abgrenzung eines bestimmten Ansatzes das Komponentenschema nicht völlig ausreicht, weil eine Abgrenzung sich auf verschiedene Kriterien (zentrale Grundbegriffe, disziplinäre Herkunft, angewendete Methoden etc.) berufen kann, sollte man die obige Übersicht weder mit einem heuristischen Schema verwechseln, in dem aus möglichen Kombinationen von Komponenten organisationstheoretische Ansätze konstruiert werden, noch sollte die Übersicht allein »von rechts nach links« gelesen werden, so als seien den jeweils herausgegriffenen Kombinationen von Komponenten in der linken Randspalte geeignete Namen zugeordnet worden. Die Anwendung des Komponentenschemas bei der Klassifizierung organisationstheoretischer Ansätze hat vielmehr den Sinn, vorliegenden Gruppen von Beiträgen nunmehr eine einheitliche Systematik zu unterlegen. Die Übersicht ist also ebenso »von links nach rechts« zu lesen: Ausgangspunkt sind dann die herausgestellten Ansätze, die nun unter Bezugnahme auf die behandelten Komponenten vergleichend charakterisiert werden können.

- Ein *Kreuz in einer Matrixzelle* besagt, daß die jeweilige Systemkomponente in dem jeweiligen Ansatz besondere Beachtung findet. Ein *eingeklammertes Kreuz* deutet an, daß eine Komponente zwar behandelt wird, jedoch nur am Rande eines Ansatzes oder als Hintergrundgröße, die zwar bestimmte Interpretationen leitet aber in konkreten Forschungsbeiträgen (noch) nicht schwerpunktmäßig analysiert wird. Letzteres gilt insbesondere für den *Effizienzgrad:* Implizit spielt die Effizienz in allen organisationstheoretischen Ansätzen eine wichtige Rolle. Es dürfte weitgehend Einigkeit darüber herrschen, daß Organisation letztlich einer irgendwie definierten ökonomischen oder sozialen Effizienzsteigerung in sozio-technischen Systemen dienen soll und daß die Frage nach den Einflußgrößen der Effizienz von zentraler Bedeutung ist. Dennoch ist eine bewußte, klare Behandlung der Effizienz ebenso zu vermissen wie eine systematische Isolierung von Einflußgrößen, so daß zu diesem Problemkreis im Grunde keine aussagekräftigen Erkenntnisse vorliegen. Das eingeklammerte Kreuz in der Spalte »mentale und korporale Arbeit« und der Zeile »Betriebswirtschaftlich-pragmatische Ansätze« bedeutet, daß hier ursprünglich Ansatzpunkte zur Behandlung korporaler Arbeit (im Taylorismus und in der Diskussion um die Ablauforganisation, vgl. die Darstellung in Punkt 4.3.1) vorlagen, die Beschäftigung mit Arbeitsprozessen heute jedoch weitgehend den Arbeitswissenschaften überlassen wird.
- Die *nicht eingeklammerten Kreuze* in der Spalte »mentale und korporale Arbeit« beziehen sich vorwiegend auf die mentale Arbeit, d. h. insbesondere auf Entscheidungstätigkeiten. Generell ist eine Vernachlässigung korporaler Arbeit in der Organisationstheorie zu vermerken. Bei den entscheidungslogischen und den systemtheoretisch-kybernetischen Beiträgen besteht der Bezug zur mentalen Arbeit in erster Linie darin, daß versucht wird, Modelle und Methoden des rationalen Entscheidens auszuarbeiten; die entscheidungsverhaltens-orientierten und die informationssystem-orientierten Beiträge bzw. Ansätze knüpfen demgegenüber stärker an das faktische mentale Verhalten an.

Es kann nicht nachdrücklich genug darauf hingewiesen werden, daß die in der Übersicht gegebene Kennzeichnung als eine ganz generelle Charakterisierung zu verstehen ist, die zweifellos nicht allen Einzelbeiträgen eines Ansatzes gerecht zu werden vermag, wie auch Einzelbeiträge möglicherweise nicht stets alle, für eine Gruppe von Beiträgen angegebenen Komponenten gleichermaßen betonen. Diese Unschärfe ist jedoch ein unumgängliches Merkmal aller Gliederungen von Forschungsaktivitäten. Es ist eben ein Unterschied, ob man Schrauben oder Forschungsarbei-

Komponenten / Ansätze bzw. Beiträge	Systemstabilisatoren		Systemspezifikatoren			Systemrealisatoren	
	Aufgaben, Effizienzkriterien (Systemziele)	organisatorische Regeln	Umweltsegmente	Eigenschaften		mentale und korporale Arbeit	Effizienzgrad
				der Menschen und Maschinen, die als Aktionsträger eingesetzt werden	des sozio-technischen Systems		
Betriebswirtschaftlich-pragmatische Ansätze	×	×			(×)	(×)	(×)
Verhaltenstheoretisch orientierte Ansätze: Beiträge zum strukturbezogenen Verhalten sozio-technischer Systeme	×	×	×		×		(×)
Beiträge zum Individual- und Gruppenverhalten		×		×		×	(×)

Entscheidungsorientierte Ansätze: Entscheidungslogisch orientierte Beiträge		×				×	(×)
Entscheidungsverhaltens-orientierte Beiträge		×	×	×	(×)	×	(×)
Informationssystem-orientierte Ansätze	×	×		(×)	(×)	×	(×)
Systemtheoretisch-kybernetisch orientierte Ansätze	×	×	×		(×)	×	(×)

Abb. 14: Die Betonung von Komponenten sozio-technischer Systeme durch die einzelnen organisationstheoretischen Ansätze bzw. Beiträge

ten, also Gedanken, klassifiziert. Letztere lassen sich weder absolut exakt noch annähernd vollständig beschreiben.

4.3 Darstellung ausgewählter Beiträge im Rahmen der organisationstheoretischen Ansätze

Die nachfolgenden Ausführungen beschäftigen sich mit einer detaillierteren Behandlung der unterschiedenen sieben Gruppen von Beiträgen unter Verwendung der beschriebenen Systematik. Innerhalb der bereits identifizierten Ansätze wird dabei jeweils eine weitere Untergliederung vorgenommen, soweit sie für die Übersichtlichkeit und Verständlichkeit sinnvoll erscheint. In diesem Rahmen werden dann ausgewählte Beiträge von Organisationstheoretikern dargestellt, die für den jeweiligen Ansatz typisch und von wesentlicher Bedeutung sind. Es wird jedoch mit dieser Darstellung – entsprechend den einleitenden Anmerkungen – keine Gesamtschau angestrebt; vielmehr geht es um eine Öffnung möglicher Einstiegspunkte in das Gebiet der Organisationstheorie. Dabei ist es unvermeidlich, daß einzelne Ansätze bzw. vor allem einzelne Arbeiten oder »Schulen« innerhalb der Ansätze stärker behandelt werden als andere. Auch gibt es zweifellos einige organisationstheoretisch relevante Forschungsarbeiten, die in der Darstellung aus Raumgründen keine Beachtung finden können. Der damit notwendige selektive Charakter der Ausführungen macht zugleich deutlich, daß eine Einführung in die Organisationstheorie nicht das gesamte Studium der Organisationstheorie ersetzen kann, sondern lediglich eine Orientierungshilfe zu vermitteln vermag.

4.3.1 Betriebswirtschaftlich-pragmatische Ansätze

Die betriebswirtschaftlich-pragmatischen Ansätze sind durch zwei Merkmale besonders gekennzeichnet. Ihr dominanter *Erfahrungsbereich ist die Unternehmung* und *ihr Anliegen ist es, unmittelbar Gestaltungshilfen und Handlungsempfehlungen für die betriebliche Praxis zu erarbeiten.* Wie aus der obigen Übersicht zu entnehmen ist (vgl. Abb. 14), betonen sie vor allem die *Aufgaben eines Systems* als Einflußgrößen für die organisatorischen Regeln. Diese Ansätze können daher auch als »aufgabenorientiert« bezeichnet werden.

Die betriebswirtschaftliche Herkunft und das pragmatische Anliegen dieser Ansätze bestimmen die Blickrichtung, aus der organisatorische Fragen behandelt werden. Ausgehend von der Unternehmung als zweckrationalem Gebilde steht die Frage nach den für die Erfüllung der Aufgaben in der Unternehmung am besten geeigneten Verfahren und Strukturen im Vordergrund. Der Zugang zum Problem der Organisation wird dementsprechend nicht, wie beispielsweise in der Organisationssoziologie, über die menschlichen Handlungen und Interaktionen, sondern über die in der Unternehmung gestellten Aufgaben und die zu ihrer Erfüllung einzusetzenden Mittel gesucht. Der betriebswirtschaftlich-pragmatische Ansatz konzentriert sich somit auf die *Entwicklung und Beurteilung von Organisationsstrukturen im Hinblick auf die Aufgabenerfüllung* sowie auf die Frage nach den aufgabengerichteten organisatorischen Handlungen, die die Realisierung geeigneter Organisationsstrukturen herbeiführen.

In den meisten betriebswirtschaftlich-pragmatischen Forschungsansätzen spielt die Formulierung sog. **Organisationsprinzipien** eine dominante Rolle (vgl. hierzu besonders den auf S. 117 ff. vorgestellten Beitrag von *Fayol*). Unter dem Prinzipbegriff werden dabei allerdings höchst unterschiedliche Arten von Aussagen verstanden. Eine Deutung von Prinzipien, die diese allein als unbedingte Handlungsempfehlungen betrachtet, erscheint grundsätzlich als falsch. Der Gehalt eines Prinzips ist jeweils in Abhängigkeit davon zu sehen, was ein bestimmter Autor damit auszudrücken beabsichtigt.

Eine *Unterscheidung der einzelnen Prinzipien* kann dabei nach verschiedenen Kriterien erfolgen. Zunächst besteht eine Möglichkeit darin, an der *Art der Entstehung* anzusetzen und zu fragen, ob die Prinzipien lediglich normativ gesetzt oder logisch deduktiv abgeleitet werden bzw. sich aufgrund der Erfahrungen einzelner Autoren ergeben.

Eine andere Unterscheidung läßt sich entsprechend dem *Inhalt der Prinzipien* treffen (vgl.auch *Ruffner,* 1969; *Beensen,* 1969): Hierbei enthält die erste Klasse von Prinzipien lediglich die *Definition organisatorischer Gestaltungsziele.* Zu nennen sind in diesem Zusammenhang die Prinzipien der Zweckmäßigkeit, der Technizität und der Ökonomität, die als allgemeine, aus der wirtschaftlichen Aufgabe der Unternehmung abgeleitete Effizienzkriterien für die Auswahl struktureller Gestaltungsmaßnahmen herangezogen werden sollen. Nach Meinung der mit diesen oder ähnlichen Prinzipien operierenden Autoren lassen sich aus den z.T. recht abstrakten Prinzipien konkretere, für die Bewältigung von einzelnen Gestaltungsproblemen relevante Gestaltungsprinzipien ableiten.

Eine weitere Klasse von Organisationsprinzipien tritt in der Gestalt von *Nebenbedingungen organisatorischer Gestaltung* auf, deren Berücksichtigung bei der Gestaltung den Raum der möglichen Organisationsstrukturen determinieren soll. Beispiele für derartige Prinzipien sind etwa die Prinzipien der Stabilität und Elastizität.

In einer dritten Variante machen die Organisationsprinzipien Aussagen über *grundsätzliche Gestaltungsmöglichkeiten,* wie etwa die Synthese-Prinzipien über die grundsätzlichen Möglichkeiten der Aufgabenzusammenfassung.

Erst in einer vierten Klasse enthalten Organisationsprinzipien Aussagen über *konkrete Gestaltungsempfehlungen.* Dabei erreichen nur einige wenige Prinzipien diese Qualität, wie etwa das Prinzip der Übereinstimmung von Aufgabe, Kompetenz und Verantwortung, das Prinzip der Minimierung der Durchlaufzeit oder das Kontrollspannenprinzip.

Grundsätzlich ist festzustellen, daß aufgrund des unzureichenden praxeologischen Gehaltes die Organisationsprinzipien im Vergleich zu einer Theorie *nicht geeignet sind, praktisches organisatorisches Handeln direkt anzuleiten.* Wenn sie aber trotzdem derzeit in der Praxis eine starke Anwendung finden, dann ist das dadurch zu erklären, daß die Wissenschaft bisher nicht in der Lage gewesen ist, in hinreichendem Maße praxeologische Handlungsempfehlungen zur Verfügung zu stellen. So werden die Prinzipien bei der praktischen organisatorischen Gestaltung vorwiegend als Leitgedanken verwendet; das rationale organisatorische Gestalten muß aber darüber hinaus immer die jeweils angestrebten Ziele sowie die spezifischen Bedingungen der Gestaltungssituation mit problematisieren.

Innerhalb der betriebswirtschaftlich-pragmatischen Ansätze sollen im folgenden drei Teilbereiche behandelt werden, die zu diesem Ansatz gerechnet werden können:

(1) Das »Scientific-Management«,
(2) die Administrations- und Managementlehre und
(3) der überwiegende Teil der traditionellen Betriebswirtschaftlichen Organisationslehre im deutschsprachigen Raum.

(1) Das »Scientific-Management«

Der Grundgedanke des »Scientific-Management« (wissenschaftliche Betriebsführung) war es, den *Menschen als Funk-*

tionsträger so effizient und produktiv wie möglich einzusetzen. Damit wurde keineswegs eine bloße Ausbeutung angestrebt; man war vielmehr durchaus bemüht, *kräftesparende Arbeitsmethoden* und den einem frühzeitigen Kräfteabbau entgegenwirkenden *Wechsel von Arbeits- und Pausenzeiten* zu fördern. Die Hauptvertreter dieses Ansatzes waren *Taylor* (1911) und das Ehepaar *Gilbreth* (1917). Ihre Gedanken wurden auch in Deutschland sehr schnell aufgegriffen und vor allem in den 20er Jahren als »*Taylor*-System« oder unter dem Stichwort der »Psychotechnik« propagiert. Im Geiste des *Taylor*-Systems entstanden in Deutschland zwei große Rationalisierungsverbände, nämlich der Reichsausschuß für Arbeitsstudien (REFA-Verband; heute Verband für Arbeitsstudien) und das Reichskuratorium für Wirtschaft (RKW; heute Rationalisierungs-Kuratorium der Deutschen Wirtschaft).

Die Scientific-Management-Bewegung war im Grunde kein theoretischer Ansatz, sofern man die wenigen Ansatzpunkte zur Entwicklung physiologischer Theorien unberücksichtigt läßt, sondern galt mehr der Entwicklung von Methoden zur Analyse von Arbeitstätigkeiten mit dem Ziel, für konkrete Aufgaben die jeweils besten Aufgabenerfüllungsverfahren zu ermitteln. Betrachtet wurden dabei vorwiegend relativ einfach beobachtbare, meist *physische Arbeitsprozesse* (korporale Arbeit), d. h. *ein Abstellen auf mentale Prozesse war nicht erforderlich.*

Die Befolgung organisatorischer Regeln (es handelt sich im Scientific-Management vor allem um die Detailprogrammierung routinisierter Arbeitsprozesse) wurde nicht in Frage gestellt. Insofern fehlt jedes verhaltenswissenschaftliche Element in diesem Ansatz, wenn auch durch die Hinweise auf den gesunden Menschenverstand gerade bei *Taylor* oft »menschliche Gesichtspunkte« einfließen. Das Menschenbild des Scientific Management insgesamt wird häufig als »Machine Model« (*March/Simon,* 1958) bezeichnet.

Als Begründer der amerikanischen Scientific-Management-Bewegung gilt, wie bereits oben angemerkt, *F. W. Taylor* (1911, 1947). Seine Hauptinteressen richteten sich auf die *analytische Zerlegung der Arbeitsprozesse im Fertigungsbereich mit Hilfe von Zeit- und Bewegungsstudien sowie auf die rationelle Gestaltung von Arbeitsabläufen und daneben auf die Leitungsfunktionen der Meister.*

Taylor entwickelte seine Konzeption mit dem Ziel einer rationellen, ihrem Leistungspotential entsprechenden Nutzung menschlicher und maschineller Aktionsträger. Da eine rationellere Ausnutzung des Kräftepotentials den Arbeitern durch höhere Löhne sowie durch die Verkürzung der täglichen Arbeitszeit ebenso Vorteile versprach wie den Arbeitgebern in Form niedrigerer Lohnkosten, sah er darin u. a. ein Instrument zur Angleichung der Ziele von Arbeitern und Unternehmern.

Die Gedanken *Taylors* zur methodischen *Analyse von Arbeitsprozessen* lassen sich in vier Punkten zusammenfassen:

- Er fordert zunächst eine Zerlegung der Arbeitsprozesse bis in einzelne Arbeitselemente.
- Darüber hinaus betont er die Notwendigkeit einer Auswahl, Einweisung und Ausbildung von Mitarbeitern nach wissenschaftlichen Methoden und
- strebt eine »innige Zusammenarbeit« von Arbeitern und Management an, um sicherzustellen, daß alle Verrichtungen nach den erarbeiteten Erkenntnissen durchgeführt werden.
- Schließlich postuliert er eine strenge und rigide Arbeitsteilung, insbesondere eine Trennung von Leitungs- und Ausführungsfunktionen.

Eine Verwirklichung dieser Grundsätze sucht *Taylor* mit Hilfe der folgenden *methodischen Maßnahmen* zu erreichen:

- Studien über die optimale Geschwindigkeit von Maschinen, ihre zweckmäßige Einrichtung, Einstellung und Bedienung,
- Zeit- und Bewegungsstudien personeller Aktionsträger,
- Arbeitsanalysen,
- Differentiallohnsystem.
  Das Differentiallohnsystem beruht auf der Annahme, daß sich die Arbeitsleistung in Gruppen an der Leistung des schlechtesten Arbeiters orientiert. Eine Leistungssteigerung kann nur durch die Vorgabe eines individuellen, nach der Durchschnittsleistung eines besonders guten Arbeiters bemessenen Arbeitspensums sowie die Vorgabe individueller monetärer Anreize bewirkt werden.
- Funktionsmeistersystem.
  Das Funktionsmeistersystem wendet den Gedanken der Spezialisierung auf die Leitungsfunktionen im Produktionsbereich an und gilt als Grundlage des Mehrliniensystems, d. h. der Unterstellung eines Untergebenen unter mehrere Vorgesetzte, die auf unterschiedliche Sachgebiete spezialisiert sind. *Taylor* glaubt, daß die Wahrnehmung der Vielzahl der sich im Zuge einer verfeinerten Arbeitsorganisation und der technischen Entwicklung ergebenden Funktionen einzelne Meister fachlich und persönlich überfordere. Er schlägt deshalb eine Teilung der Meisterfunktion in acht unterschiedliche Funktionsmeister vor.

Auf *Taylors Funktionsmeistersystem* beruht letztlich die Einführung spezieller Steuerungsfunktionen im Produktionsbereich wie etwa Arbeitsvorbereitung, Produktionsplanung und Produktionssteuerung. Obwohl sich das Mehrliniensystem in seiner reinen Form nicht durchsetzen konnte, zählt es bis heute zu einem der am meisten diskutierten Prinzipien für die Leitungsorganisation. Als Beispiel ist hier auf die Diskussion um die Matrixorganisation hinzuweisen.

Neben *Taylor* haben vor allem *Gantt* (1910, 1919) sowie *F.* und *L. Gilbreth* (1917) wesentliche Beiträge in der Entstehungsphase des Scientific-Management geleistet. Aus dem deutschsprachigen Raum sind in diesem Zusammehang die Arbeiten über Psychotechnik zu nennen. Ferner liegen zahlreiche Abhandlungen über den Taylorismus in Produktion und Verwaltung aus den 20er Jahren vor.

Die Betrachtungsweise sowie die Zielsetzung der wissenschaftlichen Betriebsführung haben in der Folgezeit zur Ausbildung eines eigenen Wissenschaftsbereiches im Kräftefeld zwischen Physiologie, Medizin, Betriebswirtschaftslehre und technischen Wissenschaften geführt, der heute unter der Bezeichnung *»Arbeitswissenschaften«* steht. Üblicherweise werden die Arbeitswissenschaften nicht zur Organisationstheorie gerechnet. Eine solche Zuordnung wäre auch auf der Grundlage der obigen Ausführungen abzulehnen. Allerdings sollte dabei nicht übersehen werden, daß einige Teilbereiche der Arbeitswissenschaften, namentlich das Gebiet der *Detailspezifizierung von Arbeitsabläufen,* von hoher organisatorischer Relevanz sind. Hier ergeben sich also Überschneidungen zwischen Arbeitswissenschaften und Organisationstheorie.

(2) Die Administrations- und Managementlehre

Eine weitere Wurzel der Organisationstheorie ist die organisatorisch orientierte Administrations- und Managementlehre, die sich auf die Arbeiten des Franzosen *H. Fayol* (1916) zurückführen läßt, jedoch sehr intensiv in den USA und in Großbritannien entwickelt wurde. Trotz einer weitgehenden zeitlichen Parallelität mit der Scientific-Management-Bewegung besitzt dieser Ansatz einen ganz anderen Erkenntnisschwerpunkt. In seinem Mittelpunkt stehen Fragen der *Aufgabengliederung (Abteilungsbildung) und der Koordination, wobei vorwiegend die gesamte Unternehmung betrachtet wird.* Dabei wird von einer Gesamtaufgabe ausgegangen und nach der Verteilung der aus ihr folgenden Teilaufgaben auf eine Menge von Aufgabenträgern gefragt. Eine besonders charakteristische Ausprägung hat diese aufgabenanalytische Betrachtungsweise, die auf die Zusammenhänge zwischen Aufgabe und Organisation abstellt, in einigen Beiträgen deutscher Organisationstheoretiker erfahren, auf die weiter unten noch näher eingegangen wird.

Fayol war ebenso wie *Taylor* Ingenieur und Praktiker. Ersterer befaßte sich hingegen vorwiegend mit Fragen der Verwaltung, insbesondere mit Problemen der gesamtbetrieblichen Führung.

Fayol hat seine praktischen Erfahrungen in 14 *»Allgemeinen Verwaltungsprinzipien«* zusammengefaßt. Besonders hervorzuheben sind hier folgende Prinzipien:

- Das Prinzip der Arbeitsteilung.
  In der Arbeitsteilung sieht er vor allem ein Mittel zur Steigerung der Leistung sowie zugleich zur Verringerung des Kraftaufwands.
- Das Prinzip der Autorität.
  Mit dem Prinzip der Autorität meint *Fayol* das Vorhandensein von Entscheidungsbefugnissen und Gehorsamsansprüchen.
- Das Prinzip der Disziplin.
  Unter Disziplin werden wünschenswerte Eigenschaften wie Gehorsam, Dienstbeflissenheit, gutes Benehmen etc. zusammengefaßt.
- Das Prinzip der Einheit der Auftragserteilung.
  Unter Einheit der Auftragserteilung versteht *Fayol,* daß für jeden Untergebenen nur ein Vorgesetzter vorhanden sein soll, der Anweisungen zu geben berechtigt ist.
- Das Prinzip der Einheit der Leitung.
  Das Prinzip der Einheit der Leitung besagt, daß für eine Gesamtheit von Vorgängen, die auf einen bestimmten Zweck gerichtet sind, nur ein einziger Leiter und ein einziger Plan ausschlaggebend sein sollen.
- Das Prinzip der Zentralisation.
  Zentralisation bzw. Dezentralisation ist eine Frage des Maßes; der Grad der Zentralisation ist situationsbezogen.
- Das Prinzip der Rangordnung.
  Die Stufen der Rangordnung sind notwendig, aber im Interesse einer schnellen Aufgabenerfüllung sind auch direkte Verbindungswege zweckmäßig.

Fayol möchte seine Prinzipien nicht als starre Regeln verstanden wissen, sondern als Orientierungshilfen, die erst in Verbindung mit Erfahrung sinnvoll angewendet werden können. Es ist hervorzuheben, daß *Fayol* nicht nur von abstrakten Vorstellungen über den menschlichen Aktionsträger ausgeht, sondern auch typische soziale Verhaltensweisen der Menschen erkannte und in seinen Ausführungen berücksichtigte, obwohl er hierbei über allgemeine Bemerkungen nicht hinausging.

Die in den Prinzipien genannten Aspekte sind in der betriebswirtschaftlich-pragmatischen Organisationstheorie immer wieder aufgegriffen worden. Auch die Methode *Fayols*, praktische Erfahrungen in Form von »Prinzipien« festzuhalten, hat unter den Vertretern der Managementlehre weite Verbreitung gefunden.

Als namhafteste Vertreter der anglo-amerikanischen Administrations- und Managementlehre sind vor allem *Gulick* (1937), *Urwick* (1938, 1943), *Brown* (1945), *Mooney* (1947), *Davis* (1951) sowie *Koontz* und *O'Donnell* (1955) zu nennen. Charakteristisch für ihre Arbeiten ist eine *Behandlung des Organisationsproblems in enger Verbindung mit der übergreifenden Problematik der Unternehmungsführung bzw. -steuerung*. Durch die damit verbundene explizite Betrachtung der Organisation als einem Steuerungsinstrument und das Aufzeigen von Interdependenzen zu anderen Instrumenten und Tatbeständen in Unternehmungen wurden sowohl eine verhaltenswissenschaftliche Erweiterung der Organisationstheorie als auch das Systemdenken gefördert.

L. H. Gulicks »Notes on the Theory of Organization« (1937) ist eine der zentralen Arbeiten der klassischen organisationstheoretischen Managementlehre. *Gulick* nähert sich der Organisationsproblematik aus der *Perspektive der obersten Leitung*. Er begreift Organisation als die Gesamtheit von Über- und Unterordnungsverhältnissen in einer Institution. Dabei interessieren ihn insbesondere die Möglichkeiten und Probleme der Arbeitsteilung, die Kontrollspanne, die Einheit der Auftragserteilung sowie alternative Möglichkeiten der Abteilungsbildung.

Die *Möglichkeiten der Arbeitsteilung* sieht *Gulick* begrenzt durch den Umfang der einzelnen Arbeiten sowie den Stand der technologischen und sozialen Entwicklung. Bei zunehmender Arbeitsteilung entstehen dann spezifische Probleme, insbesondere durch die Notwendigkeit einer vermehrten Aufsicht und Koordination. Die *Größe der Kontrollspanne* hängt von der Art der zu erfüllenden Aufgaben und der Person des Vorgesetzten ab. Die strikte Einhaltung der *Einheit der Auftragserteilung* ist für *Gulick* eine Voraussetzung für das effiziente Funktionieren einer Institution. Bei der *Abteilungsbildung* führt er *vier Gliederungskriterien* an, anhand derer alle Tätigkeiten im Rahmen einer Institution erfaßt werden können:

– die maßgebliche Zweckbestimmung (purpose),
– die Verrichtung (process),

– das Objekt (persons or things) und
– den Ort der Leistungserstellung (place).

Die *Synthese von Gliederungskriterien* im Hinblick auf die Abteilungsbildung kann in mehrere Richtungen erfolgen. Innerhalb einer Institution besteht die Möglichkeit, die Aktionseinheiten auf verschiedenen Stufen nach unterschiedlichen Kriterien zusammenzufassen. Aber auch die *Anwendung verschiedener Kriterien auf einer Stufe* ist möglich. *Gulick* bringt damit erstmals den Gedanken der *Matrixorganisation* in die organisationstheoretische Diskussion ein. Parallelen zu den genannten Kriterien der Abteilungsbildung finden sich vor allem im Rahmen der deutschsprachigen Organisationstheorie, etwa bei *Nordsieck* (vgl. S. 125f.) und *Kosiol* (vgl. S. 126ff.).

Wesentlich umfassender und detaillierter als *Gulicks* Beitrag ist der von *L. F. Urwick*. Dieser beschreibt in seiner Arbeit »The Elements of Administration« (1943) den formalen *Aufbau einer Institution* auf der Grundlage von organisatorischen Prinzipien und erarbeitet *Methoden zur Organisation bzw. Koordination. Urwick* definiert Organisation als »determining what activities are necessary to any purpose (or »plan«) and arranging them in groups which may be assigned to individuals« (S. 36). Er betont somit den aufgabenlogischen Aspekt organisatorischer Steuerung. Zur Form der Organisation und zur Erarbeitung geeigneter Organisationsstrukturen führt *Urwick* eine Fülle von Prinzipien an, darunter das Prinzip der Zielsetzung (jede Institution sollte im Hinblick auf ein wohldefiniertes Ziel handeln), Prinzipien zur Spezialisierung und Koordination, zur Festlegung von Aufgaben, zur Ausstattung mit und Ausübung von Autorität und Verantwortung, zu Fragen der Hierarchie, der Führung und zur Kontrollspanne. Er übernimmt diese Prinzipien, die zum Teil gar keinen organisatorischen Bezug aufweisen, sondern lediglich allgemeine Grundsätze vernünftigen Handelns sind, im wesentlichen von anderen Autoren wie *Fayol, Taylor* und *Mooney,* arbeitet sie aus und ergänzt sie im Hinblick auf seine Betrachtungsweise.

Das besondere Interesse von *Urwick* gilt der Frage der *Koordination*, in der er den eigentlichen Zweck des Organisierens sieht. Als Koordinationsinstrumente oder -mittel sieht er neben dem strukturellen Aufbau der Institution die klare Abgrenzung von Funktionen, die Spezifikation der Verfahrensregeln, die in Abhängigkeit von den jeweiligen Aufgaben mit die Flexibilität sichernden »Puffern« zu versehen sind, die Einwirkung auf die Mitarbeiter mittels Informationen und Ausbildung zur Ausrichtung ihrer Interessen am Gesamtziel der Institution sowie die Einrichtung von Stäben zur Unterstützung der Geschäftsführung in ihrer Koordinationsfunktion.

Einen Gesamtüberblick über den Stand der Überlegungen im Rahmen der anglo-amerikanischen Organisations- und Managementforschung vermitteln *H. Koontz* und *C. O'Donnell* in ihrem Buch »Principles of Management« (1955). Dieses Buch ist für die pragmatisch orientierte Organisationstheorie amerikanischer Prägung außerordentlich repräsentativ.

Die Funktion ihres Buches sehen die Autoren in der Erarbeitung eines *konzeptionellen Bezugsrahmens für die Managementaufgaben.* Dabei unterscheiden sie als klassische Managementaufgaben: Planung, Organisation, Einsatz von Führungskräften, Führung und Kontrolle. Jede dieser Aufgaben wird im einzelnen detailliert analysiert und beschrieben, und die Beziehungen zwischen den Aufgaben werden hergestellt. Die Erkenntnisse werden dabei jeweils in Form allgemeiner Prinzipien zusammengefaßt. Diese Prinzipien definieren die Autoren als »grundlegende Wahrheiten von allgemeiner Gültigkeit«; es handelt sich im Grunde jedoch um Postulate auf der Grundlage von Günstigkeitsvermutungen, die ihrerseits durch ein Alltagsverständnis rationalen Handelns fundiert sind.

Im Hinblick auf die *Managementaufgabe »Organisation«* dekken die bei *Koontz* und *O'Donnell* zu findenden Prinzipien fast den gesamten Bereich organisatorischen Handelns ab. »Organisation« wird definiert als

- die Bestimmung der erforderlichen Aufgabenerfüllungsaktivitäten zur Zielerreichung einer Unternehmung,
- die geeignete Gruppierung dieser Aktivitäten zu Aufgabengruppen,
- die Übertragung dieser Aufgabengruppen an Manager,
- die Delegation von Entscheidungsrechten, die Aufgaben wahrzunehmen, und
- der Einsatz von Mechanismen horizontaler und vertikaler Koordination.

Aus diesen Handlungen ergibt sich die Organisationsstruktur. Sie ist kein Ziel in sich selbst, sondern insgesamt der Aufgabenerfüllung einer Unternehmung untergeordnet. Dies drücken die Autoren in dem *Prinzip der einheitlichen Zielsetzung* und dem *Prinzip der Effizienz* aus: Die Organisation als Ganzes und jedes ihrer Teile muß zur Erreichung des Unternehmungsziels mit einem Minimum an unerwünschten Folgen bzw. Kosten beitragen.

Die Organisationsstruktur wird zum einen unter dem Aspekt der *Zentralisation von Entscheidungsbefugnissen,* zum anderen unter dem Aspekt der *Abteilungsbildung* betrachtet. Die Delegation von Entscheidungsbefugnissen wird aufgrund der begrenzten Kapazität eines einzelnen Managers als eine Voraussetzung für die Aufgabenerfüllung angesehen. Sie erfolgt nach *Koontz* und *O'Donnell* unter dem Vorbehalt, daß sie stets zurückgenommen werden kann, in drei Schritten: Der erste Schritt beinhaltet die Zuweisung von bestimmten Aufgaben, der zweite die Übertragung von Autorität, diese Aufgaben zu erfüllen, und der dritte die Forderung an den Untergebenen, für die Aufgabenerfüllung die Verantwortung zu übernehmen. Als *Richtlinien der Delegation* werden folgende Prinzipien entwickelt:

- Das Prinzip der klaren Abgrenzung von Funktionen (Principle of Functional Definition).
  Es besagt, daß jede Position von ihrem Inhalt und ihrer funktionalen Beziehung her klar abgegrenzt sein muß.
- Das Skalarprinzip.
  Dieses Prinzip fordert die Existenz einer Autoritätshierarchie, in der von einer obersten Position eine klare Verbindung zu allen nachgeordneten Positionen gegeben sein muß.
- Das Prinzip der Autoritätsebene.
  Hierin wird die Forderung aufgestellt, daß einmal delegierte Entscheidungen auf der Ebene getroffen werden sollten, an die sie delegiert wurden. Weder sollte der Vorgesetzte eingreifen, noch sollte er durch Rückfragen belastet werden.
- Das Prinzip der Einheit der Auftragserteilung.
  Dieses bereits bei *Fayol* zu findende Prinzip beinhaltet das Postulat, daß jeder Untergebene nur Weisungen von einem Vorgesetzten erhalten sollte.
- Das Prinzip der Absolutheit der Verantwortung.
  Es enthält die Aussage, daß der Vorgesetzte bei einer Delegation von Entscheidungsrechten selbst stets die letzte Verantwortung behält. Gleichzeitig ist ihm der Untergebene zur absoluten Verantwortung verpflichtet. Delegation bedeutet somit für einen Vorgesetzten nicht Entledigung von seiner Verantwortung, sondern führt zu einer Erhöhung des gesamten Bestandes an Verantwortung.
- Das Prinzip der Übereinstimmung von Autorität und Verantwortung.
  Dieses Prinzip fordert die Kongruenz des Umfangs der Entscheidungsrechte und der Verantwortlichkeit.
- Das Prinzip der Delegation.
  Hier wird das Postulat aufgestellt, daß Autorität in dem Maße und in der Weise delegiert werden sollte, wie es für die Erfüllung der Aufgaben erforderlich ist.

Das *Ausmaß an Delegation* bzw. Dezentralisation wird im Zusammenhang mit einer Reihe von Einflußfaktoren wie »Bedeutung der Entscheidung für die Unternehmung«, »Managementphilosophie« und »Aufgabenart« erörtert (dabei werden die Hauptfunktionen der Unternehmung wie Produktion, Finanzen, Personalwesen, Distribution, Transport, Rechnungswesen und Statistik unterschieden, die von ihrer Art her für die Zentralisation bzw. Delegation als verschieden geeignet beurteilt werden). Auch die Unternehmungsgröße bzw. das Wachstum wird als relevant für das Ausmaß der Dezentralisation erachtet.

In engem Zusammenhang mit dem Ausmaß der Delegation steht die *Kontrollspanne des Managers,* die Span of Management (oder Span of Control). Das Prinzip der Span of Management besagt, daß die Zahl der Untergebenen, die einem einzelnen Vorgesetzten unterstellt sein können, durch die Komplexität der zu beaufsichtigenden Beziehungen, die Fähigkeiten und die Ausbildung des Vorgesetzten und der Untergebenen begrenzt ist.

Aus der Begrenzung der Kontrollspannen wird von *Koontz* und *O'Donnell* die Notwendigkeit zur *Abteilungsbildung* abgeleitet. Als Alternativen der Abteilungsbildung werden, wie schon bei *Gulick* und den noch zu besprechenden deutschen Autoren, Funktionen, regionale Kriterien, Produkte, Kundengruppen und technische Kriterien angeführt. Bei Anwendung dieser Kriterien ist die *Gleichartigkeit von Aufgaben* der entscheidende Gesichtspunkt. Gleichartige Aufgaben oder Verrichtungen werden zu einer strukturellen Untereinheit zusammengefaßt. Unter bestimmten Voraussetzungen kann es jedoch günstiger sein, verschiedenartige Aufgaben zusammenzufassen, die sich durch eine Verbindung (etwa Informationsverbindung) auszeichnen. Für die Abteilungsbildung tritt somit neben den Gesichtspunkt der Gleichheit oder Ähnlichkeit der Gesichtspunkt der *Verbundenheit von Aufgaben.* Es dürfte sich allerdings als schwierig erweisen, die Merkmale Gleichheit und Verbundenheit im einzelnen präzise zu fassen, weil dies ein operationales Beschreibungsinstrumentarium für Aufgabeninhalte voraussetzen würde, das bisher nicht gegeben ist.

Bei der Abteilungsbildung sollten das *Prinzip der Arbeitsteilung* (das besagt, daß die Organisation so konstruiert und die Aufgaben so zusammengefaßt werden sollten, daß eine optimale Erfüllung der Unternehmungsaufgabe gesichert wird) und das *Prinzip der Trennung der Kontrollfunktionen* von den zu kontrollierenden Aktivitäten zur Anwendung kommen.

Im Hinblick auf die Gesamtheit organisatorischer Strukturtatbestände empfehlen die Autoren schließlich drei weitere *Prinzipien,* deren Anwendung ein Gefühl für die richtigen Proportionen und das richtige Maß *beim Organisieren* vermitteln soll:

- Das Prinzip des Gleichgewichts besagt, daß die Anwendung von Prinzipien und Techniken im Hinblick auf die Effizienz der Unternehmung als Ganzes ausgeglichen sein muß.
- Das Prinzip der Flexibilität fordert die Anpassungsfähigkeit der Unternehmung an ihre Umwelt.
- Das Prinzip der Erleichterung der Führungsaufgaben postuliert die Entlastung von Führungskräften als Grundgedanken des Organisierens.

Solche Organisationsprinzipien sind in anderen Ansätzen der Organisationstheorie, vor allem in verhaltens- und entscheidungstheoretischen Ansätzen einer scharfen Kritik unterzogen worden. Wenn auch hier grundsätzlich eine kritische Haltung eingenommen wird, so ist doch anzumerken, daß man die Sinnhaftigkeit der Prinzipien nicht völlig verneinen kann (vgl. S. 114). Die entscheidende Schwäche liegt jedoch in ihrem unzureichenden praxeologischen Aussagegehalt, insbesondere in ihrer Unbestimmtheit hinsichtlich der Spezifikation ihrer Anwendungsbedingungen und der daraus resultierenden geringen Anwendbarkeit angesichts differenzierter organisatorischer Problemstellungen.

Die Administrations- und Managementlehre im oben verstandenen Sinn besitzt als Forschungsrichtung heute nur noch eine geringe Attraktivität, obwohl ihr ohne Zweifel gerade für die Fragen der Zweckadäquanz von verhaltenssteuernden Regeln eine wichtige Bedeutung zukommt. Die primäre Beschäftigung dieser Forschungsrichtung mit der Aufgabenkomponente und die daraus resultierenden Schwierigkeiten einer Konzeptualisierung und Operationalisierung dieser Kategorie haben jedoch zu einer gewissen Stagnation dieser organisationstheoretischen Beiträge geführt.

(3) Die Betriebswirtschaftliche Organisationslehre

Den dritten Sektor betriebswirtschaftlich-pragmatischer Organisationsforschung finden wir in der traditionellen deutschen Betriebswirtschaftlichen Organisationslehre. Ihre Bemühungen richteten sich in erster Linie auf eine im aufgabenlogischen Sinn *rationale Konstruktion von Organisationen*. Ausgangspunkt dieser Beiträge ist die *Gesamtaufgabe der Unternehmung*, die nach bestimmten Kriterien in Teilaufgaben zergliedert wird. Das eigentliche Organisationsproblem besteht dann in der *Zusammenfassung von Teilaufgaben zu verteilungsfähigen Aufgabenkomplexen,* d.h. in der Bildung von Stellen, die einzelnen Aufgabenträgern zugeordnet werden können. Aus der Menge von beachtenswerten Beiträgen u. a. von *W. LeCoutre, F. Nordsieck, K. W. Hennig, H. Ulrich, E. Kosiol* etc. sollen exemplarisch die Arbeiten von *Nordsieck* und *Kosiol* eingehender behandelt werden, da sie maßgeblich die Entwicklung der deutschen betriebswirtschaftlichen Organisationslehre beeinflußt haben.

Die erste geschlossene Darstellung einer im obigen Sinne begriffenen Organisationslehre stammt von *F. Nordsieck.* Seine Arbeit »Grundlagen der Organisationslehre« (1934) umfaßt die Aspekte der Aufbau- und Ablauforganisation (»Beziehungslehre« und »Ablauflehre«), die in der Folge von allen Vertretern dieser Richtung aufgegriffen wurden sowie implizit auch das Konzept der Analyse und Synthese der Betriebsaufgaben.

Nordsieck erhebt die *Aufgabe* als Zentralbegriff zum systembildenden Element. Er sieht in der Aufgabe ». . . ein sozial-objektiviertes Ziel, zu dessen Erreichung menschliche Arbeitsleistung notwendig ist.« (S. 19). Die Aufgabe bildet Ausgangs- und Endpunkt des Organisierens. Unter Organisieren versteht *Nordsieck* das Vorausplanen und Inkraftsetzen geltender organisatorischer Regelungen. »Organisation« wird von ihm als ein *System geltender Regelungen, deren Sinnzusammenhang durch die oberste Betriebsaufgabe gegeben ist,* definiert.

Für den Entwurf idealer Organisationsformen formuliert *Nordsieck* zwei *Grundprinzipien organisatorischen Handelns:*

- das (statische) Harmonieprinzip,
  das die vollkommene Zielentsprechung und Rationalität aller Einzelregelungen einer Organisation und die vollkommene Harmonie ihres Zusammenhangs erfordert, und
- das (dynamische) Entwicklungsprinzip,
  das einen Wandel der Organisationsform in Abhängigkeit von den Aufgaben, Effizienzkriterien und Bearbeitungsobjekten postuliert.

Aus diesen beiden Grundprinzipien leitet er eine Reihe von Unterprinzipien ab; aus dem *Harmonieprinzip* u. a. die Prinzipien der Aufgabengliederung, der Verwaltungszentralisation, der Rhythmenabgestimmtheit; aus dem *Entwicklungsprinzip* etwa die Prinzipien der Initiative, der Unmittelbarkeit der Verwaltung, der Funktionseinheit und der variablen Ablaufgestaltung. Es handelt sich hierbei um Normen, die aus dem Verständnis organisatorischer Problemstellungen heraus entstanden sind und unter Zugrundelegung vernünftiger Überlegungen abgeleitet werden. *Nordsieck* betont aber, daß die Konkretisierung der von ihm formulierten Prinzipien in *jedem einzelnen praktischen Fall* verschieden ist.

Zur vollständigen Erfassung des gesamten Wesens der Organisation unterteilt *Nordsieck* die Organisationstheorie – wie erwähnt – in zwei sich ergänzende theoretische Teile: die »Beziehungslehre« (Aufbauorganisation), die die Organisation aus sozialer Perspektive sieht, und die »Ablauflehre« (Ablauforganisation), die sie aus einer mehr technischen Perspektive betrachtet. Er betont, daß beide Perspektiven die Organisation in ihrer Gesamtheit zum Gegenstand haben und daß nur jeweils ein anderer Abstraktionszusammenhang akzentuiert wird.

In der *Beziehungslehre* handelt es sich um die organisatorische Regelung der Beziehungen der Aufgabenträger und der Hilfsmittel zur Betriebsaufgabe und über diese zueinander.

In der *Ablauflehre* wird die organisatorische Regelung der Folge von Arbeitsleistungen und ihres zeitlichen Ineinandergreifens thematisiert.

Im Rahmen seiner Beziehungslehre entwickelt *Nordsieck* eine Konzeption, die der später von *Kosiol* explizit herausgearbeiteten Analyse-Synthese-Konzeption (s.u.) sehr ähnelt. Die *Beziehungsgestaltung* geht aus von der betrieblichen Sachzielsetzung oder Oberaufgabe, die analytisch in eine Hierarchie von Teilaufgaben zergliedert wird. Aus dieser Menge von Teilaufgaben werden in einem folgenden Schritt zum Zwecke der Aufgabenverteilung bestimmte Teilaufgabenkomplexe isoliert, die einzelnen Aufgabenträgern zugeordnet werden können. Durch diese Zuordnung wird die *Aufgabengliederung in eine Betriebsgliederung umgesetzt.* In der Trennung zwischen Aufgabengliederung und Betriebsgliederung ist deutlich die heute weit verbreitete Trennung in funktionale und strukturelle Subsysteme von Institutionen zu erkennen.

Das umfassendste Aussagensystem zum aufgabenorientierten Ansatz hat *E. Kosiol* vorgelegt. Seine Arbeit »Organisation der Unternehmung« (1962) ist als Standardwerk und profilierteste Publikation der Betriebswirtschaftlichen Organisationslehre in Deutschland anzusehen. Die von ihm erarbeitete *Analyse-Synthese-Konzeption* impliziert Organisationsprinzipien, integriert diese aber im Gegensatz zu anderen Arbeiten in ein *geschlossenes aufgaben-*

logisches Konzept des Organisierens. Insofern beziehen sich seine Ausführungen schwerpunktmäßig auf Verfahrensprobleme des Organisierens. Daneben behandelt er jedoch auch Fragen der *konkreten inhaltlichen Ausprägung struktureller organisatorischer Aktionsparameter und organisatorische Gestaltungsziele.*

Organisation wird dabei als *integrative Strukturierung von Ganzheiten* interpretiert, wobei unter Ganzheiten eine gegliederte Einheit zu verstehen ist, deren Glieder im Hinblick auf ein übergeordnetes Ziel (die Aufgabe) geordnet sind und untereinander ein Gefüge von Beziehungen konstituieren. Bei einer solchen Sichtweise wird die Organisation unter Abstraktion von konkreten Gestaltungsobjekten und -inhalten zum *Formalproblem.*

Der formale Charakter der integrativen Strukturierung findet bereits seinen Ausdruck in der lediglich gedanklich vornehmbaren Trennung in eine (aufgabenorientierte) *Aufbau-* und eine (arbeitsprozeßorientierte) *Ablauforganisation.*

Ansatzpunkt für jegliche organisatorische Gestaltung ist das *Sachziel* als Oberaufgabe der Unternehmung. In einem ersten, der eigentlichen Strukturierung vorgelagerten Schritt bedarf es der *analytischen Durchdringung des die Oberaufgabe konstituierenden Gefüges von Teilaufgaben* (Aufgabenanalyse). Diese Tätigkeit ist nach *Kosiols* Auffassung ein erfahrungsgestützter Induktionsvorgang, in dessen Rahmen die Gesamtaufgabe nach 5 Merkmalen in Teilaufgaben zergliedert wird. Als *Kriterien der Aufgabengliederung* behandelt *Kosiol:*

- die Verrichtungen,
- die Objekte,
- den Rang (Entscheidung vs. Ausführung),
- die Phase der Aufgabenerfüllung (Planung, Realisation, Kontrolle) und
- den Zweckbezug (primäre und sekundäre Aufgabe).

Der Induktionsvorgang ist dabei nicht als ein nach vorab fixierten Regeln verlaufender Prozeß aufzufassen, sondern er stellt vielmehr einen Entscheidungsprozeß dar, in dem über die Kriterien entschieden wird, nach denen die Aufgaben auf einer bestimmten Ebene weiter zergliedert werden.

Ihre Fortsetzung über diese Grenze hinaus findet die Aufgabenanalyse in der *Arbeitsanalyse.* Gegenstand der Arbeitsanalyse ist die *weitere Untergliederung der aus der Aufgabenanalyse hervorgegangenen und auf einzelne Aktionsträger übertragbaren Teilaufgaben* bis hin zu den kleinsten Arbeitselementen. Ziel der Arbeitsanalyse ist die Gewinnung von Grundlagen zur Gestaltung von Arbeitsabläufen (-prozessen).

Während den analytischen Tätigkeiten der Aufgaben- und Arbeitsanalyse im Rahmen der organisatorischen Gestaltung lediglich eine vorbereitende (vororganisatorische) Funktion zukommt, liegt der Kern der Gestaltung in der Aufgaben- und Arbeitssynthese.

Dabei können die genannten Kriterien der Aufgabenanalyse auch zu einer Charakterisierung der Teilaufgaben im Hinblick auf die Synthese dienen. Als *Synthesekriterien* treten jedoch *zusätzlich*

- die Person des Aufgabenträgers,
- die Arbeitsmittel sowie
- die räumlichen und zeitlichen Bedingungen hinzu.

Die *Aufgabensynthese* beinhaltet die *Zusammenfassung analytisch abgeleiteter Teilaufgaben zu versachlichten, verteilungsfähigen Aufgabenkomplexen,* d.h. zu Aufgabenkomplexen, die von einzelnen Aufgabenträgern übernommen werden können und die auch als *Stellen* bezeichnet werden. Die Stellen und ihre Beziehungen zueinander lassen ein mehrdimensionales Beziehungsnetz, die sog. Aufbauorganisation, entstehen. Im einzelnen werden hierbei fünf sog. *Zusammenhänge* unterschieden:

- Verteilungszusammenhang:
  Der Verteilungszusammenhang erfaßt die Bildung von Stellen aus den analytischen Teilaufgaben.
- Leitungszusammenhang:
  Er reflektiert die rangmäßigen Aufgabenbeziehungen gegenüber anderen Aufgabenträgern (Vorgesetzten-Untergebenen-Verhältnisse).
- Stabszusammenhang:
  Dieser Zusammenhang umfaßt die Beziehungen, die sich durch die Ausgliederung von Aufgaben aus Leitungsstellen (Instanzen) an Leitungshilfsstellen (Stabsstellen) ergeben.
  Verteilungszusammenhang, Leitungszusammenhang und Stabszusammenhang bilden zusammen das Aufgabengliederungssystem.
- Arbeitszusammenhang und
- Kollegienzusammenhang.
  Arbeits- und Kollegienzusammenhang beschreiben gemeinsam das Kommunikationssystem, das aus den ständigen (Arbeitszusammenhang) bzw. sporadischen (Kollegienzusammenhang) Informations- und Kommunikationsbeziehungen zwischen den Aufgabenträgern besteht.

Oberstes Ziel der Aufgabensynthese ist die Koordination der aufgabenteiligen Unternehmung auf die Unternehmungsziele hin. Die genannten Zusammenhänge stellen fünf Ebenen dar, auf denen sich die Koordination vollzieht.

Die *Arbeitssynthese* verbindet sich mit der Aufgabensynthese und führt letztlich zur Ablauforganisation. Ihren Gegenstand bilden im einzelnen:

- die personale Arbeitssynthese (Arbeitsverteilung),
- die temporale Arbeitssynthese (Arbeitsvereinigung) und
- die lokale Arbeitssynthese (Raumgestaltung).

Aufgrund der Berücksichtigung zeitlicher und räumlicher Dimensionen liegen gerade im Bereich der ablauforganisatorischen Überlegungen die wesentlichen Verknüpfungspunkte der Organisationstheorie mit den Arbeitswissenschaften und den prozeßorientierten betriebswirtschaftlichen Entscheidungstheorien (z. B. Produktionssteuerung).

Insgesamt gesehen ist als besonderes Merkmal der *betriebswirtschaftlich-pragmatischen Ansätze* zu werten, daß die Ergebnisse ihrer Forschungsbemühungen im Vergleich zu den meisten der noch zu schildernden Beiträge *relativ umfangreich in der Praxis angewendet werden.* Dies gilt sowohl für das von *Kosiol* geschaffene terminologische System als auch für die Beiträge der amerikanischen Administrations- und Managementlehre.

Dennoch ist einschränkend festzustellen, daß diese Ergebnisse nicht den Anforderungen – wie sie an praxeologische Aussagen zu stellen sind – genügen. Ihnen kommt zwar schon ein gewisser Informativitätsgrad zu, indem sie etwa organisatorische Aktionsparameter und Gestaltungsziele definieren und teilweise auch schon Beziehungen zwischen beiden aufzeigen. Dagegen fehlt ihnen weitgehend – was wesentlich ist – eine empirische Bestätigung, da sie statt auf systematischen empirischen Untersuchungen auf spekulativen Überlegungen, analytischen Ableitungen oder allenfalls singulären praktischen Erfahrungen einzelner ihrer Vertreter basieren. Jedoch ist ein Teil von ihnen auf entscheidungstechnische Verwendbarkeit angelegt, was sich schon bei praktischen Anwendungen gezeigt hat.

Die folgenden Beiträge sind demgegenüber mehr auf die eingehende Erforschung spezieller Zusammenhänge oder auf die Erarbeitung umfassender, grundlegender theoretischer Konzeptionen (konzeptionelle Bezugsrahmen) gerichtet. Es ist daher nur natürlich, daß die Anwendung der Ergebnisse dieser überdies relativ jungen Beiträge in der Praxis bisher kaum oder nur in Einzelfällen (etwa in der Einrichtung der sog. teilautonomen Arbeitsgruppen) zu beobachten ist.

4.3.2 Verhaltenstheoretisch orientierte Ansätze

Die verhaltenstheoretisch orientierten Ansätze in der Organisationstheorie stellen allgemein die Frage nach dem Verhalten von und in organisierten Systemen. Entscheidend für die Zurechnung zur Organisationstheorie ist, daß zumindest ein großer Teil der Aussagen dieser im weitesten Sinne zunächst als sozialwissenschaftlich aufzufassenden Ansätze sich auf *Verhaltensweisen* beziehen, *die mit der Organisation in Verbindung stehen oder zumindest organisatorisch beeinflußt werden können.* Dabei kann es sich zum einen um das Verhalten von Institutionen handeln, das zu bestimmten inhaltlich konkretisierten Organisationsformen führt, zum anderen um das Verhalten von Mitgliedern der Institutionen, das sich unter den gesetzten organisatorischen Bedingungen vollzieht. Entsprechend sind hier bei den verhaltenstheoretisch orientierten Ansätzen zwei Gruppen von Beiträgen zu unterscheiden:

4.3.2.1 Beiträge zum strukturbezogenen Verhalten sozio-technischer Systeme
4.3.2.2 Beiträge zum Individual- und Gruppenverhalten

4.3.2.1 Beiträge zum strukturbezogenen Verhalten sozio-technischer Systeme

Die Beiträge zum strukturbezogenen Verhalten sozio-technischer Systeme behandeln neben den organisatorischen Regeln und den Eigenschaften des sozio-technischen Systems auch die Aufgaben, die Effizienzkriterien und die Umweltsegmente (vgl. S. 110f.). Weitgehend identisch sind diese Beiträge mit der *Bürokratieforschung* und den neueren Arbeiten der *vergleichenden Organisationsforschung.*

Als der Gedankenvater der formal-strukturell orientierten vergleichenden Organisationsforschung, also der hier unter der Bezeichnung »Beiträge zum strukturbezogenen Verhalten« zusammengefaßten Forschungsbemühungen, gilt *M. Weber* (1921, 5. Aufl. 1972; vgl. auch Kapitel 2. dieses Buches). In Verbindung mit seiner Diskussion der Herrschaftsformen (rational-legale, traditionale und charismatische Herrschaft) entwickelte *Weber* mit seinem »reinsten Typ der legalen Herrschaft«, d. h. der Herrschaft mit einem bürokratischen Verwaltungsstab, das sog. **Bürokratiemo-**

dell. Mit einer starken Blickrichtung auf die sich zu seiner Zeit vollziehende Ausbreitung und Verfestigung staatlicher Verwaltungsapparate beschreibt *Weber* die *legale Herrschaft* (die wie auch die anderen Herrschaftstypen meist auf einen Verwaltungsstab angewiesen ist) allgemein durch folgende Merkmale:

- Es besteht ein kontinuierlicher, regelgebundener Amtsbetrieb.
- Jeder Aufgabenträger des Verwaltungsstabes besitzt fixierte Kompetenzen (Leistungspflichten, Befehlsgewalten, mögliche Zwangsmittel).
- Es liegt eine Über- und Unterordnung von Zuständigkeiten, d.h. eine Amtshierarchie, vor.
- Die Aufgabenerfüllung vollzieht sich nach fixierten Verfahrensregeln.
- Es herrscht eine eigentumsbezogene Trennung der Mitglieder des Verwaltungsstabes von den Verwaltungsmitteln.
- Mit der Pflichterfüllung im Amt ist keine Appropriation (Besitzergreifung) des Amtes verbunden.
- Gefordert wird die aktenmäßige Fixierung aller geschäftsrelevanten Kommunikationsprozesse.

Neben *Amtshierarchie, Eigentumstrennung* von den Verwaltungsmitteln und *personenunabhängiger Amtsexistenz* besitzt der *bürokratische Verwaltungsstab* nach *Weber* folgende *Strukturmerkmale:* Seine Mitglieder

- sind kraft Vertrages angestellt,
- sind als persönlich völlig freie Menschen nur im Rahmen ihrer Amtspflichten verantwortlich,
- sind einer strengen Amtsdisziplin und Kontrolle unterworfen,
- werden nach Fachqualifikation rekrutiert,
- erhalten eine feste Besoldung in Geldform,
- üben ihr Amt als Hauptberuf aus und
- sehen sich in ihrem beruflichen Fortkommen vor einer bestimmten Berufslaufbahn.

Dieses sehr systematisch durch einzelne Merkmale beschriebene Bürokratiemodell wurde dadurch zum *Ausgangspunkt für die* **vergleichende Organisationsforschung,** daß einige der genannten *Merkmale als Variablen begriffen und als Dimensionen zur Beschreibung von Organisationen verwendet wurden.* Dadurch gelang es, die von *Weber* angeführten Bürokratiemerkmale zu Merkmalsausprägungen zu relativieren, die *in ihrer spezifischen Konstellation* eine ganz *bestimmte Organisationsform* charakterisieren. Daneben wurden auch andere Organisationsformen denkbar, die mit Hilfe derselben Merkmale, jedoch anderer Konstellation von Ausprägungen, beschrieben werden konnten. Diese

Entdeckung eines systematischen Beschreibungsinstrumentariums in den *Weber*'schen Bürokratiemerkmalen hat die Anfänge der vergleichenden Organisationsforschung methodisch entscheidend angeregt (*Udy*, 1959; *Hall*, 1962). Aber auch in sachlicher Hinsicht lassen sich die frühen Ansätze der vergleichenden Organisationsforschung als Auseinandersetzung mit dem Bürokratiemodell verstehen, da ihre zentrale Fragestellung lautete unter welchen *Einflußbedingungen* sich eine mehr oder weniger bürokratisierte Organisationsform herausbildet bzw. welche Bürokratiedimensionen unter bestimmten Bedingungen zu bestimmten Ausprägungen tendieren.

Bei der Behandlung dieser Fragestellung haben sich vor allem drei *Komplexe von Einflußbedingungen* als wesentlich erwiesen:

(1) Die Größe einer Institution, d. h. die Zahl ihrer Mitarbeiter, ihr Aufgabenvolumen, Umsatz etc.
Von Arbeiten, die in erster Linie die Größe als dominanten Einflußfaktor hervorheben, sollen die Forschungsansätze von
– *Pugh* u. a. (1963, 1968, 1969) sowie von
– *Blau* und *Schoenherr* (1971)
kurz vorgestellt werden.

(2) Die Umwelt einer Institution.
Zum Umweltargument werden die Beiträge von
– *Burns* und *Stalker* (1961) sowie von
– *Lawrence* und *Lorsch* (1969)
behandelt.

(3) Die Technologie einer Institution.
Zum Technologieeinfluß wird abschließend der Ansatz von
– *Woodward* (1958, 1965)
skizziert.
(Zum Einfluß von Umwelt und Technologie vgl. auch die kurze Darstellung der Arbeit von *Kieser* in diesem Buch auf S. 81 ff.).

(1) Beiträge zur Größe als Einflußfaktor der Organisation

Einer der meistdiskutierten Ansätze zur Auseinandersetzung mit dem Bürokratiemodell und zur Betonung der Wirkungen der Unternehmungsgröße auf die Organisationsform wurde von *Pugh, Hickson, Hinings, Turner* (der. sog. *Aston*-Schule) entwickelt (zum Überblick vgl. *Kubicek/Wollnik,* 1975). Seine besondere Bedeutung hat dieser Ansatz vor allem durch die zahlreichen empirischen Studien gewonnen, die auf seiner Grundlage durchgeführt wurden.

D. S. *Pugh* u. a. legten 1963 einen *konzeptionellen Bezugsrahmen* vor, auf den sich auch der in diesem Buch verwendete (vgl. Kapitel 1.) grundsätzlich bezieht. Sie formulierten ein Kausalschema, in dem

- bestimmte organisatorische Kontextmerkmale die Organisationsform sozialer Einheiten determinieren,
- die Organisationsform ihrerseits auf die Zusammensetzung von Gruppen und die Interaktionsbeziehungen zwischen ihnen wirkt, und
- diese sozialen Aspekte der Gruppenebene schließlich die individuellen Verhaltensweisen und Einstellungen beeinflussen.

In ihren eigenen Forschungsarbeiten konzentrieren sich *Pugh* u. a. auf den Zusammenhang zwischen Kontext und Organisationsstruktur. Seine erhebliche Durchschlagskraft hat dieses Konzept vor allem dadurch erreicht, daß die Autoren zu den Kategorien »Kontext« und »Organisation« jeweils eine Reihe von Variablen spezifiziert und ihre Beziehungen in einer empirischen Studie von 46 Unternehmungen und Behörden selbst untersucht haben.

Die wichtigsten der von ihnen einbezogenen Variablen sind:

- Die Kontextvariablen:
  - die Größe einer Institution,
  - die Integration ihrer Leistungserstellungstechnologie,
  - die Variabilität und Diversität des Leistungsprogrammes (darunter u. a. Aspekte wie Erstellung von Leistungen im Konsum- oder Investitionsgüterbereich, im Fertigungs- oder Dienstleistungsbereich, Zahl der angebotenen Produkte, Produktstandardisierung etc.),
  - das Ausmaß der Aufsplitterung in geographisch getrennte Betriebseinheiten,
  - die Abhängigkeit von anderen Einheiten (bei Unternehmungen etwa in Form vertraglicher Bindungen oder finanzieller Verflechtungen) sowie
  - die Gründungsart (bei Unternehmungen z. B. durch eine Privatperson oder eine andere Unternehmung) und das Alter einer Institution.
- Die organisatorischen Dimensionen:
  - der Grad der funktionalen Spezialisierung,
  - der Grad der Standardisierung (Ausmaß von bestimmten fixierten Verfahrensweisen für Aufgabenerfüllungsprozesse),
  - der Grad der Formalisierung (Ausmaß der schriftlichen Fixierung von Verhaltensregeln und Kommunikationsprozessen),
  - der Grad der Entscheidungszentralisation und
  - konfigurative Merkmale wie Zahl der Hierarchieebenen, Kontrollspannen auf verschiedenen Ebenen etc.

Diese Auflistung der relevanten Größen des Konzeptes von *Pugh* u. a. zeigt seine Nähe zu dem in diesem Buch entwickelten Bezugsrahmen.

Pugh u. a. analysierten die Beziehungen zwischen den organisatorischen Dimensionen untereinander (1968) und gelangten zu der Vorstellung von drei komplexen (d. h. aus verschiedenen Teilmerkmalen zusammengesetzten) und in ihren Ausprägungen voneinander *unabhängigen organisatorischen Beschreibungsmerkmalen,* die sie bezeichnen als

- »Strukturierung von Aktivitäten«
  (hierzu gehören vor allem der Spezialisierungsgrad, der Standardisierungsgrad, der Formalisierungsgrad sowie die Zahl der Ebenen),
- »Konzentration von Entscheidungsbefugnissen«
  (hierunter fällt im wesentlichen der Grad der Entscheidungszentralisation) und
- »Überwachungsintensität der Leistungserstellung«
  (hierzu gehören die Indikatoren Leistungsdokumentation, durchschnittliche Kontrollspanne der Meister bzw. Vorarbeiter und Anteil von Leitungspersonen im Leistungsbereich einer Institution).

In einem weiteren Schritt wurden die *Zusammenhänge zwischen den Kontextfaktoren und diesen komplexen organisatorischen Dimensionen* ermittelt (*Pugh* u. a. 1969). Für den die meisten organisatorischen Indikatoren umfassenden Variablenkomplex »Strukturierung von Aktivitäten« wurde die Größe der Institution als wichtigste Determinante identifiziert. Dabei wurden im einzelnen folgende *Ergebnisse* gefunden:

- Je größer eine Institution, desto stärker ist sie spezialisiert, standardisiert, formalisiert und vertikal differenziert.

Faßt man die Spezialisierung und die Zahl der Ebenen als Indikatoren für die strukturelle Komplexität einer Unternehmung auf und vereinigt Standardisierung und Formalisierung zu dem Merkmal Programmierungsgrad, so kann man auch sagen:

- Je größer eine Unternehmung, desto komplexer ist sie strukturiert und desto stärker ist sie programmiert.
- Die Konzentration von Entscheidungsbefugnissen korreliert mit positivem Vorzeichen weitgehend mit der Abhängigkeit zu anderen Institutionen (insbesondere zu übergeordneten Einheiten, also etwa zu Muttergesellschaften, Konzernzentralen, Landesbehörden u. ä.).
- Für die Überwachungsintensität der Leistungserstellung wurden als wesentliche Einflußfaktoren die Variabilität der Leistungserstellung und die Integration der Fertigungstechnologie isoliert. Es zeigte sich, daß eine Unternehmung um so mehr Überwachungsintensität der Lei-

stungserstellung aufweist, desto geringer ihre Leistungsvariabilität (Erstellung standardisierter Konsumgüter oder Dienstleistungen) und desto weniger integriert ihre Fertigungstechnologie ist.

Wenn auch für die Konzentration von Entscheidungsbefugnissen und die Überwachung der Leistungserstellung andere Kontextfaktoren als die Größe als entscheidende Einflußfaktoren festgestellt wurden, so legen die Ergebnisse von *Pugh* u. a. doch den Eindruck nahe, daß die Unternehmungsgröße durch ihre Wirkung auf die strukturelle Komplexität und den Programmierungsgrad in bedeutendem Ausmaß die jeweiligen Formen der organisatorischen Regelsysteme bestimmt. Vor allem ist es auch der Größeneinfluß, der in replikativen Studien (*Child*, 1972, 1973 (b), *Kieser*, 1973) bestätigt wurde, während die übrigen von *Pugh* u. a. ermittelten Beziehungen unter anderem auf meßtechnische und stichproben-induzierte Verzerrungen zurückzuführen sein dürften (vgl. hierzu *Child*, 1972; zu einer Reformulierung der Ergebnisse von *Pugh* u. a. sowie von *Child*, 1972, 1973 (b) vgl. *Wollnik/Kubicek*, 1976).

Neben dem Ansatz von *Pugh* u. a. und den darauf aufbauenden Beiträgen haben sich vor allem einige Forscher an der University of Chicago (die sog. Chicago-Schule, darunter *P. M. Blau, R. A. Schoenherr, W. V. Heydebrand, M. W. Meyer, S. R. Klatzky*) um die empirische Analyse der Zusammenhänge formal-struktureller Dimensionen und ihrer Abhängigkeit von bestimmten Kontextfaktoren, insbesondere von der Größe einer Institution, bemüht.
Die wohl wichtigste und umfangreichste Arbeit hierzu wurde 1971 von *P. M. Blau* und *R. A. Schoenherr* vorgelegt. Aus einer Untersuchung von 51 amerikanischen staatlichen Arbeitsämtern entwickelten die Autoren im wesentlichsten Teil ihrer Ausführungen das unten wiedergegebene *Modell der Beziehungen zwischen der Größe einer sozialen Einheit, der Automation von Informationsverarbeitungsaufgaben und der Organisationsform.* Dabei wird die Organisationsform dargestellt durch die strukturelle Komplexität (horizontale Differenzierung, gemessen an der Zahl funktionaler Subsysteme und vertikale Differenzierung, gemessen durch die Zahl der Hierarchieebenen), ihren relativen Administrationsaufwand (relativer Anteil von Managern und Stabsmitarbeitern an der Gesamtbeschäftigung), ihre Formalisierung (als schriftliche Vorgabe von Regeln) und ihre Entscheidungsdezentralisation. Das Modell enthält folgende *Beziehungen* (vgl. Abb. 15).

- Die Größe einer Institution besitzt folgende Netto-Effekte (d. h. Effekte unter Kontrolle aller anderen Merkmale) auf die Organisation und Automatisierung von Informationsverarbeitungsaufgaben:
  - sie erhöht ihre strukturelle Komplexität,
  - vermindert den relativen Administrationsaufwand,
  - vermindert ihren Dezentralisationsgrad und
  - erhöht das Niveau der Automatisierung.
- Die Automatisierung von Informationsverarbeitungsaufgaben erhöht den Dezentralisationsgrad.
- Die strukturelle Komplexität erhöht den relativen Administrationsaufwand und erhöht den Dezentralisationsgrad.
- Die Formalisierung erhöht den Dezentralisationsgrad.

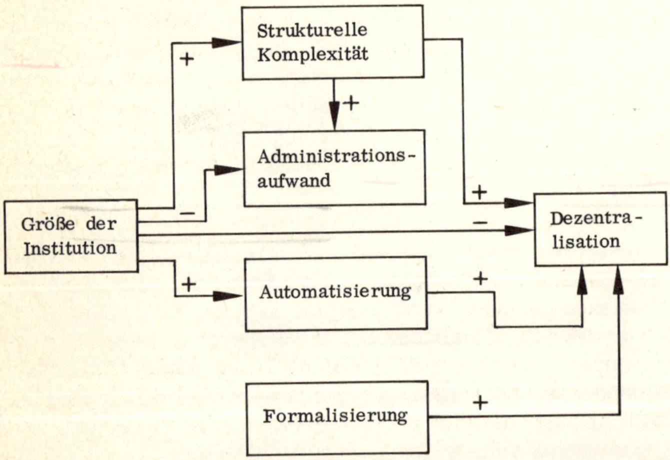

Abb. 15: Das Modell der Beziehungen zwischen der Größe einer sozialen Einheit, der Automation von Informationsverarbeitungsaufgaben und der Organisationsform von *Blau/Schoenherr* (1971)

Da eine zunehmende Größe mit dem Ausmaß der Automatisierung und der strukturellen Komplexität zwei Merkmale positiv beeinflußt, die ihrerseits den Dezentralisationsgrad fördern, sind größere Institutionen trotz des Netto-Effektes der Größe in Richtung einer Verminderung der Dezentralisation etwas stärker dezentralisiert als kleinere. Man kann somit zusammenfassend feststellen, daß die Größe einer Institution durch eine Zunahme struktureller Komplexität die Koordinationserfordernisse erhöht und eine eigentlich erforderliche Delegation von Entscheidungsbefugnissen riskanter macht. Diesen Koordinationserfordernissen wird jedoch durch den Einsatz von Kontrollmechanismen wie automatisierte Informationsverarbeitung und Formalisierung entsprochen, die zugleich auch eine Kontrolle delegierter Entscheidungen erlauben und somit eine Dezentralisation begünstigen.

(2) Beiträge zur Umwelt als Einflußgröße der Organisation

Eine Reihe von Beiträgen konzentriert sich auf das Verhältnis zwischen Umweltmerkmalen und Organisationsform. Mit den Forschungsbemühungen um eine Aufschlüsselung der Beziehungen zwischen Umwelt und Organisation ist der Gedanke einer **Kontingenztheorie** von Organisationsformen aufs engste verbunden. Der Grundgedanke der Kontingenztheorie oder Bedingtheitstheorie macht in diesem Zusammenhang explizit klar, daß *unter verschiedenen Bedingungen verschiedene Organisationsformen günstig sind.*

In einigen neueren Beiträgen (vgl. *Kieser/Kubicek,* 1977) wird der Gedanke der situativen Relativierung mit dem Ziel, Beziehungen zwischen Situationsmerkmalen, Organisationsstruktur und Verhalten der Organisationsmitglieder festzustellen, zum konstitutiven Bestandteil. Entsprechende Überlegungen – inzwischen unter der Bezeichnung **»situativer Ansatz«** in die Organisationstheorie eingeführt – sind vor allem durch ihre *empirische Orientierung* geprägt und *eng mit der Vorgehensweise der vergleichenden Organisationsforschung verbunden.* Unter Rückgriff auf andere Ansätze sind dabei vor allem Merkmale der Umwelt und der Organisation als Variablen konzipiert und operationalisiert worden. Regelmäßigkeiten zwischen diesen Größen wurden in vergleichenden Untersuchungen festgestellt, die im Vergleich zu Einzelfallstudien breiter angelegt waren.

Im folgenden wird beispielhaft für alle Arbeiten zu den Beziehungen zwischen Organisation und Umwelt auf die beiden grundlegenden Studien von *Burns/Stalker* und *Lawrence/Lorsch* eingegangen.

Ausgangspunkt der Arbeit von *T. Burns* und *G. M. Stalker* (1961) ist die Annahme daß es *keine Bündel allgemeingültiger Prinzipien für eine »gute Organisation«* gibt, sondern daß die *Gestaltung der Organisationsformen in Abhängigkeit von der Um-*

welt vollzogen werden muß. Ihre zentrale These lautet dementsprechend: Bei veränderlichen Marktsituationen und häufigen Neuerungen im Rahmen der technologischen Entwicklung sieht eine adäquate Organisationsform (»Management System«) anders aus, als bei einer relativ stabilen ökonomischen und technologischen Umwelt.

Diese Annahme wurde in zwanzig britischen Unternehmungen der Elektroindustrie untersucht. Dabei zeigte sich, daß tatsächlich bei den erfolgreichen Unternehmungen in relativ statischer Umwelt eine ganz andere Organisationsstruktur als bei erfolgreichen Unternehmungen in einer dynamischen Umwelt auftrat. *Burns* und *Stalker* prägten für die beiden identifizierten unterschiedlichen Typen organisatorischer Systeme die Bezeichnungen *»mechanistisches System«* und *»organisches System«*. Die Charakterisierung dieser Organisationsformen nehmen sie in Anlehnung an die bestehende Literatur, vor allem an die Arbeit von *Weber* und aufgrund der Erfahrungen ihrer eigenen Forschung mit Hilfe von elf polaren Merkmalen vor. Die mechanistische Struktur ähnelt der *streng bürokratisierten Organisation* im Sinne von *Weber*, während das organische System eine *sehr gering bürokratisierte Struktur* aufweist.

Die *organische Form* ist nach den Vermutungen und empirischen Ergebnissen von *Burns* und *Stalker* dann geeignet, wenn eine Institution sich in einer *dynamischen Umwelt* befindet. Sie ermöglicht Reaktionen auf neue Probleme und unvorhergesehene Anforderungen und setzt Kreativitätspotentiale frei. Dementsprechend ist die organische Form u.a. gekennzeichnet durch eine kontinuierliche Neufestlegung individueller Aufgaben und Anordnungsbefugnisse aufgrund der Interaktion von Mitarbeitern, was zugleich eine verstärkte Kommunikation sowohl in vertikaler als auch in horizontaler Richtung bedingt. Die Informationsinhalte sind vorwiegend sachlicher Natur. Weiterhin unterscheidet sich die organische von der mechanistischen Struktur durch größere Kontrollspannen und eine stärkere Dezentralisation von Entscheidungsbefugnissen. Von dem Aufgabenträger wird weniger Loyalität und Gehorsam als vielmehr eine Identifikation mit den Aufgaben der Institution erwartet.

Die *mechanistische Struktur* erscheint dagegen für eine sehr *stabile Umwelt* als die geeignetere Organisationsform. Die sie charakterisierenden Merkmalsausprägungen sind jeweils den Merkmalsausprägungen der organischen Struktur entgegengesetzt.

Eine vom konzeptionellen Bezugsrahmen her sehr ähnliche, jedoch erheblich detailliertere Arbeit haben *P. R. Lawrence* und *J. W. Lorsch* (1969) vorgelegt. Die Grundlage ihres Ansatzes besteht in der Feststellung, daß *verschiedene strukturelle Subsysteme* einer Institution (in Unternehmungen etwa Absatzbereich, Forschung und Entwicklung, Produktion etc.) *verschiedenen Umweltbedingungen* gegenüber stehen. Dementsprechend werden eine unterschiedliche Organisationsform dieser Bereiche sowie unterschiedliche Orientierungen der in diesen Bereichen tätigen Mitarbeiter erwartet. In einer Studie von sechs verschiedenen Unternehmungen fanden *Lawrence* und *Lorsch* diese Erwartungen bestätigt:

- Abteilungen, deren Umwelt dynamischer eingeschätzt wird, weisen
  - weniger Hierarchieebenen auf,
  - haben größere Leitungsspannen und
  - besitzen ein geringeres Ausmaß formaler Regeln

  als Abteilungen, die sich einem statischen Umweltsystem gegenübersehen.
- Ferner differieren in verschiedenen strukturellen Subsystemen auch die Zielorientierung, die Zeitorientierung sowie die interpersonelle Orientierung der in ihnen tätigen Mitarbeiter.
- Die organisatorische und kognitive Unterschiedlichkeit der strukturellen Subsysteme ist nun um so größer, je stärker die jeweils bearbeiteten Umweltbereiche differieren.

Diese letztere Aussage bezieht sich nicht mehr auf das Verhältnis von Umweltcharakteristika und Merkmalen einzelner Subsysteme, sondern stellt eine Beziehung zwischen einem Merkmal der Umwelt insgesamt (Unterschiedlichkeit von behandelten Umweltsegmenten) und einem Merkmal der Gesamtinstitution (Differenzierung ihrer strukturellen Subsysteme, gemessen anhand kognitiver und organisatorischer Merkmale) dar. Auf der Ebene der *Gesamtinstitution* isolieren *Lawrence* und *Lorsch* nun eine Beziehung zwischen dem Ausmaß der Differenzierung und dem erforderlichen Ausmaß der Integration (Koordination):

- Während bei Unternehmungen mit relativ gering differenzierten strukturellen Subsystemen, die aus einer geringen Differenzierung von Umweltsegmenten resultieren, einfache Koordinationsinstrumente, wie etwa die hierarchische Ordnung, Pläne und Verhaltensvorschriften etc. ausreichen, muß den steigenden Koordinationsanforderungen in stärker differenzierten Institutionen durch den Einsatz zusätzlicher Koordinationsinstrumente Rechnung getragen werden.

Hierfür werden von *Lawrence* und *Lorsch zusätzliche Koordinationsstellen, Komitees* oder *Koordinationsabteilungen* empirisch festgestellt und präskriptiv gefordert.

Zur Verdeutlichung der Gedanken von *Lawrence* und *Lorsch*, die vor allem wegen der Argumentation auf verschiedenen konzeptionellen Ebenen häufig nicht ganz klar werden, dient die folgende Darstellung (vgl. Abb. 16).

Konzeptionelle Ebene der Gesamtinstitution	Unterschiedlichkeit der Umweltsegmente einer Institution →	Außmaß der Differenzierung in organisatorischer und kognitiver Hinsicht in einer Institution →	Ausmaß der erforderlichen und tatsächlich vorzufindenden Integration (Koordination)
Konzeptionelle Ebene einzelner struktureller Subsysteme	Unsicherheit und Dynamik der Umweltsegmente →	Organisationsform und Orientierungen in strukturellen Subsystemen	

Abb. 16: Die Konzeption der Zusammenhänge zwischen Umwelt und Organisation von *Lawrence/Lorsch* (1969)

Es ist besonders darauf hinzuweisen, daß die aufgezeigten Beziehungszusammenhänge von *Lawrence* und *Lorsch* vor allem für *erfolgreiche Institutionen* behauptet werden. Eine gute Abstimmung zwischen dem Ausmaß der Differenzierung und dem Grad der Integration sichert nach ihrer Meinung den Erfolg, während eine Vernachlässigung der Koordination bei starker Differenzierung zu einer ungünstigen Erfolgslage führt. Ihre Arbeit enthält somit den expliziten Versuch, in einer vergleichenden empirischen Untersuchung Aufschlüsse über die Effizienzwirkungen von Organisationsformen unter verschiedenen Bedingungen zu erhalten. Derartige Effizienzanalysen sind bisher in der vergleichenden Organisationsforschung relativ selten. Allerdings werden gefundene Beziehungszusammenhänge zumeist implizit rationalistisch gedeutet, d.h. es wird davon ausgegangen, daß sich in den Zusammenhängen zwischen Kontextfaktoren und Organisationsdimensionen rationale Reaktionen von Institutionen auf bestimmte Anforderungen widerspiegeln. Dieser Gedanke ist vor allem auch von *Child* (vgl. die Ausführungen auf S. 143f.) betont worden.

(3) Beiträge zur Technologie als Einflußgröße der Organisation

Eine dritte Gruppe von Autoren stellt schließlich technologische Einflußgrößen als wesentlich für die Erklärung von Strukturunterschieden in Unternehmungen heraus. Die Vielzahl der zu diesem Themenkomplex vorgelegten Forschungsarbeiten basiert allerdings auf teilweise sehr *unterschiedlichen Technologie-Konzepten* und ist insofern nicht direkt vergleichbar (zum Überblick vgl. *Khandwalla,* 1974; *Kieser/Kubicek,* 1977). So bezieht sich neben der grundsätzlichen Unterscheidung in *fertigungs- oder informationstechnologische Merkmale* ein Teil der Autoren auf die konkreten, in einem sozio-technischen System realisierten *Verfahren*, während andere Forschungsarbeiten die Gesamtheit des *Wissens* auf dem Gebiet der Fertigungs- bzw. Informationstechnologie zugrunde legen. Schließlich wird der Technologiebegriff zum Teil auch generell auf die *Art der Aufgabenerfüllungsprozesse* in einer Institution bezogen (vgl. *Perrow,* 1967, 1970).

Beispielhaft wird im folgenden auf die Arbeiten von *J. Woodward* eingegangen, die sich in ihrer Pionieruntersuchung in 100 englischen Fertigungsbetrieben mit jeweils mehr als 100 Beschäftigten (1958) und der Überarbeitung ihrer Studie (1965) erstmals auf empirischer Basis mit dem Einfluß der Fertigungstechnologie im Sinne von *konkreten Produktionsverfahren* bzw. den sich ergebenden Einflüssen des Produktionsprozesses auf die Organisation auseinandersetzte. Die Konzeptualisierung der Technologie in industriellen Unternehmungen erfolgt bei *Woodward* anhand der Kontinuität (d. h. anhand des Fließcharakters) und der Integration des Produktionsprozesses, deren verschiedene Grade z. B. in der Werkstattfertigung, der Fließfertigung bis hin zur automatischen Produktion zum Ausdruck kommen. Danach ergibt sich folgendes *Klassifikationsschema* (1965; vgl. Abb. 17).

Die auf S. 142 dargestellte Skala liegt auch in einer anderen Untersuchung (1965) den Ausführungen von *Woodward* zugrunde.

Hinsichtlich des *Einflusses der Fertigungstechnologie auf »Charakteristika der Organisation«* kommt die Autorin zu dem Ergebnis, daß mit Zunahme der Komplexität der Fertigung

– die Zahl der indirekt produktiven Arbeiter, die auf Tätigkeiten wie Arbeitsvorbereitung, Qualitätskontrolle und Instandhaltung spezialisiert

	Einzel- und Kleinserienfertigung	(1)	Einzelfertigung einfacher Produkte nach Kundenaufträgen
		(2)	Einzelfertigung technisch komplexer Produkte
		(3)	Fabrikation größerer Güter in Stufen
		(4)	Fertigung in kleinen Serien nach Kundenaufträgen
steigende Komplexität der Fertigung ↓	Großserien- und Massenfertigung	(5)	Fertigung von Einzelteilen in großen Serien (individueller Zusammenbau)
		(6)	Großserienfertigung nach dem Fließprinzip
		(7)	Massenfertigung
	Prozeßfertigung	(8)	Zeitlich wechselnde Fertigung von Chemikalien in Mehrzweckanlagen
		(9)	Gleichbleibende Fließfertigung von Flüssigkeiten, Gasen und kompakten Substanzen
	Gemischte Technologien	(10)	Fertigung standardisierter Einzelteile in großen Serien
		(11)	Prozeßfertigung von kompakten Substanzen

Wird die Skala von oben nach unten durchgegangen, sinkt das Ausmaß der Kontrollierbarkeit und Prognostizierbarkeit des Produktionsprozesses, d. h. es ergibt sich eine *steigende Komplexität der Fertigung* (1958).

Abb. 17: Klassifikationsschema konkreter Produktionsverfahren nach *Woodward* (1965).

sind, im Verhältnis zur Zahl der direkt im Fertigungsprozeß tätigen Arbeiter ansteigt,

- die Relation der Mitglieder von verschiedenen spezialisierten Aktionseinheiten im Entscheidungsprozeß zu denjenigen im Realisationsprozeß wächst,
- der Professionalisierungsgrad des Managements, gemessen an der Zahl von Stellen, die eine Hochschulausbildung verlangen, sich erhöht.

Weiterhin ergab sich in der Untersuchung, daß

- die durchschnittliche Leitungsspanne der Meister von der Einzelfertigung bis zur Massenfertigung zunimmt, sich im Bereich der Prozeßfertigung jedoch wieder verringert. Im Bereich der Einzel- und Prozeßfertigung, d. h. bei geringer Leitungsspanne, besteht folglich eine starke Bedeutung direkter, persönlicher Koordinationsinstrumente;

- die Anzahl der Hierarchieebenen positiv mit der Komplexität der Fertigung korreliert. (Zieht man die Gliederungstiefe des Stellengefüges als Indikator für den Umfang an Koordination durch persönliche Weisung heran, so ergibt sich allerdings, insbesondere für den Bereich der Einzelfertigung, ein Widerspruch zur vorigen Aussage);
- die Leitungsspanne im Bereich der Unternehmungsführung sowie das »Management by committee« als Indikator für Koordination durch Selbstabstimmung mit der Komplexität der Fertigung zunehmen;
- Spezialisten in der Einzel- und Prozeßfertigung vornehmlich in Stabsstellen bzw. unterstützenden Abteilungen, dagegen im Bereich der Massenfertigung in Instanzen tätig sind. Der Koordinationsbeitrag von Spezialisten kann mithin nur bei indirekten, unpersönlichen Koordinationsinstrumenten von unterstützenden Stellen her erfolgen.

Die zentrale Aussage von *Woodward,* nämlich das Vorhandensein eines *dominanten Einflusses der Fertigungstechnologie auf die Organisation,* wurde von einigen Autoren bestätigt, von anderen jedoch sehr stark relativiert. Abgesehen von der Problematik der Skala, die in methodischer Hinsicht Mischtechnologien nur unzureichend erfaßt, und der mißverständlichen Bezeichnung »Komplexität der Fertigung« (Produktionstypen am unteren Ende der Skala müssen nicht zwangsläufig komplexer sein als solche am oberen Ende), ließen sich die unterschiedlichen Befunde auch durch die Besonderheit der empirischen Untersuchung von *Woodward* erklären. Die Stichprobe erfaßt nämlich vor allem Produktionsunternehmungen mit kleiner Betriebsgröße, in denen die Fertigung den größten zu organisierenden Bereich darstellt. Hierdurch wird die ermittelte starke positive Korrelation zwischen Technologie und Organisation erklärlich. Insgesamt legen die Untersuchungen von *Woodward* sowie die kritischen Überlegungen den Schluß nahe, daß die Fertigungstechnologie sehr wohl einen wichtigen Einfluß auf die Organisationsstruktur ausübt, wobei jedoch das Ausmaß dieses Wirkungszusammenhangs keinen Grad erreicht, der den Technologieeinfluß gegenüber den anderen Einflußfaktoren in besonderer Weise hervorhebt.

Eine entscheidende *Rekonzeptionalisierung* der Forschungsbemühungen zum strukturbezogenen Verhalten sozialer Systeme hat *J. Child* (1972) eingeleitet. Er kritisiert die zu mechanistische Betrachtungsweise der vergleichenden Organisationsforschung und betont, daß für ein adäquates Verständnis der Entstehung bestimmter Zustandskonstellationen von Kontextbedingungen und organisatorischen Variablen eine Bezugnahme auf die hinter ihnen stehenden *Entscheidungsprozesse* notwendig sei. Die Beziehungen zwischen Kontextvariablen wie Größe, Technologie, Umweltvariabilität etc. und organisatorischen Dimensionen lassen sich in einem konzeptionellen Modell, das die Kontextbedingungen als Gegebenheiten und die organisatorischen Dimensionen als ihre Konsequenzen auffaßt, nicht hinreichend begreifen. Das der gesamten Argumentation der vergleichenden Organisationsforschung ohnehin zugrundeliegende *Effizienzdenken* muß zudem explizit berücksichtigt werden.

Child schlägt deshalb einen Bezugsrahmen vor, in dem die Kontextbedingungen gemeinsam mit den organisatorischen Dimensionen als Orientierungspunkte in einem strategischen Gestaltungsrahmen auftreten. Größe, Technologie, Umweltbedingungen und daneben auch Organisation (und nicht etwa Organisation als einziger Variablenkomplex) unterliegen der strategischen Wahl (*Strategic Choice*) bestimmter Gestaltungsträger in einer Institution. Ihre Zusammenhänge sind Zusammenhänge zwischen unternehmerischen Aktionsparametern, die im Lichte von Erfolgserwartungen und -bestrebungen geformt werden. Dieser außerordentlich fruchtbare Gedanke gibt zusätzlich eine Rechtfertigung für eine Zuordnung der behandelten Beiträge zu den verhaltenstheoretischen Ansätzen, da im Grunde nichts anderes als das organisationsgestaltende Verhalten personeller Akteure in soziotechnischen Systemen ermittelt wird. Allerdings ist er bislang nur gering ausgearbeitet worden und hat in empirischen Studien der vergleichenden Organisationsforschung kaum Eingang gefunden. Eine Ausnahme hierzu ist das Projekt von *Child* u. a. (1975). Es ist jedoch zu erwarten, daß diese verhaltens- und entscheidungsbezogene Perspektive sich in Zukunft stärker durchsetzen wird.

4.3.2.2 Beiträge zum Individual- und Gruppenverhalten

Die zur Organisationstheorie zu rechnenden Beiträge zum Individual- und Gruppenverhalten thematisieren insbesondere organisatorische Regeln, Eigenschaften der Menschen, die als Aktionsträger eingesetzt werden, sowie mentale und korporale Arbeit (vgl. S. 110f.). Die Entstehungsphase dieser Beiträge wird durch die berühmten **Hawthorne-Experimente** der Forschergruppe um *E. Mayo* und *F. J. Roethlisberger* markiert, die zwischen 1927 und 1932 durchgeführt wurden (*Roethlisberger/Dickson,* 1939). Die Fragestellung, die mit diesen Feld-Experimenten zunächst verfolgt wurde, bezog sich auf die Abhängigkeit der Arbeitsleistung von verschiedenen äußeren Arbeitsbedingungen wie Beleuchtung, Arbeitsplatzanordnung und -gestaltung etc. Im Verlaufe der Experimente zeigten sich jedoch eine Reihe interessanter Änderungen in den sozialen Beziehungen zwischen den Mitgliedern der untersuchten Arbeitsgruppen, z. B. in den Kommunikationsprozessen, dem Gruppengefühl u. ä. Merkmalen. Die in diesen Veränderungen identifizierten Tatbestände, die offenbar einen wesentlicheren Einfluß auf die Arbeitsleistung ausübten als die experimentell variierten äußeren Arbeitsbedingungen, wurden unter der Bezeichnung »Informale Organisation« zusammengefaßt.

F. J. Roethlisberger gab in seinem 1941 erschienenen Buch »Management and Morale« (deutsche Übersetzung: Betriebsführung und Arbeitsmoral, 1954) eine kritische Zusammenfassung der wichtigsten Ergebnisse der Hawthorne-Experimente. Ausgangspunkt der Forschungsarbeiten in den Hawthorne-Werken waren Beleuchtungsversuche, die den Zusammenhang zwischen Güte und Stärke der Arbeitsplatzbeleuchtung und der Arbeitsleistung feststellen sollten. Die Resultate zeigten jedoch, daß ein positiver Zusammenhang zwischen Beleuchtung und Leistung nicht nachweisbar war. Dies veranlaßte einige Forscher zum Überdenken der Forschungskonzeption. Dabei wurde immer klarer, daß die Beleuchtungsexperimente ein Musterbeispiel für den seinerzeit üblichen Versuch waren, menschliche Verhaltensweisen mit Begriffen einer nicht-menschlichen Sphäre (Lichtstärke etc.) und einer allzu naiven Vorstellung über Ursache (äußere Veränderung des Arbeitsplatzes) und Wirkung (Verhalten) zu erklären. Auf der Grundlage dieser Erwägungen wurden die Versuchsbedingungen dahingehend geändert, daß *Meinungsäußerungen* der Versuchspersonen (Arbeiterinnen) und *zwischenmenschliche Kontakte* zugelassen wurden. Als Folge waren eine positivere Grundhaltung der Arbeiterinnen und eine *höhere Arbeitsleistung* zu konstatieren. Dies veranlaßte zu der Annahme, daß das zugrundeliegende naive Ursache-Wirkungs-Denken zu modifizieren sei, da Reaktionen einer Person nicht allein auf Veränderungen der objektiven Situation am Arbeitsplatz zurückgeführt werden können.

Die Forscher mußten jedoch erkennen, daß ihnen für diesen Erklärungsansatz die adäquaten *Forschungsmethoden* fehlten: »Mit ihren bisherigen Werkzeugen hatten sie mechanisch Arbeitsleistung, Temperatur, Feuchtigkeit usw. gemessen; für die Erkenntnis menschlicher Begebenheiten waren diese Werkzeuge nutzlos. Nunmehr lauteten die Fragen: Was empfindet ein Mensch? Welches sind seine innersten Gedanken, Überlegungen und Vorurteile? Was bejaht er in der Umwelt seines Arbeitsplatzes, was lehnt er ab?« (*Roethlisberger,* 1954, S. 19). 1928 wurde in einer zweiten Phase der Hawthorne-Untersuchungen als neue Forschungsmethode zur Klärung dieser Fragen ein *Interviewprogramm* eingeleitet. Dies galt unter den damaligen Umständen fast als eine revolutionäre Idee, denn es war für Sozialforscher nicht üblich, Arbeiter zu befragen oder sie zu beobachten. Mit Hilfe dieser neuen Forschungsmethode erkannten die Mitglieder der Forschergruppe bald, daß das *faktische Verhalten der Arbeiter nur im Zusammenhang mit seinen Gefühlen und Empfindungen verstanden* werden kann. Sie gelangten weiterhin zu der Einsicht, daß Gefühlsäußerungen nicht an sich, sondern nur aus dem Zusammenhang der gesamten *Persönlichkeit* (der persönlichen Vergangenheit) sowie der sozialen Einbindung des Individuums interpretiert werden können. *Zwischen die Variation physischer Arbeitsbedingungen und bestimmter Verhaltensreaktionen (Arbeitsleistung) war somit als intervenierende Variable die gefühlsmäßige Haltung eines Individuums getreten, die ihrerseits von der persönlichen Vergangenheit und der sozialen Stellung im Betrieb abhing.* Diese Betrachtungsweise trägt insbesondere der Tatsache Rechnung, daß der Mitarbeiter kein beziehungsloses Einzelwesen, sondern Glied einer oder mehrerer Gruppen ist. Das weitere Studium des Gruppenverhaltens, insbesondere bei solchen Arbeitern, die im Gruppenakkord arbeiteten, lenkte das Interesse der Hawthorne-Forscher immer stärker auf die sog. *informalen Gruppen,* die sich innerhalb der formalen Organisation bildeten. Damit wurde in die Organisationstheorie eine neue Analysedimension eingeführt, die einen entscheidenden Einfluß auf die weitere Entwicklung der Organisationssoziologie (vgl. zum Überblick: Ziegler, 1968, 1969) hatte.

Die Erkenntnisse der genannten Untersuchungen führten zu einer Revision des damaligen wissenschaftlichen *Menschenbildes:* Der Mensch wurde nicht länger nur als bloßer Funktionsträger, sondern stärker als *sozio-emotionales Wesen* begriffen. Dementsprechend wurden Einstellungen und Verhaltensweisen, psychische Prozesse und Gruppenprozesse, Motivationen sowie soziale Interaktionen der Menschen in sozialen Systemen deutlicher thematisiert.

Die ausgeprägte Betonung personeller Verhaltensaspekte wurde als **»Human-Relations-Bewegung«** bezeichnet. Ihre organisatorische Relevanz liegt darin, daß sie auf die sozialen Bedingungen und das soziale Wirkungsfeld organisatorischer Maßnahmen hinweist. In ihrer Entwicklung wurden *Anstöße zu einer Fülle verhaltenstheoretischer Untersuchungen* gegeben, die sich vor allem um eine *Isolierung motivationaler Voraussetzungen für die Arbeitsleistung (Arbeitsmotivation)* bemühten. Diese Untersuchungen, von denen eine große Zahl vom Institute for Social Research an der University of Michigan durchgeführt wurde, haben unter Zugrundelegung der hier entwickelten organisationstheoretischen Grundfragestellung allerdings einen nur begrenzten organisationstheoretischen Bezug. Sie sind eher einer *Führungstheorie* oder einer *Theorie der Arbeitsmotivation* und der *Arbeitszufriedenheit* zuzuordnen (sozialpsychologische Führungstheorie). Unmittelbaren organisationstheoretischen Gehalt gewinnen sie insoweit, als zum Teil bestimmte *Aufgabengliederungs- und Kompetenzverteilungsformen* vorgeschlagen wurden (etwa das Teamkonzept von *Likert,* 1961), von denen man sich Impulse für eine verstärkte Arbeitsmotivation versprach. Organisationstheoretische Relevanz besitzen alle diese Ansätze insofern, als sie über die *Beziehungszusammenhänge zwischen verschiedenen Verhaltensregelmäßigkeiten in Institutionen und zwischen Einstellungen, Erwartungen und Verhaltensweisen sowie über Ansatzpunkte einer Beeinflußbarkeit von Verhaltensmustern informieren.*

Die Human-Relations-Bewegung hat das Bild des vielfältig motivierten Menschen in die Organisationstheorie eingeführt. Die Motivationen der Individuen wurden dabei zum einen vornehmlich als Kräfte der Selbstbestimmung, zum anderen aber auch als Hebel zur Beeinflussung mit Hilfe verfeinerter, sozialtechnologischer Instrumente begriffen. Die später folgenden Beiträge kann man u. a. danach unterscheiden, wie stark sie jeweils diese Gedanken der Selbstbestimmung oder der subtileren Steuerungsmöglichkeit betonen. Aus unterschiedlichen Akzentuierungen in bezug auf diese Gedanken ergeben sich zum Teil unterschiedliche *Konsequenzen:* Bei *Betonung der Selbstbestimmung* ist man eher geneigt, die gesamten strukturellen Bedingungen von Institutionen in Frage zu stellen und auf ein Dilemma zwischen Systemzwängen und individuellen Bedürfnissen hinzuweisen; an derartige Überlegungen schließen sich dann etwa Forderungen nach Machtausgleich in Institutionen, Abbau hierarchischer und übermäßig arbeitsteiliger Organisationsformen und offenen Kommunikationssystemen an. Bei *Betonung der motivationalen Steuerungsmöglichkeiten* ist man eher geneigt, unter weitgehender Beibehaltung bestehender Strukturen mit Hilfe motivationsorientierter Führungstechniken und Beeinflussungsmechanismen zu reagieren.

Im Gefolge der motivationsorientierten Organisationsforschung und der sozialpsychologischen Führungstheorie sind zahlreiche

Ansätze entstanden, die soziale Vorgänge in Institutionen, die von den gegebenen Aufgabenschemata abweichen, zu durchleuchten in der Lage sind und damit mehr oder weniger unkontrollierbare Prozesse transparent machen. Hier ist an Theorien des sozialen Einflusses, Machttheorien, Konflikttheorien, sozialpsychologische Koordinations- und Verhandlungstheorien sowie Theorien politischer Verhaltensweisen zu denken.

Eine spezifisch anwendungsorientierte Entwicklung stellen die Ansätze zum »organizational development« bzw. »planned organizational change« dar (Bennis/Benne/Chin, 1961; Bennis, 1966 (b)). Diese Beiträge werden im Deutschen üblicherweise als »Organisationsentwicklung« bezeichnet; dabei wird allerdings der institutionelle Organisationsbegriff verwendet. Ihr Thema ist allgemein die *Veränderung von personellen Verhaltensweisen in sozialen Systemen,* wobei neben einer intensiven Diskussion von Techniken des Gruppentrainings als Veränderungsstimuli auch organisationsstrukturelle Maßnahmen Erwähnung finden. Charakteristisch für diese Ansätze ist, daß sie eine Öffnung für Veränderungsvorgänge, eine allgemeine Überwindung der menschlichen Status quo-Neigung anstreben. Die konkreten ins Auge gefaßten Ergebnisse von Veränderungsprozessen werden dabei nicht näher behandelt; es geht vielmehr allein um die Erzeugung von Verhaltenspotentialen, die ein situationsgerechtes Verhalten ermöglichen sollen.

Als eine wichtige Ergänzung der genannten sozialpsychologisch-motivationstheoretischen (letztlich bedürfnispsychologisch fundierten) Forschungsbemühungen ist die *Einführung kognitiver Verhaltensgrundlagen in Erklärungsmodelle der Verhaltensweisen in Institutionen* zu betrachten. Dadurch entstand eine stark verhaltenstheoretisch ausgerichtete Entscheidungstheorie. Diese Ergänzung ist vor allem mit den Namen *H. A. Simon* (1947), *J. G. March (March/Simon,* 1958) und *R. M. Cyert (Cyert/March*, 1963) verbunden.

Im Zuge der Human-Relations-Bewegung waren rationale Aspekte des personellen Verhaltens neben den motivationalen fast vollständig vernachlässigt worden. Dies lag im wesentlichen an der zur damaligen Zeit vorherrschenden Konzeption rationalen Verhaltens, die eine von tatsächliche Verhaltensweisen und -möglichkeiten weitgehend abstrahierende Idealkonzeption (dem sog. homo oeconomicus entsprechend) darstellte. In seinem erstmalig 1947 erschienenen Buch »Administrative Behaviour« wandelt *Simon* diese Konzeption unter Verarbeitung wahrnehmungs- und denkpsychologischer Forschungsergebnisse zu einer *Konzeption der intendierten aber beschränkten Rationalität* (intended, bounded rationality) um, deren Kern in den Annahmen bestand, daß *Individuen in der Regel nicht optimale, sondern nur zufriedenstellende Verhaltensweisen* suchen und daß sie wegen einer relativ geringen Informationsverarbeitungskapazität aufgrund *erheblich vereinfachter Situationsabbilder* und nicht etwa unter Zugrundelegung realer Situationen ihre Handlungen wählen. Dieser Ansatz hat in den 60er Jahren eine enge Verbindung mit wahrnehmungs- und denkpsychologischen Forschungsarbeiten erfahren.

Die im Zuge der Entwicklung der zum Individual- und Gruppenverhalten erschienenen Arbeiten – insbesondere zu den Problembereichen Betriebsklima, Autoritätshierarchie, hierarchische und horizontale Kommunikation, Führungsformen, Motivation und Anreizsysteme, Konflikte und gruppendynamische Prozesse – werden im folgenden in drei Punkten zusammengefaßt und eingehend erörtert:

(1) Die individualpsychologische Behandlung personellen Verhaltens mit organisatorisch relevanten Ergebnissen.
Hierzu gehören u. a. verschiedene Motivationstheorien, von denen im folgenden stellvertretend für andere die Beiträge von
- *Maslow* (1954),
- *Herzberg* (1966) sowie
- *Vroom* (1964)

vorgestellt werden sollen.

(2) Die sozialpsychologische Behandlung personeller Interaktionen mit organisatorisch relevanten Ergebnissen.
Hierzu werden exemplarisch die Beiträge vorgestellt von
- *Argyris* (1964),
- *McGregor* (1960) und
- *Bales* (1951, 1973).

(3) Die Betrachtung des Verhaltens betrieblicher Teilkollektive mit organisatorisch relevanten Ergebnissen aus soziologischer Perspektive.
Hierzu werden die Beiträge behandelt von
- *Hickson* u. a. (1971),
- *Walton* (1966) bzw. *Walton/Dutton* (1969) und
- *Bennis* (1966 (b)) bzw. *Bennis/Benne/Chin* (1961).

(1) Organisationstheoretisch relevante Beiträge mit individual-psychologischer Perspektive

Ausgangspunkt für das verstärkte Interesse an Ergebnissen der Motivationsforschung ist die Vorstellung von *Organisationen als*

Mechanismen der Regulierung menschlicher Dispositionen und Verhaltensweisen. Bei der organisatorischen Gestaltung werden Verhaltensrichtlinien aufgestellt, die die Vorgabe betrieblicher Teilaufgabenkomplexe an die in einer Institution handelnden Personen zum Gegenstand haben. Diese gegenüber früheren Ansätzen (vgl. hierzu auch die Darstellung verschiedener Menschenbilder auf S. 103ff. und der Ansätze S. 112ff.) gewandelte Perspektive macht es erforderlich, stärker das Verhalten der Mitglieder von Institutionen und vor allem seine Bestimmungsfaktoren in das Blickfeld organisationstheoretischer Betrachtung zu rücken. Dies ist als Voraussetzung für eine gezielte Beeinflussung der Verhaltensweisen mittels organisatorischer Maßnahmen anzusehen. Fragen der *individuellen Motivation* ziehen somit eine besondere Aufmerksamkeit auf sich.

Ein besonders bekannt gewordener motivationstheoretischer Beitrag stammt von *A. H. Maslow* (1954, 2. Aufl. 1970). Dieser Beitrag ist eigentlich von seinem ursprünglichen Interesse her in keiner Weise als organisationstheoretisch einzustufen (er behandelt keine organisatorischen Regeln! vgl. hierzu S. 107), sondern zunächst ausschließlich der *Individualpsychologie* zurechenbar. Daß er dennoch an dieser Stelle kurz vorgestellt wird, findet seinen Grund darin, daß er von als organisationstheoretisch zu kennzeichnenden Beiträgen vielfach aufgegriffen und mehr oder weniger integriert worden ist (vgl. auch die unten vorgestellten Beiträge von *Herzberg, Argyris* und *McGregor*). Die Arbeit von *Maslow* ist also – wie übrigens auch der später vorzustellende Beitrag von *Bales* – ein typisches Beispiel für solche Arbeiten, die zwar eigentlich außerhalb der anfangs identifizierten organisationstheoretischen Ansätze liegen, dennoch aber wichtige *Hilfestellungen für die Entwicklung der Organisationstheorie* liefern (vgl. S. 103).

Das Kernstück der Konzeption von *Maslow* ist die sog. *Bedürfnishierarchie,* die *Maslow* aufgrund seiner therapeutischen Erfahrungen aufstellte. In ihr sind jeweils Gruppen von Bedürfnissen in einer hierarchischen Ordnung zusammengefaßt, die besagen soll, daß Bedürfnisse höherer Ordnung, d.h. auf einer höheren Hierarchiestufe, erst entstehen bzw. bewußt werden, wenn die Bedürfnisse niedrigerer Ordnungen weitgehend befriedigt sind. Im einzelnen handelt es sich dabei – angefangen bei den »niedrigeren« Bedürfnissen – um folgende Bedürfnisgruppen:

- Physiologische Bedürfnisse
  (Essen, Trinken, Bekleiden u.a.),

- Sicherheitsbedürfnisse
  (Sicherung der physiologischen Bedürfnisse, Freiheit von Angst und Furcht etc.),
- Bedürfnisse nach Liebe und sozialen Kontakten
  (Verlangen nach Beziehungen zu anderen Menschen, nach fester Zugehörigkeit zu Gruppen etc.),
- Bedürfnisse nach Anerkennung
  (z. B. in Form von Kompetenz, Status oder Prestige) und schließlich auf der höchsten Stufe
- Bedürfnisse nach Selbstverwirklichung
  (»What a man can be, he must be. He must be true to his own nature.« vgl. 1970, S. 46).

Zu betonen ist, daß *Maslow* davon ausgeht, daß diese Bedürfnisse neben anderen Motiven, die etwa aus der Persönlichkeit, sexuellen Regungen oder verschiedenen Neigungen herrühren, das menschliche Verhalten determinieren. Daneben ist zu beachten, daß die hierarchische Anordnung nicht in strenger, ausschließlicher Form aufzutreten braucht (vgl. *Maslow,* 1970, S. 37 u. 54), wie dies in sekundären Quellen oft dargestellt wird.

Der Grund für die starke Übernahme des Konzeptes von *Maslow* in organisationstheoretischen Beiträgen dürfte in seiner Klarheit und unmittelbaren Plausibilität zu suchen sein. Abgesehen davon, daß die Annahmen von *Maslow* durch empirische Arbeiten jedoch nur teilweise bestätigt werden konnten (vgl. hierzu *Lawler/Suttle*, 1972), besteht der organisationstheoretische Wert dieser Annahmen von *Maslow* in der *Erkenntnis »höherer« Motivationsmöglichkeiten,* denen organisatorisch z. B. durch vermehrte Kompetenzzuweisung oder durch Vorgabe wenig restriktiver Regeln Rechnung getragen werden kann. Dies ist insbesondere dann von Bedeutung, wenn man davon ausgeht, daß die Bedürfnisse der unteren Stufen, also die Bedürfnisse nach Essen, Trinken, Bekleidung und nach deren Sicherung etc. bereits weitgehend befriedigt sind.

Das Kernstück der Motivationstheorie von *F. Herzberg* (1966) und seinen Mitarbeitern (1959) ist die von ihnen auf der Basis empirischer Untersuchungen entwickelte sog. *Dualfaktoren-Theorie*, die sie in eine generelle Theorie der Natur des Menschen einzubauen versuchten.

In Anlehnung an die Bedürfnishierarchie von *Maslow* gingen *Herzberg/Mausner/Snyderman* von einer dualen Natur des Menschen aus, indem sie dem Individuum im wesentlichen *zwei grundsätzliche Arten von Bedürfnissen* unterstellten:

- Bedürfnissen zur Vermeidung von Unannehmlichkeiten und
- Bedürfnissen nach Selbstentwicklung und -entfaltung.

Ziel der empirischen Studien von *Herzberg/Mausner/Snyderman* war es, diese duale Konzeption des menschlichen Motivationssystems in eine *Theorie der Zufriedenheit* zu überführen. Hierzu wurden geeignete Befragungspersonen gebeten, sich an eine Zeit zurück zu erinnern, in der sie sich in ihrer Arbeit außergewöhnlich zufrieden bzw. unzufrieden gefühlt hatten, und die »kritischen Ereignisse« zu nennen, die ihrer Meinung nach hierfür verantwortlich waren.

Als Resultat dieser Untersuchungen und einer Vielzahl von Replikationsstudien ergab sich, daß die für die Zufriedenheit bzw. Unzufriedenheit der Mitglieder in Institutionen verantwortlichen *Bestimmungsfaktoren* sich in zwei grundsätzlich verschiedene Klassen einteilen lassen:

- Die erste Klasse von Faktoren ist für das Entstehen von Zufriedenheit verantwortlich. *Herzberg/Mausner/Snyderman* bezeichnen diese Faktoren als »motivators«. Sie erfassen im wesentlichen inhaltliche Aspekte der Arbeit.
- Die zweite Klasse von Faktoren sind Determinanten der Unzufriedenheit. Sie werden als »hygiene-factors« bezeichnet und erfassen in erster Linie den Kontext der Arbeit.

Geeignete Konstellationen der letzteren können zwar dazu bei-

Motivatoren	Hygienefaktoren
Leistung Anerkennung Arbeitsinhalt Verantwortung Aufstieg	Unternehmungspolitik Führungsphilosophie Gehalt Arbeitsbedingungen interpersonelle Beziehungen zu Kollegen, Vorgesetzten und Untergebenen
▽ Zufriedenheit und Selbstentfaltung	▽ Vermeidung von Unzufriedenheit

Abb. 18: Die Motivatoren und Hygienefaktoren von *Herzberg/Mausner/Snyderman* (1959)

tragen, Unzufriedenheitsgefühle zu vermeiden, sie versetzen aber nicht in die Lage, den Individuen die von diesen erstrebten Möglichkeiten der Selbstentfaltung zu geben. Die Hygiene-Faktoren können somit die Bedürfnisse zur Vermeidung von Unannehmlichkeiten erfüllen, vermögen aber nicht die Bedürfnisse nach Selbstentwicklung und -entfaltung zu befriedigen. Eine Befriedigung dieser Bedürfnisse nach Selbstentwicklung ist vielmehr nur mit Hilfe der sog. Motivatoren möglich.

Die folgende Tabelle gibt einen Überblick über die von *Herzberg empirisch ermittelten Motivatoren* und *Hygienefaktoren* (vgl. Abb. 18).

Diese Faktoren kennzeichnen damit zugleich zwei *unterschiedliche Wege der individuellen Verhaltensbeeinflussung,* die es im Rahmen der organisatorischen Gestaltung gleichzeitig zu berücksichtigen gilt.

Während die Theorie von *Herzberg* eine auf die Arbeitsmotivation eingeschränkte Motivationstheorie darstellt, besitzt die Motivationstheorie von *V. H. Vroom* (1964) ganz allgemeinen Charakter. Ihr Ausgangspunkt ist der *Gratifikationsgedanke,* d.h. die Überlegung, daß die Neigung zu einem Handeln umso stärker ist, je positiver die erwarteten Ergebnisse sind.

Den Mittelpunkt dieser Theorie stellt die Erarbeitung eines generellen *Modells der individuellen Verhaltensbereitschaft dar.* Interessant an dem Ansatz von *Vroom* ist vor allem, daß die Verhaltensbereitschaft nicht nur von bestimmten Bedürfnissen abhängig gemacht wird, sondern auch *Kognitionen* als entscheidend für die Entwicklung von Verhaltensdispositionen angesehen werden, und zwar *in der Form von Erwartungen über die Erreichbarkeit bestimmter Bedürfnisse* durch ein bestimmtes Handeln. *Vroom* sieht dementsprechend die individuelle Motivation zu einem bestimmten Verhalten (F_i) als eine Funktion folgender Variablen an:

- des Anreizwertes (valence V_j) des mit dem Verhalten angestrebten Ergebnisses bzw. der für das Verhalten ausgesetzten Belohnung j,
- der Erwartungswahrscheinlichkeit (expectancy E_{ij}), daß das Verhalten i auch tatsächlich zu dem angestrebten Ergebnis (der Belohnung) j führen wird,
- der Instrumentalität (instrumentality I_{jk}) dieses angestrebten Ergebnisses (der Belohnung) j in bezug auf die Befriedigung eines nachgelagerten (abstrakteren, höheren) Bedürfnisses k sowie
- des Anreizwertes (valence V_k) des Bedürfnisses k.

In formelhafter Darstellung lassen sich diese Zusammenhänge folgendermaßen wiedergeben:

$$F_i = f(\sum_j E_{ij} V_j), \text{ wobei } V_j = p(\sum_k V_k I_{jk}) \text{ ist.}$$

Beispiel:

Die individuelle Motivation, mehr zu leisten (F_i), ist abhängig von der Erwartungswahrscheinlichkeit (E_{ij}), daß durch die Mehrleistung mehr Geld verdient werden kann und dem Anreizwert des Mehrverdienstes (V_j).

Der Anreizwert des Mehrverdienstes wiederum ist eine Funktion des Anreizwertes des Konsumbedürfnisses (V_k) und der Instrumentalität des Mehrverdienstes (I_{jk}) in bezug auf die Befriedigung des Konsumbedürfnisses (k).

Das Modell von *Vroom* unterstellt also, daß organisatorisch gewünschtes Verhalten der Mitarbeiter nicht nur dadurch erreicht werden kann, daß für bestimmte Verhaltensweisen Belohnungen ausgesetzt werden, sondern auch dadurch, daß den Individuen die *Instrumentalität dieser Belohnungen in bezug auf die Befriedigung ihrer Bedürfnisse* klar gemacht wird.

(2) Organisationstheoretisch relevante Beiträge mit sozialpsychologischer Perspektive

Zu den Beiträgen mit sozialpsychologischer Perspektive zählen vor allem die Arbeiten im Bereich der *Kleingruppenforschung,* z.B. über Führungstheorien, Untersuchungen zur Effizienz von Kommunikationsstrukturen, Beiträge über Konflikttheorien, gruppendynamische Erscheinungen wie Machtverteilung, Gruppenzusammenhalt, Rollen- und Bezugsgruppentheorien usw. Hierher gehören auch die *Machtausgleichsansätze* bzw. die Ansätze, die einen grundsätzlichen Konflikt zwischen individueller Freiheit und vergesellschafteter Arbeit in Institutionen behandeln.

Einer der prominentesten Vertreter der These vom *Konflikt zwischen Individuen und institutioneller Arbeit* ist *C. Argyris.* In seinem Hauptwerk geht *Argyris* (1964) davon aus, daß man das Verhalten von Organisationsmitgliedern nicht ohne Verständnis der von der Organisation ausgehenden Zwänge und umgekehrt die organisatorischen Zwänge nicht ohne Kenntnis der Individuen verstehen kann. *Argyris* legt dabei seinen Überlegungen folgendes *Persönlichkeitsmodell* zugrunde: Jedes Individuum hat – zumindest in den industrialisierten Ländern, in denen die physiologischen und die Sicherheitsbedürfnisse weitgehend befriedigt sind – den Wunsch nach Selbstachtung oder Selbstwertschätzung. Um dieses Ziel zu erreichen, muß das Individuum lernen, sich selbst zu bewerten, indem es von seiner Umwelt *Rückkopplungsinformationen über die Perzeptionen seines Verhaltens* durch andere erhält. Dabei steigt die Selbstachtung bei Erfolgserlebnissen und sinkt bei Mißerfolgserlebnissen.

Aus dieser Überlegung folgt, daß eine Institution als Teilbereich der individuellen Umgebung, die die Energie ihrer Mitglieder aktivieren und ausnutzen will, den Individuen *Gelegenheit für persönliche Erfolge* bieten muß. Institutionen, deren Organisationsformen nach den Prinzipien des »Scientific Management« gebildet wurden, sind aber nach Auffassung von *Argyris* nicht geeignet, ihren Mitgliedern Erlebnisse zu vermitteln, die zu einer Steigerung des Selbstwertgefühls beitragen. Die starke Arbeitsspezialisierung und Formalisierung sowie der hierarchische Aufbau, bei dem die Entscheidungskompetenzen den höheren Hierarchiestufen vorbehalten bleiben, bewirken vielmehr, daß die Mehrzahl der Mitglieder sich abhängig und kontrolliert fühlt. Die Mitarbeiter empfinden Frustration und persönlichen Mißerfolg. Dies führt dazu, daß die potentiellen Fähigkeiten der Individuen nicht voll genutzt werden können.

Argyris sieht somit einen grundlegenden Widerspruch zwischen dem individuellen Bedürfnis nach Selbstverwirklichung und einer häufig anzutreffenden rigiden organisatorischen Verhaltensregelung mit asymmetrischer Machtverteilung, den er als »organisatorisches Dilemma« bezeichnet. Eine zunehmende Organisiertheit hat somit die unbeabsichtigte Konsequenz, daß die Leistung von Institutionen vermindert wird, da der Input der Mitarbeiter, die »psychologische Energie«, nicht voll ausgenutzt werden kann.

Zur Lösung dieses Dilemmas schlägt *Argyris* eine *alternative Organisationsform* zu der seiner Meinung nach vorherrschenden Organisationsform vor. Dafür definiert er *sechs Dimensionen*, deren jeweilige polare Extrempositionen folgendermaßen gekennzeichnet werden:

- Ein kleiner Teil der Institution kontrolliert die gesamte Institution vs. die gesamte Institution wird durch Wechselbeziehungen zwischen den Verhaltensträgern kontrolliert.
- Das Verhalten wird an den Aufgaben einzelner Subsysteme orientiert vs. das Verhalten wird an den vielschichtigen Wechselbeziehungen zwischen bestehenden Subsystemen orientiert.
- Die Zielverwirklichung wird jeweils auf einzelne Subsysteme bezogen

vs. die Zielverwirklichung wird jeweils im Rahmen der Gesamtinstitution gesehen.
- Die Aktivitäten zur Systemerhaltung (interne Schlüsselaktivitäten) können nicht bewußt gesteuert werden vs.
  die Aktivitäten zur Systemerhaltung unterliegen einer bewußten Beeinflussung.
- Die Aktivitäten der Umweltanpassung (externe Schlüsselaktivitäten) können nicht bewußt gesteuert werden vs.
  die Aktivitäten zur Umweltanpassung können bewußt kontrolliert werden.
- Die Schlüsselaktivitäten werden nur von der jeweils gegenwärtigen Situation abhängig gemacht vs.
  die Schlüsselaktivitäten werden von vergangenen, gegenwärtigen und zukünftigen Situationen abhängig gemacht.

Argyris geht nun generell davon aus, daß Institutionen, deren Merkmalsausprägungen sich jeweils dem an zweiter Stelle genannten Pol einer Dimension nähern, relativ *effizienter* sind als die erstgenannten. Von den aufgeführten Dimensionen besitzen allerdings nicht alle einen unmittelbaren organisatorischen Bezug (im hier verwendeten Sinn des Organisationsbegriffs), so daß die Gedanken von Argyris nur partiell für den Entwurf von Organisationsformen relevant erscheinen. Insbesondere die erste Dimension jedoch, hinter der das Merkmal »gleichmäßige Verteilung von Entscheidungsbefugnissen« steht, weist eine unmittelbare begriffliche Beziehung zur Entscheidungsdezentralisation auf. Im Hinblick auf die in den Ausführungen von Argyris enthaltene Forderung nach gleichmäßigerer Machtverteilung kann sein Ansatz als Machtausgleichs-Ansatz charakterisiert werden.

In den Überlegungen von *Argyris* findet eine Art von Kontingenztheorie der Organisation ihren Ausdruck, wobei die situativen Einflüsse im Vergleich zur sog. vergleichenden Organisationsforschung weniger in Aufgaben- oder Umweltmerkmalen als vielmehr in den *Merkmalen individueller Aktionsträger* (Einstellungen, Bedürfnisse, Erwartungen etc.) gesucht werden. Zwar ist dieser Gedanke auch bei *Lawrence* und *Lorsch* angesprochen, er tritt dort aber hinter den Beziehungen zwischen Umwelt und Organisation zurück.

Das Machtausgleichsdenken ist insofern besonders zu betonen, weil in ihm eine wichtige *Wendung der normativen Grundhaltung* zum Ausdruck kommt. Soweit psychologische, sozialpsychologische und soziologische Arbeiten das neue, motivationale Menschenbild – unter Beibehaltung des traditionellen Denkmusters von der Steuerung organisierter Kollektive durch wenige Personen an der Spitze – übernahmen und sich lediglich auf eine

Konstatierung von sozialen und Selbstverwirklichungsbedürfnissen beschränkten, vertraten sie eine Position, die den Vorteil organisationswissenschaftlicher Erkenntnisse vornehmlich in einer verbesserten Verhaltensbeeinflussung sah. Die weitgehende Akzeptierung von Autonomie- und Selbstverwirklichungsbedürfnissen gab der Entwicklung der Human-Relations-Idee in Form der Machtausgleichs-Ansätze einen stärker *humanistischen* Zug.

Dieser humanistische Zug wird auch in der Arbeit von *D. McGregor* deutlich, die sich vor allem mit der *Führung in Unternehmungen* befaßt. Die Grundlage der Studie bildet die Analyse der vorliegenden amerikanischen Managementliteratur, die Auswertung von Führungsrichtlinien und -grundsätzen amerikanischer Unternehmungen sowie eine Befragung von Managern. Hauptanliegen ist die Untermauerung der These, daß das in den menschlichen Fähigkeiten ruhende Potential derzeit in den Unternehmungen nicht voll genutzt wird. *McGregor* fordert insbesondere, daß gelernt werden müsse, ». . . wie Talent genützt, wie ein Betriebsklima, in dem der Mensch sich verwirklichen kann, geschaffen wird« (1971, S. 10).

McGregor's besonderes Verdienst besteht darin, daß er auf die den Managementvorstellungen zugrundeliegenden Menschenbilder (Annahmen über die Natur des Menschen und sein Verhalten) hingewiesen hat. Es war letztlich dieser Rückgriff auf anthropologische Grundlagen der Organisationstheorie, der seine entscheidende Wirkung begründete. Bei den Menschenbildern in der Literatur handelt es sich um selten explizit formulierte Verallgemeinerungen und Quasi-Hypothesen. Das in der amerikanischen Managementliteratur und -praxis vorherrschende Menschenbild beschreibt *McGregor* unter der Bezeichnung *»Theorie X«*. Sie zeichnet sich nach seiner Meinung durch die folgenden drei *Grundannahmen* aus:

- Der Durchschnittsmensch hat eine angeborene Abneigung gegen Arbeit und versucht, ihr soweit wie möglich aus dem Weg zu gehen. Die Manager haben diesem Hang zur Arbeitsscheu stets entgegenzuwirken.
- Da der Mensch durch Arbeitsunlust gekennzeichnet ist, muß er zumeist gezwungen, gelenkt, geführt, kontrolliert und mit Strafe bedroht werden, um ihn dazu zu bewegen, die vom Management gesetzten Anforderungen zu erfüllen.
- Der Durchschnittsmensch zieht es vor, gelenkt zu werden, vermeidet die Übernahme von Verantwortung, zeigt ein relativ geringes Maß an Ehrgeiz und ein ausgeprägtes Sicherheitsbedürfnis.

McGregor ist überzeugt, daß dieses Menschenbild insgesamt nicht dem vorherrschenden Selbstverständnis und dem Verhaltensmuster des arbeitenden Menschen entspricht. Ausgehend von einer Motivationstheorie, die eine Anwendung der Aussagen von *Maslow* auf den wirtschaftlichen Bereich darstellt, argumentiert er, daß die Annahmen der Theorie X um so weniger zutreffend sind, je mehr bei einer Mehrzahl von Mitarbeitern soziale Bedürfnisse und Ich-Bedürfnisse vorrangig geworden sind. Dies trifft aber gerade für Mitglieder von Unternehmungen in modernen Industriegesellschaften zu. Unter diesen Bedingungen sind die aus den Annahmen der Theorie X abgeleiteten, durchweg restriktiven Führungsformen nicht mehr adäquat. Solange die »Irrlehren« der Theorie X weiterhin das praktische Führungsverhalten beeinflussen, kann das Potential der Mitarbeiter nicht entdeckt und angemessen genutzt werden.

Auf der Basis des vorliegenden sozialwissenschaftlichen Wissens glaubt *McGregor* eine Anzahl von Verallgemeinerungen formulieren und damit anfangen zu können, ». . . eine neue Theorie zu errichten, die sich die Mobilisierung des unternehmerischen Grundkapitals im Menschen zur Aufgabe stellt.« (*McGregor*, 1971, S. 61) Diese neue Theorie nennt *McGregor* »*Theorie Y*«. Sie soll das Fundament für Empfehlungen zu neuen Führungsformen bieten. Kern der Theorie Y ist ein *gewandeltes Menschenbild*, das sich in folgenden *Grundannahmen* niederschlägt:

- Die Verausgabung durch körperliche und geistige Anstrengung beim Arbeiten kann als ebenso natürlich gelten wie Spiel oder Ruhe. Dem Durchschnittsmenschen ist keineswegs Arbeitsscheu angeboren. Je nach den vorliegenden, von Managern beeinflußbaren Bedingungen kann Arbeit als Quelle der Befriedigung oder als Strafe empfunden werden.
- Die Androhung von Strafe und ständige Kontrolle sind nicht die einzigen Mittel, die Erreichung der Unternehmungsziele zu sichern. Oft sind sie durchaus unangemessen. Zugunsten von Zielen, denen sich ein Mitarbeiter selbst verpflichtet fühlt, wird er sich der Selbstdisziplin und Selbstkontrolle unterwerfen.
- Wie sehr sich ein Mitarbeiter den Unternehmungszielen verpflichtet fühlt, ist eine Funktion der Belohnungen, die mit ihrem Erreichen verbunden sind. Diese Belohnungen sind keineswegs nur materieller Natur.
- Unter geeigneten Bedingungen lernt der Durchschnittsmensch nicht nur Verantwortung zu übernehmen, sondern sie sogar zu suchen. Verantwortungsscheu ist eine Folge schlechter Erfahrungen, nicht eine angeborene Eigenschaft.

– Die Anlage zu einem relativ hohen Grad an Phantasie, Kreativität und Intuition für die Lösung unternehmerischer Probleme ist bei allen Mitgliedern vorhanden.

Während die Schlußfolgerung aus den Annahmen der Theorie X für das Management lautet: Lenkung und Kontrolle durch Autorität, heißt das zentrale Managementprinzip gemäß der Theorie Y: Integration. *Integration* bedeutet das Schaffen von Bedingungen, unter denen die Mitarbeiter ihre eigenen Ziele dann am besten erreichen, wenn sie sich zugleich um den Erfolg der Unternehmung bemühen.

Auch in der von *Barnard* eingeführten und von *Simon* weiterentwickelten *Anreiz-Beitrags-Theorie* verlagert sich der konzeptionelle Schwerpunkt von der zentralen, manipulativen Verhaltenssteuerung zur Erzielung der Akzeptanz von Verhaltensanweisungen bei selbstbestimmenden Individuen durch Anreize. Die Anreiz-Beitrags-Theorie stellt einen Erklärungsansatz für die Entstehung und Erhaltung von Institutionen sowie den Wertkonsens von Mitgliedern unter Bezugnahme auf individuelle Wertordnungen dar. Ihre Grundaussage lautet, daß Personen sich zur Mitarbeit in sozialen Systemen nur dann entschließen, wenn die ihnen daraus erwachsenden Anreize höher sind als die vermutlich zu leistenden Beiträge. Sie impliziert die Auffassung sozialer Systeme als »Koalitionen« und läßt das Konzept des Konfliktausgleichs zwischen Mitgliedern sozialer Systeme zu einer zentralen Kategorie werden (vgl. auch die Ausführungen zu dem Buch von *March* und *Simon* S. 76ff. sowie unten die Ausführungen zum Ansatz von *Cyert* und *March* S. 188ff.).

Eine der wichtigsten grundlegenden Arbeiten zum Interaktions- bzw. Kommunikationsverhalten sowie zu informalen Aspekten der Führung in Unternehmungen stammt von *R. F. Bales* (1951, 1973). *Bales* ist vor allem durch die Entwicklung einer Methode bekannt geworden, die es erlaubt, auf systematische Weise die Interaktionen in kleinen Gruppen (2–10 Personen) zu analysieren. Bei dieser Methode werden sprachliche Interaktionsbeiträge alternativ entweder als für die sozio-emotionalen Beziehungen relevant (positive oder negative Reaktionen) oder als für die Aufgabenbeziehungen relevant (Fragen und Antworten) eingeordnet. Mit Hilfe dieser *»Interaktions-Prozeß-Analyse«* haben *Bales* und seine

Mitarbeiter verschiedene Gruppen vor allem unter Laborbedingungen, aber auch in Feldexperimenten bei Abschlußbesprechungen, Arbeitsgruppensitzungen usw. beobachtet. Der Hauptakzent der Untersuchungen lag auf sog. problemlösenden Konferenzgruppen; die gewonnenen Einsichten sind insbesondere für Planungsausschüsse, Vorstände, Teams und ähnliche Arbeitsgruppen in Unternehmungen bedeutsam.

Die für die Organisationstheorie interessantesten Regelmäßigkeiten, die in den Untersuchungen von *Bales* aufgedeckt werden konnten, lassen sich vor allem den *informalen Erscheinungen* in Unternehmungen zuordnen. Es wurde zunächst festgestellt, daß die sozio-emotional-orientierten Handlungen und die aufgabenorientierten Handlungen in ihrer Dominanz abwechseln und sich gegenseitig beeinflussen. So zeigt eine Gruppe, die ihre Aktivitäten zunächst hauptsächlich auf die zu erfüllende Aufgabe hin ausrichtet, nach einiger Zeit gewisse Frustrationserscheinungen, die wiederum Handlungen auslösen, welche stärker den individuellen Bedürfnissen entsprechen und von der gestellten Aufgabe ablenken. Von besonderer organisatorischer Relevanz ist weiter die Beobachtung, daß es häufig zu einer Zurechnung der Impulse für sozio-emotionales Verhalten einerseits und für Aufgabenverhalten andererseits auf verschiedene Personen kommt, und daß damit eine *Differenzierung der Führungsrollen* geprägt wird. Der Ideenspender bzw. Diskussionslenker als *aufgabenorientierter Führer* zieht meist relativ große Antipathie auf sich. Die Befriedigung sozio-emotionaler Bedürfnisse wird von einer anderen Person, dem »sympathischen Mann«, d.h. dem *sozio-emotionalen Führer,* erwartet.

Diese Unterscheidung zweier Führerrollen ist in der Literatur immer wieder aufgegriffen worden, zum Teil unter anderen Bezeichnungen wie etwa »Tüchtigkeitsspezialist« und »Beliebtheitsspezialist« oder »formaler« und »informaler« Führer. *Bales* sieht in dieser Rollendifferenzierung eine wichtige Quelle für Statuskämpfe zwischen Mitgliedern einer Gruppe. Eine mögliche Lösung von Statusspannungen wird von ihm in einer Art *»stillen Koalition« zwischen den beiden Führern* angedeutet. Wenn eine solche Koalition gebildet werden kann, wird es für die Inhaber niedrigerer Positionen sehr schwierig, die Mitglieder mit Führungsfunktionen zu stürzen oder die Normen der Gruppe zu verändern.

Die organisationstheoretisch relevanteste Folgerung aus den Untersuchungen von *Bales* schlägt sich in der Forderung nieder, die formalen Regeln nicht so restriktiv und nur an den Aufgaben orientiert zu gestalten, daß für andere Orientierungen kein Raum mehr bleibt. Vielmehr muß den Gruppen die Möglichkeit gegeben werden, ihre Tendenz zum Gleichgewicht zwischen aufgabenbezogenem und sozio-emotionalem Verhalten zu verwirklichen, damit Frustrationserscheinungen, Konflikte und negative Folgeerscheinungen vermieden werden. Auch aus dieser Richtung kommt man somit zu dem Ergebnis, daß eine offene Organisationsform den Bedingungen moderner Unternehmungen und den Bedürfnissen ihrer Mitarbeiter generell eher angepaßt ist als eine restriktive, und daß damit zugleich effizientere Verhaltensweisen erwartet werden können.

(3) Organisationstheoretisch relevante Beiträge mit soziologischer Perspektive

Bei dieser letzten Gruppe von Beiträgen zum Individual- und Gruppenverhalten handelt es sich um Konzeptionen, bei denen eine enge Verknüpfung zwischen der verhaltenstheoretisch orientierten Organisationstheorie und der Industrie- und Betriebssoziologie festzustellen ist. Sie behandeln in erster Linie das *Verhalten betrieblicher Teilkollektive* wie Gruppen und Abteilungen oder soziale Kategorien wie Männer und Frauen, Mitarbeiter unterschiedlicher sozialer Klassen etc.

Zu ihren Ergebnissen zählen Theorien zu Interabteilungskonflikten, Theorien des Betriebsklimas usw.

Eine besonders große Bedeutung ist in diesem Zusammenhang neueren Theorieansätzen beizumessen, die sich um eine Untersuchung der *Machtverteilung* und der *Konfliktprozesse zwischen institutionellen Subsystemen* bemühen. Aus einer Analyse dieser Tatbestände lassen sich wesentliche Rückschlüsse für die Gestaltung von Abteilungen und Arbeitsgruppen ziehen, weil Ergebnisse dieser Forschungsbemühungen durch die Erfassung kollektiver Verhaltensmuster über mögliche unbeabsichtigte Nebenwirkungen organisatorischer Maßnahmen, aber auch über Möglichkeiten, durch organisatorische Regeln Machtverteilung und Konfliktniveau zwischen Abteilungen zu kontrollieren, informieren.

Zu den *Determinanten der Abteilungsmacht* haben *D. J. Hickson* u. a. (1971) eine interessante Konzeption vorgelegt. Sie gehen davon aus, daß die Abteilungen in ihrer Aufgabenerfüllung aufgrund der bestehenden Arbeitsteilung und den aus ihr erwachsenden funktionalen Interdependenzen aufeinander angewiesen sind. Dabei können die Leistungsbeiträge einiger Abteilungen wichtiger sein als die von anderen Abteilungen.

Die *Wichtigkeit der Leistungsbeiträge* einer konkreten Abteilung für die anderen Abteilungen bestimmt deren Macht. Diese Wichtigkeit ergibt sich aus folgenden Gründen:

- Erstens aus den Bedürfnissen bzw. Aufgaben anderer Abteilungen, zu deren Befriedigung bzw. Erfüllung die konkrete Abteilung beizutragen vermag. *Hickson* u. a. heben als allgemeines Bedürfnis in diesem Zusammenhang die Handhabung von Unsicherheit (Informationsmangel) hervor. Eine Abteilung besitzt nach ihren Vorstellungen umso mehr Macht, je mehr sie anderen hilft, mit ihrer jeweiligen Unsicherheitsproblematik fertig zu werden.
- Zur Wichtigkeit ist zweitens aber erforderlich, daß die Leistungsbeiträge der konkreten Abteilung unersetzlich sind, d. h. nicht von anderen Abteilungen oder externen Stellen ebenfalls erbracht werden können.
- Schließlich ist drittens ein bestimmtes Ausmaß funktionaler Interdependenzen notwendig; eine Abteilung kann nur dann Macht haben, wenn sie im betrieblichen Leitungssystem eine zentrale Stelle einnimmt.

Unsicherheitsverarbeitung, Unersetzbarkeit und Zentralität im Verhältnis zu anderen Abteilungen determinieren die Machtstellung einer Abteilung in einer Institution. Mit Hilfe dieser Variablen läßt sich z. B. erklären, warum die Marketingabteilung in Konsumgüterunternehmungen relativ viel Macht hat (sie verarbeitet Marktunsicherheit, ist unersetzbar und zentral), die Public Relations-Abteilung jedoch relativ wenig Macht besitzt (sie verarbeitet nur ein mittleres Ausmaß an Unsicherheit, ist zum Teil ersetzbar und wenig zentral).

Im Hinblick auf die Identifizierung von Faktoren, die das *Konfliktniveau zwischen Abteilungen* beeinflussen, sind die Arbeiten von *Walton/Dutton* (1969) sowie von *Walton/Dutton/Cafferty* (1969) besonders hervorzuheben. *Walton* und *Dutton* bemühen sich zunächst um eine Isolierung derjenigen Aspekte in Interabteilungsbeziehungen, die als *Indikatoren für Konflikte* anzusehen sind. Ausgehend von der von *Walton* (1966) entwickelten Unterscheidung in »integrative« bzw. »kooperative« und »distributive« Kommunikations- und Affektbeziehungen werden konfliktäre Verhältnisse durch einen kalkulierten, taktischen Informationsaustausch (z. B. übertriebene Artikulation von Wünschen und Notwendigkeiten, Zurückhaltung von Informationen), eine starre, formalisierte Regelung von Interaktionen sowie Mißtrauen und Verärgerung gegenüber dem jeweiligen Interaktionspartner charakterisiert. Wichtig ist hierbei, daß Konflikt als Interaktionsmerkmal (und nicht etwa nur als Haltung oder Einstellung) begriffen wird.

Als *Bedingungen des Konflikts* bzw. Konflikteinflußfaktoren betonen *Walton* und *Dutton* u. a. folgende Faktoren:

- Prestige- und Machtunterschiede,
- Wissens-, Orientierungs- und Interessenunterschiede zwischen Abteilungen,
- die Abhängigkeit von gemeinsamen Produktionsfaktoren,
- Kommunikationshindernisse,
- das Gefühl der Arbeitsüberlastung sowie
- unklare Kompetenzabgrenzungen.

In einer empirischen Studie von fünf Abteilungen einer großen Telefongesellschaft wurden diese Konfliktfaktoren im wesentlichen bestätigt. Zudem wurden als Bedingungen des Konflikts die Einschätzung der Arbeitsbelastung der Abteilung im Verhältnis zur Bezahlung der Mitarbeiter ermittelt und es zeigte sich, daß mit zunehmendem Konfliktgrad das Wissen über andere Abteilungen zunimmt, was daraus zu erklären sein dürfte, daß Konfliktparteien zu gegenseitiger Beobachtung neigen.

Als Bereich angewandter organisationstheoretischer Verhaltensforschung können die Beiträge zum *Planned Organizational Change* und zum *Organizational Development* angesehen werden, die in Kapitel 3. bereits angesprochen wurden. Wie erwähnt, ist einer der Hauptvertreter dieser Richtung *W. D. Bennis* (1966(b); vgl. auch *Bennis/Benne/Chin,* 1961).

Der Ansatz des Planned Organizational Change bzw. Organizational Development ist durch eine starke normative bzw. präskriptive Intention geprägt. Die Ausgangsprobleme bilden *die Diagnose und die Veränderung unerwünschter Interaktionsmuster in Institutionen.* Die in sozialen bzw. sozio-technischen Systemen handelnden Personen sollen befähigt werden, ihre eigenen Handlungsweisen zu verstehen und bewußt verändern zu können. Da bestimmte Verhaltensweisen nicht unmittelbar hergestellt werden können, müssen die Veränderungsmaßnahmen zunächst an konkreten Verhaltensbedingungen ansetzen. Derartige »Hebel« der Verhaltensänderung sind etwa die Aufgaben, die Technologie einer Institution, die Fähigkeiten und Einstellungen der Mitarbeiter und die Organisation. Organisatorische Gestaltung tritt somit im Planned Organizational Change in eine Reihe neben andere Maßnahmen der gezielten Verhaltensbeeinflussung, wie etwa Schulung und technologische Gestaltung.

Die Veränderungssituation wird im Planned Organizational

Change bzw. im Organizational Development unter Abstraktion von Sachproblemen meist durch ein *Rollensystem* mit drei verschiedenen Rollen gekennzeichnet. Die im Rahmen der genannten Ansätze erfolgenden Forschungs- und Schulungsbemühungen konzentrieren sich vor allem auf die Befähigung zu einem adäquaten Verhalten im Rahmen dieses Rollensystems. Die drei Teilrollen werden durch den »change agent«, das »client system« und den »change catalyst« repräsentiert.

Der *change agent* übernimmt im Veränderungsprozeß eine Unterstützerfunktion. Er soll dem client system (s. u.) seine Probleme bewußt machen und ihm bei der Planung und Durchführung von Veränderungen zur Seite stehen. Die Unterstützung soll sich weniger darin äußern, daß der change agent die Probleme des client systems löst, sondern vielmehr darin, daß er dem client system dazu verhilft, seine Probleme selbständig zu verarbeiten.

Das sog. *client system* ist dabei das System von Verhaltensweisen, in dem eine Änderung herbeigeführt werden soll. Die Konzeption des Planned Organizational Change fordert für das Verhältnis zwischen dem change agent und dem client system eine Beziehung der vertrauensvollen Kooperation und der ausgeglichenen Machtverteilung.

Der *change catalyst* schließlich nimmt eine vermittelnde Funktion zwischen dem change agent und dem client system ein. Er soll dem change agent helfen, die durch seine Handlungen hervorgerufenen Wirkungen im client system besser erkennen und reflektieren zu können, und er soll das client system in die Lage versetzen, die Vorschläge und Anregungen des change agent besser zu verarbeiten.

Eine starke Betonung dieses Beitrages liegt damit bei den Bemühungen um eine *selbstgesteuerte Verhaltensänderung,* wobei als pädagogische Maßnahme die sog. »Gruppendynamik« eingesetzt werden soll. Mit diesem Instrument (sensitivity oder laboratory training) zielt die Organization Development-Konzeption auf den Aufbau von bestimmten Verhaltenspotentialen, die dann aktualisiert werden können, wenn in einer Institution problematische Verhaltensänderungen notwendig werden. Hierzu gehören etwa die Schaffung eines grundlegenden Verständnisses für den Verlauf gruppendynamischer Prozesse bei den Mitgliedern des client system. Die fruchtbare Umsetzbarkeit erlernter, möglicher Verhaltensweisen sowie die Anwendung eines vertieften Verständnisses für die Verhaltensweisen der Mitmenschen in realen Situationen erscheinen jedoch häufig problematisch und bedürfen einer weiteren Erforschung.

Zusammenfassend zu den verhaltenstheoretisch orientierten Ansätzen kann festgestellt werden, daß die darunter subsumierten Beiträge das zur Zeit umfangreichste Feld organisationstheoretisch relevanter Bemühungen darstellen.

Dabei ist besonders die Entwicklung in der vergleichenden Organisationsforschung (Beiträge zum strukturbezogenen Verhalten) in den letzten Jahren stark fortgeschritten. Hier wurde die Grundlage zu einem empirischen, erfolgsorientierten Vergleich alternativer Organisationsformen gelegt.

Weiterhin haben sich die Beiträge zum Individual- und Gruppenverhalten besonders um eine realistischere Einschätzung der Mitglieder eines organisierten Systems und deren Verhalten verdient gemacht. Die Erkenntnisse individueller Verhaltensdeterminanten dienen dabei nicht nur einer besseren Integration der Mitarbeiter aus ethischer oder humanitärer Sicht, sondern letztlich auch einer Steigerung der Systemeffizienz.

Wesentlich ist jedoch die Feststellung, daß die bisher von den verhaltenstheoretisch orientierten Ansätzen vorgelegten Aussagen noch nicht als praxeologisch eingestuft werden können. Sie sind zwar informativ und haben z.T. einen hohen Grad empirischer Bestätigung, denn sie zeigen beispielsweise für die Gestaltung von Organisationsstrukturen relevante Bedingungen und organisatorische Aktionsparameter sowie die zwischen diesen bestehenden empirisch untersuchten Beziehungszusammenhänge auf und behandeln die für die Erfassung der Wirkungen organisatorischer Aktionsparameter bedeutsamen Zusammenhänge zwischen organisatorischen Regeln und dem Individual- und Gruppenverhalten. Es fehlt ihnen allerdings – wenn einmal von den Beiträgen zur »Organisationsentwicklung« abgesehen wird – eine entscheidungstechnische Verwendbarkeit. Dies kann allerdings nicht überraschen, steht doch bei diesen Ansätzen die Gewinnung von explanatorischen Aussagen auf der Basis systematischer empirischer Untersuchungen im Vordergrund des Forschungsinteresses.

4.3.3 Entscheidungsorientierte Ansätze

Ausschlaggebend für die Zurechnung von Beiträgen, die sich allgemein mit der Frage der Entscheidung in organisatorischen Systemen befassen, zu der Organisationstheorie ist die Tatsache, daß die Aussagen bestimmter generell als entscheidungstheoretisch anzusprechender Beiträge zumindest zu einem größeren

Teil mit organisatorischen Problemen in Verbindung stehen. Dabei kann es sich zum einen um die Behandlung von Lösungsmöglichkeiten für Entscheidungen, deren Ergebnisse bestimmte organisatorische Maßnahmen sind, handeln. Zum anderen können typische Eigenschaften von Entscheidungsprozessen in organisatorischen Systemen thematisiert werden, sei es, daß sie zu organisatorischen Gestaltungshandlungen führen, sei es, daß sie sich lediglich unter organisatorischen Bedingungen vollziehen.

Dementsprechend werden zwei Gruppen von Beiträgen im Rahmen der entscheidungsbezogenen Ansätze unterschieden:

4.3.3.1 Entscheidungslogisch orientierte Beiträge; sie versuchen, Probleme der organisatorischen Gestaltung in formalisierter Form vorwiegend mit Hilfe mathematischer Methoden zu behandeln;

4.3.3.2 Entscheidungsverhaltens-orientierte Beiträge; diese Beiträge untersuchen Ablauf, zeitliche und personelle Bedingungen, Wissensgrundlagen und Strategien, Informationsverarbeitungsaktivitäten und kognitive Teilphasen von Entscheidungsprozessen.

Angesichts des Umstandes, daß nur selten aufgezeigt wird, welche Verbindungen zwischen den zu behandelnden Beiträgen und der Organisationsproblematik eigentlich bestehen, soll hier dem Aufzeigen von Verknüpfungsstellen besondere Aufmerksamkeit gewidmet werden. Da außerdem eine ziemlich große Vielfalt relativ geschlossener und abgegrenzter entscheidungsorientierter Ansätze, deren Zusammenstellung in der organisationstheoretischen Literatur bisher nur selten zu finden ist, besteht, werden die entscheidungsorientierten Ansätze hier ausführlich behandelt.

4.3.3.1 Entscheidungslogisch orientierte Beiträge

Die entscheidungslogisch orientierten Beiträge in der Organisationstheorie behandeln insbesondere die Komponenten organisatorische Regeln und mentale bzw. korporale Arbeit (vgl. S. 110f.) Entsprechende Beiträge stammen weitgehend aus dem Bereich der sog. **präskriptiven Entscheidungstheorie.** Von zentraler Bedeutung ist bei diesen Beiträgen das ihnen zugrundegelegte *Rationalitätsprinzip*, d.h. ihre Vorstellung von der an der Entscheidung beteiligten Person als einem »homo oeconomicus«. Zu diesen Beiträgen gehören:

(1) die Teamtheorie,
(2) die Theorie der Lenkpreise,

(3) Ansätze zur Ablaufplanung bzw. -organisation,
(4) Beiträge zur Optimierung spezieller formaler Organisationsaspekte sowie
(5) die Spieltheorie.

(1) Die Teamtheorie

Die Teamtheorie wurde von *J. Marschak* (1955) begründet und vor allem durch ihn selbst und *R. Radner (Marschak/Radner,* 1972) weiterentwickelt. Ihr Hauptanliegen besteht darin, *für eine Gruppe von Entscheidungsträgern,* die eine gemeinsame Zielsetzung verfolgen, im Hinblick auf die Zielerreichung *optimale Verhaltensvorschriften* bezüglich

- der Informationsaufnahme aus der Umwelt (Beobachtung),
- der Kommunikation und
- der zu treffenden Entscheidungen zu berechnen.

Diese Verhaltensvorschriften werden im einzelnen auch als Informationsregeln, Kommunikationsregeln und Entscheidungsregeln bezeichnet:

- Eine *Informationsregel* beinhaltet Vorschriften darüber, ob bei einem gegebenen Informationsstand weitere Informationen zu beschaffen sind.
- Eine *Kommunikationsregel* spezifiziert eine Beziehung zwischen Kommunikationsakten und ermittelten Informationen.
- Eine *Entscheidungsregel* schließlich bestimmt Aktionen als Funktion von Beobachtungen und kommunikativ übermittelten Informationen.

In die Berechnung gehen die mit der Anwendung der alternativen Verhaltensvorschriften verbundenen Kosten als sog. »Organisationskosten« (damit sind insbesondere Informationsbeschaffungs- und Kommunikationskosten gemeint) ein.

Ein *Team* ist eine *zielgerichtete Personenmehrheit,* die durch folgende *Eigenschaften* gekennzeichnet ist:

- Die einzelnen Teammitglieder kontrollieren unterschiedliche Handlungsvariablen.
- Die Teammitglieder streben mit ihren Aktivitäten ausschließlich die Optimierung einer gemeinsamen Zielfunktion an.
- Die Teammitglieder verfügen nur im Grenzfall über vollkommene Information. Sie können jedoch ihren Informationsstand durch eigene Beobachtungsaktivitäten oder durch Kommunikation mit anderen Teammitgliedern verändern.

- Die Informationsbeschaffungs-, Kommunikations- und Entscheidungsaktivitäten der Teammitglieder verursachen Kosten.

Bei der *Berechnung der optimalen Verhaltensvorschriften* für ein Team wird davon ausgegangen, daß Ziele und interne Aufgabenverteilung bereits gegeben sind. Variabel ist unter dieser Voraussetzung nur noch die Art der Erfüllung der verteilten Aufgaben. Um optimierende Empfehlungen über die Art der Aufgabenerfüllung formulieren zu können, bedarf es zum einen der Festlegung einer Informationsstruktur (d.h. der aus Beobachtungen der Umwelt und Kommunikationsakten im Team resultierenden Informationsverteilung) und zum anderen einer Festlegung der von den Teammitgliedern einzuhaltenden Entscheidungsregeln.

Die optimale Informationsstruktur und die zugehörigen optimalen Entscheidungsregeln lassen sich nicht simultan ermitteln. Aus diesem Grunde wird im allgemeinen so vorgegangen, daß zunächst *optimale Entscheidungsregeln für bestimmte mögliche Informationsstrukturen* (d.h. Kombinationen aus Informationsbeschaffungs- und Kommunikationsregeln) berechnet werden, und daß in einem sich hieran anschließenden Schritt die *optimale Kombination von Informationsstruktur und Entscheidungsregeln* ausgewählt wird. Eine solche Analyse setzt voraus, daß sich Informationsstruktur und Entscheidungsregeln *bewerten* lassen. Da in der Teamtheorie meist davon ausgegangen wird, daß ein Team in einer Situation mit zufallsverteilten Bedingungen operiert, wird als Bewertungskriterium in aller Regel der mathematische Erwartungswert einer Nutzenfunktion (Payoff-Funktion) gewählt.

Die Abb. 19 gibt einen zusammenfassenden Überblick über die *Elemente der teamtheoretischen Konzeption und ihre Zusammenhänge.*

Die möglichen Informationsstrukturen lassen sich durch die Merkmale *»Grad der Vollkommenheit der Informationsbeschaffung«* und *»Grad der Vollkommenheit der Kommunikation«* kennzeichnen. Das Alternativenspektrum der möglichen Informationsstrukturen liegt zwischen folgenden beiden Extremen:

- Auf eine Informationsbeschaffung und Kommunikation im Team wird vollkommen verzichtet. Es ergibt sich dann die sog. *Routineinformationsstruktur,* bei der die Teammitglieder lediglich die Wahrscheinlichkeitsverteilung (objektive oder subjektive) derjenigen Umweltzustände kennen, mit denen sie unmittelbar konfrontiert sind.
- Informationsbeschaffungs- und Kommunikationsregeln ermöglichen den einzelnen Teammitgliedern vollkommene Information über alle entscheidungsrelevanten Umweltzustände. In diesem Fall spricht man von einer *vollkommenen Informationsstruktur.*

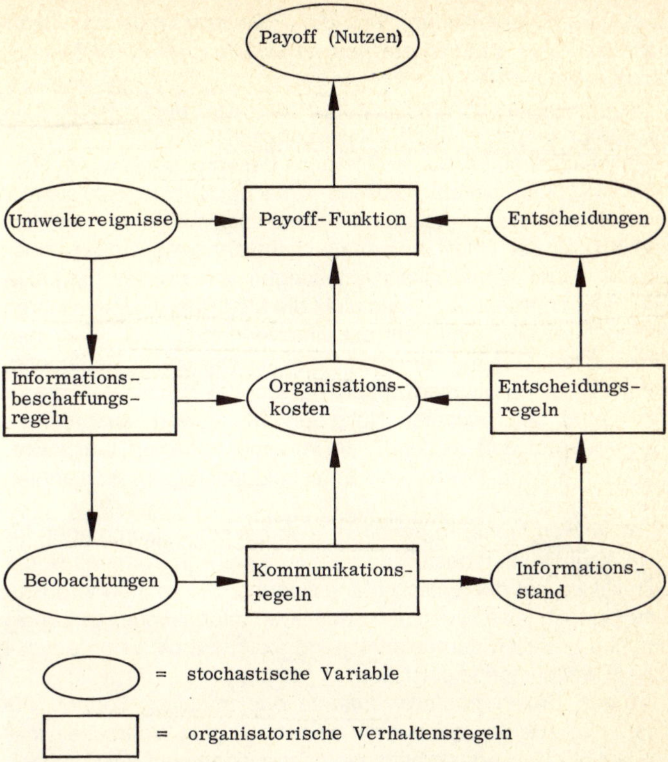

Abb. 19: Die Elemente der teamtheoretischen Konzeption und ihre Zusammenhänge

Zwischen diesen beiden extremen Informationsstrukturen liegen die Fälle *partieller Information*, in denen Informationsbeschaffung (Beobachtung) und/oder Kommunikation unvollkommen sind. Ist der Grad der Vollkommenheit der Informationsbeschaffung sehr hoch, ohne daß Kommunikation stattfindet, so spricht man von *»Kospezialisierung«*.

Die Abstufung des Merkmals »Grad der Vollkommenheit der Informationsbeschaffung« zeigt an, daß als Ergebnis von Beobachtungsprozessen nicht unbedingt bestimmte Realitätszustände als sicher angenommen werden können. Vielmehr läßt sich einem beobachteten Zustand oft lediglich eine Menge möglicher Konstellationen zuordnen. Der Sinn der Informationsbeschaffung liegt darin, die Wahrscheinlichkeitsverteilung dieser Menge möglicher

Zustände zu präzisieren. Von der *Routineinformationsstruktur* geht man also dadurch zur *Kospezialisierung* über, daß unbedingte Wahrscheinlichkeitsverteilungen zunächst in bedingte Wahrscheinlichkeitsverteilungen transformiert und schließlich in sichere Erwartungen überführt werden.

Es ist leicht einsehbar, daß je nach der vorausgesetzten Informationsstruktur unterschiedliche Entscheidungsregeln optimal sind. Beispielsweise kennen die Teammitglieder unter der Voraussetzung der *Routineinformationsstruktur* lediglich die unbedingten Wahrscheinlichkeitsverteilungen von Umweltzuständen und haben dementsprechend nicht die Möglichkeit, sich mit ihren Aktionen jeweils genau auf die eintretenden Umweltsituationen einzustellen. Optimal verhalten sie sich unter dieser Bedingung, wenn sie solche situationsunabhängigen Aktionen wählen, die für das Team den höchsten Nutzenerwartungswert versprechen. Dies bedeutet, daß die dem Team vorzugebenden optimalen Entscheidungswerte (Werte von Entscheidungsregeln) Konstanten sind.

Bei *vollkommener Information* (also bei der vollkommenen Informationsstruktur) besteht demgegenüber für die Teammitglieder kein Risiko bei der Entscheidungsfindung. Sie können ihre Entscheidungen jeweils von den erhaltenen Informationen abhängig machen und sich dementsprechend exakt auf die Erfordernisse der Umweltzustände einstellen.

In den Fällen *partieller Informationsstrukturen* können die Teammitglieder jeweils nur mit einer bedingten Wahrscheinlichkeit auf der Basis der erhaltenen Informationen auf die entscheidungsrelevanten Umweltzustände schließen. Dementsprechend erweisen sich in diesen Fällen solche Entscheidungsregeln als optimal, die den bedingten Nutzenerwartungswert (Payoff) für alle bei den jeweils vorliegenden Informationen möglichen Realitätszustände maximieren.

Aus den obigen Ausführungen zur Informationsstruktur folgt, daß es sinnvoll sein kann, in einer bestimmten Entscheidungssituation mit gegebenem Informationsstand *zusätzliche Informationen* zu beschaffen. Dadurch entsteht das Problem, ob einer Entscheidung weitere Informationen zugrundegelegt werden sollen oder nicht. Entscheidungsprobleme dieser Art werden im Rahmen der *Informationswerttheorie* behandelt.

Die *Berechnung der optimalen Entscheidungsregeln* stellt, abgesehen von trivialen Fällen, ein recht schwieriges Problem dar. Methoden zur Lösung dieses Problems sind für die Fälle linearer sowie quadratischer Payoff-Funktionen entwickelt worden (vgl.

Marschak/Radner, 1972). Mit zunehmender Zahl von Teammitgliedern nimmt der rechnerische Aufwand zur Bestimmung der optimalen Kombination aus Informationsstruktur und Entscheidungsregeln sehr schnell Dimensionen an, die kaum noch zu bewältigen sind. Dies erklärt wohl auch, weshalb Anwendungsbeispiele bisher nur in geringem Maße bekannt geworden sind.

Ein Beispiel, das zur Zeit seiner Entwicklung einen relativ hohen praktischen Bezug besaß, ist von *Beckmann* (1958) dargestellt worden. Er behandelt die Fixierung von Entscheidungs- und Kommunikationsregeln für das Problem der Platzreservierung einer Luftverkehrsgesellschaft (die hierzu in den 50er Jahren noch nicht – wie heute üblich – einen bei der Zentrale installierten Computer verwenden konnte) als teamtheoretisches Modell. Teammitglieder sind dabei die einzelnen dezentralen Verkaufsagenturen und die Zentrale. Unter Berücksichtigung der in diesem Falle eindeutig formulierbaren Nutzenfunktion (Gewinnfunktion) sowie der aufgrund von Erfahrungen bekannten Wahrscheinlichkeitsverteilung des Passagieraufkommens und der Kommunikationskosten leitet *Beckmann* optimale Regeln der Kommunikation und optimale Regeln für die Ticket-Verkaufsentscheidung ab.

Zusammenfassend ist festzustellen, daß sich die Variationen der Modellbedingungen in teamtheoretischen Entscheidungsmodellen auf folgende *vier Aspekte* konzentrieren:

- die Form der Zielfunktion,
- die Sicherheit der Informationen,
- die Informationsstruktur und
- die Zahl der Teammitglieder.

Die organisationstheoretische Bedeutung der Teamtheorie liegt darin, daß bestimmte Arten von Regeln, nämlich *Entscheidungsregeln, Kommunikationsregeln und Informationsregeln,* analytisch abgeleitet werden, die Entscheidungssubjekten als *explizite Verhaltensvorschriften* vorgegeben werden können. Besondere und unmittelbare Relevanz besitzen die Kommunikationsregeln, die zur Grundlage der Gestaltung des Informationssystems werden können. Eine Orientierung an den skizzierten inhaltlich konkretisierten Regeln (Entscheidungsregeln, Kommunikations- und Informationsregeln) impliziert ein optimales Verhalten. Die Teamtheorie kann damit als einer der Ansätze in der Organisationstheorie gewertet werden, der mit der Ausarbeitung optimaler Verhaltensvorschriften auf die Ebene der praxeologischen Aussagen abzielt.

Wie auch bei anderen derartigen Ansätzen besteht jedoch eine starke Differenz zwischen effektiver Leistung und Absicht. Die Kritik an der Teamtheorie muß vor allem an den zahlreichen stark *vereinfachenden Prämissen* über Entscheidungsprobleme, Entscheidungssituationen und Entscheidungsverhalten ansetzen. Darüber hinaus ist die *organisatorische Relevanz* der Entscheidungsregeln mit dem Argument bestritten worden, daß sie im Grunde einer allgemeinen entscheidungslogischen Fragestellung nachgehen. Bedenkt man, daß die erarbeiteten Regeln in Verhaltensprogramme umgesetzt werden, so verliert dieses Argument allerdings an Kraft. Auch von Autoren, die dem Problem der Abgrenzung von Organisationstheorie und Entscheidungstheorie äußerst kritisch gegenüberstehen, wird eingeräumt, daß die Aussagen der Entscheidungslogik in Regelungen einmünden können, die den Aufgabeninhalt konkretisieren und die Erfüllungshandlungen an spezielle Vollzugsvorschriften binden und insofern einen (ablauf-)organisatorischen Gehalt besitzen.

(2) Die Theorie der Lenkpreise

Eine zweite Gruppe von Beiträgen im Rahmen der entscheidungslogisch orientierten Organisationstheorie bezieht sich auf die Theorie der Lenkpreise. Diese Theorie ist ganz auf die spezielle Problemlage von Unternehmungen als unter Wirtschaftlichkeitsgesichtspunkten operierenden Institutionen ausgerichtet. Es geht dabei um die *Frage, mit welchen Preisen innerbetrieblich transferierte Güter und Leistungen bewertet werden sollen*, so daß für eine Gesamtunternehmung bei Dezentralisation gewisser Entscheidungen eine optimale Zielerreichung gewährleistet wird.

Im Zuge der vor allem in der amerikanischen Unternehmungstheorie entwickelten und stark mathematisch orientierten Lenkpreistheorie bildeten sich *zwei Problemschwerpunkte* heraus, die sich insbesondere durch ihre methodische Bearbeitung unterscheiden:

- Zum einen werden *Ressourcenallokationsentscheidungen* von Zentralen (etwa Verteilung finanzieller Mittel durch die Unternehmungsführung) untersucht. Hier kommen vor allem Methoden der linearen und nicht-linearen Programmierung zur Anwendung.
- Zum anderen bemüht man sich darum, im Sinne einer Gesamtzielsetzung optimale Regeln für die *Preisbildungsentscheidungen einzelner Unternehmungsbereiche* im Hinblick auf einen innerbetrieblichen Leistungstransfer abzuleiten. Diese auf die Preisstellung für Zwischenpro-

dukte ausgerichtete *»Transferpreistheorie«* arbeitet in erster Linie mit dem preistheoretischen Instrumentarium. Es hat sich allerdings gezeigt, daß mit dem mikroökonomischen Instrumentarium nur relativ einfache Problemstiuationen behandelt werden können. Für komplexere Fälle bedarf es einer Formulierung der Transferprobleme als mathematische Programmierungsmodelle. In dieser Formulierung tritt dann die sonst aufgrund der Verwendung verschiedener methodischer Instrumente weitgehend verdeckte enge Verwandschaft bzw. strukturelle Ähnlichkeit von Lenkpreisproblemen und Transferproblemen deutlich zutage.

Für beide Forschungsrichtungen ist im übrigen die Erarbeitung von Lösungsansätzen für jeweils bestimmte typische Fälle charakteristisch.

Die organisatorische Relevanz der Lenkpreistheorie liegt darin, daß sie sich mit der *Koordination interdependenter Entscheidungen in verschiedenen Unternehmungsbereichen* beschäftigt. Angestrebte Ergebnisse der Lenkpreistheorie sind einerseits die Vorgabe optimaler impliziter Verhaltensnormen in Form von Informationen über die Preise knapper Ressourcen, die von einer Zentrale bezogen werden können, andererseits die Ausarbeitung von Verhaltensvorschriften hinsichtlich der Preisbildung für Zwischenprodukte.

Der Ansatz der Lenkpreistheorie geht von seiner grundsätzlichen gedanklichen Problemstellung her auf die Idee der *»Pretialen Lenkung«* von *E. Schmalenbach* (1947, 1948) zurück. *Schmalenbach* hat den Begriff des Lenkpreises wie folgt definiert: »Ein Lenkpreis ist ein Preis, der den besonderen Zweck hat, die Maßnahmen eines Betriebes oder einer Dienststelle, insbesondere alle vorkommenden Wahlvorgänge, mit dem Ziel optimaler Wirtschaft zu beeinflussen. Der Lenkpreis muß, um das zu vermögen, der optimalen Geltungszahl entsprechen« (1948, S. 9). Die Festlegung von Lenkpreisen nach der optimalen Geltungszahl (bzw. nach dem Betriebswert als betriebswirtschaftlichem Oberbegriff der optimalen Geltungszahl) erscheint somit als die entscheidende Aufgabe im Rahmen der pretialen Lenkung. *Schmalenbach* hat für die *Fixierung des Betriebswertes* folgende Grundregel angegeben: »Der Betriebswert kann ein Grenzkostensatz und ein Grenznutzensatz sein. Ein Grenzkostensatz ist er so lange, wie es möglich ist, die Beanspruchung der verbrauchenden Betriebe durch Produktion zu befriedigen. Der Grenznutzensatz ist anzusetzen, wenn die Produktion irgendwie gehemmt wird und der Bedarf der verbrauchenden Betriebe trotzdem weiter steigt« (1963, S. 24).

So einfach diese Regel auf den ersten Blick erscheint, so

schwierig ist sie unter auch nur halbwegs komplexen Bedingungen zu realisieren. So ist es z. B. ohne ein relativ anspruchsvolles mathematisches Instrumentarium, das z. Z. *Schmalenbachs* noch nicht vorlag, nicht möglich, Lenkpreise für Fälle zu berechnen, in denen Knappheitssituationen für mehrere Ressourcen gleichzeitig vorhanden sind. Erst mit der Entwicklung der mathematischen Programmierung wurde es möglich, dieses Problem einer Lösung näher zu bringen. Allerdings hat sich dabei eine bedeutsame Schwierigkeit gezeigt, die der praktischen Realisierung der Idee der pretialen Lenkung beträchtliche Hindernisse in den Weg legt. Der Grundgedanke der pretialen Lenkung besteht nämlich darin, daß lediglich *implizite* Verhaltensnormen (statt expliziter Verhaltensvorschriften) vorgegeben werden und die Aktionsentscheidungen (spezielle Produktionsentscheidungen) einzelner Teilbereiche *dezentral* getroffen werden. Die exakte mathematische Bestimmung der Lenkpreise für mehrere knappe Ressourcen gleichzeitig verlangt jedoch die Aufstellung und vollständige zentrale Lösung eines ggf. sehr *umfassenden Programmierungsmodells*, das die Planungssituation der Unternehmung insgesamt abbildet. Zur Berechnung der Lenkpreise müssen also sämtliche problemrelevanten Daten von einer zentralen Stelle gesammelt und zentral verarbeitet werden. Damit gehen aber die von *Schmalenbach* schon deutlich erkannten Vorteile der Dezentralisation von Entscheidungen zumindest teilweise verloren. Darüber hinaus können optimale Preise mit den üblichen Optimierungsverfahren nur unter gleichzeitiger Bestimmung der optimalen Aktionen (Produktionsmengen) ermittelt werden. Simultan mit den Lenkpreisen fallen somit im Berechnungsprozeß auch die optimalen Entscheidungen für die einzelnen Teilbereiche an. Die Entscheidungen werden insofern unmittelbar durch das von der Zentrale zu lösende Programmierungsmodell koordiniert. Die Zentrale ist aufgrund ihrer Berechnungen durchaus in der Lage, den Teilbereichen konkrete Planvorgaben zu machen. Bei einem solchen Vorgehen würde die Dezentralisation der Entscheidungen mithin praktisch aufgegeben. Lenkpreise hätten dann keine eigenständige Bedeutung mehr im Allokationsprozeß.

Aufgrund der Erkenntnis dieses Nachteils hat man nach möglichen alternativen Verfahren gesucht, die einen der Idee der pretialen Lenkung nahekommenden *Ausgleich zwischen zentraler und dezentraler Planung* ermöglichen sollen. In diesem Zusammenhang sind verschiedene Algorithmen zur Dekomposition komplexer mathematischer Programmierungsprobleme als methodische Hilfsmittel für die Verwirklichung der pretialen Lenkung interpretiert worden. Einen arbeitsteiligen Koordinationseffekt erlauben die *Dekompositionsverfahren* in der Weise, daß die Zentrale unmittelbar nur noch Informationen über ihre *globale Zielfunktion* und *globale Restriktionen* verarbeitet (d.h. Restriktionen, die mehrere Teilbereiche gleichzeitig betreffen, wie beispielsweise diverse zentral verwaltete Ressourcen), während die Teilbereiche nur Informationen über ihre lokalen Zielfunktionen und lokale Restriktionen zu verarbeiten haben. Insofern hat keiner der Beteiligten vollkommene Information über alle Daten des gesamten Planungsproblems. Eine *optimale Lösung* und damit auch vollkommene Koordination wird *iterativ* erreicht. Dies kann etwa wie folgt geschehen: Die Zentrale setzt vorläufige Preise fest, zu denen sie den Teilbereichen die knappen, von allen gemeinsam in Anspruch genommenen Ressourcen anbietet. Die Teilbereiche berechnen ihrerseits auf dieser Basis ihren Bedarf, den sie unabhängig voneinander der Zentrale melden. Die Zentrale stellt aufgrund dieser Meldungen fest, ob ein Angebots- oder Nachfrageüberhang besteht und reagiert dementsprechend im nächsten Schritt mit einer Preissenkung oder -erhöhung. Das Verfahren wird solange fortgesetzt, bis ein Ausgleich von Angebot und Nachfrage hergestellt ist.

In den Dekompositionsverfahren wird diese Überlegung algorithmisch realisiert. Methodenvarianten bestehen hinsichtlich der mathematischen Anwendungsbreite (nur lineare oder auch nichtlineare Probleme) sowie hinsichtlich der Ausgestaltung der Kommunikation zwischen Zentrale und Teilbereichen und ihrer davon unmittelbar abhängigen Rechenprobleme in den einzelnen Iterationen. In mathematischer Hinsicht ergeben sich darüber hinaus noch weitere Unterschiede, etwa bezüglich der Konvergenzeigenschaften.

Großen Einfluß auf die organisationstheoretische Diskussion um Dekompositionsverfahren hat die Entwicklung des Verfahrens von *Dantzig* und *Wolfe* (1960) zur *Dekomposition linearer Programmierungsprobleme* gehabt. Zu diesem Verfahren sind noch diverse verallgemeinernde Varianten entwickelt worden (*Whinston,* 1964; *Charnes/Clower/Kortanek*, 1967; *Hass,* 1968). Die Methodenvariation ist dabei häufig auch mit Modellvariationen verbunden worden. Der besondere Beitrag von *Whinston* im Rahmen dieser Modelltheorie quasi-dezentraler Preisbestimmung liegt z.B. darin, daß er *Interdependenzen zwischen den Teilbereichen* zuläßt. In dem Modell von *Dantzig* und *Wolfe* sind derartige Interdependenzen nicht berücksichtigt, hier sind Informationen und Aktivitäten eindeutig in globale und lokale Kategorien gegliedert. Die Fragen, die sich aus den Interdependenzen zwischen Teilbereichen ergeben, werden allgemein als »Externality«-Problematik bezeichnet. Der Ansatz von *Whinston* geht also davon aus, daß die Restriktionen der Teilbereiche nicht mehr völlig lokal sind. Darüber hinaus nimmt *Whinston* auch nicht-lineare Restriktionen an.

Die bisherige Diskussion um die Dekompositionsverfahren hat gezeigt, daß sie sich zwar vor dem Hintergrund der Koordinationsproblematik in dezentralen Unternehmungen interpretieren lassen, letztlich aber Verfahren der *Zentralplanung ohne vollkommene Information am Zentrum* darstellen und insofern der Dezentralisationsidee der pretialen Lenkung nicht vollkommen gerecht werden. Sie sind allgemein so angelegt, daß die Zentrale am Ende des Iterationsprozesses die optimale Lösung festlegen muß. Davon abgesehen stehen einer unmittelbaren Anwendung dieser Verfahren als Koordinationsinstrumente in einer Unternehmung noch weitere Schwierigkeiten entgegen, die in ihrem großen Rechenaufwand begründet sind. So muß ihre Bedeutung heute wohl primär darin gesehen werden, daß sie in erster Linie Algorithmen zur Lösung sehr komplexer Programmierungsprobleme darstellen.

Wenn das Problem einer quasi-dezentralen Preisbestimmung durch iterative Abstimmungsprozesse zwischen der Planung der Einzelbereiche und der Planung der Zentrale durch die Dekompositionsverfahren auch noch nicht als gelöst betrachtet werden kann, so ist doch deutlich, daß im Rahmen der Lenkpreistheorie organisatorische Entscheidungen über die Möglichkeit einer dezentralen Kompetenzverteilung eine wesentliche Rolle spielen. Daraus erklärt sich die enge Verbindung zwischen diesen Beiträgen und neueren Strukturierungskonzeptionen wie *Divisionalisierung* und *Profit-Center-Organisation* (vgl. *Welge,* 1975).

(3) Ansätze zur Ablaufplanung bzw. -organisation

Als dritte Gruppe sind die Ansätze zur Ablaufplanung zu den entscheidungslogisch orientierten Beiträgen der Organisationstheorie zu zählen. Ihre grundsätzliche organisationstheoretische Relevanz ergibt sich aus der Tatsache, daß die Ergebnisse dieser Forschungsbemühungen, die sich meist auf die zeitliche Arbeitssynthese richten, als Verhaltensvorschriften interpretierbar sind. Es handelt sich dabei um die *Strukturierung von Arbeitsabläufen* unter den Aspekten Zeitdauer, Zeitpunkt und Reihenfolge von Arbeitsgängen sowie Arbeitsmengen und einzusetzendes Leistungspotential im Zeitzusammenhang. Der organisatorische Gehalt der sich daraus ergebenden Regeln hängt allerdings davon ab, ob es sich um Regeln für *wiederkehrende Vorgänge* handelt.

Die Ansätze zur Ablaufplanung beschränken sich dabei weitgehend auf die *modellanalytische Untersuchung von Fertigungsprozessen.* Als Ziele der eingesetzten Entscheidungsmodelle treten folgende *Vorschriften* bzw. Größen auf:

- Minimierung der Gesamtlagerungszeit (-kosten) aller Arbeitsobjekte,
- Minimierung der Gesamtvorbereitungszeit (-kosten) aller Arbeitsobjekte,
- Minimierung der durchschnittlichen oder maximalen Terminüberschreitung,
- Minimierung der durchschnittlichen oder der gesamten Durchlaufzeit und
- Minimierung von Leerzeiten.

Je nachdem, ob nur eine Fertigungsstufe (Abteilung, Maschine, Leistungsort) oder mehrere Fertigungsstufen sowie nur ein Produkt (Objekt, Auftrag) oder mehrere Produkte unterstellt werden, gelangt man zu unterschiedlichen Problemen. Die traditionelle Modellkonzeption der Ablaufplanung behandelt das Problem einer *mehrstufigen Einproduktfertigung,* bei dem es insbesondere um die Taktabstimmung und die Leistungsabstimmung zwischen mehreren Arbeitseinheiten geht. Die *Taktabstimmung* kann durch eine *Variation von Pausen* oder durch eine Variation der den einzelnen Arbeitseinheiten zugeteilten Arbeiten, also durch eine *Veränderung der Arbeitsverteilung* erreicht werden. Besonders aus der zweiten Möglichkeit wird die zum Teil unmittelbare organisatorische Bedeutung dieser Beiträge erkennbar. Mit der skizzierten Problemstellung beschäftigen sich vor allem die *Assembly Line Balancing-Theorie* sowie die *Theorie der Ablauforganisation* (zur Übersicht vgl. *Wild,* 1967 (a)).

Neuere Modellkonzeptionen der Ablaufplanung beschäftigen sich vor allem mit *Reihenfolgeproblemen in den Mehrproduktfällen* (optimale Auftragsreihenfolge). In der einstufigen Mehrproduktfertigung lassen sich Reihenfolgeprobleme auf sog. Zyklenprobleme zurückführen und mit Hilfe des *»Travelling Salesman«*-Modells, eines Sondermodells der linearen Planungsrechnung für Zyklenprobleme, bearbeiten (vgl. *Piehler,* 1960). Bei mehrstufigen Prozessen mit unterschiedlichen Produkten sind bisher nur für bestimmte Fälle (Kombinationen von Produktanzahl und Maschinenanzahl unter Werkstattfertigungs- oder Reihenfertigungsbedingungen) Lösungsmethoden vorgestellt worden (zur Übersicht der verschiedenen Modelle vgl. *Schweitzer,* 1969).

(4) Beiträge zur Optimierung spezieller formaler Organisationsaspekte

Die Beiträge in der Organisationstheorie, die nicht auf eine inhaltlich-konkretisierende Ausarbeitung optimaler Verhaltensvorschriften in Form von Entscheidungsregeln oder auf eine temporale Strukturierung von Abläufen abstellen, können den Versuchen zur Optimierung bestimmter formalorganisatorischer Zustände zugerechnet werden. Als Alternativen treten in den entsprechenden Entscheidungsmodellen unmittelbar konfigurative Merkmale, wie Zahl der Hierarchieebenen, Kontrollspannen, Abteilungsbildung etc. sowie sonstige organisatorisch relevante Variablen auf.

Kalaba und *Juncosa* (1958) haben zwei Modelle für eine *Optimierung nicht inhaltlich gekennzeichneter Informationsflüsse* aufgestellt. Informationsinhalte werden in Beiträgen erfaßt, die mit Hilfe von Strukturmatrizen Möglichkeiten einer Redundanzvermeidung sowie eine Vermeidung unnötiger Vermittlungsstellen in Informationsflüssen untersuchen.

Hanssmann (1970) hat unter Verwendung der dynamischen Programmierung einen Versuch zur *simultanen Optimierung von Gehaltsstrukturen, Kontrollspannen und Hierarchiestufenanzahl* am Beispiel einer Vertriebsorganisation vorgelegt.

Williamson (1970) entwickelt unter Berücksichtigung der Leistungsfähigkeit der Arbeitnehmer und verschiedener, bei der Produktion anfallender Kostengrößen des Produktionsergebnisses ein Modell zur *Optimierung der Leitungstiefe.*

Erwähnenswert ist auch der Versuch von *Müller-Hagedorn* (1971), einen Ansatz zur *Optimierung der Organisationsstruktur* zu entwickeln.

Müller-Merbach (1973) hat einen Ansatz zur *optimalen Abteilungsbildung* unter der Zielsetzung der Minimierung der abteilungsgrenzenüberschreitenden Informationen vorgestellt, der in Kapitel 3. als Beispiel für eine Arbeit der formal-analytischen Forschungsstrategie kurz skizziert und dem die Arbeit von *Hanssmann* vergleichend gegenübergestellt wurde.

Weiterhin existieren unter der Bezeichnung »Personnel-Assignment«-Modelle zahlreiche, im Grunde allerdings personalwirtschaftliche Beiträge zur optimalen Stellenbesetzung, die zum

Teil jedoch auch das Problem einer personenorientierten Stellenbildung behandeln.

(5) Die Spieltheorie

Die spieltheoretischen Beiträge zur Organisationstheorie stellen ein Übergangsfeld zwischen den entscheidungslogisch orientierten und den am Entscheidungsverhalten orientierten Beiträgen dar. Dies ist darauf zurückzuführen, daß die spieltheoretische Terminologie ein *umfangreiches Begriffssystem zur Beschreibung auch sozialer Aspekte* von Entscheidungsprozessen bietet, und daß sich aus vielen spieltheoretischen Untersuchungen *interessante verhaltenswissenschaftliche Implikationen* ergeben. Als prinzipiell formalanalytischer Ansatz erlaubt die Spieltheorie eine relativ intensive Aufnahme von Informationen über soziale Bedingungen.

Die Spieltheorie ist primär ein Bereich der Entscheidungstheorie. Sie untersucht unter Heranziehung formalanalytischer Methoden *Prozesse des Konfliktausgleichs.* Die Grundsituation eines Konfliktes wird als »Spiel« interpretiert und durch folgende *Merkmale* gekennzeichnet:

- Beteiligung von 2 bis n Personen mit
- individuell unterschiedlichen, wenn auch möglicherweise artgleichen Zielen,
- bestimmten Handlungsalternativen,
- Wissen über die möglichen Ergebnisse, die bei bestimmten Handlungen zu erwarten sind (dieses Wissen wird durch eine Ergebnisfunktion bzw. eine sog. Auszahlungsfunktion dargestellt) und
- (kardinalen) Präferenzordnungen bezüglich der Ergebnisse.

Die *Handlungsergebnisse der Personen sind interdependent:* Welches Ergebnis ein Spieler mit einer Handlung erreicht, hängt von den Handlungen der anderen Spieler ab.

Diese Grundsituation wird in der Spieltheorie nach verschiedenen Gesichtspunkten variiert. Dementsprechend werden bestimmte *Spieltypen* unterschieden und gesondert behandelt. Die drei wichtigsten *Unterscheidungsmerkmale* sind:

- die Zahl der beteiligten Spieler:
  2-Personen-Spiele und n-Personen-Spiele;
- das Verhältnis der individuellen Präferenzordnungen:
  antagonistische (streng kompetitive) Spiele (2-Personen-Konstantsummenspiele), die sich stets in Nullsummenspiele überführen lassen,

nicht-streng kompetitive Spiele (Nichtkonstantensummenspiele für 2 bis n Personen oder n-Personen-Konstant- bzw. Nullsummenspiele);
- die Möglichkeit der Kommunikation und der Verhaltensabstimmung von nicht-streng kompetitiven Spielen: kooperative und nicht-kooperative Spiele.

Die Spieltheorie befaßt sich im wesentlichen mit den Fragen, wie in antagonistischen und nicht-kooperativen Spielen eine *optimale Handlung unter Berücksichtigung rationalen Verhaltens des Gegners* oder der Gegner ausgewählt werden kann (Minimax-Lösungen und Lösungsbegriffe für nicht-kooperative Spiele), wie bei vorherigen Abstimmungsmöglichkeiten der Handlungen *eine für alle oder einige Beteiligten günstigere Kooperationsstrategie* gefunden werden kann (Bargaining-Theorien, »Negotiation Set«-Theorie; vgl. *Neumann/Morgenstern,* 1943) und unter welchen, durch Kommunikationsakte und Kompensationszahlungen gegebenen Bedingungen Koalitionen sich stabilisieren.

Gemeinsam ist diesen Arten von Analysen, daß stets *Gleichgewichtspunkte* gesucht werden, in denen für alle Spieler bei rationalem Verhalten die relativ verlustärmsten bzw. gewinnbringendsten Strategien kombiniert werden. An solchen Gleichgewichtspunkten wird eine gewisse Verhaltensstabilität erreicht und der für Spiele typische multikonditionale Entscheidungsprozeß zum Abschluß gebracht. Die *Multikonditionalität* besteht darin, daß jeder Spieler seine Entscheidung in Abhängigkeit von den möglichen Entscheidungen der Gegner zu treffen hat, die ihrerseits von Annahmen der Gegner über sein eigenes Verhalten beeinflußt werden (zirkuläre Interdependenz). Im Grunde behandelt also die Spieltheorie nicht, wie häufig behauptet wird, kollektive Entscheidungen (wie etwa die Teamtheorie), sondern *individuelle Entscheidungen in einem sozialen Kontext.*

Versuche, den *spieltheoretischen Ansatz zur Grundlage einer quantitativen Organisationstheorie* zu machen, wurden vor allem von *O. Morgenstern* (1951) und *O. Helmer* (1957) unternommen. Diese Versuche, die beide stark terminologisch orientiert sind, identifizieren allerdings »Organisation« mit »personaler Interaktion« und treffen insofern nur sehr indirekt die eigentliche Organisationsproblematik, wie sie hier aufgezeigt wurde.

In einem weiteren Beitrag, für den die Spieltheorie den Bezugsrahmen liefert, erörtert *M. Shubik* (1961/62) ein Kostenverteilungsverfahren mit positiven motivationalen Eigenschaften. Generell untersucht der Autor allerdings Kontrollprobleme, die bei der Verteilung von gemeinsamen Kosten durch verschiedene Kostenrechnungs- und interne Preisbestimmungsverfahren entstehen.

Aufgrund des hohen Allgemeinheitsgrades der Argumentation und aufgrund der Orientierung vorwiegend an der Beschreibung sozialer Prozesse beim Aufzeigen von Analogien zwischen organisatorisch relevanten Beziehungen und Spielsituationen überrascht es wenig, daß die Spieltheorie nur einen sehr begrenzten Eingang in die Organisationstheorie gefunden hat. So fehlen spieltheoretisch formalisierte Ansätze zur Gestaltung bestimmter organisatorischer Dimensionen bisher fast völlig. Ebensowenig ist es gelungen, organisatorische Merkmale oder organisatorisch beeinflußbare soziale Merkmale wie Motivationen, Lernprozesse u.ä. als Spielbedingungen explizit in spieltheoretische Modelle einzubringen. Die formalanalytische, präskriptive Spieltheorie bewegt sich im Grunde in einem organisationslosen Bereich.

Im Gegensatz dazu haben Beschreibungen und verhaltenstheoretische Implikationen insbesondere von *kooperativen Personen-Spielen* auf die Organisationstheorie einen gewissen Einfluß ausgeübt. Sowohl der Prozeß der organisatorischen Gestaltung als auch viele Entscheidungsprozesse in organisierten Systemen werden heute als *Verhandlungsprozesse* interpretiert, in denen unterschiedliche Auffassungen und Interessen der beteiligten Entscheidungssubjekte ausgeglichen werden. Inwieweit diese Entwicklung eine zukünfte, stärkere Anwendung der präskriptiven Spieltheorie begünstigt, kann gegenwärtig nicht abschließend beurteilt werden. Zur Beantwortung der wichtigsten und organisatorisch relevantesten Fragen, wie bestimmte Interessengleichgewichte in Entscheidungsprozessen deren Ergebnisse beeinflussen, wäre jedoch ein vollkommen neuer theoretischer Ansatz erforderlich.

4.3.3.2 Entscheidungsverhaltens-orientierte Beiträge

Die am Entscheidungsverhalten orientierten Beiträge in der Organisationstheorie behandeln neben den organisatorischen Regeln insbesondere die Umweltsegmente, die Eigenschaften der Menschen, die als Aktionsträger eingesetzt werden, sowie die Komponente mentale und korporale Arbeit (vgl. S. 110f.). Entsprechende Beiträge gehören dem Bereich der **deskriptiven Entscheidungstheorie** an. Diese untersucht die *Prozesse*, die zu Entscheidungen führen. Im Gegensatz zur präskriptiven Entscheidungstheorie tritt bei der deskriptiven Entscheidungstheorie das Rationalitätsprinzip insbesondere gegenüber kognitiven Entscheidungsdeterminanten zurück.

Die deskriptive Entscheidungstheorie leistet also keine Rationalitätsanalyse, sondern versucht, aus der Beschreibung und empirischen Erforschung von Entscheidungsprozessen zur *Erklärung des Zustandekommens von Entscheidungen* beizutragen. Dabei wird von den Entscheidungsinhalten weitgehend abstrahiert. Im Mittelpunkt stehen die Fragen, welche Einflüsse für die Bildung von Entscheidungsprämissen bedeutsam sind, und wie äußere Bedingungen (Stimuli) in kognitiven Prozessen zu Entscheidungsprämissen transformiert werden. Die Entscheidungsprämissen fungieren gleichsam als Bindeglieder zwischen externen Bedingungslagen, internen kognitiven Prozessen und den eigentlichen Entscheidungsakten bzw. Verhaltensreaktionen. Da die genannten Fragen vorwiegend in Verbindung mit individuellem Entscheidungsverhalten untersucht werden, wird ein großer Teil der deskriptiven Entscheidungstheorie als »reduktionistisch« bezeichnet.

Die *organisationstheoretische Bedeutung* dieser Ansätze ergibt sich vor allem daraus, daß sie sich auf die organisatorischen Aspekte von Entscheidungsprozessen beziehen, in denen also die Bedingungen und Einflußfaktoren behandelt werden, die bei der Gestaltung der Entscheidungsprozesse zu berücksichtigen sind. Durch die Betrachtung von Organisationen als einem externen Einflußbereich für individuelle Entscheidungsprämissen wird die grundsätzliche Relevanz dieser Beiträge für die Organisationstheorie unmittelbar deutlich. Darüber hinaus können sie dazu beitragen, das Zustandekommen von Entscheidungen *über* die Organisation, d.h. den Prozeß der Organisationsplanung, zu erklären. Somit ergibt sich ein *doppelter Erklärungseffekt* für die Organisationstheorie.

Im einzelnen sollen hier folgende Ansätze bzw. Beiträge näher behandelt werden:

(1) Die Theorie kognitiver Prozesse
(*Simon,* 1947; *March/Simon,* 1958).

(2) Die Informationsverarbeitungsansätze;
hierunter besonders die »Theory of Human Problem Solving«
(*Newell/Simon,* 1972).

(3) Die Theorie der Leistungsmotivation
(*McClelland* u.a., 1953; *McClelland* 1965).

(4) Die Koalitionstheorie (*Cyert/March,* 1963).

(5) Die empirische Entscheidungsforschung; hier besonders das Promotorenmodell (*Witte,* 1973 (a), (b)).

(1) Die Theorie kognitiver Prozesse

Die Einbeziehung entscheidungstheoretischer Probleme, die nicht direkt auf Entscheidungen über Organisationen bezogen sind, in die Organisationstheorie setzte mit der Weiterentwicklung der traditionellen formalanalytischen Entscheidungstheorie auf der Grundlage des »homo oeconomicus« zu einer *Theorie der beschränkten Rationalität* und der Ersetzung eines einzelnen Entscheidungssubjektes durch ein *soziales System* ein. Die Theorie der begrenzten Rationalität arbeitet im Gegensatz zur traditionellen Entscheidungstheorie vor allem mit der Annahme, daß Entscheidungen unter *unvollkommener Information* und unter Zugrundelegung eines *subjektiven, weder vollständigen noch genauen Umweltbildes* im Hinblick auf die Erreichung bestimmter Anspruchsniveaus mehrerer, erst zu bildender und veränderlicher Ziele getroffen werden.

Unter dem Einfluß von Ergebnissen der *Wahrnehmungs-, Lern- und Denkpsychologie* entstand in der weiteren Entwicklung aus der Theorie der beschränkten Rationalität die *Theorie kognitiver Prozesse.* Die wichtigsten Annahmen dieser Theorie bestehen darin, daß weder Alternativen noch Handlungskonsequenzen noch Bewertungen einem Entscheidungssubjekt hinreichend deutlich sind, und daß die Informationsverarbeitungskapazität von Entscheidungsträgern beschränkt ist. Sie beschäftigt sich dementsprechend vor allem mit intraindividuellen Konflikten, Lernprozessen, kognitiven Informationsverarbeitungsaktivitäten zur Entscheidungsfindung, Suchprozessen nach Informationen und Problemlösungen, Prozessen der Reduktion kognitiver Dissonanz u. ä.

Bei kognitiven Anforderungen, die die *Informationsverarbeitungskapazität* überschreiten oder stark unterschreiten, entsteht *kognitiver Streß.* Individuen reagieren auf kognitiven Streß mit bestimmten Wahrnehmungs- und Informationsverarbeitungsstrategien sowie mit Problemvereinfachung (Anspruchsanpassung, Problemlösung durch kleine Schritte). Probleme werden als *intraindividuelle Konflikte* behandelt, in denen Individuen Schwierigkeiten haben, sich für eine bestimmte Verhaltensweise zu entscheiden. Die Problembearbeitung vollzieht sich in Prozessen der Informations- und Problemlösungssuche und etwaigen Anspruchsniveau-Korrekturen. Nach einer Entscheidung findet im allgemeinen kein objektiver Kontrollvorgang statt, sondern zur Vermeidung oder Reduktion kognitiver Dissonanzen wird ein spezifisches Suchverhalten ausgelöst, das lediglich der Rechtfertigung der Entscheidung dient.

Die Theorie kognitiver Prozesse zeigt somit eine deutliche Konvergenz zu individualpsychologischen Ansätzen, ohne jedoch die Verbindung zur Theorie der Rationalentscheidung vollkommen zu verlieren. Der Bezug zu Problemidentifizierungs- und Problemlösungsprozessen sowie die Projektion informationsverarbeitungslogischer Gesichtspunkte in Modelle des Entscheidungsverhaltens erscheinen als die wesentlichsten Abgrenzungskriterien der Theorie kognitiver Prozesse zu den generell am Individual- und Gruppenverhalten orientierten Ansätzen. Als die wesentlichsten Arbeiten zu diesem Ansatz sind die Bücher »Administrative Behavior« von *Simon* (1947) und »Organizations« von *March/Simon* (1958) zu nennen. Letzteres wurde bereits in Kapitel 3. behandelt (vgl. S. 76ff.).

(2) Die Informationsverarbeitungsansätze

In neuerer Zeit sind zahlreiche Versuche festzustellen, die Theorie kognitiver Prozesse stärker zu formalisieren, um so zu neuen Erkenntnissen zu gelangen. Im Mittelpunkt dieser Versuche steht die Auffassung, daß kognitive Prozesse als Informationsverarbeitungsprozesse interpretierbar sind und sich in Analogie zu maschinellen Informationsverarbeitungsprozessen vollziehen. Daraus resultiert das Anliegen, *kognitive Prozesse in Programmen abzubilden* und Entscheidungsverläufe durch *Computersimulation* darzustellen. Diese Bemühungen werden als IV-Ansätze (Informations-Verarbeitungsansätze des Entscheidungsverhaltens) bezeichnet.

Zu den prominentesten Vertretern des IV-Ansatzes gehören *A. Newell* und *H. A. Simon*, die sich ausführlich mit den Vorgängen menschlichen Problemlösungsverhaltens befaßt haben. Die von *Newell* und *Simon* angestrebte *Theory of »Human Problem Solving«* (1972) versucht, zur Erklärung individuellen Problemlösungsverhaltens durch Aussagen über Mechanismen oder Prozesse zu gelangen, die dieses Verhalten steuern und die spezifisch für menschliche Denkformen sind. Der Mensch wird in diesem Zusammenhang als informationsverarbeitendes System aufgefaßt. Die Betrachtungsweise stammt aus neueren Entwicklungen der Denkpsychologie (vgl. *Süllwoll*, 1965).

Den ersten Schritt des Theorieentwurfs von *Newell* und *Simon* bildet die Entwicklung eines *Modells des Problemlösers als Informationsverarbeitungssystem.* Die Modellierung setzt an der Erfassung von Symbolstrukturen an, die im Gedächtnis des Problemlösers gespeichert sind. Es wird davon ausgegangen, daß die Symbolstrukturen einen hierarchischen Aufbau besitzen und daher in sog. Listenverarbeitungssprachen programmiert werden können. In diesem hierarchischen Aufbau wird die assoziative und sequenzielle Struktur menschlichen Denkens reflektiert, d.h. mit bestimmten Begriffen werden bestimmte andere Begriffe assoziiert, die in einem jeweiligen Zusammenhang einen spezielleren Gehalt haben. Die Aktualisierung von Begriffen und Assoziationen im (Arbeits-)Gedächtnis muß dabei bestimmte Kapazitätsgrenzen dieses Gedächtnisses beachten und vollzieht sich somit nicht simultan, sondern sequenziell. Die Informationsverarbeitung wird durch in kognitiven Programmen organisierte Methoden gesteuert, die ebenfalls im Gedächtnis gespeichert sind.

Ein Individuum wird zum »Problemlöser«, wenn es mit einer Umwelt (Situation) konfrontiert wird, die eine *Aufgabe oder Problemstellung* enthält. Die konzeptionelle Aufbereitung der Relation »Aufgabenrahmen-Problemlöser« stellt einen zweiten Komplex des Ansatzes von *Newell* und *Simon* dar. Dabei wird von der in der Denk- und Wahrnehmungspsychologie mittlerweile üblichen Vorstellung ausgegangen, daß sich der Problemlösungsprozeß unter Zugrundelegung einer *internen Abbildung der Aufgabenumwelt* vollzieht.

Innerhalb dieser Grundkonzeption liegt der Interessenschwerpunkt von *Newell* und *Simon* auf *Problemlösungsmethoden.* Solche »Methoden« leisten die zielgerichtete Manipulation der Symbolstrukturen, in der die Problemstellungen enthalten sind. Eine Methode verfügt nach Meinung der Autoren über eine ihr eigene *Problemformulierung,* ein Modell, das von Besonderheiten konkreter interner Problemabbildungen abstrahiert und dessen Parameter von der Methode beeinflußt werden. Die einer Methode immanente Problemformulierung stellt somit wiederum eine *Abstraktion aus der internen Repräsentation der Aufgabenumwelt* dar. Mit der Anwendung einer Methode werden die sich aus einer konkreten Problemsituation ergebenden Informationen durch die Problemformulierung der Methode strukturiert. Dadurch erfährt die Problemformulierung ihrerseits eine Interpretation. Die Problemformulierung vermittelt auf diese Weise zwischen Methode und konkreter Problemstellung.

Auf dieser Überlegung aufbauend entwickeln *Newell* und *Simon* die Vorstellung von wenigen und grundlegenden »allgemeinen Problemlösungsmethoden« mit sehr abstrakten Problemformulierungen. Die Existenz derartiger Grundmethoden erlaubt einem Problemlöser, eine Vielzahl unterschiedlicher und in ihrer konkreten Ausprägung für ihn jeweils neuartiger Problemstellungen unter Rückgriff auf verhältnismäßig wenige Methoden zu bearbeiten.

Gerade im Hinblick auf den Gesichtspunkt einer geeigneten *Methodenwahl oder Programmselektion* sind in der von *Newell* und *Simon* verfolgten Forschungsrichtung bereits fruchtbare Ergebnisse erarbeitet worden. Von besonderer organisationstheoretischer Relevanz erscheint der Zugang zur Analyse nicht-repetitiver, innovativer Entscheidungs- und Problemlösungsprozesse, der sich auf der Grundlage dieser Ergebnisse eröffnet. Die Informationsverarbeitungstheorie des Entscheidungsverhaltens bietet damit eine grundsätzliche Möglichkeit, die *Wirkung organisatorischer Regeln als Entscheidungsprämissen in Problemlösungsprozessen* in einem konzeptionellen Bezugsrahmen zu erfassen.

Die Theorie kognitiver Prozesse und auch die IV-Ansätze gehen im allgemeinen explizit oder implizit davon aus, daß Entscheidungssubjekte bestimmte Anspruchsniveaus von Zielkriterien erreichen wollen. Diese *Anspruchsniveau-Annahme,* die im Rahmen der Zielforschung die Maximierungs- bzw. Optimierungs-Annahmen abgelöst hat, tritt in ihrer dynamischen Version als Anspruchsanpassungstheorie auf. Die *Anspruchsanpassungstheorie* behandelt Prozesse der Anspruchsniveau-Anpassung aufgrund von Erfahrungen oder Erwartungen. Ihre Grundthese lautet, daß Erfolge zu einer Erhöhung des Anspruchsniveaus führen, während Mißerfolge zu einer Senkung des Anspruchsniveaus Anlaß geben.

(3) Die Theorie der Leistungsmotivation

Die Erweiterung des Motivationskonzeptes für individuelle Handlungen in der Theorie der Leistungsmotivation um einen Nutzen, der aus der *Befriedigung von Leistungsbedürfnissen* erwächst und gleichsam als »innerer Erfolg« (intrinsic motivation) neben den »äußeren Erfolg« (extrinsic motivation) tritt, hat zusätzliche psychologische Determinanten aufgezeigt, die den Vorgang der Anspruchsanpassung beeinflussen. Die Theorie der Leistungsmotivation, die vor allem mit den Namen *D. C. McClelland* und *J. W. Atkinson* (*McClelland* u.a., 1953; *Atkinson/Feather,* 1966) verbunden ist, kann als eine Theorie vom Typ der *Präferenz-Erwartungs-Theorien* charakterisiert werden, zu denen auch die oben skizzierte *Vroom'*sche Motivationstheorie gehört. Sie erklärt den Antrieb zur Leistung aus dem Bestreben, Erfolg zu erreichen und Mißerfolg zu vermeiden. Die Tendenz, *Erfolg zu errei-*

chen bzw. zu suchen, hängt dabei von einem generellen Leistungsbedürfnis (einer allgemeinen Leistungsmotivation), den mit bestimmten Handlungen verbundenen Erfolgserwartungen und dem Anreizwert des Erfolges ab. Die Tendenz, Mißerfolg zu vermeiden, hängt von dem Mißerfolgsvermeidungsbedürfnis (Testangst), von der mit bestimmten Handlungen verbundenen Mißerfolgserwartung sowie von der negativen Valenz des Mißerfolges ab. Dabei wird jeweils eine multiplikative Verknüpfung der einzelnen Faktoren unterstellt.

Die Modifikation der Annahmen der Anspruchsanpassungstheorie durch die Theorie der Leistungsmotivation besteht nun darin, daß eine Erhöhung des Anspruchsniveaus bei Erfolgserlebnissen bzw. eine Senkung des Anspruchsniveaus bei Mißerfolgserlebnissen nur dann erwartet werden kann, wenn eine Person ein *relativ hohes generelles Leistungsbedürfnis* und eine *geringe Testangst* besitzt. Bei geringem allgemeinem Leistungsbedürfnis und bei hoher Testangst kommt es hingegen zu atypischen Reaktionen auf Erfolgs- oder Mißerfolgserlebnisse: Bei Mißerfolgserlebnissen und entsprechender Umstrukturierung von Erwartungen wird von Personen mit großer Testangst das eigene Anspruchsniveau häufig heraufgesetzt, was daraus zu erklären ist, daß dann ein Versagen besser (im psychologischen Sinne) auf rationale Weise erklärt werden kann. Bei Erfolgserlebnissen reagieren Personen mit geringer Leistungsmotivation oft im Sinne des Satzes »Zufriedenheit macht satt«; sie belassen ihr Anspruchsniveau konstant oder neigen möglicherweise sogar zu einer Senkung.

Neben dieser Differenzierung der Anspruchsanpassungstheorie ist die Bedeutung der Theorie der Leistungsmotivation darüber hinaus in einer generellen Verbindung persönlichkeitsbedingter Motivationslagen mit dem individuellen Entscheidungsverhalten zu sehen. Sie zeigt, daß die Alternativenwahl von subjektiven Motivationsvorstellungen stark beeinflußt wird.

Die zweite, bereits angeführte wichtige Modifikation des traditionellen Entscheidungsmodells besteht in dem Übergang auf ein multipersonales Entscheidungssystem. Im Vordergrund steht dabei das Anliegen, individuelles Entscheidungsverhalten in einem sozialen Kontext zu untersuchen und Interaktionsprozesse zwischen verschiedenen Entscheidungssubjekten zu analysieren. Zu diesen Bemühungen sind zunächst die verhaltenstheoretischen Implikationen der Spieltheorie, insbesondere die Theorie der Verhandlungsprozesse zu zählen. Weiterhin lassen sich hier theoretische Ansätze einordnen, die sich mit der Entscheidung von Individuen zur Teilnahme an sozialen Systemen beschäftigen, wie etwa die *Inducement-Contributions-Theory* (Anreiz-Beitrags-Theorie), die auf *Barnard* zurückgeht und von *Simon* weiterentwickelt wurde (Vgl. 73, 159), und die *Koalitionstheorie* von *Cyert* und *March,* auf die noch näher eingegangen wird. Im Hinblick auf die Einstellungs- und Verhaltenskonsequenzen, die aus derartigen Teilnahmeentscheidungen folgen, wäre jedoch auch eine Zuordnung zu den verhaltenstheoretisch orientierten Ansätzen gerechtfertigt, so daß sich bezüglich dieser Beiträge eine gewisse Abgrenzungsschwierigkeit zwischen den entscheidungsverhaltens-orientierten Beiträgen und den Beiträgen zum Individual- und Gruppenverhalten ergibt.

(4) Die Koalitionstheorie

Die Koalitionstheorie von *R. M. Cyert* und *J. G. March* (1963) und die mit ihr verbundenen Überlegungen bilden einen der organisationstheoretisch relevantesten Beiträge, da sie eine *Übertragung von Erkenntnissen der individualistisch orientierten Theorie kognitiver Prozesse in Systemzusammenhänge* versucht. Zusammen mit der Inkrementalismus-Theorie könnte sie einem Theoriebereich zugeordnet werden, der sich mit Entscheidungsfindungsstrategien in sozialen Systemen befaßt.

Die *Inkrementalismus-Theorie,* die vor allem mit den Namen *Dror* (1964) und *Lindblom* (1959) verbunden ist, stellt eine einfache Übernahme der Aussagen zu individuellen Problemvereinfachungen in die Analyse des Verhaltens sozialer Systeme dar. Ihre zentrale Aussage behauptet, daß soziale Systeme ebenso wie Individuen lediglich kleine, »inkrementale« Änderungen eines gegebenen Zustandes erwägen und ihre Entscheidungsfindung an einer fortdauernden, sequentiellen Problembearbeitung orientieren.

Cyert und *March* betrachten in ihrer Koalitionstheorie und kollektiven Entscheidungstheorie darüber hinaus zusätzliche Probleme, die aus der *Multipersonalität einer Institution* erwachsen. Die »verhaltenswissenschaftliche Theorie der Unternehmung« von *Cyert* und *March* (1963) beinhaltet somit den Versuch, Aussagen der ökonomischen Theorie mit Ergebnissen der neueren Organisationsforschung zu verknüpfen. Im Unterschied zu den Rationalitätsaxiomen der klassischen Theorie legen die Autoren ihrem Modell die Grundannahmen einer *adaptiven Rationalität* zugrunde, d.h. Unternehmungen werden als adaptive Systeme betrachtet, die sich in ihren Entscheidungsprozessen an eine Vielzahl interner und externer Beschränkungen anzupassen haben. Dabei wird in der Regel nur ein Teil aller möglichen Informationen verarbeitet. Die Unternehmung wird nicht mehr als eine monolithische Entscheidungseinheit, sondern als eine sich verändernde *Koalition* mit mehrfacher Zielsetzung betrachtet. Mitglieder dieser Koalition sind neben den Managern und den ausführenden Mitarbeitern die Kapitalgeber, die Lieferanten, Kunden, Berater, Finanzämter etc. Für die betrieblichen Entscheidungsprozesse sind drei Grundelemente von ausschlaggebender Bedeutung: Ziele, Erwartungen und Wahlhandlungen. *Cyert* und *March* betrachten nun *vier Teilmodelle für das Verständnis der Entscheidungsprozesse* in Unternehmungen:

– Die *Quasi-Lösungen von Konflikten.*
  Trotz erheblicher Zielunterschiede bei den Koalitionsmitgliedern bleiben Unternehmungen handlungsfähig. Dies wird möglich, weil verschiedene Ziele als unabhängig voneinander betrachtet werden und die einzelnen betrieblichen Teilbereiche in ihren Entscheidungen eine Suboptimierung betreiben (lokale Rationalität). Anstelle von Maximierungs- oder Minimierungszielen werden zudem bei der Zielverwirklichung nur satisfizierende Ziele angestrebt. Ferner werden verschiedene Ziele zu verschiedenen Zeitpunkten verfolgt (sequentielle Zielverfolgung).
– *Vermeidung von Ungewißheit.*
  Das reale betriebliche Handeln vollzieht sich nicht auf der Basis von unsicheren Langfristprognosen, sondern als Reaktion auf aktuell drükkende Probleme, etwa im Stile einer Feuerwehreinheit. Weiterhin versuchen die Unternehmungen, ihre unsicherheitsinduzierende Umwelt zu beeinflussen, indem sie sich mit ihr durch Verhandlungen arrangieren (»negotiated environment«). Dies schlägt sich etwa in Langfristverträgen mit Kunden und Lieferanten, Preisabsprachen, Ausbildung von Branchentraditionen etc. nieder. In ähnlicher Weise sorgt der betriebsinterne Planungs- und Budgetierungsprozeß für eine »ausgehandelte innere Umwelt«.
– *Problembezogene Suche.*
  Entscheidungsalternativen sind – abweichend von den Annahmen der klassischen Theorie – nicht vorgegeben, sondern müssen gesucht werden. Die Suche wird erst durch ein auftretendes Problem initiiert und mit der Problemlösung wieder abgebrochen. Die gefundenen Problemlösungen führen entweder zur Erfüllung der angestrebten Zielniveaus, oder das Zielniveau muß revidiert werden, damit eine gefundene Lösung akzeptabel erscheint. Der Suchprozeß richtet sich nach sehr einfachen Realitätsvorstellungen. In der Regel werden Problemlösungen in der Nähe des erkannten Problemsymptoms und in der Nähe der ge-

genwärtig praktizierten Alternative gesucht. Erst wenn aufgrund der unreflektierten Realitätsvorstellungen kein befriedigendes Ergebnis erzielt werden kann, wird die Suche ausgedehnt auf Bereiche jenseits bestehender Alternativen und Problemsymptome.

– *Organisatorisches Lernen.*
  Unternehmungen lernen, indem sie ihre Ziele, Beobachtungsregeln und Suchregeln veränderten Bedingungen anpassen. Dabei sind die Ziele (bzw. die Zielgrade) einer bestimmten Periode eine Funktion

  - der Ziele (Zielgrade) in der vergangenen Periode,
  - der Erfahrungen mit der Zielerreichung in der Vorperiode sowie
  - der Erfahrungen vergleichbarer Unternehmungen in bezug auf dieselben Ziele in der vorangegangenen Periode.

  Langfristig orientieren sich die betrieblichen Teilbereiche nach Ansicht von *Cyert* und *March* an solchen Effizienzkriterien, die sie in den vorangegangenen Zeitabschnitten gut erfüllen konnten. Im Laufe der Zeit vollzieht sich auch ein Selektionsprozeß hinsichtlich der zu beobachtenden Umweltsegmente. Die gegenwärtigen Suchaktivitäten werden ebenfalls von Erfahrungen in der Vergangenheit beeinflußt.

Die Hauptthesen von *Cyert* und *March* lassen sich somit folgendermaßen zusammenfassen:

– Zielkonflikte zwischen den Mitgliedern sozialer Systeme werden durch Zielsegmentierung, Anspruchsniveausetzung und sukzessive Zielorientierung »quasi«-gelöst.
– Soziale Systeme vermeiden Unsicherheit durch kurzfristige Orientierung und Umweltbeeinflussung.
– Suchprozesse sind problemorientiert. Sie folgen bestimmten Suchregeln und unterliegen verschiedenen Störeinflüssen. Gesucht wird zunächst in der Nähe bisheriger Lösungen, dann in der Nähe des definierten Problems. Erst wenn in diesem Bereich keine neue Lösung ermittelt werden kann, wird die Suche auf Bereiche ausgedehnt, die bisher weder in der Problemdefinition noch in bestehenden Problemlösungen berücksichtigt wurden.
– Soziale Systeme lernen und passen dementsprechend Anspruchsniveaus, Beobachtungs- und Suchregeln ihren Erfahrungen an.

(5) Die empirische Entscheidungsforschung

Abschließend ist auf Ansätze der sog. empirischen Entscheidungsforschung hinzuweisen. Sie sind *meist experimentell* und auf *Kleingruppen* ausgerichtet und behandeln Fragen der *Problemlösungsprozesse in kleinen Entscheidungskollektiven,* des Informationsverhaltens, der Kommunikationsprozesse und der Bewältigung von zeitlichem Streß.

Speziell zur empirischen Entscheidungsforschung auf der Ebene von ganzen Institutionen haben in Deutschland in jüngerer Zeit *E. Witte* u.a. (vgl. *Grün/Hamel/Witte*, 1972; *Witte*, 1973 (a), (b); sowie *Kirsch* u.a. 1975 und *Kirsch/Esser/Gabele*, 1978) eine Reihe von empirischen Forschungsarbeiten vorgelegt. Die Arbeiten von *Witte* und Mitarbeiter sind aus einem umfangreichen Forschungsprojekt zur Untersuchung der *Prozesse der Erstbeschaffung automatisierter Datenverarbeitungsanlagen* hervorgegangen. Sie bemühen sich vor allem um eine theoretische Verarbeitung von Zielen, Ablauf und einzelnen Maßnahmen komplexer, innovativer Entscheidungsprozesse. Durch die Beleuchtung der jeweiligen Verhaltensweisen und -bedingungen vermitteln sie Aufschlüsse über die innere Dynamik derartiger Prozesse sowie über Möglichkeiten, in diese Vorgänge organisatorisch gestaltend einzugreifen und ihren Ablauf gezielt zu beeinflussen. Zwar wird in diesen Arbeiten auf die in diesem Buch angesprochenen organisatorischen Dimensionen nicht explizit Bezug genommen, verschiedene der von *Witte* u.a. behandelten Sachverhalte weisen jedoch eine enge Korrespondenz zu organisatorischen Bedingungen von Entscheidungsprozessen auf.

In diesem Zusammenhang ist das *Promotoren-Modell* von *Witte* (1973 (a), (b)) besonders zu erwähnen. In seinen Analysen des genannten Innovationsprozesses gelang es *Witte*, bestimmte Personen zu identifizieren, die sich durch aktive und intensive Förderung des Prozesses auszeichneten. Er nennt diese Personen »Promotoren«. Nach der Funktionsbereichszugehörigkeit und der hierarchischen Stellung der Promotoren wurden *Machtpromotoren* (hohe hierarchische Stellung, variierende Funktionsbereichszugehörigkeit) und *Fachpromotoren* (Zugehörigkeit zum Bereich Organisation, Datenverarbeitung o.ä., variierende hierarchische Stellungen) unterschieden. Diese Promotorentypen konnten entweder allein (einseitige Machtstruktur bzw. einseitige Fachstruktur) oder in Kombination (personell getrennt: Gespann-Struktur; in einer Person vereinigt: Personalunion) auftreten.

Wie von *Witte* gezeigt wurde, sind die vier möglichen *Promotorenstrukturen* (einseitige Machtstruktur, einseitige Fachstruktur, Personalunion, Gespann-Struktur), die als »Organisationsformen von Innovationsprozessen« bezeichnet werden, im Hinblick auf Abwicklung und Ergebnisse in Innovationsprozessen unterschiedlich effizient. Als wirksamste Promotorenstruktur wurde die *Gespann-Struktur* (personell getrenntes Auftreten von Macht- und Fachpromotor innerhalb eines Prozesses) identifiziert. Sie bewirkte eine höhere Aktivitätsdichte des Prozesses, eine größere

Umsicht in der Problemlösung und einen stärkeren Innovationsgrad des Prozeßergebnisses.

Zusammenfassend läßt sich die Bedeutung der – wie hier gezeigt wurde – vielfältigen entscheidungsorientierten Ansätze zur Entwicklung einer praxeologischen Organisationstheorie wie folgt beurteilen:

Ein Bemühen um die Gewinnung informativer Aussagen ist sowohl den entscheidungslogisch- wie auch den entscheidungsverhaltens-orientierten Forschungsarbeiten zuzusprechen. Erstere legen mit Hilfe mathematischer Modellbildung und -analyse Zusammenhänge zwischen Zielen, Bedingungen und Aktionsparametern organisatorischer Gestaltung offen und tragen damit zur Klärung spezieller Organisationsprobleme bei. Sie verdeutlichen darüber hinaus, welche problemrelevanten Aspekte noch einer tiefer gehenden Erforschung etwa im Wege von empirischen Untersuchungen bedürfen. Die entscheidungsverhaltens-orientierten Beiträge entwickeln demgegenüber verbale Modelle von Entscheidungsprozessen, mit denen der Zusammenhang zwischen organisatorischen Regeln und individuellem oder kollektivem Entscheidungsverhalten dargelegt werden kann.

Die entscheidungslogisch orientierten Beiträge vernachlässigen die empirische Bestätigung bzw. Bewährung und stellen die Erarbeitung entscheidungstechnisch verwendbarer Aussagen in der Form von mathematischen Modellen in den Vordergrund.

Demgegenüber bemühen sich die entscheidungsverhaltens-orientierten Ansätze in erster Linie um die Gewinnung empirisch bestätigter Aussagen und stellen die Frage ihrer entscheidungstechnischen Verwendbarkeit zumindest noch zurück.

4.3.4 Informationssystem-orientierte Ansätze

Die informationssystem-orientierten Ansätze der Organisationstheorie sind in erster Linie als *Reaktion auf die informationstechnologische Entwicklung in den letzten 30 Jahren* entstanden. Sie können daher auch als »Informationstechnologie-induzierte Ansätze« bezeichnet werden.

Mit den Fragen der Informationssystemgestaltung befassen sich neben der Organisationstheorie auch andere Disziplinen wie etwa die Nachrichtentechnik, Informatik, Computer-Science u. ä. Diese Forschungsrichtungen behandeln jedoch nur ganz bestimmte Komponenten von Informationssystemen, vor allem die maschinentechnische Komponente und die Programmkomponenten (Anwendungsprogramme und Betriebssysteme). Ferner untersuchen sie Entwicklungsmöglichkeiten von neuen Verfahren und Techniken zur Analyse und Gestaltung von Informationssystemen.

Die informationssystem-orientierten Ansätze, die sich der Organisationstheorie zurechnen lassen, berücksichtigen insbesondere die Komponenten organisatorische Regeln, Aufgaben/Effizienzkriterien und mentale bzw. korporale Arbeit (vgl. S. 110f.). Den generellen Bezugspunkt dieser Ansätze stellt das Grundphänomen der Informationsverarbeitung in sozio-technischen Systemen in Verbindung mit dem Einsatz von Menschen *und* Maschinen als Aktionsträger dar. Wie bereits in Kapitel 1. erwähnt, hat sich der Wandel der Unternehmung vom sozialen zum soziotechnischen System durch den Einfluß der fertigungstechnischen Entwicklung, aber vor allem durch das rasche Aufkommen der modernen Informationstechnologie vollzogen. Die Grundvorstellung dieser Ansätze besteht dementsprechend darin, daß soziotechnische Systeme *informationsverarbeitende Systeme* darstellen. Insofern läßt sich hier eine gewisse Parallele zu dem individualpsychologisch orientierten Informationsverarbeitungsansatz (vgl. S. 184ff.) feststellen.

Das Forschungsinteresse konzentriert sich auf zwei Problemkreise, die es zweckmäßig erscheinen lassen, sie getrennt zu behandeln: Zum einen handelt es sich um gestaltungsergebnis-orientierte Beiträge, deren Fragen sich auf die erforderliche bzw. zweckmäßige *Veränderung von Systemeigenschaften* beim Einsatz einer modernen Informationstechnologie (insbesondere der automatisierten Datenverarbeitung) beziehen und dabei oft eine stark pragmatische Ausrichtung erkennen lassen. Zum anderen geht es um gestaltungsprozeß-orientierte Beiträge, deren Forschungsbemühungen darauf gerichtet sind, *Methoden* zu erarbeiten, mit denen ein qualitativ befriedigendes computer-gestütztes Informationssystem entwickelt werden kann. (Im Vergleich zu früheren Publikationen – z.B. im Reader »Organisationstheorie« – wird dieser Untergliederung jedoch nicht mehr der Rang eigenständiger Gruppen von Beiträgen zugewiesen.)

(1) Gestaltungsergebnis-orientierte Beiträge

Die Gestaltungsergebnis-orientierten Beiträge richten ihr Interesse vor allem auf die *Anwendung der maschinentechnischen*

Komponente und der Programmkomponente für die Aufgabenerfüllungsprozesse sowie auf die *Integration der informationsverarbeitenden Sachmittel und ihrer Programme mit den personellen Aktionsträgern.*

Die organisatorische Relevanz der modernen Informationstechnologie wird in erster Linie durch ihre *hohe Selbsttätigkeit* und die Möglichkeiten der *realtechnischen Integration* begründet. Diese primär technische Entwicklung hat, wie schon erwähnt wurde, dazu beigetragen, daß heute Maschinen neben Personen als eine zweite Kategorie von Aktionsträgern aufgefaßt werden können. Dies wird auch durch den sprachlichen Übergang von sozialen zu sozio-technischen Systemen bzw. Mensch-Maschine-Systemen reflektiert (vgl. hierzu den unten vorgestellten Beitrag von *Grochla,* 1966).

Aus den Funktionsbedingungen dieser neuen Aktionsträgerart erwachsen für die *personellen Aktionsträger,* die mit den technischen Aggregaten zusammenarbeiten, *neue Verhaltensanforderungen.* Sie schlagen sich in der realtechnischen Ausgestaltung der automatischen Sachmittel selbst sowie in spezifischen Benutzungsregeln bezüglich Input- und Outputaktivitäten nieder. Damit treten neben organisatorische Regeln technologie-induzierte Verhaltenserwartungen. Die Abstimmung dieser Regelungsarten untereinander und mit den personellen Eigenschaften und Fähigkeiten kann als das Kernproblem der gestaltungsergebnis-orientierten Beiträge angesehen werden.

Innerhalb dieser Beiträge lassen sich *vier Forschungsrichtungen* unterscheiden:

(11) Die Theorie des sozio-technischen Systems;
hierzu wird beispielhaft die Arbeit von *Grochla* (1966) vorgestellt.

(12) Die vergleichende Informationstechnologieforschung;
hierzu wird auf das Kaskadenmodell (*Klatzky,* 1970) und die Arbeit von *Kubicek* (1975 (a)) eingegangen.

(13) Die verhaltenswissenschaftliche Automationsforschung.

(14) Die experimentelle Informationstechnologieforschung.

(11) Die Theorie des sozio-technischen Systems

Die Theorie des sozio-technischen Systems stellt einen theoretischen *Überbau zu den gestaltungsergebnis-orientierten Beiträgen* her. Eine Grundlegung der Betrachtung von Unternehmungen als sozio-technische Systeme in unmittelbarem Bezug zum Einsatz moderner, hochmechanisierter bzw. automatisierter Sachmittel gibt die Arbeit von *E. Grochla* »Automation und Organisation« (1966).

In dieser Untersuchung wird versucht, die *realtechnische Entwicklung* insgesamt und vor allem die Automation als neueste Stufe dieser Entwicklung in ihren *Beziehungen zum wirtschaftlichen und insbesondere zum organisatorischen Handeln* zu erfassen. Als begriffsbildende Merkmale der Automation werden die *Selbsttätigkeit von Sachmitteln bzw. Maschinen* und die *realtechnische Integration,* d.h. die Verknüpfung realtechnischer Leistungselemente zu selbständigen Systemen, herausgearbeitet. Die realtechnische Integration erscheint dabei als die technologische Realisationsform der Selbsttätigkeit. Sie findet ihren konkreten Ausdruck vor allem in selbsttätigen Fördereinrichtungen, Regelungsmechanismen und selbsttätiger Datenverarbeitung. Gerade der letzten Ausdrucksform wird dabei sowohl für den Verwaltungsbereich als auch für den Fertigungsbereich eine besondere Bedeutung zugemessen.

Der Charakter von *Unternehmungen als sozio-technischen Systemen* wird aus dem Tatbestand selbsttätig arbeitender Sachmittel abgeleitet. Aufgrund dieses Tatbestandes wird eine Erweiterung des Aufgabenträgerbegriffs vorgenommen. Der Mensch wird nicht mehr als einzige Art von Aufgabenträger betrachtet. Neben ihn tritt das *Sachmittel als Aufgabenträger,* allerdings nur, soweit es als Maschine einen wesentlichen Teil der Aufgabenerfüllung übernimmt und/oder selbsttätig ausführt.

Der Zusammenhang zwischen Automation als realtechnischem Phänomen und Organisation beruht nun auf einer wechselseitigen Verzahnung und Überlagerung dieser beiden Strukturtatbestände. *Realtechnische und organisatorische Gestaltung sind eng zusammenhängende Techniken der Strukturbildung.* Da die Organisation einen optimalen Wirkzusammenhang menschlicher und maschineller Aufgabenträger im Hinblick auf die betriebliche Aufgabenerfüllung herzustellen sucht, muß sie die aus den verfügbaren Sachmitteln sich ergebenden Anforderungen beachten. Andererseits gehen aus organisatorischen Gestaltungsmaßnahmen auch Anforderungen an die Sachmitteleigenschaften hervor, und die Leistungsabgaben maschineller Aufgabenträger unterliegen organisatorischen Regeln.

Der Einsatz automatisierter Sachmittel stellt wegen ihrer realtechnischen Integration zugleich eine organisatorische Gestaltungshandlung dar. Realtechnische Integration kann von organisatorischer Strukturierung nicht losgelöst werden. Sie bedeutet eine Inkorporierung organisatorischer Regeln in die materielle Gestaltung von Aggregaten bzw. in deren funktionale Ausstattung. Automatisierung stellt sich somit gleichsam als Fortsetzung von Organisation mit anderen (nämlich technologischen) Mitteln dar.

Der in diesen Ausführungen enthaltene Grundansatz zum Verhältnis von Realtechnik (insbesondere Automation) und Organisation wird dann zu einer Betrachtung der *organisatorischen Konsequenzen* der Automation erweitert. Dabei werden die Auswirkungen auf die betrieblichen Aufgaben, auf die menschlichen Aufgabenträger, auf die Aufbau- und auf die Ablauforganisation untersucht. Die seinerzeitigen mehr spekulativen Äußerungen hierzu sind heute durch verschiedene empirische Forschungsarbeiten zum Teil belegt, zum Teil auch widerlegt worden; insofern soll auf sie nicht detailliert eingegangen werden. Hervorzuheben ist vielmehr der Grundgedanke, Unternehmungen als aus menschlichen *und* maschinellen Leistungen zusammengesetzt zu betrachten und damit die vielfältigen Wechselwirkungen zwischen Technologie und Organisation systematisch zu thematisieren. Insgesamt hat die Theorie des sozio-technischen Systems sich vor allem um die Schaffung eines *begrifflichen Gerüsts* für eine tiefergehende Analyse bemüht.

(12) Die vergleichende Informationstechnologieforschung

Eine zweite Forschungsrichtung wird durch die vergleichende Informationstechnologieforschung repräsentiert. Sie untersucht in erster Linie die *organisatorischen Veränderungen, die sich bei größerer Anwendung computer-unterstützter Informationsverarbeitung in Unternehmungen vollziehen,* sowie zum Teil *Veränderungen in den erforderlichen Fähigkeiten und Einstellungen der Mitarbeiter.* Da die organisationstheoretische Fragestellung sich stets auf die Anwendung moderner Informationstechnologie in Verbindung mit personellen Tätigkeiten in Aufgabenerfüllungsprozessen bezieht, ist die Datenverarbeitungsliteratur, die sich etwa mit dem Umfang des Computereinsatzes, mit maschinen- und programmtechnischen Lösungen für spezielle Probleme, mit Problemen der Datenorganisation, der Datenerfassung, Datenübertragung und -speicherung u.ä. beschäftigt, allenfalls am Rande zu den (organisationstheoretischen) gestaltungsergebnis-orientierten Beiträgen zu zählen. Wichtig sind jedoch Arbeiten, die dem *Aufbau und der Einordnung von Datenverarbeitungsabteilungen* gewidmet sind.

Ein besonders stark diskutiertes Thema der vergleichenden Informationstechnologieforschung ist z. B. die Frage nach der *Zentralisationswirkung automatisierter Datenverarbeitung.* Hier ist eine Reihe kontroverser Spekulationen und empirischer Ergebnisse vorgelegt worden. Eine gewisse, wenn auch nicht endgültige Klärung führte die Unterscheidung zwischen einer Informationsverarbeitungszentralisation und einer Entscheidungszentralisation herbei (*Grochla,* 1969(b), (c)).

Während der Computereinsatz in der Vergangenheit (d. h. bis zum Einsatz arbeitsplatzorientierter Kleincomputer) vorwiegend zur Informationsverarbeitungszentralisation in Form von zentralen Rechenzentren geführt hatte, scheinen seine Auswirkungen auf die Entscheidungszentralisation weitgehend davon abzuhängen, ob die Manager einer Unternehmung eine Zentralisations- oder eine Delegationsphilosophie verfolgen.

S. R. Klatzky (1970) hat in einem interessanten theoretischen Erklärungsversuch dargelegt, daß eine *Delegation in Verbindung mit dem Einsatz automatisierter Informationstechnologie* wahrscheinlicher ist. Sie argumentiert, daß die Delegationsbereitschaft der Manager an der Spitze einer Unternehmung von der empfundenen Arbeitsbelastung, dem Gefühl der Kontrollierbarkeit delegierter Entscheidungen und der Möglichkeit der Delegation an untere Ebenen, die ihrerseits von der Arbeitsbelastung auf diesen Ebenen beeinflußt wird, abhängt.

Die Computernutzung führt nach ihrer Meinung nun gerade zu einer Entlastung von Arbeiten auf unteren Ebenen (wo der Computer eingesetzt wird) und zum Gefühl der Kontrollierbarkeit delegierter Entscheidungen seitens der Unternehmungsführung. Da die Arbeitsbelastung an der Spitze stets als zu groß empfunden werden dürfte, ergibt sich hieraus ein Druck zur Delegation. Dabei werden Entscheidungsbefugnisse von der Spitze aus schrittweise von jeweils vorgelagerten Ebenen zu jeweils nachgelagerten Ebenen nach unten verlagert, bis das im unmittelbaren Einsatzfeld des Computers entstandene »Aufgabenvakuum« geschlossen ist.

Klatzky nennt diesen Delegationsvorgang das »Kaskaden-Modell«, weil die einzelnen nachgelagerten Ebenen, wenn sie von den vorgelagerten Ebenen Entscheidungsbefugnisse delegiert erhalten, gleichsam »überlaufen« und dann ihrerseits Entscheidungen delegieren. Das Kaskaden-Modell wurde von *Klatzky* anhand einer Studie von 51 amerikanischen Arbeitsämtern entwickelt. Ein ganz ähnliches Modell wird auch von *Blau* und *Schoenherr* (1971) vorgeschlagen, die mit den gleichen Daten wie *Klatzky* arbeiten.

Einen wichtigen Schritt zur Fundierung der vergleichenden Informationstechnologieforschung in einem spezifisch *organisationstheoretischen Bezugsrahmen* hat *H. Kubicek* (1975(a)) vollzogen. Er weist darauf hin, daß aus organisationstheoretischer Sicht der *Einsatz automatisierter Informationstechnologie* ähnlich zu begreifen ist wie die Vorgabe organisatorischer Regeln, nämlich als *Strukturierung der Handlungsspielräume* der jeweiligen Benutzer in den Computeranwendungen. Aus dieser Perspektive wird die automatisierte Informationstechnologie zu einem *quasiorganisatorischen Aktionsparameter*, bei dessen Ausformung vor allem auf eine adäquate Abstimmung zu den sonstigen organisatorischen Verhaltensvorgaben zu achten ist.

Es ist deshalb besonders wichtig, den Wirkungszusammenhang informationstechnologischer und organisatorischer Regelungen zu durchleuchten und aus einer derartigen Analyse heraus Vorstellungen über eine zweckmäßige Gestaltung von Informationsverarbeitungsprozessen zu entwickeln. Zur Vorbereitung dieser Analyseaufgabe überträgt *Kubicek* zum einen das dimensionale Beschreibungsinstrumentarium der vergleichenden Organisationsforschung (vgl. Kapitel 2.) in den Bereich der Informationstechnologieforschung, zum anderen entwickelt er unter dem Begriff *informationstechnologischer Anwendungsformen* Merkmale des Informationstechnologieeinsatzes, die speziell für eine Beschreibung der Beziehungen zwischen Computereinsatz und Aufgabenerfüllungscharakteristika auf der konzeptionellen Ebene einzelner Benutzer bzw. Arbeitsplätze geeignet erscheinen. Die Formulierung dieser theoretischen Grundlage hat einen wesentlichen Fortschritt in der organisationstheoretischen Behandlung der Computeranwendung begründet.

(13) Die verhaltenswissenschaftliche Automationsforschung

Speziell mit *sozialen Veränderungen im Zusammenhang mit dem Einsatz moderner Informationstechnologie* befaßt sich die verhaltenswissenschaftliche Automationsforschung. Sie untersucht u. a. das Auftreten neuer Gruppen (z. B. Programmierer), Status- und Machtveränderungen, Veränderungen im Berufsethos und den Wandel in der Arbeitseinstellung betroffener Mitarbeiter. Diese Veränderungen sind Indikatoren für Problemstellungen, denen in aller Regel mit organisatorischen Maßnahmen begegnet werden muß (vgl. hierzu beispielsweise *Jaeggi/Wiedemann*, 1963; *Mann/Williams*, 1960).

(14) Die experimentelle Informationstechnologieforschung

Der vierte Forschungsbereich wird durch die experimentelle Informationstechnologieforschung dargestellt. Ihre Fragestellung zielt vor allem auf die Möglichkeit der unmittelbaren *Unterstützung von individuellen und kollektiven Entscheidungsprozessen durch den Computer* ab. Die erarbeiteten Forschungsergebnisse münden in gestaltungsbezogene Aussagen der Computerergonomie, des Interface-Designs und der Mensch-Maschine-Kommunikation ein (vgl. z.B. *Hedberg,* 1970; *Sackman,* 1970).

(2) Gestaltungsprozeß-orientierte Beiträge

Die Gestaltungsprozeß-orientierten Beiträge untersuchen *Methoden der Informationssystementwicklung.* Bei diesen Methoden kann es sich auch um die Feststellung empirisch ermittelter, erfolgreicher Prozeßverläufe handeln.

Folgende *Methodenbereiche* können unterschieden werden:

- Methoden für den Entwurf des Informationssystems,
- Methoden für die Durchsetzung des Informationssystems und
- Methoden der Projektsteuerung.

Die Ansätze, die sich mit diesem Themenkreis beschäftigen, können ohne Einschränkung zur Organisationstheorie gezählt werden, da ihnen allen das Interesse an der *Entwicklung bestimmter Verfahrensweisen für die Erfüllung der Aufgabe »Informationssystemgestaltung«* gemeinsam ist. Dabei wird ähnlich wie in den betriebswirtschaftlich-pragmatischen Ansätzen in der Regel versucht, generelle Prinzipien des Vorgehens und allgemeine Techniken zu erarbeiten, ohne die methodischen Empfehlungen im Hinblick auf bestimmte Anwendungsbedingungen zu reduzieren. Eine Bedingtheitstheorie, die insbesondere für die Durchsetzungs- und die Projektsteuerungsmethoden wichtig erscheint, ist erst in Einzelversuchen zu erkennen.

Von den Gestaltungsprozeß-orientierten Beiträgen werden im folgenden kurz vorgestellt:

(21) Methoden zur Ablaufgestaltung von Informationssystemgestaltungsprozessen von *Powers* (1971),

(22) Methoden zur Gestaltung der einzelnen Komponenten von Informationssystemen und

(23) Methoden der organisatorischen Implementierung.

(21) Methoden zur Ablaufgestaltung von Informationssystemgestaltungsprozessen

Eine der beachtenswertesten Arbeiten in diesem Zusammenhang ist die Studie von *R. F. Powers* (1971). Er hat die bisher umfangreichste und detaillierteste Untersuchung zu dem Problemkreis der Ablaufgestaltung von Informationssystemgestaltungsprozessen vorgelegt. Die von ihm entwickelte Grundthese zielt auf eine *Differenzierung der Projektgestaltung nach dem Typ der jeweils zu entwickelnden Computeranwendung* ab.

Als *Typen von Computeranwendungen* bzw. als Entwicklungsprojekte unterscheidet er

- operative Datenverarbeitungsanwendungen,
- die Erarbeitung genereller Anwendungssoftware und
- Management-Informationssystem-Anwendungen.

Seine eigene empirische Untersuchung beschränkt sich auf 20 *Management-Informationssystem-Projekte* (MIS-Projekte). Die Fragestellung der Untersuchung richtet sich in erster Linie auf die Faktoren, die den *Erfolg* derartiger Projekte bestimmen. Als wichtigstes Erfolgskriterium kristallisiert sich in seiner Arbeit die Zufriedenheit der Benutzer mit dem Projektergebnis heraus. Die wesentlichsten unmittelbaren *Erfolgseinflußfaktoren,* die identifiziert werden, sind:

- die Beteiligung von Benutzern im Hinblick auf die Ingangsetzung des Gestaltungsprozesses,
- das Interesse des Top-Managements sowie
- der kombinierte Einsatz von Analytikern und Programmierern.

Die typischen projektorganisatorischen Merkmale wie Zielformalisierung, Teameinsatz und Projektkontrollberichte zeigen keinen direkten Zusammenhang mit den Erfolgskriterien.

Als Schlußfolgerung aus diesen Ergebnissen schlägt *Powers* einen *evolutionären Ansatz* für die Vorgehensweise bei der MIS-Gestaltung vor, der sich auszeichnet durch

- eine sehr offene Projektstruktur,
- eine enge Interaktion zwischen Systemplanern und Benutzern,
- geringe Zielformalisierung bei großer Offenheit für Modifikationen und
- eine schrittweise Realisierung mit langanhaltender Unterstützung durch einen Systemanalytiker (-betreuer).

(22) Methoden zur Gestaltung der einzelnen Komponenten von Informationssystemen

Die Methoden für den Entwurf des computer-gestützten Informationssystems können grundsätzlich entsprechend den vier Komponenten von computer-gestützten Informationssystemen (Maschinensystem, Anwendungsprogramm-/Aufgabensystem, Betriebssystem, Benutzersystem) weiter untergliedert werden (vgl. *Grochla/Meller,* 1974).

Ansätze zur Methodenentwicklung für die *Gestaltung des Maschinensystems* beziehen sich nicht auf die Gestaltung von Informationsaggregaten selbst, sondern vielmehr auf Techniken zur Auswahl geeigneter Computerkonfigurationen für eine konkrete Aufgabenstellung. Dabei werden vor allem Fragen der Leistungs- und Wirtschaftlichkeitsanalyse von Datenverarbeitungsanlagen sowie einer Leistungssimulation diskutiert.

Ansätze zur Entwicklung von *Programmierungs- und Programmauswahlmethoden* behandeln Verfahren der Software-Auswahl, der Betriebssystemtests, der Normierten Programmierung und ähnlicher Programmierungshilfen.

Die Beiträge, die sich mit der Entwicklung von Methoden für den Entwurf des durch automatisierte Informationsverarbeitung zu unterstützenden *Aufgabensystems* beschäftigen, bemühen sich

- um Darstellungs- und Analyseverfahren für Aufgabenzusammenhänge (Informationsstrukturen im datenverarbeitungsbezogenen Sinn),
- um detaillierte Aufgaben- und Informationsbeschreibungen,
- um die informationelle Untersuchung des Formularflusses,
- um die Feststellung des Informationsbedarfs an bestimmten Stellen,
- um die Formalisierung von Entscheidungsregeln u. ä.

In diesem Zusammenhang sind besonders das *Kölner Integrationsmodell* (KIM) als umfassendes Aufgaben- und Informationsstrukturbeschreibungsmodell (vgl. *Grochla,* 1974), die *Entscheidungstabellen-Technik* (vgl. *Pagenkemper,* 1975; *Strunz,* 1977) sowie die Analyse von Informationsflüssen mit Hilfe von *Strukturmatrizen* (vgl. *Grochla* u.a. 1972; *Langefors,* 1973) zu erwähnen.

Eine integrierte Weiterentwicklung der drei bisher genannten Modellbereiche der Entwurfsmethoden wird gegenwärtig in Form der *Computer-gestützten Systemgestaltung* versucht. Bei diesen Bemühungen um eine »Automatisierung der Automatisierung« (vgl. *Grochla,* 1973) steht vor allem eine möglichst weitgehende Unterstützung aller Arbeiten der Informationssystemplanung durch den Computer im Vordergrund.

(23) Methoden der organisatorischen Implementierung

Im Rahmen der Beiträge zur Entwicklung von Methoden für die *Gestaltung des Benutzersystems* geht es zum einen um die Erreichung erforderlicher *Fähigkeiten bei den betroffenen Mitarbeitern.* Hier werden insbesondere Schulungs- und Trainingsmethoden diskutiert. Zum anderen werden Fragen erforderlicher *organisatorischer Veränderungen* behandelt (vgl. z.B. *Bower/Sefert,* 1965; *Blumenthal,* 1969).

Bei den Beiträgen, die sich mit den Methoden für die Durchsetzung des entworfenen Informationssystems befassen, stehen Fragen der Benutzerinformierung, der Zusammenarbeit von Datenverarbeitungsspezialisten mit den zukünftigen Benutzern bei der Systementwicklung, des Top-Management-Engagements, der erforderlichen Promotoren, des Initiatorenbereichs u.a. im Mittelpunkt. Generell beziehen sie sich auf das Problem des *Abbaus und der Überwindung möglicher Widerstände* gegen das geplante Informationssystem. Dabei ergeben sich gewisse Überschneidungen mit den Methoden für die sachliche Vorbereitung der Benutzer. Die Methoden für die Systemdurchsetzung und für die Benutzervorbereitung werden deshalb oft zusammen unter dem Stichwort »Organisatorische Implementierung« behandelt.

In Verbindung mit den Methoden der Projektsteuerung geht es schließlich um *Probleme der Projektorganisation* (Projektmanagement, Festlegung von Aktivitätsphasen, Entwicklungsstufen und Projektmitarbeitern; Anwendung von sog. Standardarbeitsmethoden der Systementwicklung, bei denen es sich meist um systematisierende Formularsätze handelt, u.ä.) und der zeitlichen und kostenbezogenen Projektplanung und -überwachung (Netzplantechnik, formalisierte Berichtssysteme, Budgetierungsverfahren u.ä.).

Zusammenfassend ist die Bedeutung der informationssystemorientierten Ansätze zur Entwicklung einer praxeologischen Organisationstheorie wie folgt zu beurteilen:

Diese Ansätze haben durchaus schon als informativ einzustufende Forschungsergebnisse vorgelegt, die die Zusammenhänge zwischen dem Einsatz moderner Informationstechnologie und Organisationsstruktur offenlegen sowie Methoden und Konzepte der Systemgestaltung skizzieren. Insbesondere die gestaltungsergebnis-orientierten Beiträge bemühen sich in erster Linie um empirische Bestätigung, die sie auch schon in erheblichem Maße erreicht haben, aber sie vernachlässigen die entscheidungstechnische Verwendbarkeit. Demgegenüber versuchen die sich mit der Systemgestaltung befassenden Arbeiten in erster Linie Methoden und Konzepte zu erarbeiten, die im Gestaltungsprozeß (entscheidungstechnisch) verwendbar sind.

4.3.5 Systemtheoretisch-kybernetisch orientierte Ansätze

Die Komplexität organisatorischer Phänomene, die sich vor allem in der Vielfalt interner und externer Einflußfaktoren sowie in deren Dynamik und Unbestimmtheit ausdrückt, hat – wie die bisherige Darstellung zeigte – im Laufe der Entwicklung zur Ausbildung sehr spezieller, d. h. auf ganz bestimmte Problemkreise zugeschnittener Ansätze geführt. Der Vorteil einer solchen Spezialisierung, der in der Möglichkeit detaillierterer Analysen in relativ engen Untersuchungsbereichen zu sehen ist, verkehrt sich jedoch dann in sein Gegenteil, wenn zur Beherrschung komplexer Systeme ein möglichst vollständiger Erklärungs- und Gestaltungsansatz notwendig wird. Eine solche *ganzheitlich umfassende Perspektive*, die u. a. in den Problemen der Beherrschung komplexer Systeme auch und gerade bei unvollkommenen Wissensbeständen zum Ausdruck kommt, ist *Anliegen der systemtheoretisch-kybernetischen Ansätze.* Die entsprechenden, zur Organisationstheorie zu rechnenden Beiträge nehmen insbesondere Bezug auf die Komponenten organisatorische Regeln, Aufgaben/Effizienzkriterien, Umweltsegmente und mentale bzw. korporale Arbeit (vgl. S. 110f.). Sie streben einen *operationalen (hier im Sinne von »handhabbaren«) Zugang zur Erklärung und Gestaltung sozio-technischer Systeme* an und lenken bereits durch ihr Begriffssystem das Augenmerk auf die zum Verständnis komplexer Systeme fundamentalen Aspekte von *Systemstruktur* und *Systemverhalten*.

Der ganzheitlichen Konzeption liegt der zentrale Begriff *»System«* zugrunde. Die in der Literatur in diesem Zusammenhang vorfindbaren Systemdefinitionen lassen sich in folgender Formulierung zusammenfassen: *Ein System besteht aus Elementen mit bestimmten Eigenschaften, wobei die Elemente durch Beziehungen miteinander verknüpft sind* (vgl. auch S. 9). Unter Systemelementen sind die kleinsten jeweils untersuchten Bausteine zu verstehen.

In einem ersten, vereinfachenden Ansatz werden im System Unternehmung oft *Menschen und Sachmittel* als Elemente aufgefaßt (vgl. dazu die Ausführungen auf S. 10ff.). Die Erklärungsaufgabe besteht nun darin, Systemstruktur und Systemverhalten auf die sie konstituierenden Elemente sowie auf die Beziehungen zwischen den Elementen und dem System sowie seiner Umwelt zurückzuführen. Letztere Beziehungen werden durch Strömungsgrößen informationeller (kommunikativer) und materieller Art erfaßt.

Der *Detaillierungsgrad der Systemstruktur* und der Umfang der als Untersuchungshorizont gewählten *Systemgrenze* sind abhängig vom jeweiligen Untersuchungszweck und -fortschritt. So können im weiteren Forschungsablauf zunächst als gegebene Elemente betrachtete Systembausteine selbst wiederum als zu untersuchende Subsysteme mit Subelementen und -beziehungen umstrukturiert oder die Systemgrenzen durch Einbeziehung von bisher als exogene Faktoren betrachteten Umweltsektoren erweitert werden. Diese Relativität der Systemkonzeption im Hinblick auf das Untersuchungsobjekt und den Untersuchungsfortschritt kommt u. a. in den Begriffspaaren »Subsystem – Supersystem« und »Insystem – Umsystem« zum Ausdruck.

Nach diesen einleitenden Ausführungen zur Aufgabenstellung der systemtheoretisch-kybernetischen Ansätze sollen im folgenden, nach einer kurzen Darstellung der historischen Entwicklung, beschreibende Beiträge, Konzepte sowie Methoden der Operationalisierung und Modellierung innerhalb der systemtheoretisch-kybernetischen Ansätze vorgestellt und eingehender erörtert werden.

(1) Historische Entwicklung der systemtheoretisch-kybernetischen Ansätze

Der den *systemtheoretisch-kybernetischen Ansätzen* zugrundeliegende Systemgedanke als *Ganzheitsidee* (Holismus) läßt sich bis in die Anfänge der abendländischen Philosophie von Aristoteles und Plato zurückverfolgen. Ihr steht eine bereits auf Demokrit zurückführbare *atomistische Betrachtungsweise* gegenüber, die aufgrund der damit erzielbaren Spezialisierungsvorteile die rasche Entwicklung insbesondere naturwissenschaftlicher Einzeldisziplinen begünstigt hat. Erst das Aufgreifen von schlecht strukturierbaren Problemen führte in jüngster Zeit zu einer Rückbesinnung auf ganzheitliche und interdisziplinäre Forschungsmethoden. Die Grundsteine für die systemtheoretisch-kybernetischen Ansätze legten insbesondere *L. v. Bertalanffy* bzw. *N. Wiener.*

Der österreichische Biologe *L. v. Bertalanffy* hat mit seinen Veröffentlichungen, z. B. »Das biologische Weltbild« (1949 (a)), »Zu einer allgemeinen Systemlehre« (1949 (b)) und »An Outline of General System Theory« (1950) zur Begründung einer *Allgemeinen Systemtheorie* beigetragen. Die holistische Betrachtung *Bertalanffys* setzte an dem damaligen unzureichenden Entwicklungsstand mechanistischer Ansätze an, die biologische Prozesse, wie etwa Umweltanpassung, Selbstregulation und -regeneration etc., mit Hilfe physikalisch-chemischer Erkenntnisse zu erklären versuchten. Im Gegensatz dazu betrachtete er den Organismus als ein *dynamisches System, dessen Verhalten aus dem Wirkungszusammenhang der systembildenden Elemente abzuleiten sei.* Dabei lehnte er allerdings zugleich das sog. vitalistische Konzept ab, weil in diesem Konzept das Systemverhalten letztlich auf einen nicht mehr analysierbaren metaphysischen Faktor (Entelechiefaktor) zurückgeführt wird.

Die Entwicklung eines *Offenen-System-Konzeptes* als Beschreibungs- und Erklärungsmodell zur Untersuchung biologischer Organisationsphänomene wie Wachstum, Anpassung, Regulation und Gleichgewicht sowie der Grundgedanke, daß Eigenschaften, Zustände und Verhaltensweisen unterschiedlicher realer Systeme häufig durch formal-isomorphe Systemgesetze erklärt werden können, führten schließlich in Erweiterung und Verallgemeinerung des Systemgedankens zu einer Allgemeinen Systemtheorie.

Die *Kybernetik* als zweite Komponente dieser Ansätze basiert auf Methoden verschiedener Disziplinen wie der Mathematik, Regelungstheorie etc. und wird u. a. in technischen Disziplinen (Regelungs- und Nachrichtentechnik etc.) sowie in den Wirtschafts- und Sozialwissenschaften angewandt. Ihre Grundlegung als *interdisziplinäre Forschungsmethode* gelang dem amerikanischen Mathematiker *N. Wiener* mit seinen Veröffentlichungen »Cybernetics, or Control and Communication in the Animal and the Machine« (1948) und »The Human Use of Human Beings, Cybernetics and Society« (1950).

Der Gegenstandsbereich der Kybernetik umschließt die *formalisierte Darstellung von Systemstrukturen und -verhaltensweisen und ihre Rückführung auf elementare Steuerungs- und Regelungsmechanismen. Wiener* befaßte sich u. a. mit Arbeiten zur Entwicklung von Analog- und Digitalrechnern, Feuerleitgeräten, lernenden Maschinen, Rückkopplungsphänomenen in Nervensystemen und den technologischen und sozialen Auswirkungen der Automation. Aufbauend auf *Wieners* Arbeiten zur statistischen

Behandlung von Kommunikationsphänomenen und zur Nachrichtentheorie legten *Shannon* (1949) und *Weaver* (1949) die Grundsteine zur modernen *Informationstheorie.* Information und Kommunikation wurden zu Schlüsselproblemen, deren Klärung die zielorientierte Steuerung und Regelung des Systemverhaltens durch Datenverarbeitungsanlagen ermöglichte.

Basierend auf einem ganzheitlichen, systemtheoretischen Konzept erlauben die kybernetischen Instrumente die *quantitative Untersuchung komplexer organisatorischer Systeme.* Hierbei ist der Forschungs- und Anwendungsbereich kybernetischer Untersuchungen auf systemtheoretischer Basis weit gefächert; er durchdringt den technischen, biologischen und medizinischen Objektbereich ebenso wie die Wissenschaftsbereiche der Ökonomie, Soziologie und Politologie.

Aufbauend auf diesen beiden Komponenten – der Allgemeinen Systemtheorie und der Kybernetik – entwickelten sich weitere übergreifende Forschungsrichtungen wie die mathematische Systemtheorie, die Algorithmentheorie, die Automatentheorie zu einem systemtheoretisch-kybernetischen Wissenschaftskomplex, dessen Instrumentarien bereits in vielen Disziplinen Anwendung gefunden haben.

Im anglo-amerikanischen Sprachraum hat sich neben der theoretisch orientierten »Systems Theory« oder »General Systems Theory« eine anwendungs- und verfahrensorientierte Richtung der »Systems Science« und »Systems Philosophy« entwickelt, der die Verfahren »Systems Engineering«, »Systems Design«, »Systems Analysis« und andere zuzuordnen sind. Die Beiträge in diesem Sprachraum sind u. a. mit den Namen *Ackoff* (1960, 1963), *Boulding* (1956, 1964), *Forrester* (1961) und *Mesarović* (1964) verknüpft.

Im deutschsprachigen Raum ist primär eine Auseinandersetzung mit den systemtheoretisch-kybernetischen Ansätzen in Verbindung mit wirtschafts- und sozialwissenschaftlichen, insbesondere allgemeinen betriebswirtschaftlichen und betriebswirtschaftlich-organisatorischen sowie soziologischen und politologischen Fragestellungen erkennbar.

(2) Beschreibende Beiträge

Zur Erfassung realer Systeme wurden in den beschreibenden Beiträgen bereits frühzeitig meist zweipolig (dichotomisch) formulierte Merkmale in Beschreibungsmodelle eingebracht, die einen sehr geringen Detaillierungsgrad aufwiesen und daher in erster Linie zur Klassifizierung von Systemen herangezogen werden können. Hier sind vor allem folgende *Systemklassifikationen* zu nennen:

- reale und ideale Systeme,
- deterministische und stochastische Systeme,
- einfache und komplexe Systeme,
- statische und dynamische Systeme sowie
- geschlossene und offene Systeme.

Insbesondere die letzten beiden Begriffspaare wurden Ausgangspunkt für einen beachtlichen Fortschritt bei der Entwicklung operationaler Konzepte zur Gestaltung komplexer realer Systeme. Hierbei liegen *offene Systeme* dann vor, wenn explizit *Austauschbeziehungen zwischen dem betrachteten System und seiner Umwelt* in die Systemanalyse und -gestaltung mit aufgenommen werden (vgl. hierzu das weiter unten vorgestellte Konzept des offenen Systems).

Die Unterscheidung in *statische oder dynamische Systeme* knüpft an struktur- und prozeßorientierte Betrachtungsweisen insofern an, als bei dynamischen Untersuchungen der Parameter *»Zeit«* explizit einbezogen wird.

Im historischen Entwicklungsverlauf wurden zunächst aufgrund der verfügbaren Analyseinstrumente nur statische, zeitpunktbezogene, meist strukturorientierte Untersuchungen durchgeführt, die in einem Übergangsstadium in der komparativ-statischen Analyse, d.h. den statischen Vergleich von Systemen zu verschiedenen Zeitpunkten, ihre vorläufige Begrenzung fanden. Erst mit der Erarbeitung mathematisch-analytischer und insbesondere simulativer Instrumentarien (vgl. S. 214ff.) gelang die Analyse des Systemverhaltens im Zeitablauf. Sie sind Voraussetzung für die angemessene statisch-strukturale und dynamisch-funktionale Analyse und Gestaltung komplexer Systeme.

Unter Verwendung dieser Klassifikationsmerkmale der beschreibenden Beiträge wurde in Kapitel 4.2 der vorliegenden Einführung bereits eine *Klassifizierung möglicher Perspektiven organisationstheoretischer Beiträge aufgrund ihrer Akzentuierung bestimmter Grundkategorien sozio-technischer Systeme* vorgenommen (vgl. S. 106f.). Weiterhin läßt sich mit Hilfe dieser begrifflichen Abgrenzung das unter organisatorischen Zielsetzungen zu analysierende und zu gestaltende Untersuchungsobjekt *»Unternehmung« als sozio-technisches, komplexes, offenes und dynamisches System* interpretieren, das sich aus den Elementgruppen personelle und maschinelle Aktionsträger mit den zwischen ihnen bestehenden materiellen und informationellen Beziehungen zusammensetzt.

(3) Konzepte

(31) Das Konzept des offenen Systems

In einer Unternehmung sind Menschen und Maschinen durch informationelle (kommunikative) und materielle (realprozeßbezogene) Beziehungen in vielfältiger Weise miteinander verbunden. Eine offene Systembetrachtung liegt dann vor, wenn neben diesen internen Wechselbeziehungen auch die *Beziehungen zwischen der Unternehmung und ihren relevanten Umweltbereichen* explizit mit berücksichtigt werden (vgl. *Bertalanffy,* 1953, S. 1 ff.; *Fuchs*, 1973, S. 63 f.). Zur näheren Charakterisierung der internen und externen Beziehungen können neben einer groben Einteilung in informationelle und materielle Beziehungen die Funktionen einer Unternehmung sowie die betrieblichen Faktorarten herangezogen werden.

Neben einer beschreibenden Betrachtung der Systemelemente und der internen sowie externen Beziehungen unter vorwiegend *statisch-strukturalen* Aspekten rückt bei der systemtheoretisch-kybernetischen Untersuchung des Verhaltens offener, dynamischer Systeme die zeitabhängige Betrachtung der Systemzustände, -verhaltensweisen, Anpassungs- und Regulationsvorgänge unter vorwiegend *dynamisch-funktionalen* Aspekten in den Vordergrund. Von besonderer Bedeutung im Hinblick auf die Funktionssicherung und auf die effiziente Aufgabenerfüllung der Systeme ist die *Analyse von Stabilitäts- und Gleichgewichtszuständen oder -bereichen.* Hierbei ist unter Stabilität eine Eigenschaft bzw. ein Zustand eines offenen Systems zu verstehen, in dem das System sein *dynamisches Gleichgewicht (Fließgleichgewicht)* gegenüber einer bestimmten Klasse von internen und externen Einwirkungen (Störungen) aufrechterhalten oder zu ihm zurückkehren kann. Besondere Stabilitätsformen weisen ultra- und multistabile Systeme auf. *Ultrastabile Systeme* sind in der Lage, zur Anpassung aus einer Reihe potentieller Zustände einen geeigneten Zustand auszuwählen und sprunghaft in diesen überzugehen. Über ein noch höheres Maß an Anpassungsfähigkeit verfügen *multistabile Systeme,* die aus voneinander unabhängigen ultrastabilen Systemen bestehen, welche durch deren zeitweilige Kopplung auch gegenüber einem größeren Störungsfeld die Annäherung an angestrebte Stabilitätsbereiche erlauben (vgl. *Ashby,* 1960, S. 80ff.).

Wird ein im Fließgleichgewicht befindliches offenes System durch Störgrößen so beeinflußt, daß die Störungen innerhalb einer tolerierbaren Bandbreite verbleiben, so kann das Gleichgewicht aufrecht erhalten werden. Bei fortwährender Überschreitung dieser Bandbreite muß sich das System durch Veränderung des Fließgleichgewichtes an die veränderten Bedingungen anpassen. Diese Verlagerung des Fließgleichgewichts durch Veränderung der Systemstruktur wird *primäre Regulation* genannt.

Sind dagegen bei Störungen nur Regulationen innerhalb vorgegebener Bandbreiten mit Hilfe von Rückkopplungen durch determinierte Substrukturen möglich, so wird von *sekundärer Regulation* gesprochen.

(32) Das Konzept der Systemanalyse

Einen zweiten konzeptionell geschlossenen und für eine nähere Analyse von sozio-technischen Systemen nutzbaren systemtheoretisch-kybernetischen Ansatz stellt die Systemanalyse dar, auf der eine Reihe weiterführender Forschungsansätze aufbaut (vgl. zum Überblick *Fuchs-Wegner,* 1974). Sie dient der *Beobachtung komplexer, betrieblicher Systeme zur Analyse ihrer funktionalen Abhängigkeiten, der Ableitung von Aussagen zur Struktur und zum Zeitverhalten sowie der empirischen Überprüfung derartig abgeleiteter Aussagen.* Über die analytische Funktion hinaus stellt sie eine Grundlage für die Strukturierung des Gestaltungsprozesses dar, der – formal vereinfacht – in die folgenden *Bereiche* gegliedert wird:

- Informationsbeschaffung,
- Systemkonzipierung und
- Systemrealisation.

Zur heuristischen Strukturierung der Phase *Systemkonzipierung* werden in der Systemanalyse vier aufeinanderfolgende *Schritte* vorgeschlagen:

- die Zielanalyse,
- die Elementanalyse,
- die Beziehungsanalyse und
- die Analyse des Systemverhaltens.

Ausgangspunkt der Systemanalyse stellt die input-/outputorientierte Ermittlung der von dem System zu erbringenden Leistung dar.

Im Rahmen der *Zielanalyse* werden diejenigen Einflußfaktoren erfaßt, von denen angenommen werden darf, daß sie die Zielerreichung signifikant beeinflussen. Hierbei sind für die organisatorische Gestaltung betrieblicher Systeme nicht nur die traditionellen betriebswirtschaftlichen Zielgrößen zu berücksichtigen, sondern auch individuale und soziale Ziele, die zur Erfassung des betrieblich relevanten menschlichen Verhaltens als angemessen erscheinen.

Untersuchungsobjekte der *Elementanalyse* sind im zweiten Schritt der Systemanalyse die Elemente, in denen sich die zur Zielerreichung erforderlichen Transformationsprozesse vollziehen.

Bei der *Analyse der Beziehungen* geht es um die zieladäquate Strukturierung der systeminternen und -externen Beziehungen.

Zur *Analyse des Systemverhaltens* ist das beobachtbare Systemverhalten auf die Eigenschaften der Elemente und die zwischen ihnen bestehenden Beziehungen zurückzuführen.

(4) Methoden der Operationalisierung und Modellierung

Die bisher dargestellten systemtheoretisch-kybernetischen Ansätze dienen in erster Linie der Erarbeitung terminologischer und deskriptiver Aussagen. Der terminologische Aussagegehalt wird besonders in den beschreibenden Beiträgen deutlich, die zu einer Klassifizierung verschiedener Systemtypen führen. Bei der Konzeption des offenen Systems werden bereits deskriptive und erste explanatorische Ansätze deutlich. Die geschlossene Konzeption der Systemanalyse weist über ihre analytische Funktion hinaus schon einige programmatische Grundlagen einer systemtheoretisch-kybernetischen Forschungs- und Gestaltungsmethodologie auf.

Eine wesentliche Phase der operationalen Erklärung und Gestaltung organisatorischer Phänomene wird jedoch erst mit der Anwendung kybernetischer Instrumentarien eingeleitet. Hierzu sollen in zwei Operationalisierungsschritten die Instrumente der Steuerung und Regelung sowie der Analyse des Übertragungsverhaltens angesprochen werden. Anschließend folgen noch einige Ausführungen zu der spezifisch systemtheoretisch-kybernetischen Modellierungsmethodik.

(41) Steuerung und Regelung

Ein erster Schritt zur Erklärung und Gestaltung sozio-technischer Systeme im Rahmen der systemtheoretisch-kybernetischen Ansätze erfolgt durch die *Rückführung des Systemverhaltens auf die elementaren Grundphänomene der Steuerung und Regelung*.

Bei der *Steuerung* wirkt die Steuergröße eines Steuergliedes über die Steuerstrecke auf den zu steuernden Prozeß derart ein, daß diese *nicht mehr auf das Steuerglied zurückwirkt* (Vorwärtskopplung, offene Wirkungskette; vgl. *Oppelt,* 1972). Das bedeutet, daß eine Ausschaltung von Störungen nur insoweit möglich ist, als diese in der Konzeption des Systems bereits berücksichtigt sind (vgl. Abb. 20).

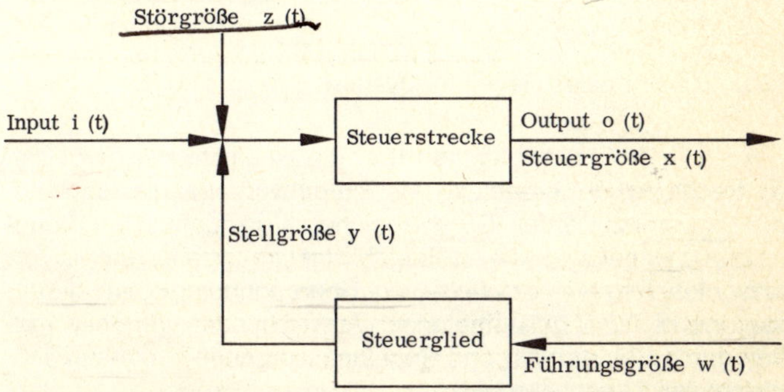

Abb. 20: Formales Steuersystem

Bei der *Regelung* wird dagegen *die Ergebnisabweichung nach Auswirkung der Störung korrigiert.* Im Gegensatz zum Steuersystem liegt beim Regelungssystem ein kreisförmig geschlossener Wirkungszusammenhang (Rückkopplung) zwischen Regelstrecke und Regler als den Systemelementen vor. Hierbei stellt die Regelstrecke den zu regelnden Prozeß und der Regler die regelnde Einheit dar. Nach Einwirkung der Störgröße wird die Regelgröße als Istwert am Output der Regelstrecke gemessen. Im Regler erfolgt die Festellung der Regelabweichung zwischen Regelungssollwert und Regelgröße sowie die Vorgabe einer korrigierenden Stellgröße. Diese wirkt zeitlich verzögert in bezug auf den Zeitpunkt der Störungseinwirkung der Störung entgegen (vgl. hierzu Abb. 21).

Solche Feed-back-Strukturen können formal vorwiegend den

Reader II

Stellenbereichen zur Abwicklung strategischer Führungsaufgaben zugrunde gelegt werden, deren Arbeits- und Informationsbeziehungen wegen zumeist unbestimmter, innovativer Abläufe vielfältig rückgekoppelt sind.

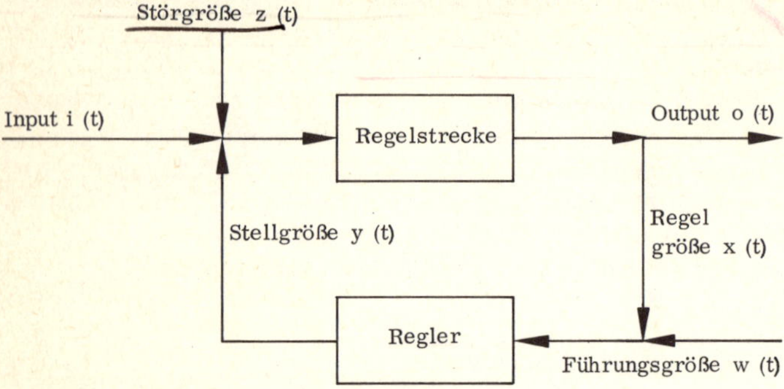

Abb. 21: Formales Regelkreissystem

Nach ihrer Struktur können u.a. die Regelungsformen Festwertregelung, Folgeregelung und Extremwertregelung voneinander abgegrenzt werden. Durch geeignete Verknüpfung der Steuerung und Regelung kann die betriebliche Organisation als ein *vermaschtes Regelungssystem* von Übertragungsgliedern dargestellt werden, das bei auftretenden Abweichungen von Sollvorgaben durch Steuerungs- und Regelungsvorgänge in einem Fließgleichgewicht gehalten wird.

In der folgenden Abb. 22 wird beispielhaft ein vertikaler Ausschnitt der horizontal und vertikal vermaschten *Regelkreishierarchie* des betrieblichen Informationssystems formal wiedergegeben.

Die Aufgabe der Informationsbeschaffung obliegt dem unteren Übertragungsglied (z.B. dem betrieblichen Rechnungswesen), von dem ein aufsteigender Informationsstrom über die nachgelagerten filternden und aufbereitenden Stufen hinweg eingeleitet wird. Diese Informationen liefern eine Abbildung der im Basissystem ablaufenden Leistungserstellungsprozesse. Sie werden in den oberen Ebenen des Informationssystems mit Sollgrößen zur Abweichungsfeststellung und ggf. Einleitung korrigierender Gestaltungsaktivitäten verglichen. Die nach unten gerichteten Gestaltungsvorgaben werden durch vorgelagerte Abstimmungs-, Lern- und Zielbildungsprozesse bestimmt. Aufgrund von Aufwand-/Nutzen-Überlegungen können kostenverursachende

Rückkopplungsbeziehungen durch die Festlegung von Ermessensspielräumen und Delegation von vorgelagerten Aufgaben an nachgelagerte Stellen eingespart werden.

Die formale Problematik der Steuerung und Regelung sowie die Bereitstellung interdisziplinärer Instrumentarien mit dem Ziel der Schaffung selbstregulierender und selbstorganisierender, lernfähiger Systeme ist Anliegen der Organisationskybernetik (vgl. *Lehmann*, 1974, S. 62ff.).

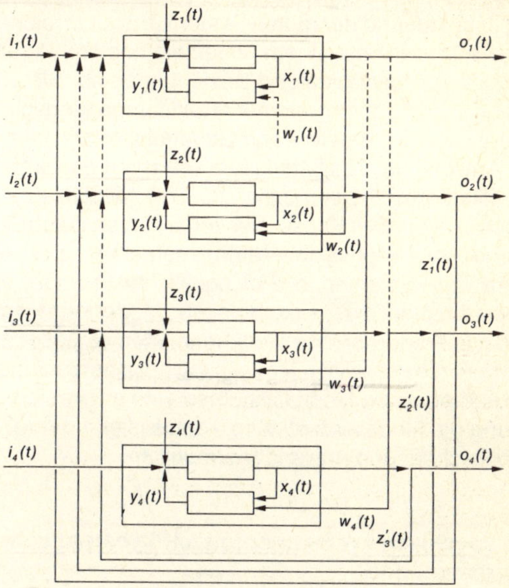

Abb. 22: Regelkreishierarchie

(42) Die Analyse des Übertragungsverhaltens

Ein weiterer wichtiger Schritt zur operationalen Behandlung komplexer, dynamischer, offener Systeme ist im Einsatz quantitativer, regelungstheoretischer Kalküle zu sehen. Unter diesen ist besonders das Instrument der Analyse des Übertragungsverhaltens hervorzuheben.

Zur Bestimmung des Übertragungsverhaltens wird eine Input-Output-Betrachtung vorgenommen. Zum Untersuchungsbeginn ist die interne Systemstruktur des zu analysierenden Systems zunächst unbekannt (Black-Box-Ansatz); nur das Systemverhalten ist beobachtbar und durch Input- und Outputfunktionen darstellbar. Durch *geeignete Variation der Eingangsgrößen* wird über das *veränderte Verhalten der Ausgangsgrößen* versucht, *Hypothesen über die vermuteten Zusammenhänge in mathematischen Übertragungsfunktionen* zu formulieren. Bei fortgeschrittener Hypothesenbildung sind diese zur Identifikation der Systemstruktur empirisch zu überprüfen. Der iterative Prozeß der Systempräzisierung gilt dann als abgeschlossen, wenn eine hinreichende Homomorphie (Strukturähnlichkeit) zwischen der input-outputorientierten Modellstruktur und der realen Systemstruktur erreicht ist.

Komplexe Modelle mit einem hohen Homomorphiegrad bilden eine Vielzahl von Variablen und Beziehungen ab. Sie entstehen durch mehrfache Kopplung elementarer Übertragungsglieder mittels Hintereinander-, Parallel- und Gegeneinanderschaltung. Hier dient die Anwendung von *Simulationsverfahren* der Schaffung einer kontrollierbaren Experimentiersituation. Mit diesen Verfahren lassen sich quantitative Konsequenzenanalysen durchführen, die die Lösung konkreter Stabilisierungsaufgaben, z.B. das Einschwingen von Systemen in Gleichgewichtszustände, erlauben. Zur Unterstützung dieser komplexen Modellierungsaufgaben werden digitale und analoge Rechenanlagen eingesetzt; hier ist insbesondere die interaktive Modellsimulation hervorzuheben, die auch bei komplexeren Modellsystemen eine erfolgreiche Modellbehandlung bei Modellentwicklung, -aktualisierung und -nutzung zwischen Rechner und Anwender ermöglicht.

(43) Die spezifisch systemtheoretisch-kybernetische Modellierungsmethodik

Bei der systemtheoretisch-kybernetischen Untersuchung organisatorischer Phänomene kommt dem Arbeiten mit Modellen eine grundlegende Bedeutung zu. Hierbei muß unter Berücksichtigung von Kosten-/Nutzen-Überlegungen zwischen den konkurrierenden Forderungen nach *Komplexitätsreduktion* einerseits und einer dem Untersuchungszweck adäquaten *Abbildungstreue* andererseits abgewogen werden. Im folgenden soll daher die charakteristische Vorgehensweise bei Arbeiten mit systemtheoretisch-kybernetischen Modellen dargestellt werden (vgl. die Abb. 23 sowie *Grochla,* 1974 (b), S. 15ff.).

Bei diesem Vorgehen können vier Teilschritte voneinander abgegrenzt werden:

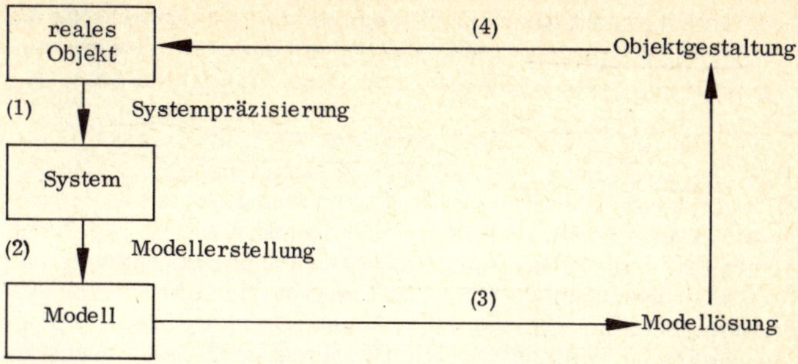

Abb. 23: Vorgehensweise beim Arbeiten mit systemtheoretisch-kybernetischen Modellen

- In einem ersten Schritt geht es bei der *Systempräzisierung* um die Ausgrenzung und Strukturierung des zu untersuchenden Realitätsausschnittes. Hierbei sind in der *Systemerkennung* die relevanten Systemelemente und Systembeziehungen zu erfassen und vorläufige Struktur- und Verhaltenshypothesen aufzustellen. Die anschließende *Systemidentifikation* besteht dann in der Identifikation typischer Struktur- und Verhaltensmuster und in der quantitativen Bestimmung ihrer Parameterwerte.
- Die *Modellerstellung* als zweiter Schritt dient der Abbildung von Systemausschnitten zur weiteren Gewinnung von Erkenntnissen über Teile von Systemstruktur und Systemverhalten. Hierbei ist ihr Aussagegehalt abhängig von der Abbildungsleistung des Modells, die durch den erzielten Homomorphiegrad, Selektionsgrad und Abstraktionsgrad näher bestimmt werden kann.
- In einem dritten Schritt, der *Modellösung*, werden Aussagen über das Modellverhalten als Ersatz für das Systemverhalten erarbeitet. Hierzu können analytische (insbesondere kybernetische), algorithmische und heuristische Lösungsverfahren eingesetzt werden. In den systemtheoretisch-kybernetischen Ansätzen kommt bei diesen Verfahren insbesondere der Simulation als dem zielgerichteten Experimentieren mit Modellen eine herausragende Bedeutung zu. Die *Simulation* wird immer dann eingesetzt, wenn analytische Lösungsverfahren nicht vorhanden oder im Hinblick auf ihren Aussagegehalt zu aufwendig sind. Die empirische Überprüfung des Modellverhaltens gestattet Rückschlüsse auf den Aussagegehalt der aus dem System abgeleiteten und im Modell abgebildeten Hypothesen und damit auf den erreichten Grad der der Modellierung zugrundeliegenden Systemerkennung und -identifikation. Sie ist häufig Ausgangspunkt für modellerweiternde und -korrigierende Strukturveränderungen. Hierbei ist der erreichbare Homomorphiegrad insbesondere abhängig von der Abbildungs- und Lösungsmächtigkeit der verfügbaren kybernetischen Modellierungsinstrumentarien.
- Mit Hilfe des Modells lassen sich nun Konsequenzenanalysen alternati-

ver Gestaltungsaktivitäten durchführen, die zur Unterstützung der auf die *Objektgestaltung* als viertem Schritt abzielenden Entscheidungsprozesse herangezogen werden können. Diese Entscheidungsaktivitäten setzen an festgestellten Soll-Ist-Abweichungen an und untersuchen, ob und inwieweit das beobachtbare Verhalten des realen Objektes noch zieladäquat ist. Bei erheblichen Abweichungen sind Maßnahmen zur Beseitigung zu ergreifen, die sowohl auf strukturale wie funktionale Änderungen abzielen. Hierzu sind die relevanten Einflußfaktoren und die zwischen ihnen bestehenden Beziehungen zu identifizieren und soweit zu operationalisieren, daß die Ermittlung ihrer Beiträge zum Verhalten des realen Objektes möglich wird. Diese analytische Vorgehensweise wird wesentlich durch die spezifizierende, entscheidungsorientierte Zuordnung der identifizierten Einflußgrößen zu Aktions-, Restriktions- und Zielgrößen unterstützt. Die Gestaltungsaufgabe ist dann formal in der Auswahl und Durchsetzung derjenigen Aktionsparameterkombinationen mit denjenigen Merkmalsausprägungen zu sehen, die bei gegebenen Restriktionen eine optimale Zielerreichung bewirken.

Häufig ist zur Modellierung aufgrund kognitiver Kapazitätsgrenzen ein unmittelbarer und geschlossener Problemlösungsansatz nicht möglich. Dies gilt insbesondere für die Behandlung schlecht strukturierbarer, komplexer Problemstellungen. Zu ihrer rationalen Lösung werden daher heuristische Problemlösungsmethoden eingesetzt, die schrittweise und rückkoppelnd die Kette Versuch-Irrtum-Überpüfung-Korrektur durchlaufen (Trial-and-Error-Methode).

Mit den bisherigen Ausführungen wurden einige Schwerpunkte der systemtheoretisch-kybernetischen Ansätze kurz dargestellt. Inwieweit die verfügbaren Instrumentarien dieser wie auch anderer organisationstheoretischer Ansätze eine quantitative Darstellung organisatorisch relevanter Phänomenbereiche erlauben und welche Anforderungen an die Instrumentarien zu stellen sind, die eine Operationalisierung des Erklärungs- und Gestaltungszusammenhangs zum Ziel haben, bedarf einer weiteren wissenschaftsmethodischen Klärung (vgl. hierzu auch S. 59 ff. dieser Einführung).

In der systemtheoretisch-kybernetischen Forschung wird davon ausgegangen, daß die offene, regelungstheoretische Konzeption in ihrer Anwendung auf betriebliche Systeme weiter ausgebaut werden kann. Diese Konzeption wurde ursprünglich als rein quantitatives Verfahren für naturwissenschaftliche Bereiche entwickelt und hat erst spät bei analogen Problemstellungen Eingang u. a. in den wirtschafts- und sozialwissenschaftlichen Bereich gefunden.

Auf die spezifischen Bedürfnisse dieses Bereiches ist die systemtheoretisch-kybernetische Forschung daher verstärkt auszurichten und weiterzuentwickeln.

Im gegenwärtigen Zeitpunkt erfüllen die Aussagen der systemtheoretisch-kybernetischen Ansätze nur zum Teil die an praxeologische Aussagen zu stellenden Anforderungen. Informativität kommt ihnen daher zu, weil sie in erheblichem Maße zur Durchdringung der Struktur- und Prozeßzusammenhänge in organisierten Systemen beigetragen haben. Demgegenüber ist der größte Teil dieser Aussagen noch nicht im Stadium der empirischen Bestätigung, wenn einmal von einzelnen im Rahmen dieser Ansätze entwickelten Gestaltungsmethoden (z.B. Systemanalyse), die sich schon in praktischen Anwendungen bewährt haben, abgesehen wird.

Eine ähnliche Beurteilung gilt hinsichtlich der entscheidungstechnischen Verwendbarkeit der Aussagen der systemtheoretisch-kybernetisch orientierten Ansätze. Die Arbeiten, die Methoden und Konzepte der Systemgestaltung zum Gegenstand haben, sind bereits seit langer Zeit im Rahmen organisatorischer Gestaltungsprozesse entscheidungstechnisch verwendbar, wohingegen die organisationskybernetischen Arbeiten, die sich mit der Steuerung und Regelung von Systemen befassen, derzeit in das Stadium entscheidungstechnischer Verwendbarkeit treten.

Im Hinblick auf die künftige Leistungsfähigkeit der systemtheoretisch-kybernetischen Ansätze in der Organisationsforschung können abschließend zwei Aspekte betont werden.

Zum einen stellen diese Ansätze ein besonders geeignetes *Instrumentarium zur Analyse dynamischer Prozesse* zur Verfügung – ein Aspekt, der in den anderen Ansätzen nur unzureichend berücksichtigt wird. Zum anderen tragen die Ansätze durch ihren interdisziplinären Charakter dazu bei, die *disziplinären organisationstheoretischen Ansätze mit ihren heterogenen Fragestellungen einheitlich, mit einer übergreifenden Sichtweise zu behandeln,* um so durch Hinweise auf bestehende Erkenntnislücken eine systematische Perspektiven- und Wissenserweiterung anregen zu können.

Zusammenfassend sei nochmals betont, daß die vorangegangenen Ausführungen zu den verschiedenen organisationstheoretischen Ansätzen nicht mehr als eine erste Orientierung bieten können. Die Beurteilungen sind nur grob und sollen lediglich Tendenzen zum Ausdruck bringen und angeben, inwieweit in den Ansätzen schon ein Bemühen um die Erfüllung der drei Qualitätsstandards organisationstheoretischer Aussagen anzutreffen ist. Eine präzise Beurteilung des Grades der Informativität, empirischen Bestätigung (Bewährung) und der entscheidungstechnischen Verwendbarkeit kann letztlich nur im Hinblick auf einzelne, sich mit bestimmten, genau umgrenzten organisatorischen Problemen befassenden Forschungsarbeiten vorgenommen werden. Eine solche Beurteilung würde zeigen, daß es nicht nur zwischen den verschiedenen organisationstheoretischen Ansätzen, sondern auch zwischen den verschiedenen Forschungsarbeiten innerhalb der einzelne Ansätze beträchtliche Unterschiede hinsichtlicher der Erfüllung der genannten Qualitätsstandards gibt. Dies ist nicht zuletzt darauf zurückzuführen, daß innerhalb eines Ansatzes unterschiedliche Forschungsstrategien verfolgt werden.

Die nachfolgenden Fragen bzw. Aufgaben nehmen noch einmal Bezug auf einige ausgewählte Problem- und Wissensaspekte des vorangegangenen Kapitels:

- *Nach welchen Gesichtspunkten kann man organisationstheoretische Beiträge gliedern? Nennen Sie mindestens vier Beispiele!*
- *Welche Ansätze lassen sich in der Organisationstheorie unterscheiden?*
- *Was ist das Anliegen der betriebswirtschaftlich-pragmatischen Ansätze?*
  Welche Komponenten sozio-technischer Systeme behandeln diese Ansätze in erster Linie?
- *Welche Rolle spielt die Formulierung von Organisationsprinzipien in den betriebswirtschaftlich-pragmatischen Ansätzen?*
- *Was besagt*
  - *das Prinzip der Einheit der Auftragserteilung von* Fayol,
  - *das Skalar-Prinzip,*
  - *das Prinzip der Übereinstimmung von Autorität und Verantwortung,*
  - *der Begriff »Span of Management«?*
- *Nennen Sie mindestens drei herausragende Vertreter betriebswirtschaftlich-pragmatischer Ansätze, und versuchen Sie, deren Beiträge kurz zu charakterisieren!*
- *Welche Teilbereiche lassen sich bei den betriebswirtschaftlich-pragmatischen Ansätzen unterscheiden und zu welchen Bereichen gehören die jeweils von Ihnen genannten Autoren?*
- *Nennen Sie einige Merkmale der Konzeption des »Scientific-Management« von* Taylor!
- *Welche Kriterien der Aufgabengliederung (Aufgabenanalyse) nennt* Kosiol?
- *Die Aufgabengliederung ist Teil eines umfassenden Konzepts von* Kosiol. *Nennen und beschreiben Sie dieses Konzept!*

- *Wer kann als der »Gedankenvater« der Beiträge zum strukturbezogenen Verhalten angesehen werden?*
  Worauf gründet sich diese Beurteilung?
- *Welcher Zweig der Organisationsforschung basiert speziell auf dem Bürokratiekonzept?*
- *Welche Einflußfaktoren der Organisation werden in den Beiträgen der vergleichenden Organisationsforschung besonders intensiv untersucht?*
  Skizzieren Sie die wichtigsten Ergebnisse einiger Untersuchungen!
- *Nennen Sie Beispiele für die zentralen Forschungsgegenstände der Beiträge zum Individual- und Gruppenverhalten!*
- *Skizzieren Sie Forschungsinteressen, Ergebnisse und die grundsätzliche Bedeutung der Hawthorne-Untersuchungen!*
- *Was beinhalten die »Theorie X« und »Theorie Y«?*
- *Welche Absichten verfolgt der Ansatz »organizational development«?*
- *Aus welchem Grund sind entscheidungsorientierte Beiträge organisationstheoretisch relevant?*
- *Grenzen Sie anhand der behandelten Problemstellungen entscheidungslogische und am Entscheidungsverhalten orientierte Beiträge ab! Nennen Sie Beispiele für beide Gruppen!*
- *Inwiefern besitzen die am Entscheidungsverhalten orientierten Beiträge einen doppelten organisationstheoretischen Erklärungseffekt?*
- *Erläutern Sie die Beziehungen zwischen der Theorie kognitiver Prozesse, dem IV-Ansatz und der Theorie der Leistungsmotivation!*
- *Beurteilen Sie den Realitätsgehalt der vier Grundaussagen der Koalitionstheorie von* Cyert *und* March!
- *Welches Anliegen hat die Theorie des sozio-technischen Systems?*
- *Nennen Sie Probleme und Ergebnisse der vergleichenden Informationstechnologieforschung!*
- *Welche Methoden der organisatorischen Implementierung von computergestützten Informationssystemen lassen sich unterscheiden?*
- *Versuchen Sie, die spezifische Zielsetzung systemtheoretisch-kybernetischer Ansätze gegenüber anderen organisationstheoretischen Ansätzen herauszuarbeiten!*
- *Wie wird der Begriff »System« in der Allgemeinen Systemtheorie definiert? Geben Sie hierfür Beispiele aus der Realität!*
- *Worauf werden Struktur und Verhalten betrieblicher Teilsysteme in der Systemtheorie zurückgeführt?*
- *Beschreiben Sie kurz den Inhalt folgender Begriffe:*
  Fließgleichgewicht; Ultrastabilität, Multistabilität; Steuerung; Regelung!
- *Versuchen Sie, die Konzepte der »Systemanalyse« und des »Offenen Systems« kurz zu erläutern!*
- *Charakterisieren Sie die einzelnen Schritte der spezifisch systemtheoretisch-kybernetischen Modellierungsmethodik!*

5. Perspektiven einer sachlichen und methodischen Integration in der Organisationstheorie

In den vorangegangenen Kapiteln 3. und 4. wurde die große Differenziertheit der Organisationstheorie in methodischer und sachlicher Hinsicht offenbar. Wenn auch auf den ersten Blick die große Zahl der Beiträge beeindruckend wirkt, so wird doch zugleich die bereits zu Beginn dieses Buches aufgestellte Behauptung verdeutlicht, daß die Organisationstheorie bislang noch kein festgefügtes Profil und keinen klar umrissenen Erkenntnisbereich besitzt. Dieser Zustand begründet ohne Zweifel einerseits eine gewisse Attraktivität organisationstheoretischer Forschung. Er wirft andererseits aber für einen geordneten Erkenntnisfortschritt eine Reihe von Problemen auf. Um diese zu lösen, bedarf es ohne Zweifel einer Intensivierung der Forschung. Diese sollte zwar offen sein gegenüber differenzierten Sachfragen wie auch hinsichtlich unterschiedlicher Methoden, sie sollte jedoch darüber hinaus *in Zukunft stärker auf eine Integration bisheriger und zukünftiger Forschungsaktivitäten gerichtet sein.* Eine wesentliche Grundlage hierfür besteht in dem Bemühen um die *Integration bisheriger Wissensbestände* (ex-post Integration). Diese soll im folgenden Kapitel im Vordergrund stehen. Die ex-post Integration ist jedoch nur als Vorstufe einer höheren Form der Integration anzusehen, die den *Integrationsgedanken von vornherein im laufenden Forschungsprozeß berücksichtigt* (ex-ante Integration). Diese exante Integration stellt vor allem eine wesentliche Voraussetzung für die umfassende und wirksame Unterstützung der Praxis bei der organisatorischen Gestaltung dar (vgl. Kap. 6).

Im folgenden wird unter Punkt 5.1 zunächst auf einige Gründe eingegangen, die im Verlauf der Entwicklung einer Wissenschaft zu der Forderung nach Integration führen können. Anschließend wird dargelegt, welche integrativen Vorleistungen in dieser »Einführung« schon erbracht wurden, und es werden einige Vorschläge für die sachliche und methodische Integration in der Organisationstheorie unterbreitet (Punkt 5.2).

5.1 Gründe für die Forderung nach Integration

Die Forderung nach Integration tritt charakteristischerweise in solchen Wissenschaften auf, die schon über einen gewissen Fundus von Teiltheorien verfügen. Sie ist also in der Regel in einer relativ späten Phase der Entwicklung einer Wissenschaft zu beobachten, doch darf sie auch nicht zu spät in Angriff genommen werden, damit die einzelnen Ansätze nicht zu sehr auseinanderlaufen und die jeweiligen Positionen und Forschungsparadigmen sich nicht noch weiter verhärten.

Der Gedanke der Integration enthält dabei als Teilkomponenten die Aspekte der »Verbindung« und der »Ordnung« (vgl. *Lehmann*, 1969(b)), d.h. er beinhaltet das *Zusammenfügen verschiedener Ansätze zu einem geordneten Ganzen.* Bei organisationstheoretischen Fragestellungen kommt der Integration daher insbesondere die Bedeutung zu, die heterogen erscheinenden Teiltheorien, die sich noch im Vorstadium einer umfassenden Organisationstheorie befinden, zu ordnen und zu einem Gefüge zu verbinden, das als grundlegender konzeptioneller Bezugsrahmen wirken kann.

Forderungen nach Integration in den Natur- und Sozialwissenschaften sind nicht neu. *L. v. Bertalanffy*, der Begründer der »Allgemeinen Systemtheorie«, sah diese als eine integrierende Wissenschaft an, die zur Grundlage aller anderen natur- und sozialwissenschaftlichen Theorien werden könne (vgl. hierzu die Ausführungen auf S. 204f.). *T. Parsons* ordnete in seinem berühmten Essay »The General Theory of Action« (*Parsons* u.a., 1951) der Entwicklung einer generellen Theorie vor allem die Funktionen zu, durch eine schriftliche Erfassung bzw. geeignete Reformulierung von Aussagen, Beziehungen zwischen verstreuten Einzelerkenntnissen aufzuzeigen, eine Kontrolle und Abstimmung von in Detailgebieten erarbeiteten Erkenntnissen zu ermöglichen und als Basisbezugsrahmen die weitere Forschung zu lenken – alles Funktionen mit unmittelbar integrativem Gehalt. Auch *Malewski* (1967) geht in seinem Versuch zur Entwicklung einer allgemeinen Verhaltenstheorie explizit von dem Problem der Desintegration in den Sozialwissenschaften aus und bemüht sich, es durch die Reduktion sozialpsychologischer und soziologischer Hypothesen auf einige grundlegende individualpsychologische (motivationstheoretische) Annahmen zu lösen.

Über einen grundlegenden konzeptionellen Bezugsrahmen verfügt die Organisationstheorie beim gegenwärtigen Stand der Forschung noch nicht. Die daraus resultierende *Unverbundenheit der organisationstheoretischen Teiltheorien bzw. Ansätze* erscheint aus den folgenden vier Gründen problematisch:

(1) Die organisationstheoretische Forschung wird von Vertretern verschiedener traditioneller Disziplinen (Betriebswirtschafts-

lehre, Soziologie, Sozialpsychologie, Informatik, Mathematik bzw. Entscheidungstheorie etc.) betrieben, die alle ein ganz spezifisches Hintergrundwissen und Erkenntnisinteresse in die organisationstheoretische Forschung einbringen. Sie sind in unterschiedlichen Wissenschaftssystemen ausgebildet worden, haben unterschiedliche Denkweisen und sprechen unterschiedliche Sprachen. Die dadurch auftretende *Differenzierung der Forschung aufgrund von abweichenden Begriffssystemen und Interessenschwerpunkten* behindert eine Verständigung und Kooperation zwischen den Organisationsforschern. Verbindende und vergleichende Gedanken, auf die sich häufig wichtige Erkenntnisfortschritte gründen, sind daher selten.

(2) Ein Argument mit ganz ähnlichen Schlußfolgerungen bringt *Malewski* (1967). Er stellt fest, daß das Wachstum der Wissenschaft eine *mangelnde Überschaubarkeit von Publikationen und Forschungsansätzen* mit sich bringt. Infolgedessen reagieren die Forscher mit einer Verengung ihrer Interessengebiete, um wenigstens in einem kleinen Bereich ein gewisses Expertentum bewahren zu können. Dadurch kommt es zu einer stetig steigenden Differenzierung im oben genannten Sinne, deren negativste Folgen eine *Isolation der Forscher, »Schulen« oder Teildisziplinen* sind. Diese Tendenz dürfte auch im Rahmen der Organisationstheorie vorliegen. Sie wird verschärft durch den Umstand, daß es in der Organisationstheorie gar keinen einheitlichen Ausgangspunkt gibt, sondern daß die Teilansätze, wie oben angemerkt, aus ganz unterschiedlichen traditionellen Disziplinen herausgewachsen sind.

Aus der bereits angedeuteten Horizontbegrenzung und der dadurch wachsenden Gefahr einer Isolation der Forscher ergeben sich drei wesentliche *Probleme:*

- In wissenschaftstheoretischen Erörterungen bestreitet heute niemand mehr die Notwendigkeit und die Benutzung pluralistischer Forschungsmethoden, und auch die entgegengesetzte Phase des unreflektierten Zulassens aller Methoden für alle Probleme scheint vorüber. In der Forschungspraxis begegnet man aber durchaus *monistischen Tendenzen* (z. B. in manchen Zweigen der experimentellen Sozialpsychologie oder auch in der vergleichenden Organisationsforschung, in der empirische Detailuntersuchungen oft vor der Entwicklung von Erklärungsaussagen rangieren). Gerade durch die Verabsolutierung der im Rahmen von Einzelansätzen verfolgten Forschungsmethoden werden aber die Trennungstendenzen in methodischer Hinsicht aufrechterhalten.
- Eine weitere, fast unvermeidbare Folge der Isolation ist das *Auftreten*

von Redundanzen: Längst bekannte Zusammenhänge werden in einem anderen Forschungszweig »neu« entdeckt, wobei sich häufig nur die Begriffe, nicht aber die Inhalte ändern. Ferner besteht die Gefahr von Unstimmigkeiten und Widersprüchen zwischen zwei Theorien, die deshalb nicht entdeckt werden, weil niemand beide Theorien zugleich kennt.

– Die Isolation der Forschung beinhaltet über die Augenblicksprobleme hinaus auch einen *dynamischen Aspekt.* Da schon beim gegenwärtigen Stand der Forschung eine Vielzahl sehr spezieller Interessengebiete zu konstatieren ist und die Entwicklungslinien weiter auseinanderlaufen werden, lassen sich schon heute noch *größere Divergenzen für die Zukunft* voraussagen. Insbesondere im Hinblick auf diesen dynamischen Aspekt erscheint es notwendig, durch Integrationsbemühungen einen Gegendruck auszuüben.

(3) Aus der Unverbundenheit organisationstheoretischer Teilansätze ergibt sich eine erkenntnisökonomisch negative Konsequenz auch insofern, als die *Vergleichbarkeit von Untersuchungen* erschwert wird. Es ist immer wieder überraschend zu sehen, unter wie vielen Perspektiven ein bestimmter Zusammenhang untersucht werden kann. Diese Pluralität besitzt natürlich grundsätzlich auch eine positive Seite. In ihr liegt ja die Möglichkeit begründet, bestimmte Phänomene in einer Vielzahl von theoretischen Perspektiven zu analysieren und damit tiefergehende Aufschlüsse zu gewinnen, als es bei Anlegen nur einer einzigen Perspektive möglich wäre. Dieser Vorteil wird aber aufgrund der immanenten Isolierungstendenzen durch das Risiko der *Vergabe von Erkenntnischancen* erkauft, die aus einem Vergleich von Forschungsergebnissen gewonnen werden können, denen annähernd ähnliche Konzeptionen zugrunde liegen. Darüber hinaus bleibt in dieser Situation vielfach unklar, *wo Forschungsschwerpunkte gesetzt werden sollten und welche konzeptionellen Ansätze vielversprechend für eine weitere Ausarbeitung sind.* Auch unter diesem Aspekt sind Redundanzen der Forschung unumgänglich, weil das, was in einem Bereich als Wissen zugrunde gelegt werden kann, in diesem Bereich selbst dann neu erarbeitet werden muß, wenn vergleichbare Erkenntnisse in einem anderen Bereich bereits vorliegen.

Den bisherigen Ausführungen könnte entnommen werden, daß *Integration und Pluralität in einem gewissen Widerspruch* stehen. Es wird in Punkt 5.2 zu zeigen sein, daß es aber durchaus möglich ist, Integration zu fördern, ohne zwangsläufig die Pluralität und Differenziertheit von Teilansätzen aufzugeben.

(4) Die Differenzierung der gegenwärtigen Forschungsbemühungen verhindert nicht nur eine Übereinstimmung im Problembezug verschiedener Arbeiten, sondern führt generell zu einer gewissen *Unverbindlichkeit im organisatorischen Problembezug.* Dies liegt daran, daß die Forschungsprobleme oft aus nichtorganisatorischen Fragestellungen gewonnen werden. Hieraus ist insbesondere das heutige Nebeneinander unterschiedlicher Organisationsbegriffe und daran anknüpfender Begriffsschemata zu erklären. So findet man zahlreiche Beispiele für die *Belegung gleicher Phänomene mit unterschiedlichen Ausdrücken* (Verwirrung durch Synonyme) sowie für die *Verwendung gleicher Ausdrücke für unterschiedliche Phänomene* (Verwirrung durch Äquivokationen).

Organisationstheoretiker sind in dieser Situation oft gezwungen, Aussagen aus anderen Theoriezusammenhängen zu sammeln bzw. deren Umformulierung zu versuchen. Demgegenüber müssen eigene theoretische Entwicklungsarbeiten häufig zurückgestellt werden. Die stark forcierte, wenngleich nicht immer reflektierte Rezeption sozialpsychologischer und individualpsychologischer Theorien im Bereich der betriebswirtschaftlichen Organisationstheorie in den letzten Jahren bietet ein deutliches Beispiel dafür, daß die Entwicklung einer Theorie und die Anwendung einer Theorie zwei recht verschiedene Dinge sind, und daß man beim gegenwärtigen Stand der Sozialwissenschaften im allgemeinen und der Organisationstheorie im besonderen gut daran tut, *Theorien im Hinblick auf ihre Verwendung zu entwickeln.* Ohne Zweifel ist die Aufnahme von Wissen aus traditionellen Disziplinen für die Organisationstheorie unvermeidlich und forschungsökonomisch auch sinnvoll. Die Beziehung der organisationstheoretischen Forschung auf eine klar herausgearbeitete organisatorische Grundproblematik verspricht aber einen noch größeren Beitrag zur Erreichung praxeologischer Aussagen als die bloße Auswertung von Forschungsergebnissen unterschiedlicher Disziplinen im Hinblick auf ihre mögliche Relevanz für organisatorische Probleme.

In diesem Zusammenhang sei darauf hingewiesen, daß die Unklarheiten schon damit beginnen, daß von der betriebswirtschaftlichen Organisationsforschung der im sozialwissenschaftlichen Bereich beheimatete institutionelle Organisationsbegriff übernommen bzw. der Unterschied zum instrumentellen Organisationsbegriff nicht deutlich genug gesehen wird. Die betriebswirtschaftliche Organisationstheorie braucht diesen institutionellen Organisationsbegriff nicht; die für ihre Institution gebräuchlichen Begriffe

Betrieb, Unternehmung oder Betriebswirtschaft werfen bereits genügend Abgrenzungs- und Definitionsprobleme auf. Vor allem muß betont werden, daß diese Begriffe keine der sich bei Verwendung des institutionellen Organisationsbegriffs eröffnenden Perspektiven grundsätzlich unberücksichtigt lassen.

5.2 Vorschläge für eine sachliche und methodische Integration in der Organisationstheorie

Die Hinweise zur Notwendigkeit verstärkter integrativer Bemühungen in der Organisationstheorie haben bereits ein grundlegendes Problem aufgezeigt: Die Schwierigkeiten bei der Formulierung von Vorschlägen von Integrationsmaßnahmen bestehen nämlich vor allem darin, *Integration nicht in einen Gegensatz zu wissenschaftlichem Pluralismus* zu bringen, sondern sie vielmehr als *Ergänzung eines sachlich und methodisch pluralistisch konzipierten Wissenschaftsmodells* einzuführen. Es darf bei Integrationsbemühungen nicht um die Alternative »Einheit vs. Pluralismus« gehen, sondern Integration muß auf eine *Ordnung einer Vielfalt von Teilen* hin ausgerichtet werden.

Eine Antwort auf die Frage, welche Vorschläge nun geeignet sind, die *sachliche und methodische Integration* in der Organisationstheorie voranzutreiben, sollte berücksichtigen, welche integrativen Aspekte schon in den vorangegangenen Ausführungen aufgezeigt wurden. Dabei handelt es sich insbesondere um die Identifizierung organisationstheoretisch relevanter Phänomene (vgl. Kapitel 1.), die Erfassung von Wissensbeständen, die diese organisationstheoretischen Phänomene betreffen (vgl. Kapitel 2., 3. und 4.) und die Systematisierung der organisationstheoretisch relevanten Phänomene bzw. Wissensbestände sowie das Aufzeigen von Bezugspunkten (vgl. Kapitel 2., 3. und 4.). Diese noch im Vorfeld einer integrierten Konzeption angesiedelten Leistungen dürfen in ihrer grundlegenden Bedeutung nicht unterschätzt werden. Sie stellen Voraussetzungen für jede organisationstheoretische Konzeption dar, die den Integrationsgedanken nicht vernachlässigen will. Die folgende Darstellung verdeutlicht diese Sachverhalte (vgl. Abb. 24).

Nach der Herausarbeitung der wesentlichsten integrativen Vorleistungen können nunmehr einige Vorschläge unterbreitet werden, die geeignet scheinen, eine integrative Orientierung der Organisationstheorie weiter zu fördern. Aufgrund der schon aufgezeigten sachlichen und methodischen Unterschiede organisa-

Entwicklungsstufen im Vorfeld einer integrierten Konzeption	Integrative Aspekte
Identifizierung organisationstheoretisch relevanter Phänomene	– das sozio-technische System als Ausgangspunkt – Festlegung des Organisationsbegriffes – Identifizierung organisationstheoretischer Objekte
Erfassung der Wissensbestände, die diese organisationstheoretischen Phänomene betreffen	– Erfassung und Auswertung der organisationstheoretisch relevanten Literatur insbes. unter Berücksichtigung der zuvor identifizierten organisationstheoretischen Objekte – Auswertung der organisationstheoretisch relevanten Literatur im Hinblick auf eine Erfassung der wichtigsten im Rahmen der Organisationsforschung feststellbaren Forschungsmethoden (Strategien)
Systematisierung und das Aufzeigen von Bezugspunkten	– Systematisierung der verschiedenen Literaturquellen und Zusammenfassung zu Ansätzen – Aufzeigen der Bezugspunkte einzelner Ansätze, indem dargestellt wird, welche Komponenten sozio-technischer Systeme die einzelnen Ansätze betonen – Unterscheidung einzelner Strategien anhand der überwiegend innerhalb der Strategien zur Anwendung kommenden Methoden – Ausrichtung der Strategien auf jeweils bestimmte Anforderungen, die an praxeologische Aussagen zu stellen sind (Informativität, empirische Bestätigung, entscheidungstechnische Verwendbarkeit) – Diskussion der Problematik, daß nur eine ergänzende Anwendung aller Strategien die Erreichung eines einheitlichen Zieles (vollständig präzisierte, empirisch bestätigte, entscheidungstechnisch verwendbare Aussagen) ermöglichen kann

Abb. 24: Integrativ wirkende Aspekte im Vorfeld einer integrierten Konzeption

tionstheoretischer Ansätze ist zunächst zwischen einer *sachlichen* und einer *methodischen Integration* zu unterscheiden. Innerhalb der beiden Integrationsrichtungen lassen sich zwei Schritte auseinanderhalten, die teilweise noch einmal Bezug auf die oben genannten integrativen Vorleistungen nehmen und diese weiter präzisieren (vgl. Abb. 25).

	Sachliche Integration	Methodische Integration
erster Schritt	Identifizierung einer gemeinsamen Grundlage vorliegender Forschungsbemühungen	Aufzeigen der Interdependenzen verschiedener methodischer Orientierungen
zweiter Schritt	Einbau der identifizierten gemeinsamen Grundlage in einem Basisbezugsrahmen	Verknüpfung verschiedener Strategien und Methoden im Rahmen konkreter Forschungsprozesse

Abb. 25: Schritte der sachlichen und methodischen Integration

5.2.1 Sachliche Integration

Integration, die eine Pluralität von Einzelansätzen fördert, statt sie zu reduzieren, stellt darauf ab, die Gemeinsamkeiten und inneren Beziehungen zwischen den Einzelansätzen herauszuarbeiten und daraus eine Basis zu konstruieren, die den weiteren Forschungsprozeß zu tragen vermag. Bei der Integration in sachlicher Hinsicht geht es deshalb, wie schon erwähnt, in einem ersten Schritt um die *Identifizierung einer gemeinsamen Grundlage vorliegender Forschungsbemühungen.* Diese Identifizierung kann man sich nicht als ein Entdecken von grundsätzlich Vorhandenem, aber Verborgenem vorstellen; vielmehr muß die gemeinsame Grundlage durch die Bildung und Benennung abstrakter Kategorien nachkonstruiert werden, die Gemeinsamkeiten und Unterschiede verschiedener Beiträge aufzeigen können. Gefordert ist also eine Entwurfsleistung, die freilich von einer genauen Analyse der Einzelansätze viel profitieren kann. Hierbei bietet die von den Komponenten des sozio-technischen Systems ausgehende Matrix auf S. 110f. einen ersten Ansatz. Es gilt nun, die gemeinsamen Problemstellungen und Lösungen der Einzelansätze unter Zuhilfenahme eines verfeinerten Ordnungsschemas zu identifizieren.

In einem zweiten Schritt kann die so *identifizierte gemeinsame Basis in einen im Vergleich zu dem Konzeptionsrahmen der Einzelbeiträge generalisierten Bezugsrahmen eingebaut werden,* den man als *»Basisbezugsrahmen«* bezeichnen könnte. Dieser Basisbezugsrahmen weist den verschiedenen Teilansätzen eine bestimmte Stellung in einem geordneten Ganzen von Forschungsthemen und -problemen zu, und vermag als Grundschema für die Orientierung der Organisationstheorie zu dienen. Ausgehend von einer solchen relativ umfassenden Orientierung und den integrierten Ergebnissen vieler Forschungsbemühungen verschiedener Bereiche können dann einzelne Forschungsprojekte zu der *Lösung von Einzelproblemen* ansetzen. Im Vergleich zu den Ausgangsproblemen einzelner isolierter Forschungsarbeiten dürfte es sich dabei dann um Probleme handeln, die nicht nur in einer gehaltvolleren Perspektive gesehen werden, sondern auch um solche, die sonst durch isolierte Sichtweisen verdeckt wären oder als noch unlösbar angesehen würden.

Es dürfte aus diesen Ausführungen deutlich geworden sein, daß sachliche Integration in keiner Weise eine Dogmatisierung bestimmter Perspektiven bedeutet. Vielmehr handelt es sich um eine *Integration durch Perspektivenerweiterung* und – darauf aufbauend – zur Kenntnisnahme der jeweils begrenzten eigenen Sicht eines Forschers und der Beziehungen bestimmter Perspektiven zu anderen Betrachtungsweisen. Ein derart erweiterter, in einem Basisbezugsrahmen zusammengefaßter Forschungshorizont erscheint als wichtige Vorbedingung für eine Verbindung von Teilansätzen, die an Einzelproblemen orientiert ist. Diese problembezogene Verknüpfung von Wissen stellt ebenfalls eine sachliche Integration dar, die aber keiner näheren Diskussion bedarf, weil sie weitgehend selbstverständlich erscheint. Wenn hier von der Unterstützungsfunktion eines Basisbezugsrahmens für die einzelproblemorientierte Verknüpfung von Teilansätzen die Rede ist, so ist damit gemeint, daß die Integration durch Perspektivenerweiterung die problembezogene »Integration« mit einem theoretischen Gerüst unterlegt, das *Selektions- und Interpretationsvorgänge einzelproblemorientierter Forschung leitet.* Aus einer bloßen Menge von Theorien wird so ein wohlgeordnetes Theoriensystem, dessen Aufbau einsehbar und mitteilbar ist. Graphisch kann man diese Überlegungen unter hypothetischer Annahme von drei unterschiedlichen (zunächst relativ stark isolierten) organisationstheoretischen Perspektiven (A, B, C) wie folgt wiedergeben (vgl. Abb. 26).

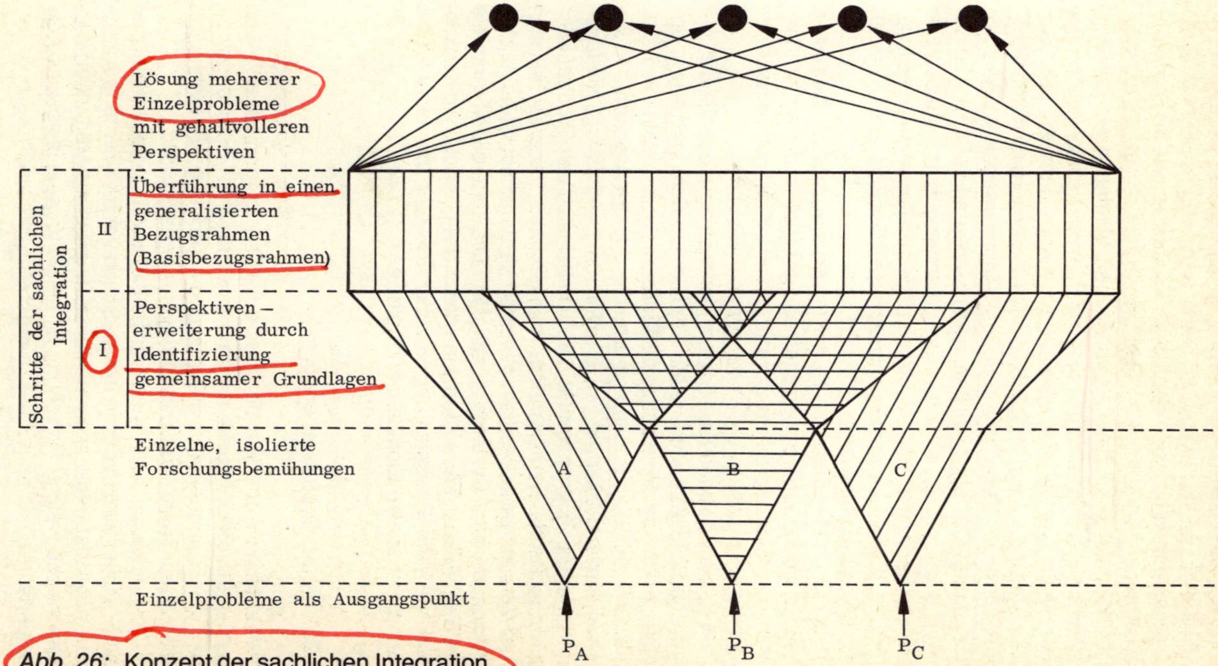

Abb. 26: Konzept der sachlichen Integration

Im Rahmen dieser Einführung wurde versucht, den ersten Schritt einer sachlichen Integration zu vollziehen und damit einen Ausgangspunkt für den erheblich schwierigeren zweiten Schritt zu schaffen (vgl. die auf S. 226 angeführten integrativen Aspekte).

Die *Entwicklung eines Basisbezugsrahmens* ist eine weitere selbständige theoretische Leistung, die relativ leicht gefordert, aber nicht ohne weiteres verwirklicht werden kann. Sie erscheint jedoch grundsätzlich möglich, wobei insbesondere die *Integrationspotentiale* derjenigen Beiträge genutzt werden können, die sich unmittelbar um eine ganzheitlich-integrative Betrachtungsweise bemühen. In diesem Zusammenhang sind insbesondere Beiträge der Allgemeinen Systemtheorie, der Kybernetik sowie der Soziologie, speziell der Organisationssoziologie, und der Sozialpsychologie zu nennen.

Die *systemtheoretischen Beiträge* verfügen hierbei über einen übergreifenden terminologischen und deskriptiven Orientierungsrahmen, in den die disziplinär erforschten Elemente und Beziehungen eingebracht werden können.

Die *kybernetischen Beiträge* ermöglichen auf dieser Grundlage eine quantitative Analyse relativ komplexer Wirkungszusammenhänge insbesondere durch kontrollierbare Experimente mit Simulationsmodellen zu Erklärungs- und Gestaltungszwecken.

Auch in der *Soziologie* (vgl. u. a. *Parsons,* 1951) und *Sozialpsychologie* (vgl. u. a. *Malewski*, 1967) finden sich vergleichbar integrativ wirkende Bemühungen. Insbesondere *Parsons* hat sich dem Versuch gewidmet, ein allgemeines Begriffsschema für das Studium sozialer Systeme zu schaffen. Die generellen Merkmale des Begriffsschemas sollten dann durch Detaillierung und Konkretisierung eine Beschreibung sozialer Systeme bis hinunter zu kleinsten sozialen Einheiten ermöglichen.

5.2.2 Methodische Integration

Wenden wir uns nun der methodischen Integration zu. Auch dabei kann es nicht um eine Infragestellung von Forschungsweisen gehen, sondern um eine *geeignete Ordnung, die einen zieladäquaten Einsatz von Forschungsstrategien fördert.*

Die Forderung nach methodischer Integration beinhaltet, daß der Forscher sich in einem ersten Schritt vor dem Hintergrund eines möglichst umfassenden Alternativenraumes Gedanken darüber macht, welche Forschungsstrategie für sein jeweiliges Forschungsanliegen angemessen erscheint. Weiterhin wäre zu bedenken, ob ein Forschungsanliegen bei dem vorliegenden theoretischen Entwicklungsstand Erfolg versprechen kann oder ob nicht vorgelagerte Fragestellungen mit anderen Methoden vorab geklärt werden müßten. Vor allem aber enthält die Forderung nach methodischer Integration die These, daß zur *Erreichung praxeologischer Aussagen ein Zusammenwirken mehrerer verschiedener Forschungsstrategien (sachlich-analytisch, empirisch, formal-analytisch) unerläßlich ist.* Im Gegensatz zur sachlichen Integration stellt dieser zweite Schritt im Rahmen der methodischen Integration eine im Vergleich zum ersten Schritt leichter zu erfüllende Anforderung dar.

Dem *Aufzeigen der Interdependenzen einzelner methodischer Orientierungen* als erstem Schritt der methodischen Integration diente das 3. Kapitel der vorliegenden Einführung. Hier wurde bereits eine Relativierung von Forschungsstrategien entsprechend der jeweils verfolgten Teilziele vorgenommen. Diese Teilziele (Informativität, empirische Bestätigung, entscheidungstechnische Verwendbarkeit) stellen einzelne Anforderungen dar, die an praxeologische Aussagen bzw. Entscheidungsrahmen zu richten sind. Damit wird deutlich, daß nur ein Zusammenwirken der drei Strategien bzw. die Erfüllung der drei Teilziele die Erreichung von vollständig präzisierten, empirisch bestätigten, entscheidungstechnisch verwendbaren Aussagen ermöglichen kann. Im methodischen Bereich erfüllt die Unterscheidung der drei Teilziele und die Forderung ihres Zusammenwirkens bei der Entwicklung eines Entscheidungsrahmens eine ähnliche Funktion wie der Basisbezugsrahmen im sachlichen Bereich (vgl S. 228): Der mit bestimmten Qualitäten versehene Entscheidungsrahmen bildet den einheitlichen Richtpunkt, auf den hin sich organisationstheoretische Forschung bewegen soll. Da die Qualitätsmerkmale graduell abgestuft sind, definiert der Bezugsrahmen in seinen verschiedenen Entwicklungsstufen zugleich die Stadien, über die die theoretische Evolution voranschreitet. Welche Methoden bzw. Strategien der Forschung in einem bestimmten Stadium eingesetzt werden sollten, läßt sich anhand des jeweils gegenwärtigen Zustandes des Bezugsrahmens und anhand der generellen Regel festlegen, daß sachlich-analytische bzw. vervollständigende (heuristische) Forschungsleistungen den Bemühungen um eine empirische Absicherung von Forschungsergebnissen vorangehen sollten. Auf der Grundlage vorläufig bestätigter, empirischer Erkenntnisse können dann die Versuche zu einer entscheidungstechnischen Umformulierung vorgenommen werden.

Methodische Integration im hier verstandenen Sinn äußert sich letztlich als eine *Entscheidungshilfe für die Strategiewahl,* und zwar für bestimmte Entwicklungsstadien einzelner Forschungsprozesse unabhängig von der jeweiligen Forschungsfragestel-

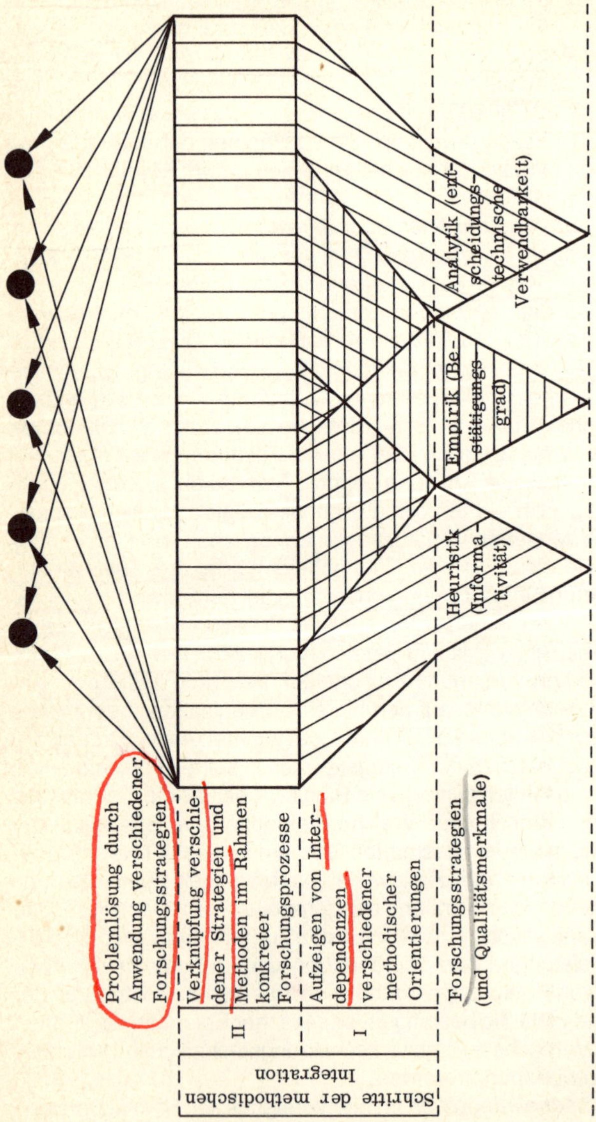

Abb. 27: Konzept der methodischen Integration

lung. Insofern wird zugleich gewährleistet, daß in dieser »Entscheidungshilfe« auch das wichtige Moment methodischer Pluralität unter Verminderung forschungsstrategischer Einseitigkeiten und des Einfahrens methodischer Bahnen in wesentlichem Maße gefördert wird. In diesem Sinn sollte die Forderung nach Integration als Impuls für die *Umsetzung einer methodischen Pluralitätskonzeption* (*Grochla*, 1959 (b)) *in die forschungspraktischen Vorstellungen* verstanden werden.

Zusammenfassend läßt sich der Gehalt methodischer Integration in Anlehnung an die obige Abbildung zur sachlichen Integration in etwa wie folgt darstellen (vgl. Abb. 27).

Auch die methodischen Integrationsbemühungen können durch die *in der Systemtheorie und Kybernetik besonders behandelten und vertieften Methoden* unterstützt werden. Ein Integrationspotential bieten die systemtheoretisch-kybernetischen Ansätze insbesondere in den zwei Methodenbereichen der *Systempräzisierung und Modellierung* an. Innerhalb der *Systempräzisierung* dienen vor allem die Konzepte der Systemanalyse und des offenen Systems der ganzheitlichen Erkennung von Systemstruktur und -verhalten. Hierbei dient die Analyse der Ziele, Elemente, Beziehungen und Verhaltensweisen dem Aufbau erster Strukturhypothesen, die in einem zweiten Schritt zu überprüfen und in ihren quantitativen Merkmalsausprägungen zu bestimmen sind. Hier kommen Black-Box-Verfahren und Methoden der Input-Output-Analyse zur Bestimmung eines quantifizierbaren Übertragungsverhaltens zum Einsatz. Im Rahmen der *systemtheoretisch-kybernetischen Modellierung* zur Analyse von Struktur und Verhalten sind analytische (in der Regel regelungstheoretische), algorithmische und heuristische Modellerstellungs- und -lösungsmethoden verfügbar. Sie heben sich von den vielfältige Modellierungsmethoden disziplinärer Ansätze besonders dadurch ab, daß sie auf die ganzheitliche Identifikation typischer Strukturmuster angelegt sind.

Zur Verdeutlichung der bisher angesprochenen Sachverhalte soll abschließend die diesem Buch zugrundeliegende integrierende Konzeption noch einmal *anhand eines Forschungsinstrumentes* aufgezeigt werden.

Im Rahmen des sachlichen und methodischen Integrationsproblems war als forschungsleitende Idee die Entwicklung eines *generalisierten Bezugsrahmens* (Basisbezugsrahmen) vorgeschlagen worden, dem die Funktion zukommen sollte, praktisches

Handeln und Entscheiden in der Forschung besser anzuleiten. Als Vorstufe eines Entscheidungsrahmens mit einer keineswegs geringeren integrativen Bedeutung wurde auf S. 62f. der *Konzeptionsrahmen* vorgestellt. Seine integrierende Funktion liegt darin begründet, daß in ihm bestimmte Variablen sowie Beziehungen zwischen diesen Variablen konkretisiert sind und dadurch erkennbar wird, mit welchen Problemen sich andere Forscher beschäftigen. Erst durch einen entsprechend gestalteten Konzeptionsrahmen eröffnet sich demzufolge die Möglichkeit, die Ergebnisse anderer einzuordnen und in die eigene Konzeption zu integrieren. Ein Konzeptionsrahmen, der unter Nutzung des schon angesprochenen Integrationspotentials der Systemtheorie entwickelt wurde, stellt auch in diesem Buch den Ausgangspunkt aller Überlegungen dar. Gemeint ist das sozio-technische System, das im ersten Kapitel als ein aus bestimmten Komponenten und deren Beziehungen bestehendes System herausgestellt wurde. Das Nahziel der Organisationsforschung kann nun in der Entwicklung immer leistungsfähigerer konzeptioneller Bezugsrahmen gesehen werden; allerdings einer Entwicklung im Hinblick auf eine Vervollkommnung, Präzisierung und empirische Absicherung der Bezugsrahmen sowie ihre Überführung in ein analytisches Entscheidungsinstrument. Die Forschung steht demnach vor großen Aufgaben.

Die folgenden Fragen berühren noch einmal die wichtigsten Aspekte dieses Kapitels:

- *Welches sind die Vor- und Nachteile der Unverbundenheit organisationstheoretischer Ansätze?*
- *Inwiefern ergibt sich aus der Beantwortung der ersten Frage eine Forderung nach Integration?*
- *Rekapitulieren Sie das Konzept des sozio-technischen Systems (Kapitel 1. dieser Einführung)!*
  Inwieweit kann dieses Konzept als Grundlage für eine integrative Orientierung in der Organisationstheorie dienen?
- *Welche weiteren integrativen Aspekte können Sie nennen?*
- *Diskutieren Sie, inwiefern sich über die von ihnen genannten integrativen Aspekte hinaus die Notwendigkeit einer sachlichen Integration ergeben könnte!*
  Welche Möglichkeiten einer sachlichen Integration sehen Sie?
- *Was ist das Ziel einer methodischen Integration?*
- *Erscheinen für eine methodische Integration bestimmte Forschungsstrategien besonders geeignet?*
- *Kennzeichnen Sie den Beitrag eines Konzeptionsrahmens zu einer Integration!*

6. Möglichkeiten eines Beitrages der Organisationstheorie zur organisatorischen Gestaltungspraxis

Im letzten Kapitel dieser Einführung wird noch einmal die Frage aufgegriffen, inwieweit die Organisationstheorie der Praxis Gestaltungshilfen anbieten kann, bzw. welche Probleme auf dem Weg zu einer direkten praktischen Anwendbarkeit organisationstheoretischer Aussagen neben der im vorangegangenen Kapitel diskutierten Integrationsproblematik noch zu lösen sind.

Im 3. Kapitel wurde als Anliegen der Organisationstheorie die Unterstützung der organisatorischen Gestaltung in der Praxis herausgestellt. Dieses Anliegen wurde in Form *praxeologischer Aussagen* bzw. *Entscheidungsrahmen* präzisiert, die die oberste Stufe der Theorieentwicklung darstellen und an die im Sinne der Erfüllung dieses Anliegens die Anforderungen der Informativität, der empirischen Bestätigung und der entscheidungstechnischen Verwendbarkeit gestellt werden. Ein Überblick über die wichtigsten Beiträge der Organisationstheorie hat aber gezeigt, daß praxeologische Aussagen in der Organisationstheorie zur Zeit noch kaum vorkommen. Nach allen Erfahrungen mit der Kommunikation und der Zusammenarbeit zwischen Organisationsforschern und Organisationspraktikern muß festgestellt werden, daß die Organisationstheorie die Erarbeitung praktischer Problemlösungen insgesamt zu wenig angeleitet hat. Dieser Befund, den z.B. *Wild* bereits 1967 artikuliert hat, scheint leider nichts an Gültigkeit verloren zu haben. In den 50er und 60er Jahren war eine Generalerklärung leicht zur Hand: Die Gründe für eine mangelnde Unterstützung der Praxis durch die Organisationstheorie wurden vor allem im *Fehlen empirisch fundierter Erkenntnisse* (*Kosiol*, 1959; *Wild*, 1967 (b), 1969) sowie einer *fehlenden Einbeziehung verhaltenstheoretischer Erkenntnisse* in die Organisationstheorie gesehen. Sicherlich liegen hierin zwei wichtige Gründe für den Mangel an praktisch verwertbaren Aussagen. Allerdings dürften dies nicht die einzigen Gründe sein, da trotz der außerordentlich nachhaltigen Rezeption von Verhaltenstheorien in der deutschsprachigen Organisationstheorie und trotz des starken Anwachsens empirischer Forschungsarbeiten in den letzten 10 Jahren ein entscheidender Fortschritt in der praktischen Unterstützung nicht erzielt wurde. Auch eine empirische Vorgehensweise und eine verhaltenstheoretische Fundierung vermögen offenbar nicht unmittelbar gestaltungsanleitende Aussagen zu fördern.

Das Fehlen eines Systems derartiger Aussagen in der Organisationstheorie erklärt sich u. a. aus der Tatsache, daß die organisationstheoretischen Beiträge noch weitgehend *einzelne organisatorische Probleme oder Probleme mit einem geringen Komplexitätsgrad relativ isoliert betrachten und erforschen. Die dadurch entstehende enorme Vielfalt sowohl inhaltlich als auch methodisch und begrifflich verschiedenartiger Aussagen muß zwangsläufig zu der schon im vorangegangenen Kapitel diskutierten Forderung nach inhaltlicher und methodischer Integration* führen. Nur mit derart integrativen Orientierungen erscheint es in Zukunft möglich, zu einem geschlossenen System praktisch verwendbarer Aussagen zu gelangen. Aus den Schwierigkeiten der Forschung, die Praxis bei der Bewältigung von Problemen zu unterstützen, die in fast allen Sozialwissenschaften akzentuiert auftreten, darf man folgern, daß es mit Globalvorschlägen zur Bewältigung des so wichtigen Überbrückungsproblems nicht getan ist, sondern daß diesem Überbrückungsproblem selbst umfangreiche analytische und auch empirische Untersuchungen zu widmen sind.

Es bestehen bereits gewisse Schwierigkeiten, das Überbrückungsproblem überhaupt richtig zu orten. Dies dürfte u. a. an der im 3. Kapitel dargestellten Schwierigkeit liegen, explanatorische Aussagen in praxeologische Aussagen bzw. Konzeptionsrahmen in Entscheidungsrahmen zu überführen (vgl. S. 63f., 70ff., 93ff.). Auch in der Wissenschaftstheorie ist man diesbezüglich noch nicht zu einer klaren Stellungnahme vorgedrungen. Hier wird vielmehr das Problem auf einer rein sprachlichen Ebene angesiedelt, d. h. die Wissenschaftstheorie sieht das Überbrückungsproblem vorwiegend als Problem der *sprachlichen Umformung* explanatorischer (erklärender) in praxeologische Aussagen. Die Umformung soll sich dabei im Wege der sog. *tautologischen Transformation* vollziehen. Dabei wird von der Vorstellung ausgegangen, daß ein Satz von der Form »Wenn A, dann B« ohne Schwierigkeiten in einen Satz der Form »Wenn B sein soll, dann realisiere A!« überführt werden kann. Offensichtlich ist aber der zweite Satz von einer ganz anderen Form und Qualität und gehört damit gleichzeitig einer anderen Kategorie von Aussagen an als der erste. Es erscheint daher sehr fraglich, ob sich Sätze der zweiten Form und Qualität tatsächlich generell so relativ problemlos – wie angenommen – gewinnen lassen. Es spricht vieles dafür, daß die Gewinnung von praxeologischen Aussagen nicht ein ausschließlich sprachliches Problem der Umformulierung von explanatorischen Aussagen darstellt, sondern ein viel tiefergehendes substantielles

Problem ist. Ein praktisch handelnder Organisator benötigt nämlich *komplexe Aussagen, die ihm angeben, daß das Ergreifen bestimmter Maßnahmen in einer vorliegenden Situation (d.h. unter bestimmten nicht beeinflußbaren Bedingungen) im Hinblick auf bestimmte Zielsetzungen bestimmte Wirkungen hervorbringt* (vgl. S. 55, 70). Dies zeigt, welch hohen Informationsbedarf die Organisationstheorie für praktische Problemlösungen decken muß.

Die sprachliche Transformation von explanatorischen zu praxeologischen Aussagen stellt also nur einen Teilaspekt des gesamten Überbrückungsproblems dar. Darüber hinaus müssen jedoch für die Erarbeitung von in der Praxis anwendbaren Aussagen offenbar insbesondere der *Umfang sowie auch der Inhalt der in der Praxis benötigten Informationen* berücksichtigt werden. Dies wurde im 3. Kapitel durch die Anforderung der *»Informativität«* theoretischer Aussagen ausgedrückt. Zur Erfüllung der Informativität genügt es nicht allein, daß innerhalb der Aussagen sauber nach Zielen, Bedingungen, Aktionsparametern und Wirkungen getrennt wird, sondern es ist auch erforderlich, daß diese Variablengruppen möglichst vollständig erfaßt werden, und daß damit auch gleichzeitig *Alternativen bezüglich der Maßnahmen und ihrer Wirkungen* aufgezeigt werden. Dabei ist an dieser Stelle außerdem einmal nachdrücklich zu betonen, daß die angesprochenen Maßnahmen oder Aktionsparameter, die in Form der Dimensionen im 2. Kapitel relativ grob präzisiert wurden, nicht nur auf die Organisationsstruktur als Ergebnis organisatorischer Gestaltung zu beziehen sind. Vielmehr gehören dazu auch solche Aktionsparameter, die den *Prozeß der organisatorischen Gestaltung* betreffen, also etwa Arbeitsteilung im Gestaltungsprozeß, Einsatz bestimmter Gestaltungsträger, Koordination und Konflikthandhabung im Gestaltungsprozeß.

Selbstverständlich hat auch die Forderung der *empirischen Bestätigung* für die Praxis erhebliche Bedeutung, denn organisatorische Gestalter werden eher geneigt sein, empirisch bestätigte Aussagen als Entscheidungsprämissen zu akzeptieren als solche, die zwar richtig sein mögen, sich in der Realität aber (noch) nicht bewährt haben. Insbesondere kann die empirische Bestätigung neben einer unmittelbaren Plausibilität der Argumentation erheblich zur *Reduzierung der Unsicherheit* des Praktikers bei der Verwendung bestimmter Aussagen beitragen, da deren Zuverlässigkeit tendenziell mit dem Grad der empirischen Bestätigung steigt.

Schließlich erscheint es nötig, daß Aussagen, die in der Praxis verwendet werden sollen, einen *Argumentationsstil* und eine *begriffliche Aufbereitung* erfahren, die der Denkweise und Begriffswelt des Praktikers entsprechen oder zumindest näherkommen. Wichtig ist dabei vor allem, daß die oben genannten Variablengruppen – also die Ziele, Bedingungen, Aktionsparameter und Wirkungen in den theoretischen Aussagen – als solche für den Praktiker *identifizierbar* sind, d. h. zugleich, daß sie auch eine entsprechend detailliert entwickelte Operationalität aufweisen. Dies wurde im 3. Kapitel bereits als eine der Anforderungen an theoretische Aussagen in Form ihrer *entscheidungstechnischen Verwendbarkeit* erfaßt.

Erst wenn diese Anforderungen erfüllt sind, erscheint es möglich, daß der Organisationspraktiker die organisationstheoretischen Aussagen auf seine konkreten, realen Gestaltungsprobleme beziehen kann. Erst dann ist er in der Lage, aufgrund der gesammelten Informationen über Gestaltungsziele, Gestaltungsbedingungen und Aktionsparameter und unter Berücksichtigung der *Aussagen der Organisationstheorie* sowie (sicher auch immer) seines *Erfahrungswissens* zur Formulierung von Lösungsvorschlägen zu gelangen, die der Lösung des Gestaltungsproblems in Form der Auswahl und Ausgestaltung bestimmter Aktionsparameter zugrunde gelegt werden können. Diese Grundzusammenhänge organisatorischer Problemlösung lassen sich wie folgt veranschaulichen (vgl. Abb. 28):

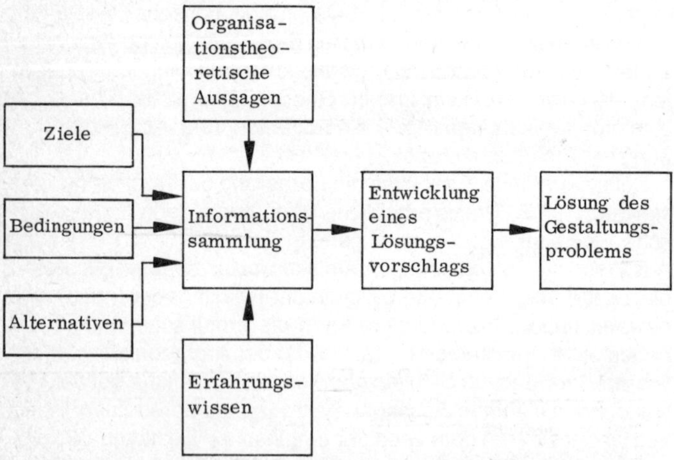

Abb. 28: Grundzusammenhänge organisatorischer Problemlösung

Die nun noch einmal verdeutlichten Anforderungen an theoretische Aussagen, dürften das Überbrückungsproblem ausreichend beleuchtet haben. Sie machen zusammen mit der Darstellung organisationstheoretischer Ansätze im 4. Kapitel zugleich klar, welche vielfältigen und schwerwiegenden Probleme es noch durch die Organisationsforschung zu lösen gilt.

Damit ist über die Vielzahl und Unverbundenheit organisationstheoretischer Ansätze hinaus das Überbrückungsproblem als weiteres Problem der Organisationstheorie aufgezeigt worden, das die Forschungsbemühungen aller Richtungen gleichermaßen betrifft. Wie in Kapitel 5. bereits angedeutet, wird dieses Problem letztlich nur in der über die bloße ex-post Integration hinausgehenden *höheren Form einer ex-ante Integration* zu lösen sein.

Mit globalen Lösungsvorschlägen ist es dabei allerdings nicht getan; es erscheint vielmehr geboten, erste Ansatzpunkte einer Problembewältigung aufzuzeigen, auf deren Grundlage man dann weitere konkrete Forschungsaktivitäten einleiten und orientieren kann. Insbesondere sind dabei die vier folgenden Aspekte zu berücksichtigen:

- Über die im 5. Kapitel aufgezeigten Perspektiven einer sachlichen und methodischen ex-post Integration hinaus, sollten die integrativen Bemühungen insbesondere auch durch die Intensivierung der *Kommunikation zwischen den Forschern der verschiedenen Richtungen* eine Unterstützung erfahren. Dieser Aspekt könnte sowohl in Einzelgesprächen als auch auf Tagungen oder Workshops mit Beteiligung zahlreicher Forscher aus unterschiedlichen Richtungen gefördert werden.
  Ein Beispiel hierfür ist die 1977 gegründete Kommission »Organisation« im »Verband der Hochschullehrer für Betriebswirtschaft«, die in ihren ersten Workshops bereits verschiedene konkrete Themenbereiche der Organisationstheorie schwerpunktmäßig behandelt hat.
- Die Bemühungen könnten weiter verstärkt und konkretisiert werden durch die *Durchführung von Forschungsprojekten zu ausgesuchten Problemstellungen, an denen jeweils Vertreter verschiedener Richtungen beteiligt werden.*
  Im Sinne dieses Vorgehens kann insbesondere auf einige Forschungsprojekte, etwa der Deutschen Forschungsgemeinschaft (DFG), hingewiesen werden.
- Weiter erscheint insbesondere im Sinne der Orientierung am Informationsbedarf der Praxis die *Durchführung konkreter Gestaltungsprojekte in Kooperation zwischen Praktikern und interdisziplinär zusammengesetzten Forscherteams* erfolgversprechend.
  Diese Vorgehensweise erscheint auch angebracht, um einen Kompromiß zu finden zwischen den Anforderungen an die Detailliertheit von Aussagen seitens der Praxis und dem Bemühen der Forschung, allgemeingültige Aussagen zu entwickeln.

In diesem Sinne werden Forschungsprojekte am Betriebswirtschaftlichen Institut für Organisation und Automation an der Universität zu Köln (BIFOA) durchgeführt.

– Ein letzter wichtiger Schritt kann schließlich darin gesehen werden, daß die Ergebnisse der Forschungsprojekte – insbesondere die Ergebnisse von Projekten unter Beteiligung von Praktikern, die u. a. über die praktische Anwendbarkeit vorgelagerter Forschungsergebnisse Auskunft geben können – wiederum in neue Forschungsprojekte sowohl einzelner Forscher mit speziellen Fragestellungen (z.B. im Bereich der Grundlagenforschung) als auch in kooperative Forschungsprojekte in einer Art *Rückkopplung* eingehen, d. h. sie sollten selbst wiederum als Grundlage für weitere spezifische Forschungsarbeiten dienen.
Bereits bestehende Beispiele für Rückkopplungen sind Praktiker-Publikationen sowie Erfahrungsaustausch-Gruppen, bestehend aus Praktikern und Wissenschaftlern. Beide Bemühungen sind jedoch noch zu gering und bedürfen der Aktivierung und vor allem der Ergänzung durch andere Formen der Rückkopplung.

Die damit geschilderten Ansatzpunkte kann man sich als einzelne Schritte eines Forschungskreislaufes vorstellen, den das folgende Schaubild noch einmal zu verdeutlichen sucht (vgl. Abb. 29).

Die in dieser Einführung durchgeführte relativ kritische Analyse des gegenwärtigen Erkenntnisstandes und der noch zu lösenden Probleme der Organisationstheorie sollte jedoch nicht zu Pessimismus Anlaß geben, sondern als eine Herausforderung an die Forscher, Praktiker und Studenten auf dem Gebiet der Organisation verstanden werden. Daß wir – um diese Herausforderung anzunehmen – die Organisationsforschung intensivieren müssen, dürfte besonders in den letzten beiden Kapiteln dieses Buches hinreichend deutlich geworden sein.

Darüber hinaus sollte die hier angeführte Kritik nicht pauschal auf alle organisationstheoretischen Beiträge bezogen werden, denn nicht alle aufgezeigten Schwächen treten in allen Beiträgen gleichermaßen auf.

Interessant ist in diesem Zusammenhang, daß man auf der Suche nach in der Praxis angewendeten theoretischen Erkenntnissen stets auf Beispiele stößt, deren Ursprung sich eindeutig weder der Forschung noch der Praxis zuordnen lassen. Hier ist etwa an die sog. »Teilautonomen Gruppen«, an Arbeitstechniken wie »job rotation«, »job enlargement« und »job enrichment«, an Führungskonzeptionen wie »Management by Objectives (MbO)« oder an einzelne Strukturierungskonzeptionen zu denken. Bei deren Entwicklung hat es tatsächlich einen regen Informationsaustausch zwischen Praxis und Forschung gegeben; diese Beispiele weisen

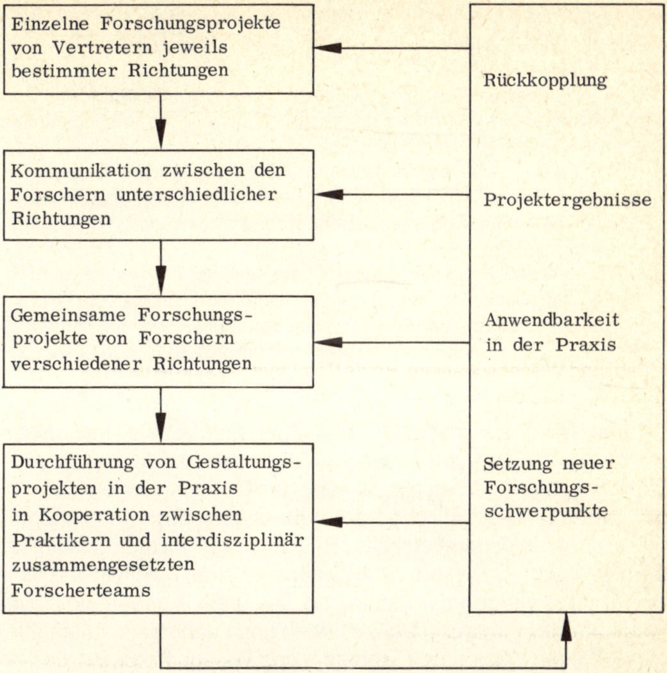

Abb. 29: Schritte eines Forschungskreislaufes

daher noch einmal auf die Nützlichkeit des oben vorgestellten »Forschungskreislaufes« hin und geben zudem Anlaß, weitere Forschungsaktivitäten in diesem Sinne optimistisch anzugehen.

Zudem können verschiedene organisationstheoretische Beiträge zumindest teilweise einige wichtige Hinweise für Praktiker geben, wenn diese auch nicht den Reifegrad praxeologischer Aussagen erreicht haben. Man kann hier von sog. *Theorien mittlerer Reichweite* sprechen (vgl. *Merton,* 1968), d. h. von Aussagen, die sich in der Mitte zwischen punktuellen und sehr globalen Erklärungsversuchen befinden, also weder empirizistisches Datensammeln noch Versuche zur Gesamterklärung komplexer soziotechnischer Systeme darstellen.

Über die oben vorgeschlagenen Forschungsaktivitäten hinaus muß schließlich für die Anwendung organisationstheoretischer Aussagen in der Praxis auch gesichert sein, daß stets der neueste Stand der Organisationstheorie weitergegeben wird. Hierfür lassen sich im gegenwärtigen Zeitpunkt besonders drei wichtige Aufgabenkomplexe erkennen:

- eine *adäquate organisationstheoretisch gestützte Weiterbildung von Organisationspraktikern* auf der Basis des jeweiligen Wissenstandes etwa in Seminaren, Workshops oder im Rahmen eine Kontaktstudiums;
- die *Sicherung einer kontinuierlichen, institutionalisierten Kooperation zwischen Praxis und Wissenschaft,* etwa in Form von gemeinsamen Studienkreisen bzw. der bereits genannten gemeinsamen Forschungs- und Entwicklungsprojekte;
- last not least eine von den Ideen der Integration und Anwendungsorientierung getragene Vermittlung der Organisationstheorie an die Studenten der Universitäten und Fachhochschulen, stellen doch die Studierenden – langfristig gesehen – die Träger des organisatorischen Wissens in der Praxis.

Eine Reihe von Institutionen widmet sich bereits den beiden erstgenannten Aufgaben, wie z.B. der Ausschuß für wirtschaftliche Verwaltung (AWV), die Gesellschaft für Organisation (GfürO), das Betriebswirtschaftliche Institut für Organisation und Automation an der Universität zu Köln (BIFOA), das Universitätsseminar der Wirtschaft (USW) etc., doch bedarf es ohne Zweifel einer weiteren Intensivierung der Aktivitäten. Die dritte Aufgabe stellt eine Herausforderung an die Universitäten und Fachhochschulen dar.

Auf diesen Wegen des Transfers von Wissen in die Praxis und der möglichst institutionalisierten Interaktion mit der Praxis läßt sich wahrscheinlich die angesprochene Kluft zwischen Wissenschaft und Praxis am ehesten überbrücken. Das vorliegende Buch will hierfür von wissenschaftlicher Seite aus eine Diskussionsgrundlage bieten.

Abkürzungsverzeichnis

Am. JSoc.	American Journal of Sociology
Am. Soc. R	American Sociological Review
ASQ	Administrative Science Quarterly
ASR	American Sociological Review
Biol. Gen.	Biologia Generalis
Brit. J Ph. Sc.	The British Journal for the Philosophy of Science
Curr. Soc.	Current Sociology
Econ.	Econometrica
Gen. Syst.	General Systems
Harv. Bus. R	Harvard Business Review
HdSW	Handwörterbuch der Sozialwissenschaften
HWB	Handwörterbuch der Betriebswirtschaft
HWO	Handwörterbuch der Organisation
Ind. Man. R	Industrial Management Review
J Acad. Man.	Journal of the Academy of Management
JAppl. Beh. Sc.	Journal of Applied Behavioral Science
J Bus.	Journal of Business of the University of Chicago
J Soc. Iss.	Journal of Social Issues
Köln.Z.Soz.Soz-Ps.	Kölner Zeitschrift für Soziologie und Sozialpsychologie
Man. Sc.	Management Science
Man. Serv.	Management Services
OR	Operations Research
Org. Beh. Hum. Perf.	Organizational Behaviour and Human Performance
Publ. Adm. R	Public Administration Review
REFA	Verband für Arbeitsstudien (ehem. Reichsausschuß für Arbeitsstudien)
Soc.	Sociology
ZfB	Zeitschrift für Betriebswirtschaft
ZfbF	Zeitschrift für betriebswirtschaftliche Forschung
ZfhF N.F.	Zeitschrift für handelswissenschaftliche Forschung. Neue Folge
ZfO	Zeitschrift für Organisation

Literaturverzeichnis

Acker, H. B.: Die organisatorische Stellengliederung im Betrieb. Wiesbaden 1956 (3. Aufl., 1973).

Acker, H. B.: Organisationsanalyse. Verfahren und Techniken praktischer Organisationsarbeit. Baden-Baden 1972.

Ackoff, R. L.: Systems, Organizations and Interdisciplinary Research. In: Gen. Syst., 5. Jg. 1960, S. 1–8.

Ackoff, R. L.: General System Theory and Research – Contrasting Conceptions of Systems Science. In: Gen. Syst., 8. Jg. 1963, S. 117–121.

Adorno, T.: Aufsätze zur Gesellschaftstheorie und Methodologie. Frankfurt/Main 1970.

Albach, H.: Zur Theorie der Unternehmensorganisation. In: ZfhF. N.F., 11. Jg. 1959, S. 238–259.

Albach, H.: Organisation, betriebliche. In: HdSW, hrsg. v. E. v. Beckerath u. a., Bd 8, Stuttgart u. a. 1964, S. 111–117.

Albach, H.: Innerbetriebliche Lenkpreise als Instrument dezentraler Unternehmensführung. In: ZfbF, 26. Jg. 1974, S. 216–242.

Albert, H.: Probleme der Theoriebildung. Entwicklung, Struktur und Anwendung sozialwissenschaftlicher Theorien. In: Theorie und Realität, hrsg. v. H. Albert, Tübingen 1964, S. 3–70.

Albert, H.: Traktat über kritische Vernunft. Tübingen 1968 (2. Aufl., 1969, 3. Aufl., 1975).

Albert, H.: Theorie und Prognose in den Sozialwissenschaften. In: Logik der Sozialwissenschaften, hrsg. v. E. Topitsch, 7. Aufl., Köln – Berlin 1971, S. 126–143.

Albert, H.: Wissenschaftstheorie. In: HWB, 4. Aufl., hrsg. v. E. Grochla u. W. Wittmann, Bd 3, Stuttgart 1976, Sp. 4674–4692.

Allport, F. H.: Institutional Behavior. Chapel Hill/N. C. 1933.

Andrews, F. M. u. a.: A Guide for Selecting Statistical Techniques for Analysing Social Science Data. Ann Arbor/Mich. 1974 (2. Aufl., 1975).

Ansoff, H. I.; Brandenburg, R. G.: A Language for Organization Design: Part I and II. In: Man. Sc., 17. Jg. 1971, S. B-705 – B-731 (Deutsche Übersetzung von Part II: Ein Bezugsrahmen für die organisatorische Gestaltung. In: Elemente der organisatorischen Gestaltung, hrsg. v. E. Grochla, Reinbek bei Hamburg 1978, S. 262–288).

Argyris, C.: Integrating the Individual and the Organization. New York u. a. 1964 (3. Aufl., 1966).

Argyris, C.: Personality and Organization Theory Revisited. In: ASQ, 18. Jg. 1973, S. 141–167.

Ashby, W. R.: Design for a Brain. The Origin of Adaptive Behaviour. 2. Aufl., London 1960.

Atkinson, J. W.; Feather, N. T.: A Theory of Achievement Motivation. New York u. a. 1966.

Atteslander, P.: Soziale Systeme. In: HWO, 1. Aufl., hrsg. v. E. Grochla, Stuttgart 1969, Sp. 1506–1518.

Baetge, J.: Betriebswirtschaftliche Systemtheorie. Regelungstheoretische Planungs- und Überwachungsmodelle für Produktion, Lagerung und Absatz. Opladen 1974.

Baetge, J. (Hrsg.): Grundlagen der Wirtschafts- und Sozialkybernetik. Betriebswirtschaftliche Kontrolltheorie. Opladen 1975.

Bales, R. F.: Interaction Process Analysis. Cambridge/Mass. 1951.

Bales, R. F.: The Equilibrium Problem in Small Groups. In: Working Papers in the Theory of Action, hrsg. v. T. Parsons u. R. F. Bales, New York – London 1973, S. 111–161.

Barnard, C.: The Functions of the Executive. Cambridge/Mass. 1938 (15. Aufl., 1962).

Bartölke, K.: Überlegungen zu den Grundlagen der Planung von Betriebsorganisationen. Berlin 1969.

Beckmann, M. J.: Decision and Team Problems in Airline Reservations. In: Econ., 23. Jg. 1958, S. 538–554.

Beensen, R.: Organisationsprinzipien. Untersuchung zu Inhalt, Ordnung und Nutzen einiger Grundaussagen der Organisationslehre. Berlin 1969.

Bennis, W. G.: Leadership Theory and Administration Behavior. The Problem of Authority. In: ASQ, 4. Jg. 1959, S. 259–301.

Bennis, W. G.: Theory and Method in applying Behavioural Science to Planned Organizational Change. In: JAppl. Beh. Sc., 1. Jg. 1965, Nr. 4, S. 337–359 (Deutsche Übersetzung: Theorie und Methodik einer Anwendung der Verhaltenswissenschaft auf die Planung organisatorischer Änderungen. In: Elemente der organisatorischen Gestaltung, hrsg. v. E. Grochla, Reinbek bei Hamburg 1978, S. 113–134).

Bennis, W. G.: Organizational Developments and the Fate of Bureaucracy. In: Ind. Man. R, 7. Jg. 1966 (a), S. 41–55.

Bennis, W. G.: Theory and Method in applying Behavioural Science to Planned Organizational Change. In: Operational Research and the Social Sciences, hrsg. v. J. R. Lawrence, London u. a. 1966 (b), S. 33–76.

Bennis, W. G.; Benne, K. D.; Chin, R. (Hrsg.): The Planning of Change. Readings in the Applied Behavioral Sciences. New York 1961 (2. Aufl., 1969).

Bertalanffy, L. v.: Das biologische Weltbild. Bd 1: Die Stellung des Lebens in Natur und Wissenschaft. Bern 1949 (a).

Bertalanffy, L. v.: Zu einer allgemeinen Systemlehre. In: Biol. Gen., 19. Jg. 1949 (b), Nr. 1, S. 114–129 (Wiederabdruck in: Organisationstheorie, hrsg. v. E. Grochla, 2. Teilband, Stuttgart 1976, S. 542–553).

Bertalanffy, L. v.: An Outline of General System Theory. In: Brit. J. Ph.Sc., Bd 1, 1950, S. 134–163.

Bertalanffy, L. v.: Biophysik des Fließgleichgewichts. Einführung in die Physik offener Systeme und ihre Anwendung in der Biologie. Braunschweig 1953.

Berthel, J.: Zielorientierte Unternehmungssteuerung. Die Formulierung operationaler Zielsysteme. Stuttgart 1973.

Bierfelder, W.: Optimales Informationsverhalten im Entscheidungsprozeß der Unternehmung. Berlin 1968.
Bittel, L. R.: Management by Exception. Systematizing and Simplifying the Managerial Job. New York – London 1964.
Blau, P. M.: The Dynamics of Bureaucracy. Chicago 1955.
Blau, P. M.: A Formal Theory of Differentiation in Organizations. In: Am. J Soc., 35. Jg. 1970, S. 201–218.
Blau, P. M.; Schoenherr, R. A.: The Structure of Organizations. New York 1971.
Blau, P. M.; Scott, R. W.: Formal Organizations – A Comparative Approach. London 1963.
Bleicher, K.: Zentralisation und Dezentralisation von Aufgaben in der Organisation der Unternehmungen. Berlin 1966.
Bleicher, K.: Perspektiven für Organisation und Führung von Unternehmungen. Baden-Baden und Bad Homburg v. d. H. 1971.
Bleicher, K. (Hrsg.): Organisation als System. Wiesbaden 1972.
Bleicher, K.; Meyer, E.: Führung in der Unternehmung. Formen und Modelle. Reinbek bei Hamburg 1976.
Blohm, H.: Organisation, Information und Überwachung. 3. Aufl., Wiesbaden 1977.
Blumenthal, S.: Management Information Systems: A Framework for Planning and Development. Englewood Cliffs/N. J. 1969.
Bössmann, E.: Die ökonomische Analyse von Kommunikationsbeziehungen in Organisationen. Berlin u. a. 1967.
Bogdanow, A.: Allgemeine Organisationslehre. Tektologie. 2 Bde. Berlin 1926.
Bonini, C. P.; Jaedicke, H. M.; Wagner, H. M. (Hrsg.): Management Controls, New Directions in Basic Research. New York 1964.
Boulding, K. E.: General Systems Theory – The Skeleton of Science. In: Gen. Syst., 1. Jg. 1956, S. 11–17.
Boulding, K. E.: General Systems as a Point of View. In: Views on General Systems Theory. Proceedings of the Second Systems Symposium at Case Institute of Technology, hrsg. v. M. D. Mesarović, New York u. a. 1964, S. 28–35.
Bower, J. B.; Sefert, J. B.: Human Factors in Systems Design. In: Man. Serv., 2. Jg. 1965, S. 39–50.
Brown, A.: Organization. A Formulation of Principles. New York 1945.
Büschges, G.; Lütke-Bornefeld, P.: Praktische Organisationsforschung. Reinbek bei Hamburg 1977.
Burns, T.; Stalker, G. M.: The Management of Innovation. London 1961.

Charnes, A.; Clower, R. W.; Kortanek, K. O.: Effective Control through Coherent Decentralization with Preemptive Goals. In: Econ., 35. Jg. 1967, S. 294–320.
Child, J.: Organizational Structure, Environment and Performance – The Role of Strategic Choice. In: Soc., 6. Jg. 1972, S. 1–22.
Child, J.: Predicting and Understanding Organization Structure. In: ASQ, 18. Jg. 1973 (a), S. 168–185 (Deutsche Übersetzung: Prognose und Er-

klärung von Organisationsstrukturen. In: Organisationstheorie, hrsg. v. E. Grochla, 1. Teilband, Stuttgart 1975, S. 118–139).
Child, J.: Strategies of Control and Organizational Behavior. In: ASQ, 18. Jg. 1973 (b), S. 1–17.
Child, J.; Kieser, A.: Organization and Managerial Roles in British and West German Companies. An Examination of the Culture-Free Thesis. Arbeitspapier Nr. 7/75 des Instituts für Unternehmungsführung im Fachbereich Wirtschaftswissenschaft der Freien Universität Berlin. Berlin 1975.
Child, J. u. a.: The Growth of Firms as a Field of Research. Arbeitspapier Nr. 2/75 des Instituts für Unternehmungsführung im Fachbereich Wirtschaftswissenschaft der Freien Universität Berlin. Berlin 1975.
Chmielewicz, K.: Forschungskonzeptionen der Wirtschaftswissenschaft. Zur Problematik einer entscheidungstheoretischen und normativen Wirtschaftslehre. Stuttgart 1970.
Cooley, W. W.; Lohnes, P. R.: Multivariate Data Analysis. New York 1971.
Cyert, R. M.; March, J. G.: A Behavioral Theory of the Firm. Englewood Cliffs/N. J. 1963.

Dale, E.: Planning and Developing the Company Organization Structure. New York 1952 (7. Aufl., 1962).
Dantzig, G. B.; Wolfe, P.: Decomposition for Linear Programs. In: OR, 6. Jg. 1960, S. 101–111.
Davis, R. C.: The Fundamentals of Top Management. New York 1951.
Dlugos, G.; Eberlein, G.; Steinmann, H. (Hrsg.): Wissenschaftstheorie und Betriebswirtschaftslehre. Eine methodologische Kontroverse. Düsseldorf 1972.
Dror, Y.: Muddling Through – »Science« or Inertia? In: Publ. Adm. R, 24. Jg. 1964, S. 153–157.
Drumm, H. J.: Elemente und Strukturdeterminanten des informatorischen Kommunikationssystems industrieller Unternehmungen. Berlin 1969.
Dubin, R.: Theory Building. New York 1969.

Emery, F. E. (Hrsg.): Systems Thinking. Harmondsworth/Middlesex 1969.
Emery, J. C.: Organizational Planning and Control Systems, Theory and Technology. London 1969.
Eschermann, A.: Die Geschichte der betriebswirtschaftlichen Organisationslehre von ihrer Entstehung bis zur integrierten Organisationslehre. Diss. München 1971.
Evan, M. W. (Hrsg.): Organizational Experiments: Laboratory and Field Research. New York u. a. 1971.

Fayol, H.: Administration Industrielle et Générale. Bulletin de la Société de L'Industrie Minérale. Paris 1916 (Deutsche Übersetzung: Allgemeine und industrielle Verwaltung. München – Berlin 1929).
Fieten, R.: Die Gestaltung der Koordination betrieblicher Entscheidungssysteme. Bern u. a. 1977.
Forrester, J. W.: Industrial Dynamics. 2. Aufl., New York 1961.

Frese, E.: Kontrolle und Unternehmungsführung. Entscheidungs- und organisationstheoretische Grundfragen. Wiesbaden 1968.
Frese, E.: Aufbauorganisation. Gießen 1976.
Friedrichs, J.: Methoden empirischer Sozialforschung. Reinbek bei Hamburg 1973.
Fuchs, H.: Systemtheorie und Organisation. Die Theorie offener Systeme als Grundlage zur Erforschung und Gestaltung betrieblicher Systeme. Wiesbaden 1973.
Fuchs-Wegner, G.: Systemanalyse. Eine Forschungs- und Gestaltungsstrategie. In: Systemtheorie und Betrieb, hrsg. v. E. Grochla, H. Fuchs u. H. Lehmann, Opladen 1974, S. 69–82.

Gantt, H. L.: Work, Wages and Profits. New York 1910.
Gantt, H. L.: Organizing for Work. New York 1919.
Gaugler, E.: Instanzenbildung als Problem der betrieblichen Führungsorganisation. Berlin 1966.
Gebert, D.: Die Organisationsentwicklung. Probleme des geplanten organisatorischen Wandels. Stuttgart u. a. 1974.
Gilbreth, F. B.; Gilbreth, L. H.: Applied Motion Study. New York 1917 (Deutsche Übersetzung: Angewandte Bewegungsstudien, Berlin 1920).
Golembiewsky, R. T.: Organizing Men and Power. Pattern of Behavior and Line-Staff-Models. Chicago 1967.
Gore, W. J.; Silander, F.: A Bibliographical Essay on Decision Making. In: ASQ, 4. Jg. 1959, S. 97–121.
Grochla, E.: Betriebsverband und Verbandbetrieb. Berlin 1959 (a).
Grochla, E.: Polarität in betriebswirtschaftlicher Forschung und Lehre. In: ZfB, 29. Jg. 1959 (b), S. 65–76.
Grochla, E.: Unternehmung und Betrieb. In: HdSW, hrsg. v. E. v. Beckerath, H. Bente u. a. Bd 10, Tübingen u. a. 1959 (c), S. 583–589.
Grochla, E.: Automation und Organisation. Wiesbaden 1966.
Grochla, E. (Hrsg.): Handwörterbuch der Organisation. 1. Aufl., Stuttgart 1969 (a).
Grochla, E.: Organisationstheorie. In: HWO, 1. Aufl., hrsg. v. E. Grochla, Stuttgart 1969 (b), Sp. 1236–1255.
Grochla, E.: Zur Diskussion über die Zentralisationswirkung automatischer Datenverarbeitungsanlagen. In: ZfO, 38. Jg. 1969 (c), S. 47–53 (Wiederabdruck in: Organisationstheorie, hrsg. v. E. Grochla, 2. Teilband, Stuttgart 1976, S. 507–517).
Grochla, E.: Systemtheorie und Organisationstheorie. In: ZfB, 40. Jg. 1970, S. 1–16 (Wiederabdruck in: Organisationstheorie, hrsg. v. E. Grochla, 2. Teilband, Stuttgart 1976, S. 554–566).
Grochla, E.: Unternehmungsorganisation. Neue Ansätze und Konzeptionen. Reinbek bei Hamburg 1972 (a) (7. Aufl., 1978).
Grochla, E. (Hrsg.): Unternehmungsorganisation. Reader und Abstracts. Reinbek bei Hamburg 1972 (b).
Grochla, E.: Automatisierung der Automatisierung. Möglichkeiten und Grenzen der computer-gestützten Gestaltung von betrieblichen Informationssystemen. In: ZfbF, 25. Jg. 1973, S. 413–429 (Wiederabdruck

in: Organisationstheorie, hrsg. v. E. Grochla, 2. Teilband, Stuttgart 1976, S. 480–495).
Grochla, E.: Betrieb, Betriebswirtschaft und Unternehmung. In: HWB, 4. Aufl., hrsg. v. E. Grochla u. W. Wittmann, Bd 1, Stuttgart 1974 (a), Sp. 542–557.
Grochla, E.: Systemtheoretisch-kybernetische Modellbildung. In: Systemtheorie und Betrieb, hrsg. v. E. Grochla, H. Fuchs u. H. Lehmann, Opladen 1974 (b), S. 11–22.
Grochla, E. (Hrsg.): Organisationstheorie. 2 Bde, Stuttgart 1975 (a) u. 1976 (a).
Grochla, E.: Entwicklung und gegenwärtiger Stand der Organisationstheorie. In: Organisationstheorie, hrsg. v. E. Grochla, 1. Teilband, Stuttgart 1975 (b), S. 2–32.
Grochla, E.: Praxeologische Organisationstheorie durch sachliche und methodische Integration – Eine pragmatische Konzeption. In: ZfbF, 28. Jg. 1976 (b), S. 617–637.
Grochla, E.: Grundzüge und gegenwärtiger Erkenntnisstand einer Theorie der organisatorischen Gestaltung. In: ZfO, 46. Jg. 1977, S. 421–432 (Wiederabdruck in: Elemente der organisatorischen Gestaltung, hrsg. v. E. Grochla, Reinbek bei Hamburg 1978, S. 40–65).
Grochla, E. (Hrsg.): Elemente der organisatorischen Gestaltung. Reader und Abstracts. Reinbek bei Hamburg 1978.
Grochla, E.; Fuchs, H.; Lehmann, H. (Hrsg.): Systemtheorie und Betrieb. Opladen 1974.
Grochla, E.; Meller, F.: Datenverarbeitung in der Unternehmung. Bd 1: Grundlagen, Reinbek bei Hamburg 1974; Bd 2: Gestaltung und Anwendung, Reinbek bei Hamburg 1977.
Grochla, E. u. a.: Grundlagen und Methoden einer element- und beziehungsorientierten Analyse betrieblicher Informationssysteme. BIFOA – Arbeitsbericht 1972/1. Köln 1972.
Grochla, E. u. Mitarbeiter: Integrierte Gesamtmodelle der Datenverarbeitung. München – Wien 1974.
Grün, O.: Informale Erscheinungen in der Betriebsorganisation. Berlin 1966.
Grün, O.; Hamel, W.; Witte, E.: Felduntersuchungen zur Struktur von Informations- und Entscheidungs-Prozessen. In: Das Informationsverhalten in Entscheidungsprozessen, hrsg. v. E. Witte, Tübingen 1972, S. 110–164.
Gulick, L. H.: Notes on the Theory of Organization. In: Papers on the Science of Administration, hrsg. v. L. H. Gulick u. L. F. Urwick, New York 1937, S. 1–47.
Gutenberg, E.: Unternehmensführung. Organisation und Entscheidungen. Wiesbaden 1962.
Gzuk, R.: Messung der Effizienz von Entscheidungen. Beitrag zu einer Methodologie der Erfolgsfeststellung betriebswirtschaftlicher Entscheidungen. Tübingen 1975.

Habermas, J.: Zur Logik der Sozialwissenschaften. Frankfurt/Main 1970.

Habermas, J.: Erkenntnis und Interesse. Frankfurt/Main 1973.
Hackstein, R.: Arbeitswissenschaft im Umriß. Bd 1: Gegenstand und Rechtsverhältnisse, Essen 1977; Bd 2: Grundlagen und Anwendung, Essen 1977.
Haire, M. (Hrsg.): Modern Organization Theory. New York 1959.
Hall, R. H.: Intraorganizational Structural Variation: Application of the Bureaucratic Model. In: ASQ, 7. Jg. 1962, S. 295–308.
Hall, R. H.: Organizations: Structure and Process. Englewood Cliffs/N. J. 1972.
Hanssmann, F.: Optimierung der Organisationsstruktur. Ein erster Versuch am Beispiel einer Vertriebsorganisation. In: ZfB, 40. Jg. 1970, S. 17–30 (Wiederabdruck in: Elemente der organisatorischen Gestaltung, hrsg. v. E. Grochla, Reinbek bei Hamburg 1978, S. 101–113).
Hass, J. E.: Transfer Pricing in a Decentralized Firm. In: Man. Sc., 14. Jg. 1968, S. B-310 – B-331.
Hauschildt, J.: Entscheidungsziele – Zielbildung in innovativen Entscheidungsprozessen: theoretische Ansätze und empirische Prüfung. Tübingen 1977.
Hax, H.: Die Koordination von Entscheidungen. Ein Beitrag zur betriebswirtschaftlichen Organisationslehre. Köln u. a. 1965.
Hedberg, B.: On Man-Computer Interaction in Organizational Decision-Making. A Behavioral Approach. Gothenburg 1970.
Heinen, E.: Das Zielsystem der Unternehmung. Wiesbaden 1966.
Helmer, O.: The Prospects of a Unified Theory of Organizations. The Rand Corporation. Paper P-1053. Santa Monica/Calif. 1957.
Hempel, C. G.: Aspects of Scientific Explanation and other Essays in the Philosophy of Science. New York – London 1965.
Hennig, K. W.: Einführung in die betriebswirtschaftliche Organisationslehre. Berlin 1934 (5. Aufl. unter dem Titel: Betriebswirtschaftliche Organisationslehre. Wiesbaden 1971).
Herzberg, F.: Work and the Nature of Man. New York 1966 (6. Aufl., 1972).
Herzberg, F.; Mausner, B.; Snyderman, B.: The Motivation to Work, 2. Aufl., New York – London 1959.
Heydebrand, W. V. (Hrsg.): Comparative Organizations. The Results of Empirical Research. Englewood Cliffs/N. J. 1973.
Hickson, D. J. u. a.: A Strategic Contingencies Theory of Intraorganizational Power. In: ASQ, 6. Jg. 1971, S. 216–229.
Hill, W.: Zur Entwicklung der Theorie der Unternehmungsorganisation. In: Beiträge zur Lehre von der Unternehmung, Festschrift für K. Käfer, hrsg. v. O. Angehrn u. H. P. Künzi, Stuttgart 1968, S. 225–241.
Hill, W.; Fehlbaum, R.; Ulrich, P.: Organisationslehre. 2 Bde, Bern – Stuttgart 1974 (2. Aufl., 1976).
Hinings, C. R. u. a.: An Approach to the Study of Bureaucracy. In: Soc., 1. Jg. 1967, S. 61–72 (Deutsche Übersetzung: Ein Ansatz zur Analyse des Bürokratiephänomens. In: Organisationstheorie, hrsg. v. E. Grochla, 1. Teilband, Stuttgart 1975, S. 106–117).
Hirshleifer, J.: On the Economics of Transfer Pricing. In: JBus., 19. Jg. 1956, S. 172–184.

Hirshleifer, J.: Internal Princing and Decentralized Decisions. In: Management Controls. New Directions in Basic Research, hrsg. v. C. P. Bonini; R. K. Jaedicke u. H. M. Wagner, New York u. a. 1964, S. 27–37.
Hoffmann, F.: Entwicklung der Organisationsforschung. Wiesbaden 1973 (3. Aufl., 1976).
Horkheimer, M.: Traditionelle und kritische Theorie. In: Traditionelle und kritische Theorie. Vier Aufsätze, hrsg. v. M. Horkheimer, Frankfurt /Main 1968, S. 12–64 (1. Aufl., 1937).
Humble, J. W.: Improving Business Results. London – New York 1967 (Deutsche Übersetzung: Ziele setzen – Gewinne steigern. München 1967).
Humble, J. W.: Management by Objectives. London 1972 (Deutsche Übersetzung: MBO-Fibel. Grundsätze des Management by Objectives. Frankfurt/Main – New York 1973).

Irle, M.: Soziale Systeme. Göttingen 1963.

Jaeggi, U.; Wiedemann, H.: Der Angestellte im automatisierten Büro. Stuttgart 1963.
Jehle, E. (Hrsg.): Systemforschung in der Betriebswirtschaftslehre. Stuttgart 1975.

Kalaba, R. E.; Juncosa, M. L.: Optimal Design and Utilization of Communication Networks. In: Man. Sc., 4. Jg. 1958, S. 34–44.
Kappler, E.: Systementwicklung. Lernprozesse in betriebswirtschaftlichen Organisationen. Wiesbaden 1972.
Katz, D.; Kahn, R. L.: The Social Psychology of Organizations. New York u. a. 1966.
Kern, W.: Optimierungsverfahren in der Ablauforganisation. Essen 1967.
Khandwalla, P. N.: Uncertainty and the »Optimal« Design of Organizations. Arbeitspapier zum TIMS XIX Meeting. Houston/Texas 1972 (Deutsche Übersetzung: Unsicherheit und die »optimale« Gestaltung von Organisationen. In: Organisationstheorie, hrsg. v. E. Grochla, 1. Teilband, Stuttgart 1975, S. 140–156).
Khandwalla, P. N.: Mass Output Orientation of Operations Technology and Organizational Structure. In: ASQ, 19. Jg. 1974, S. 74–97.
Khandwalla, P. N.: The Design of Organizations. New York 1977.
Kieser, A.: Zur wissenschaftlichen Begründbarkeit von Organisationsstrukturen. In: ZfO, 40. Jg. 1971, S. 239–249.
Kieser, A.: Einflußgrößen der Unternehmungsorganisation. Der Stand der empirischen Forschung und Ergebnisse einer eigenen Erhebung. Unveröffentlichte Kölner Habilitationsschrift 1973.
Kieser, A.: Der Einfluß der Umwelt auf die Organisationsstruktur der Unternehmung. In: ZfO, 43. Jg. 1974, S. 302–314.
Kieser, A.; Kubicek, H.: Organisation. Berlin – New York 1977.
Kirsch, W.: Die Unternehmungsziele in organisationstheoretischer Sicht. In: ZfbF, 21. Jg. 1969, S. 665–675.
Kirsch, W.: Entscheidungsprozesse. Bd 3, Entscheidungen in Organisationen. Wiesbaden 1971.

Kirsch, W.; Esser, W.-M.; Gabele, E.: Reorganisation. Theoretische Perspektiven des geplanten organisatorischen Wandels. München 1978.

Kirsch, W.; Meffert, H.: Organisationstheorien und Betriebswirtschaftslehre. Schriftenreihe der ZfB, Bd 1, Wiesbaden 1970, S. 21–22.

Kirsch, W. u. a.: Reorganisationsprozesse in Unternehmen – Bericht aus einem empirischen Forschungsprojekt. München 1975.

Klatzky, S. R.: Automation, Size, and the Locus of Decision Making: The Cascade Effect. In: JBus., 43. Jg. Nr. 2, 1970, S. 141–151 (Deutsche Übersetzung: Automation, Betriebsgröße und die Verteilung von Entscheidungskompetenzen. Der Kaskadeneffekt. In: Organisationstheorie, hrsg. v. E. Grochla, 2. Teilband, Stuttgart 1976, S. 518–529).

Köhler, R.: Theoretische Systeme der Betriebswirtschaftslehre im Lichte der neueren Wissenschaftslogik. Stuttgart 1966.

Köhler, R. (Hrsg.): Empirische und handlungstheoretische Forschungskonzeptionen in der Betriebswirtschaftslehre. Stuttgart 1977.

König, R. (Hrsg.): Handbuch der empirischen Sozialforschung. 1. Aufl. (2 Bde), Stuttgart ab 1962; 2. Aufl. (2 Bde), Stuttgart ab 1967; 3. Aufl. (erweiterte Aufl. des 1. Bd's der 2. Aufl. in 4 Bdn), Stuttgart ab 1973; 2. Aufl. (erweiterte Aufl. des 2. Bd's der 2. Aufl. in 5 Bdn), Stuttgart ab 1976.

Koontz, H.: The Management Theory Jungle. In: J Acad. Man., 4. Jg. 1961, S. 174–188.

Koontz, H.; O'Donnell, C.: Principles of Management. New York 1955 (4. Aufl., 1968).

Kosiol, E.: Organisation und Betriebswirtschaft. In: Die Betriebswirtschaft, 27. Jg. 1934, S. 81–85.

Kosiol, E.: Grundlagen und Methoden der Organisationsforschung. Berlin 1959 (2. Aufl., 1968).

Kosiol, E.: Organisation der Unternehmung. Wiesbaden 1962 (2. Aufl., 1976).

Kosiol, E.; Szyperski, N.; Chmielewicz, K.: Zum Standort der Systemforschung im Rahmen der Wissenschaften. In: ZfbF, 17. Jg. 1965, S. 337–378.

Kramer, R.: Information und Kommunikation. Berlin 1965.

Kraus, H.: Grundriß einer Theorie der Verwaltung. Betriebswirtschaftliche Merkmale der Verwaltungstätigkeit. Wien – New York 1969.

Kreikebaum, H.: Die Anpassung der Betriebsorganisation. Wiesbaden 1975.

Kubicek, H.: Informationstechnologie und organisatorische Regelungen. Berlin 1975 (a).

Kubicek, H.: Empirische Organisationsforschung. Konzeption und Methodik. Stuttgart 1975 (b).

Kubicek, H.; Wollnik, M.: Zur Notwendigkeit empirischer Grundlagenforschung in der Organisationstheorie. In: ZfO, 44. Jg. 1975, S. 301–312.

Lakatos, I.: Falsifikation und die Methodologie wissenschaftlicher Forschungsprogramme. In: Kritik und Erkenntnisfortschritt, hrsg. v. I. Lakatos u. A. Musgrave, Braunschweig 1974, S. 89–190.

Langefors, B.: Control Structure and Formalized Information Analysis in an

Organization. Arbeitspapier, eingereicht zum internationalen Symposium »Organisationsstrukturen und Strukturen der Informationssysteme« des BIFOA, Köln, vom 21.–23. August 1973 (Wiederabdruck in: Information Systems and Organizational Structure, hrsg. v. E. Grochla u. N. Szyperski, Berlin – New York 1975).
Lawler III, E. E.: Motivation in Work Organizations. Monterey/Calif. 1973.
Lawler III, E. E.; Suttle, J. L.: A Causal Correlational Test of the Need Hierarchy Concept. In: Org. Beh. Hum. Perf., 7. Jg. 1972, S. 265–287.
Lawrence, P. R.; Lorsch, J. W.: Organization and Environment. Homewood/Ill. 1969.
LeCoutre, W.: Betriebsorganisation. In: Die Handelshochschule, Berlin 1928 (selbst. Schrift Berlin – Wien 1930).
Lehmann, H.: Organisationslehre I (Entwicklung im deutschsprachigen Raum). In: HWO, 1. Aufl., hrsg. v. E. Grochla, Stuttgart 1969 (a), Sp. 1150–1168.
Lehmann, H.: Integration. In: HWO, 1. Aufl., hrsg. v. E. Grochla, Stuttgart 1969 (b), Sp. 768–774.
Lehmann, H.: Zum Objekt und wissenschaftlichen Standort einer »Organisationskybernetik«. In: Systemtheorie und Betrieb, hrsg. v. E. Grochla, H. Fuchs u. H. Lehmann, Opladen 1974, S. 51–67.
Lewin, K.: Action Research and Minority Problems. In: JSoc. Iss., 2. Jg. 1946, S. 34–64.
Likert, R.: New Patterns of Management. New York – London 1961.
Lindblom, C.: The Science of »Muddling Through«. In: Publ. Adm. R, 19. Jg. 1959, S. 79–88 (Deutsche Übersetzung: Die Wissenschaft vom »Durchwursteln« In: Organisationstheorie, hrsg. v. E. Grochla, 2. Teilband, Stuttgart 1976, S. 373–388).
Luhmann, N.: Funktionen und Folgen formaler Organisation. Berlin 1964.
Luhmann, N.: Soziologie als Theorie sozialer Systeme. In: Köln. Z. Soz. Soz-Ps., 19. Jg. 1967, S. 615–644.
Luhmann, N.: Zweckbegriff und Systemrationalität. Tübingen 1968.
Luhmann, N.: Allgemeine Theorie organisierter Sozialsysteme. In: Soziologische Aufklärung 2, hrsg. v. N. Luhmann, 4. Aufl., Opladen 1975, S. 39–50.

Macharzina, K.: Interaktion und Organisation. Diss. München 1970.
Mag, W.: Grundfragen einer betriebswirtschaftlichen Organisationstheorie. 2. Aufl., Wiesbaden 1971.
Malewski, A.: Verhalten und Interaktion. Tübingen 1967.
Mann, F. C.; Williams, L. K.: Organizational Impact of White Collar Automation. In: Bulletin of the International Association of Applied Psychology, 1960 (Deutsche Übersetzung: Organisatorische Auswirkungen der Automatisierung im Bürobereich. In: Organisationstheorie, hrsg. v. E. Grochla, 2. Teilband, Stuttgart 1976, S. 498–506).
March, J. G. (Hrsg.): Handbook of Organizations. Chicago 1965.
March, J. G.; Simon, H. A.: Organizations. New York – London 1958 (3. Aufl., 1961) (Deutsche Übersetzung: Organisation und Individuum. Wiesbaden 1976).

Marschak, J.: Towards an Economic Theory of Organization and Information. In: Decision Processes, hrsg. v. R. M. Thrall, C. H. Coombs u. R. L. Davos, New York – London 1954, S. 187–220 (Deutsche Übersetzung: Zur Entwicklung einer ökonomischen Theorie der Organisation und Information. In: Organisationstheorie, hrsg. v. E. Grochla, 1. Teilband, Stuttgart 1975, S. 306–325).
Marschak, J.: Elements for a Theory of Teams. In: Man. Sc., 1. Jg. 1955, S. 127–137.
Marschak, J.; Radner, R.: Economic Theory of Teams. New Haven – London 1972.
Maslow, A. H.: Motivation and Personality. New York – London 1954 (2. Aufl., 1970).
Mayer, A.: Organisationspsychologie. Stuttgart 1978.
Mayntz, R.: Soziologie der Organisation. Reinbek bei Hamburg 1963.
Mayntz, R.: The Study of Organizations. In: Curr. Soc., 13. Jg. 1964, S. 94–156.
Mayntz, R. (Hrsg.): Bürokratische Organisation. 2. Aufl., Köln – Berlin 1971.
Mayntz, R.; Ziegler, R.: Soziologie der Organisation. In: Handbuch der empirischen Sozialforschung, 2. Aufl., hrsg. v. R. König, Bd 9, Organisation – Militär, Stuttgart 1977, S. 1–141.
Mayntz, R.; Holm, K.; Hübner, P.: Einführung in die Methoden der empirischen Soziologie. Opladen 1969 (4. Aufl., 1975).
McClelland, D. C.: Achieving Motivation Can Be Developed. In: Harv. Bus. R, 43. Jg. 1965, Nr. 6, S. 6–24.
McClelland, D. C. u. a.: The Achievement Motive. New York 1953.
McGregor, D.: The Human Side of Enterprise. In: Some Theories of Organization, hrsg. v. A. H. Rubenstein u. C. J. Haberstroh, Homewood/Ill. 1960 (Deutsche Übersetzung: Der Mensch im Unternehmen. Düsseldorf – Wien 1970 (2. Aufl., 1971)).
Mehrens, W. A.; Ebel, R. L.: Principles of Educational and Psychological Measurement. Chicago 1967.
Merton, R. K.: Social Theory of Economic and Social Organization. Glencoe/Ill. 1949.
Merton, R. K.: Social Theory and Social Structure. 3. Aufl., Glencoe/Ill. 1968.
Mesarović, M. D.: Foundations for a General Systems Theory. In: Views on General Systems Theory. Proceedings of the Second Systems Symposium at Case Institute of Technology, hrsg. v. D. Mesarović, New York u. a. 1964, S. 1–24.
Meyer, M. W.: The Two Authority Structures of Bureaucratic Organization. In: ASQ, 13. Jg. 1968, S. 211–228.
Mirow, H. M.: Kybernetik. Grundlage einer allgemeinen Theorie der Organisation. Wiesbaden 1969.
Mooney, J. D.: The Principles of Organization. 2. Aufl., New York – London 1947.
Morgenstern, O.: Prolegomena to a Theory of Organization. Rand Corporation. Research Memorandum 734. Santa Monica/Calif. 1951.

Müller-Hagedorn, L.: Ein Ansatz zur Optimierung der Organisationsstruktur. In: ZfB, 41. Jg. 1971, S. 705–716.
Müller-Merbach, H.: OR-Ansätze zur optimalen Abteilungsgliederung in Institutionen. In: Unternehmensführung und Organisation. Bericht von der wissenschaftlichen Tagung in Innsbruck vom 23.–27. Mai 1972, hrsg. v. W. Kirsch, Wiesbaden 1973, S. 93–124.

Neuberger, O.: Theorien der Arbeitszufriedenheit. Stuttgart u. a. 1974.
Neumann, J. V.; Morgenstern, O.: Theory of Games and Economic Behavior. Princeton/N. J. 1943 (3. Aufl., 1953) (Deutsche Übersetzung nach der 3. Aufl.: Spieltheorie und wirtschaftliches Verhalten. Würzburg 1961).
Newell, A.; Simon, H. A.: Human Problem Solving. Englewood Cliffs/N. J. 1972.
Nicklisch, H.: Der Weg aufwärts! Organisation. Stuttgart 1920 (2. Aufl., 1922).
Nordsieck, F.: Grundlagen der Organisationslehre. Stuttgart 1934 (2. Aufl. unter dem Titel: Rationalisierung der Betriebsorganisation. Stuttgart 1955).

Odiorne, G. S.: Management by Objectives. A System of Managerial Leadership. New York u. a. 1965.
Opp, K.-D.: Methodologie der Sozialwissenschaften. Reinbek bei Hamburg 1970 (2. Aufl., 1976).
Oppelt, W.: Kleines Handbuch technischer Regelvorgänge. 5. Aufl., Weinheim 1972.

Pagenkemper, K.; Heitz, B.: Entscheidungstabellen in Organisation und Datenverarbeitung. Neuwied 1975.
Parkinson, C. N.: Parkinson's Law. Boston 1957 (Deutsche Übersetzung: Parkinson's Gesetz und andere Untersuchungen über die Verwaltung. Düsseldorf – Stuttgart 1958).
Parsons, T.: The Social System. Glencoe/Ill. 1951.
Parsons, T.: Structure and Process in Modern Societies. Essays. Glencoe/Ill. 1960.
Parsons, T.; Shils, E. A. (Hrsg.): Toward a General Theory of Action. New York 1951.
Parsons, T. u. a.: The General Theory of Action. In: Toward a General Theory of Action, hrsg. v. T. Parsons u. E. Shils, New York 1951, S. 3–44.
Perrow, C.: A Framework for the Comparative Analysis of Organizations. In: Am. Soc. R, 32. Jg. 1967, S. 194–208.
Perrow, C.: Organizational Analysis. A Soziological View. London 1970.
Pfohl, H.-C.: Problemorientierte Entscheidungsfindung in Organisationen. Berlin – New York 1977.
Picot, A.: Experimentelle Organisationsforschung. Methodische und wissenschaftstheoretische Grundlagen. Wiesbaden 1975.
Piehler, J.: Ein Beitrag zum Reihenfolgeproblem. In: Unternehmensfor-

schung, hrsg. v. REFA: Das REFA-Buch, Bd 1: Arbeitsgestaltung, 9. Aufl., München 1960, S. 138–142.

Plenge, J.: Drei Vorlesungen über die allgemeine Organisationslehre. Essen 1919.

Poensgen, O. H.: Geschäftsbereichsorganisation. Opladen 1973.

Popper, K. R.: Die Zielsetzung der Erfahrungswissenschaft. In: Theorie und Realität, hrsg. von H. Albert, Tübingen 1964, S. 73–86 (2. Aufl., 1972, S. 29–41).

Popper, K. R.: Logik der Forschung. Wien 1935 (2. Aufl., Tübingen 1966, 4. Aufl., 1971).

Porter, L. W.; Lawler III, E. E.: Managerial Attitudes and Performance. Homewood/Ill. 1968.

Potthoff, E.: Personelle Unternehmungsorganisation. Berlin – New York 1977.

Powers, R. F.: An Empirical Investigation of Selected Hypothesis Related to the Success of Management Information System Projects. Diss. University of Minnesota 1971.

Pugh, D. S.; Hickson, D. J. (Hrsg.): Organizational Structure in its Context. The Aston Programme I. Westmead/Hampshire 1976.

Pugh, D. S.; Hinings, C. R. (Hrsg.): Organizational Structure. Extensions and Replications. The Aston Programme II. Westmead/Hampshire 1976.

Pugh, D. S.; Payne, R. L. (Hrsg.) Organizational Behaviour in its Context. The Aston Programme III. Westmead/Hampshire 1977.

Pugh, D. S. u. a.: A Conceptual Scheme of Organizational Analysis. In: ASQ, 8. Jg. 1963, S. 289–315.

Pugh, D. S. u. a.: Dimensions of Organization Structure. In: ASQ, 13. Jg. 1968, S. 65–105.

Pugh, D. S. u. a.: The Context for Organization Structures. In: ASQ, 14. Jg. 1969, S. 91–114 (Deutsche Übersetzung: Der Bezugsrahmen organisatorischer Strukturen. In: Elemente der organisatorischen Gestaltung, hrsg. v. E. Grochla, Reinbek bei Hamburg 1978, S. 211–242).

Reber, G.: Personales Verhalten im Betrieb. Analyse entscheidungstheoretischer Ansätze. Stuttgart 1973.

REFA: Methodenlehre des Arbeitsstudiums. München 1975.

Reinermann, H.; Reichmann, G.: Verwaltung und Führungskonzepte. Management by Objectives und seine Anwendungsvoraussetzungen. Berlin 1978.

Roethlisberger, F. J.: Management and Morale. Cambridge/Mass. 1941 (9. Aufl., 1950) (Deutsche Übersetzung nach der 9. Aufl.: Betriebsführung und Arbeitsmoral. Köln – Opladen 1954).

Roethlisberger, F. J.; Dickson, W. J.: Management and the Worker. Cambridge/Mass. 1939 (9. Aufl., 1949).

Rosenkranz, H.: Soziale Betriebsorganisation unter anthropologischen und pädagogischen Aspekten. München – Basel 1974.

Rosenstiel, L. v.: Die motivationalen Grundlagen des Verhaltens in Organisationen. Leistung und Zufriedenheit. Berlin 1975.

Rühli, E.: Unternehmungsführung und Unternehmungspolitik. 2 Bde. Bern – Stuttgart 1973.
Ruffner, A.: Prinzipien der Organisation. In: HWO, 1. Aufl., hrsg. v. E. Grochla, Stuttgart 1969, Sp. 1330–1339.

Sachs, L.: Angewandte Statistik, Methoden und Modelle. 4. Aufl., Berlin u. a. 1974.
Sackman, H.: Man-Computer-Problem Solving. Princeton u. a. 1970.
Schanz, G.: Einführung in die Methodologie der Betriebswirtschaftslehre. Köln 1975.
Schanz, G.: Wege zur individualisierten Organisation. In: ZfO, 46. Jg. 1977, S. 183–192 u. 345–351.
Schein, E. H.: Organizational Psychology. Englewood Cliffs/N. J. 1965 (auszugsweise deutsche Übersetzung: Das Bild des Menschen aus der Sicht des Management. In: Management, hrsg. v. E. Grochla, Düsseldorf – Wien 1974, S. 69–91).
Scheuch, E. K.: Das Interview in der Sozialforschung. In: Handbuch der empirischen Sozialforschung, hrsg. v. R. König, 3. Aufl., Bd 2, Stuttgart 1973, S. 66–190.
Schiemenz, B.: Regelungstheorie und Entscheidungsprozesse. Ein Beitrag zur Betriebskybernetik. Wiesbaden 1972.

Schleh, E. C.: Management by Results. The Dynamic of Profitable Management. New York – San Francisco 1961.
Schmalenbach, E.: Pretiale Wirtschaftslenkung. 2 Bde, Bremen 1947 u. 1948.
Schmalenbach, E.: Kostenrechnung und Preispolitik. 8. Aufl., (Neubearbeitung v. R. Bauer) Köln – Opladen 1963.
Schmidt, G.: Organisation – Methode und Technik. 2. Aufl., Gießen 1975.
Schmidt, R.-B.: Wirtschaftslehre der Unternehmung. Bd 1: Grundlagen und Zielsetzung. 2. Aufl., Stuttgart 1977.
Schnelle, W.: Entscheidungen im Management. Wege zur Lösung komplexer Aufgaben in großen Organisationen. Quickborn 1966.
Schwarz, H.: Betriebsorganisation als Führungsaufgabe. 8. Aufl., München 1977.
Schweitzer, M.: Probleme der Ablauforganisation in Unternehmungen. Berlin 1964.
Schweitzer, M.: Arbeitssynthese, mathematische Methoden. In: HWO, 1. Aufl., hrsg. v. E. Grochla, Stuttgart 1969, Sp. 136–154.
Schweitzer, M.: Kooperationsformen zwischen Organisationslehre und Organisationspraxis. In: ZfO, 42. Jg. 1973, S. 249–259.
Schwemmer, O.: Theorie der rationalen Erklärung. München 1976.
Scott, W. G.: Organization Theory. An Overview and an Appraisal. In: J. Acad. Man., 4. Jg. 1961, S. 7–26.
Shannon, C. E.; Weaver, W.: The Mathematical Theory of Communication, Urbana /Ill. 1949 (8. Aufl., 1959).
Shubik, M.: Incentives, Decentralized Control, the Assignment of Joint Costs, and Internal Princing. In: Man. Sc., 8. Jg. 1961/62, S. 325–343

(Deutsche Übersetzung: Anreize, dezentralisierte Kontrolle, die Zurechnung von gemeinsamen Kosten und interne Preisbestimmung. In: Organisationstheorie, hrsg. v. E. Grochla, 1. Teilband, Stuttgart 1976, S. 348–358).

Simon, H. A.: Administrative Behavior. A Study of Decision-Making Processes in Administrative Organization. New York 1947 (2. Aufl., New York – London 1965).

Spinner, H.: Pluralismus als Erkenntnismodell. Frankfurt/Main 1974.

Staehle, W. H.: Organisation und Führung sozio-technischer Systeme. Grundlagen einer Situationstheorie. Stuttgart 1973.

Stählin, W.: Theoretische und technologische Forschung in der Betriebswirtschaftslehre. Stuttgart 1973.

Staerkle, R.: Stabsstellen in der industriellen Unternehmung. Bern 1961.

Starbuck, W. H.: The Current State of Organization Theory. In: Contemporary Management. Issues and Viewpoints, hrsg. v. J. W. McGuire, Englewood Cliffs/N. J. 1974, S. 123–139.

Stefanić-Allmayer, K.: Allgemeine Organisationslehre. Wien–Stuttgart 1950.

Strunz, H.: Entscheidungstabellentechnik. Grundlagen und Anwendungsmöglichkeiten bei der Gestaltung rechnergestützter Informationssysteme. München – Wien 1977.

Süllwoll, F.: Bedingungen und Gesetzmäßigkeiten des Problemlösungsverhaltens. In: Denken, hrsg. v. C. F. Graumann, Köln – Berlin 1965, S. 273–295.

Szyperski, N.: Zur wissenschaftsprogrammatischen und forschungsstrategischen Orientierung der Betriebswirtschaftslehre. In: ZfbF, 23. Jg. 1971, S. 261–282.

Szyperski, N.; Winand, U.: Entscheidungstheorie. Stuttgart 1974.

Taylor, F. W.: Shop-Management. New York – London 1903 (Deutsche Übersetzung: Die Betriebsleitung, insbesondere der Werkstätten. Berlin 1909).

Taylor, F. W.: The Principles of Scientific Management. New York 1911 (Deutsche Übersetzung: Die Grundsätze wissenschaftlicher Betriebsführung, München – Berlin 1913).

Taylor, F. W.: Scientific Management. New York 1947.

Thom, N.: Zur Effizienz betrieblicher Innovationsprozesse. Vorstudie zu einer empirisch begründeten Theorie des betrieblichen Innovationsmanagements. Köln 1976.

Thompson, J. D.: Organizations in Action. New York u. a. 1967.

Türk, K. (Hrsg.): Organisationstheorie. Hamburg 1975.

Türk, K.: Soziologie der Organisation. Eine Einführung. Stuttgart 1978.

Udy Jr., J. H.: Bureaucratic Elements in Organizations: Some Research Findings. In: Am. Soc. R, 23. Jg. 1958, S. 415–418.

Udy Jr., J. H.: »Bureaucracy« and »Rationality« in Weber's Organization Theory. An Empirical Study. In: Am. Soc. R, 24. Jg. 1959, S. 791–795.

Udy Jr., J. H.: The Comparative Analysis of Organizations. In: Handbook of

Organizations, hrsg. v. J. G. March, Chicago 1965.
Ulrich, H.: Betriebswirtschaftliche Organisationslehre. Bern 1949.
Ulrich, H.: Die Unternehmung als produktives soziales System. 2. Aufl., Bern – Stuttgart 1970.
Urwick, L. F.: Scientific Principles and Organization. New York 1938.
Urwick, L. F.: The Elements of Administration. New York – London 1943 (Deutsche Übersetzung: Grundlagen und Methoden der Unternehmensführung. Essen 1961).

Vroom, V. H.: Work and Motivation. New York 1964.

Wächter, H.: Unternehmungs- und Unternehmerziele im sozioökonomischen Feld. Göttingen 1969.
Walton, R. E.: Theory of Conflict in Lateral Organizational Relationships. In: Operational Research and the Social Sciences, hrsg. v. J. R. Lawrence, London u. a. 1966, S. 409–428.
Walton, R. E.; Dutton, J. M.: The Management of Interdepartmental Conflict: A Model and Review. In: ASQ, 14. Jg. 1969, S. 73–84.
Walton, R. E.; Dutton, J. M.; Cafferty, T. P.: Organizational Context and Interdepartmental Conflict. In: ASQ, 14. Jg. 1969, S. 522–542 (Deutsche Übersetzung: Organisatorischer Kontext und Interabteilungskonflikt. In: Organisationstheorie, hrsg. v. E. Grochla, 1. Teilband, Stuttgart 1975, S. 268–304).
Weaver, W.: Recent Contributions to the Mathematical Theory of Communication. In: The Mathematical Theory of Communication, hrsg. v. C. E. Shannon u. W. Weaver, Urbana/Ill. 1949, S. 95–117.
Weber, M.: Wirtschaft und Gesellschaft. 2 Bde. Tübingen 1921 (5. Aufl., 1972).
Wegner, G.: Systemanalyse und Sachmitteleinsatz in der Betriebsorganisation. Wiesbaden 1969.
Welge, M. K.: Profit-Center-Organisation. Organisatorische Analyse von Strukturbewertungsproblemen in funktionalen und profit-center-orientierten Organisationen. Wiesbaden 1975.
Whinston, A.: Price Guides in Decentralized Organizations. In: New Perspectives in Organization Research, hrsg. v. W. W. Cooper, J. J. Leavitt u. M. W. Shelly, New York u. a. 1964, S. 405–448.
Wiener, N.: Cybernetics, or Control and Communication in the Animal and the Machine. Paris 1948 (2. Aufl., Cambridge/Mass. u. a. 1961).
Wiener, N.: The Human Use of Human Beings, Cybernetics and Society. Boston 1950.
Wild, J.: Grundlagen und Probleme der betriebswirtschaftlichen Organisationslehre. Berlin 1966.
Wild, J.: Neuere Organisationsforschung in betriebswirtschaftlicher Sicht. Internationale Forschungsansätze und -ergebnisse zur formalen Problematik der Aufbauorganisation Berlin 1967 (a).
Wild, J.: Zur praktischen Bedeutung der Organisationstheorie. In: ZfB, 37. Jg. 1967 (b), S. 567–592.
Wild, J.: Betriebswirtschaftliche Organisationslehre. Gegenwartsstand

und Zukunftsperspektiven. In: ZfO, 38. Jg. 1969, S. 3–9.
Wild, J.: Methodenprobleme in der Betriebswirtschaft. In: HWB, 4. Aufl., hrsg. v. E. Grochla u. W. Wittmann, Bd 2, Stuttgart 1975, Sp. 2654–2677.
Williamson, O. E.: Corporate Control and Business Behavior. Englewood Cliffs/N. J. 1970.
Wilson, J. Q.: Innovation in Organization: Notes Toward a Theory. In: Approaches to Organizational Design, hrsg. v. J. D. Thompson, Pittsburgh/Pa. 1966, S. 193–218.
Witte, E. (Hrsg.): Das Informationsverhalten in Entscheidungsprozessen. Tübingen 1972.
Witte, E.: Organisation für Innovationsentscheidungen. Das Promotorenmodell. Göttingen 1973 (a).
Witte, E.: Innovationsfähige Organisation. In: ZfO, 42. Jg. 1973 (b), S. 17–24.
Wollnik, M.; Kubicek, H.: Einflußfaktoren der Koordination in Unternehmungen. In: ZfbF, 28. Jg. 1976, S. 502–524.
Woodward, J.: Management and Technology. London 1958.
Woodward, J.: Industrial Organization: Theory and Practice. London u. a. 1965.

Zetterberg, H. L.: Theorie, Forschung und Praxis in der Soziologie. In: Handbuch der empirischen Sozialforschung, hrsg. v. R. König, 3. Aufl., Bd 1, Stuttgart 1973, S. 104–160.
Ziegler, R.: Kommunikationsstruktur und Leistung sozialer Systeme. Meisenheim am Glan 1968.
Ziegler, R.: Organisation, informale. In: HWO, 1. Aufl., hrsg. v. E. Grochla, Stuttgart 1969, Sp. 1094–1103.

Personenregister

Ackoff 206
Adorno 60
Albert 55, 60
Allport 10
Andrews 80
Argyris 149, 150, 154, 155, 156
Ashby 209
Atkinson 186
Atteslander 8
Bales 149, 150, 159, 160
Barnard 73, 159, 188
Beckmann 171
Beensen 113
Benne 148, 149, 163
Bennis 101, 148, 149, 163
Bertalanffy 9, 205, 208, 221
Bittel 44
Blau 50, 132, 135, 136, 197
Blumenthal 202
Bonini 72
Boulding 206
Bower 202
Brown 119
Büschges 80
Burns 132, 137, 138
Cafferty 162
Charnes 175
Child 51, 81, 135, 140, 143, 144
Chin 148, 149, 163
Chmielewicz 55
Clower 175
Cooley 80
Cyert 148, 159, 182, 188, 189, 190
Dantzig 175
Davis 119
Dickson 144
Dror 188
Dubin 75
Dutton 149, 162 f.
Ebel 79
Esser 191
Fayol 40, 113, 117, 118, 119, 120, 122
Feather 186
Fehlbaum 12, 102
Forrester 206
Friedrichs 80
Fuchs 208
Fuchs-Wegner 209
Gabele 191
Gantt 117
Gilbreth 115, 117
Golembiewski 39
Gore 101
Grochla 8, 9, 12, 34, 35, 55, 64, 102, 108, 195, 197, 201, 214 233
Grün 191
Gulick 34, 119, 120, 123
Habermas 60
Hall 31, 132
Hamel 191
Hanssmann 86, 88, 92, 94, 95, 178
Hass 175
Hax 46
Hedberg 199
Helmer 180
Hempel 54
Hennig 125
Herzberg 149, 151, 152, 153
Heydebrandt 135
Hickson 132, 149, 161, 162
Hill 12, 102
Hining 132
Hirshleifer 45
Hoffmann 102
Horkheimer 60
Humble 44
Irle 8
Jaedicke 72
Jaeggi 198
Juncosa 178
Kahn 10

Kalaba 178
Katz 10
Khandwalla 82, 83, 84, 141
Kieser 41, 50, 81, 82, 83, 84, 132, 135, 137, 141
Kirsch 78, 102, 191
Klatzky 135, 194, 197
Köhler 60
König 60
Koontz 102, 103, 119, 121, 122, 123
Kortanek 175
Kosiol 15, 33, 120, 125, 126, 127, 129, 235
Kubicek 12, 132, 135, 137, 141, 194, 198
Lakatos 61
Langeors 201
Lawler 151
Lawrence 82, 84, 132, 137, 139, 140, 156
LeCoutre 125
Lehmann 213, 221
Likert 39, 147
Lindblom 188
Lohnes 80
Lorsch 82, 84, 132, 137, 139, 140, 156
Lütke-Bornefeld 80
Luhmann 10, 20, 78
Malewski 221, 222, 230
Mann 198
March 73, 74, 76, 77, 78, 103, 115, 148, 159, 182, 184, 188, 189, 190
Marschak 167, 171
Maslow 149, 150, 151, 158
Mausner 151, 152
Mayntz 60, 80, 102
Mayo 144
McClelland 182, 186
McGregor 149, 150, 157, 158
Meffert 102
Mehrens 79
Meller 201
Merton 241
Mesarović 206
Meyer 135
Mooney 119, 120
Morgenstern 180
Müller-Hagedorn 178
Müller-Merbach 86, 90, 91, 92, 94, 95, 178
Neumann 180
Newell 182, 184, 186
Nordsieck 12, 120, 125, 126
Odiorne 44
O'Donnell 119, 121, 122, 123
Opp 54, 60, 61
Oppelt 211
Pagenkemper 201
Parkinson 51
Parsons 10, 221, 230
Perrow 141
Piehler 177
Popper 54, 55, 60, 61
Powers 200
Pugh 41, 81, 132, 133, 134, 135
Radner 167, 171
Roethlisberger 144, 145, 146
Rosenkranz 14
Ruffner 113
Sachs 80
Sackman 199
Schanz 55, 60
Schein 103
Scheuch 79
Schleh 44
Schmalenbach 44, 173, 174
Schnelle 39
Schoenherr 132, 135, 136, 197
Schweitzer 178
Schwemmer 76
Scott 102
Sefert 202
Shannon 206
Shubik 180
Silander 101
Simon 14, 73, 74, 76, 77, 78, 103, 115, 148, 182, 184, 186, 188
Snyderman 151, 152
Spinner 60
Stählin 64
Stalker 132, 137, 138
Strunz 201
Süllwoll 184

Suttle 151
Taylor 41, 115, 116, 117, 118, 120
Turner 132
Udy 31, 132
Ulrich 12, 102, 125
Urwick 119, 120
Vroom 149, 153, 154, 186
Wagner 72
Walton 149, 162 f.
Weaver 206
Weber 31, 130, 131, 132, 138
Welge 176
Whinston 45, 176
Wiedemann 198
Wiener 204, 205
Wild 61, 177, 235
Williams 198
Williamson 178
Wilson 84
Witte 182, 191
Wolfe 175
Wollnik 132, 135
Woodward 132, 141, 142, 143
Zetterberg 79
Ziegler 14, 146

Sachregister

Ablauforganisation 109, 125 ff., 129, 196
–, Ansätze zur 166, 176 f.
–, Theorie der 177
Ablaufplanung, Ansätze zur 167, 176 f.
Absicherung, empirische (s. a. Empirische Bestätigung) 66
Abteilungen, Konfliktniveau zwischen 162 f.
Abteilungsbildung 117, 119 f., 122 f.
Abteilungsgliederung, optimale 86, 90 ff., 178
Abteilungsmacht, Determinanten der 161 f.
Administrationsaufwand 135 ff.
Administrations- und Managementlehre 76, 104, 114, 117 f., 129
Aktionsparameter 30, 54 f., 62 ff., 96, 197
Aktionsträger, personelle 10, 12 f.
–, maschinelle 10, 12 f.
Analyse-Synthese-Konzept 126 ff.
Analytik 232
Annahmen
– Asymmetrie- 75
– Intensitäts- 75 f.
–, kausale 74 ff., 79 f.
–, Präzisierungsstufen der 75 f.
– Verbundenheits- 75, 78
– Vorzeichen- 75, 77
Anreiz-Beitrags-Theorie 73, 159, 188
Anspruchsanpassungstheorie 186 ff.
Anspruchsniveau 186 f., 190
Arbeit, korporale 22, 25 f., 107, 109 f., 115
–, mentale 22, 25 f., 107, 109 f., 115
Arbeitsanalyse 127 f.
Arbeitsklima 28, 157, 161
Arbeitsmotivation 147, 153
Arbeitssynthese 128 f.
Arbeitsteilung 31 ff., 50, 52, 119
– nach der Verrichtungsart 34, 52
– nach Marktkriterien 35, 52
– nach Objekten 35 f., 52
– nach Produkten, Produktgruppen 35, 52
– nach regionalen Kriterien 35 f., 52
Arbeitswissenschaft 109, 117, 129
Arbeitszufriedenheit s. Zufriedenheit
Assembly Line Balancing-Theorie 177
Aston-Schule 132
Aufbauorganisation 125 ff., 196
Aufgaben 11, 17 f., 25 ff., 34 f., 96, 106, 110, 117 f., 124 ff.
Augabenanalyse 33, 127 f.
Aufgabenerfüllungsprozesse
–, Dokumentation von 44, 47, 52
– durch Aktionsträger 11, 13, 16 f., 17, 22 f., 25 ff., 34, 107
–, Festlegung von 41 ff., 52
–, Programmierung von 42 ff., 47, 52
Aufgabensynthese 33, 128 f.
Aufgabensystem 201
Aufgabenverteilung s. Arbeitsteilung
Ausnahmeprinzip s. Management by Exception
Aussagen
–, begriffliche 55, 57, 69, 71, 93, 98
–, beschreibende (deskriptive) 55, 57, 69 ff., 93, 97 f.
–, empirisch-kognitive 79 f., 97 f.
–, erklärende (explanatorische) 55, 57, 69 ff., 93, 97 f., 236
–, hypothetisch-spekulative 73 f., 76 f., 97 f.

–, instrumentale 55 f., 70, 96
–, interpretierend-deskriptive 73, 76 f., 97 f.
–, praxeologische (s. a. Gestaltung, organisatorische) 53, 69 ff., 93 ff., 98, 224, 226, 231, 235 ff.
–, real-deskriptive 78 f., 98 f.
–, technologische 64
–, theoretische
–, Anforderungen an 56
–, Qualitätsmerkmale der 55
Automation 194 ff.
– von Informationsverarbeitungsaufgaben 135 ff.
Automationsforschung, verhaltenswissenschaftliche 194, 198
Basisbezugsrahmen 221, 227 ff.
Bedingtheitstheorie (s. Kontigenztheorie)
Bedingungen 10 f., 17 ff., 25 ff., 55, 62 ff., 96, 133 ff.
–, externe 18 ff., 25 f., 28
–, interne 18 ff., 25 f.
Bedürfnishierarchie 150 f.
Benutzersystem 201 f.
Beschlußfassung 38
Bestandssicherung 12, 25
Betriebsführung, wissenschaftliche s. Scientific Management
Betriebsklima s. Arbeitsklima
Betriebssystem 201
Betriebswert 173
Bezugsrahmen
–, gedanklicher 59, 61 ff., 81
–, konzeptioneller (s. a. Entscheidungsrahmen) 78 f., 121, 129, 133, 138, 221, 234
Black-Box 213, 233
Bürokratieforschung (s. a. Organisationsforschung, vergleichende) 130
Bürokratiemodell 31, 130 ff.
Dekompositionsverfahren 174 ff.
Delegation
– von Aufgaben 212
– von Entscheidungen s. Entscheidungsdezentralisation
Dilemma, organisatorisches 155
Dimensionen der Organisations s. Organisation, Dimensionen der
Diversifikation 20
Divisionalisierung 36, 176
Dokumentationsgrad 47 f., 52
Dualfaktoren-Theorie 151 ff.
Effizienz 17, 23 f., 26, 109, 121, 124, 165
Effizienzgrad 11, 23 ff, 96, 106, 109 f.
Effizienzkriterien 11, 23 ff., 96, 106, 110, 190
Eigenschaften
– der Menschen und Maschinen 19 ff., 25 ff., 106, 110
– des sozio-technischen Systems 20 f., 25 f., 106, 110
Einliniensystem 40 f., 52
Empirik 232
Empirische Bestätigung (s. a. Absicherung, empirische) 56 ff., 66 ff., 98, 226, 235, 237
Empirische Sozialforschung 60, 78, 80 f.
Entscheidungsbefugnisse, Verteilung der 37 ff., 52
Entscheidungsdezentralisation 37 f., 45, 52, 82 f., 121 ff., 135 ff., 156, 172, 174, 197
Entscheidungsforschung, empirische 182, 190 f.
Entscheidungsrahmen (s. a. Bezugsrahmen) 63 ff., 70, 93, 96, 231, 234 ff.
Entscheidungssystem, multipersonales 187
Entscheidungstechnische Verwendbarkeit 56 ff., 66 ff., 98, 226, 235, 238
Entscheidungstheorie 148
–, deskriptive 182 f.
–, präskriptive 166, 181
Entscheidungszentralisation 38, 52, 122, 133 f., 196
Fertigung, Komplexität der 141 ff.
Flexibilität 21, 23, 27, 120, 124
Fließgleichgewicht 209 f.
Formalisierung 37, 41 ff., 52, 82 f., 133 f., 155

Formalproblem 86 ff., 127
Formalziel 18, 23, 25, 27, 46, 96
Forschung, Differenzierung der 222
Forschungsansätze s. Organisationstheorie, Ansätze der Forschungskreislauf 240 f.
Forschungsmethoden (s. a. Organsiationsforschung, Strategien der)
–, interdisziplinäre 204 f.
–, monistische 222
–, pluralistische 3, 68, 97, 222 f.
Forschungsmethodologie s. Methodologie
Führer, aufgabenorientierter 160
–, sozio-emotionaler 160
Führung 119 ff., 157
Führungskonzeptionen s. Managementkonzeptionen
Führungstheorie, sozialpsychologische 147
Funktionserwartungen 43 f.
Funktionsmeistersystem 41, 116 f.
Funktionssteuerung 12, 15 f., 30 f.
Geltungszahl, optimale 173
Gestaltung, organisatorische (s. a. Aussagen, praxeologische) 4, 6, 15 f., 53, 55, 114, 128, 150, 153, 163, 166, 181, 192, 195, 210, 220, 235 ff.
Gestaltungsziele, organisatorische 113, 127
Gleichgewicht, dynamisches 208
Gratifikationsgedanke 153
Größe 20, 82, 132 ff.
Grundlagenforschung 54
Gruppen, informale s. Organisation, informale
Gruppendynamik 164
Hawthorne-Experimente 144 ff.
Heuristik 232
homo oeconomicus 148, 166, 183
Human-Relations-Bewegung 104, 146 ff.
Hygienefaktoren 152 f.
Implementierung, organisatorische 199, 202 f.
Indikatoren 62, 65, 79, 84
Individualpsychologie 150
Informationsstruktur
–, partielle 168, 170
– Routine- 168 ff.
–, vollkommene 168, 170
Informationssystem 192, 199 ff., 212
–, Gestaltung von Komponenten 201 ff.
Informationssystementwicklung, Methoden der 199
Informationssystemgestaltungsprozesse, Ablaufgestaltung von 200 f.
Informationstechnologieforschung 194, 196 ff.
Informationstheorie 206
Informationsverarbeitungsansätze 182, 184, 193
Informationsverarbeitungszentralisation 196 f., 199
Informativität 56 ff., 66 ff., 98, 226, 235, 237
Inkrementalismus-Theorie 188
Integration 13, 82, 139, 159, 220 ff., 242
–, ex ante 220, 239
–, ex post 220, 239
–, methodische 3 ff., 220, 225 ff., 236
–, realtechnische 194, 195
–, sachliche 3 ff., 220, 225 ff.
Integrationspotentiale 230, 233 f.
Interaktions-Prozeß-Analyse 159
Kaskadenmodell 194, 197
Kleingruppenforschung 154
Koalitionen 159, 180, 189
Koalitionstheorie 182, 187 ff.
Kölner Integrationsmodell 201
Kognitive Prozesse, Theorie der 182 ff., 188
Kommunikation
–, horizontale 82 f., 138, 149
–, vertikale 82 f., 138
– zwischen den Forschern 239, 241

Kompetenzverteilung 37ff., 52
Komplexität, strukturelle 134ff.
Konfiguration 31f., 48ff., 52
Konflikt
–, Bedingungen des 162f.
–, Quasilösung von 189f.
Konfliktausgleich 159, 179
Kontextfaktoren s. Bedingungen
Kontingenztheorie 84, 137, 156, 199
Kontrollspanne s. Leitungsspanne
Konzeptionsrahmen (s.a. Bezugsrahmen) 62ff., 74, 76, 96, 228, 234, 236
Koordination 31f., 36ff., 52, 119ff., 139f.
Koordinationsinstrumente 139, 142f., 176
Kospezialisierung 169f.
Kritische Ereignisse 152
Kritische Theorie 60
Kritischer Rationalismus 60f.
Kybernetik 205f., 230, 233
Leistungsbedürfnisse 186f.
Leistungsmotivation, Theorie der 182, 186ff.
Leitungsspanne (Kontrollspanne) 49, 52, 119, 123, 133f., 139, 142f., 178f.
Lenkpreise, Theorie der 166, 172ff.
Lenkpreissysteme 44, 46ff.
Lenkung, pretiale 173ff.
Lernen, organisatorisches 190
Lernprozesse 27
Lernziele 1ff.
Machtausgleichansätze 104, 154, 156
Management-Informationssystem 200
Management by
– Exception 44f., 52
– Objectives 44, 241
– Results 44
Managementkonzeptionen 44ff.
Maschinensystem 201
Matrixorganisation 117, 120
Maximierungs-Annahme 186
Mehrliniensystem (s.a. Funktionsmeistersystem) 40f., 52, 117
Menschenbild 76, 103ff., 115, 146, 156ff.
Methodologie (s.a. Forschungsmethoden) 59ff.
Modell 85ff.
–, konzeptionelles 86, 94
–, mathematisches 86, 89, 92, 94
Modellanalyse 88f.
Modellbildung 85ff., 97f.
Modellerstellung 215
Modellierung, Methoden der 204, 210, 214ff.
Modellösung 215
Motivationstheorie 149, 151, 153, 158, 186
Motivatoren 152f.
Objektgestaltung 88, 216
Operationalisierung 69, 79, 84
–, Methoden der 204, 210ff.
Optimierung spezieller formaler Organisationsaspekte 166, 178f.
Optimierungs-Annahme 186
Organisation 12f., 21
–, abgeleitete Dimension 31f.
–, Dimensionen der 3, 5, 13, 30ff., 52, 64, 81ff., 131, 133ff.
–, divisionale 35
–, formale 14
–, funktionale 34
–, Grunddimensionen der 31ff.
–, Grundfunktion der 3, 5, 8, 12ff.
–, informale 14, 145f., 159f.
–, Merkmale der
  –, inhaltlich-klassifikatorische 32f., 47, 52
  –, intensitätsmäßig abgestufte 32, 36, 47f., 52
–, negative Funktion von 15f.
Organisationsbegriff 12, 15, 31, 41f., 224, 226
–, dimensionaler 3, 5, 31
–, institutionaler 15, 148, 224f.
–, instrumentaler 15, 31, 224
Organisationsentwicklung 27, 142, 148, 163ff.

Organisationsforschung
–, empirische (s. a. Organisationsforschung, vergleichende) 31
–, Leitvorstellungen der 58 ff.
–, Methoden der s. Organisationsforschung, Strategien der
–, methodologische Grundlagen der 59 ff.
–, Strategien der 3, 5, 53, 67 f., 70 ff., 93 ff., 226, 230 ff.
  –, empirische 68, 71, 78 ff., 98
  –, formal-analytische 68, 71 f., 85 ff., 98
  –, Interdependenzen zwischen 97 ff.
  –, Konvergenz der 93, 96
  –, pluralistische Konzeption von 99
  –, sachlich-analytische 68, 71 ff., 98
–, Stufen der 3, 5, 53, 67 ff., 97 ff.
  –, Beziehungen zwischen 97 ff.
–, vergleichende 31, 130 ff., 137, 140, 143, 156, 164, 198, 222
–, Ziele der 3, 5, 53, 58, 66 f.
Organisationskosten 167
Organisationslehre, deutsche betriebswirtschaftliche 114, 124 ff.
Organisationsplan 32, 48
Organisationsprinzipien (s. a. Prinzipien) 73, 113 f., 118 f., 126
Organisationsstruktur (s. a. Konfiguration) 13 f., 30 ff., 48, 113, 121, 133, 178
Organisationstheorie
–, Anliegen der 3, 5, 16, 53 ff., 235
–, Ansätze der 1 ff., 5, 101 ff., 110 f., 226
  –, betriebswirtschaftlich-pragmatische 108 ff., 112 ff., 199
  –, entscheidungsorientierte 108, 111, 165 ff.
  –, Informationssystem-orientierte 108 f., 111, 192 ff.
  –, situative (s. a. Kontigenztheorie; Organisationsforschung, vergleichende) 137
  –, systemtheoretisch-kybernetische 108 f., 111, 203 ff.
  –, Überschaubarkeit von 222, 239
  –, Unverbundenheit der 221 f.
  –, verhaltenstheoretisch orientierte 102, 108, 110, 130 ff.
–, Beiträge der 3, 108 ff.
  –, entscheidungslogisch orientierte 108 f., 111, 166 ff.
  –, entscheidungsverhaltensorientierte 108 f., 111, 166, 181 ff., 188
  –, Gestaltungsergebnis-orientierte 193 ff.
  –, Gestaltungsprozeß-orientierte 193, 199 ff.
  – zum Individual- und Gruppenverhalten 108, 110, 130, 144 ff., 188
  – zum strukturbezogenen Verhalten sozio-technischer Systeme 108, 110, 130 ff.
–, Entwicklungsstand der 58
–, erklärende Funktion 57
–, Grundkategorien der 25, 106 f.
–, Objekte der 3, 5, 8 ff., 16 ff., 26, 226
–, praktische Funktion 57
–, quantitative 180
organizational development s. Organisationsentwicklung
Orientierung
–, integrative s. Integration
–, interdisziplinäre 2
–, praktische 53
Parkinson-Effekt 51
Partialinklusion 10
Partizipation 39
Personell-Assignment-Modelle 178
planned organizational change (s. a. Organisationsentwicklung) 148, 163 ff.
Pluralismus, methodischer s. Forschungsmethoden, pluralistische
Präferenz-Erwartungs-Theorien 186

Prinzipien (s. a. Organisationsprinzipien) 120 ff., 137, 199
Problemlösung
–, modellanalytische 88, 98
–, organisatorische 238
Problemlösungsmethoden 185
Profit-Center-Organisation 176
Programmierungsgrad 44, 47, 52, 134 f.
Projektorganisation 202
Promotoren 191, 202
Promotorenmodell 182, 191
Psychotechnik 115, 117
Rationalität
–, adaptive 189
–, intendierte, beschränkte 149, 183 f.
Rationalitätsprinzip 166, 181
Realproblem 86 ff.
Regelkreishierarchie, vermaschte 212 f.
Regeln
–, Entscheidungs-, optimale 170 f.
–, festgelegte 10 ff.
– Funktions- 12
–, organisatorische 12 ff., 17, 21 f., 25 ff., 30 ff., 106 f., 110, 112
– Verhaltens- 12
Regelung 205, 211 ff.
Regulation, primäre; –, sekundäre 209
Replikation 81
Restriktionen s. Bedingungen
Sachziel 17 f., 23 ff., 127
Scientific Management 76, 104, 114 ff., 155
Selbsttätigkeit 194, 195
Simulation 214 f., 230
Situationsabbilder 149
Spartenorganisation 35
Spezialisierung s. Arbeitsteilung
Spezialisierungsgrad, funktionaler 36, 44, 82 f., 133 ff.
Spieltheorie 166, 179 ff., 187
Spieltypen 179
Stabilität 12, 25, 208
Standardisierung 41 f., 44, 133 f.
Stellen 128
Steuerung 205, 211 ff.
Steuerungssystem 44 ff., 52
Suboptimierung 189
Suche, problembezogene 189 f.
System 203 ff.
–, geschlossenes 106, 207
–, mechanistisches 138
–, multistabiles 208
–, offenes 106, 207
–, Konzept des 205, 207 ff., 233
–, organisches 138
–, soziales 8, 10, 193
–, sozio-technisches 9 f., 193, 207, 226, 234
–, Elemente des 8 ff.
–, Komponenten des 8, 11, 17 ff., 24 ff., 105 ff., 110 f., 226, 234
– Beziehungsgefüge zwischen 17, 24 ff.
–, Konzept des 3, 5, 8 ff., 103
–, Theorie des 194 ff.
–, ultrastabiles 208
Systemananlyse 209 f., 217, 233
Systemelemente 203 f.
Systemgestaltung, computergestützte 201
Systemklassifikationen 206 f.
Systempräzisierung 215 f.
Systemrealisatoren 25 f., 56, 106 f., 110
Systemspezifikatoren 25 f., 56, 106 f., 110
Systemstabilisatoren 25 f., 56, 106 f., 110
Systemstruktur 203 ff., 213 f.
Systemtheorie, Allgemeine 9, 204 ff., 221, 230, 233
Systemverhalten 203 ff.
Taylorismus (Taylor-System) 109, 115
Team 28, 52, 160, 167 ff.
Teammitglieder 167 ff.
Teamstrukturen 39, 52, 147
Teamtheorie 166 ff.
Technologie 132, 141 ff., 196
– Fertigungs- 20, 134 f., 141 ff.
– Informations- 20, 141, 192 f., 196 ff.

Testangst 187
Theoretische Aussagen s. Aussagen, theoretische
Theorie X 157 ff.
Theorie Y 158 f.
Theoriebegriff 54 f., 61
Theorieentwicklung 54
–, Stufen der 70 f.
Theorien mittlerer Reichweite 241 f.
Transferpreissystem 52
Transferpreistheorie 173
Transformation, tautologische 236
Travelling Salesman-Modell 177
Überbrückungsproblem 236 f., 239
Übertragungsverhalten, Analyse des 210, 213
Umwelt 18 ff., 25 f., 81 ff., 132, 137 ff., 208
Umweltsegmente 18 f., 25 f., 106, 110, 139 f., 190
Ungewißheit, Vermeidung von 189 f.
Unsicherheitsreduktion 82
Verarbeitung, instrumentelle (s. a. Entscheidungstechnische Verwendbarkeit) 66
Verhalten, kognitive Bedingungen des 76
Verhaltensänderung, selbstgesteuerte 164
Verhaltenserwartungen 12, 14, 43 f.
–, technologie-induzierte 194
Verhaltensnormen, implizite 46, 173 f.
Verhaltensspielräume 11
Verhaltenssteuerung 12, 15 f., 30 f.
Verhaltenstheorie 76, 221, 235
Verhaltensvorschriften
–, explizite 171, 174
–, optimale 167, 178
Verhaltensweisen
–, systembezogene 10
–, zufriedenstellende 149
Verhandlungsprozesse 181, 187
Vervollkommnung, konzeptionelle (s. a. Informativität) 66
Vorleistungen, integrative 225, 227
Wahl, strategische 144
Weisungsbefugnisse
–, Konzentration von 40, 52
–, Verteilung von 40, 49, 52
Weisungsrecht 40
Wissenschaftstheorie 236
Wissenschaftsziel 61 f.
Zeitstudien 115 f.
Ziele (s. a. Formalziele; Sachziel) 55, 62 ff.
–, ökonomische 16
–, satisfizierende 189
– Unternehmungs- 128, 158, 189 f.
Zielerreichung 12, 24, 172, 190, 209 f., 216
Zufriedenheit 147, 152, 200

Angaben zum Autor

Erwin Grochla wurde am 23. 05. 1921 in Hindenburg O/S geboren. Nach Lehrzeit und praktischer Tätigkeit in Industrie und Verwaltung ab WS 1947 Studium der Betriebswirtschaftslehre in Berlin. 1950 Diplomprüfung und 1953 Promotion zum Dr. rer. pol. an der FU Berlin. 1951–1956 Assistent von Prof. Dr. Dres. h. c. Erich Kosiol und Lehrbeauftragter der FU Berlin. 1957 Habilitation für das Fach Betriebswirtschaftslehre, anschließend Privatdozent an der FU Berlin. SS 1958 Lehrstuhlverwaltung und Berufung an die Universität Mainz, gleichzeitig Berufung an die Wirtschaftshochschule Mannheim und nach Annahme dieses Rufes Ernennung am 16. 12. 1958 zum o. Professor. 1960 Berufungen an die Universität zu Köln; 1961 Berufungen an die Universitäten Saarbrücken und Frankfurt/M. Nach Annahme des Kölner Rufes Ernennung zum Direktor des Seminars für Allgemeine Betriebswirtschaftslehre und Organisationslehre der Universität zu Köln am 01. 06. 1961. Seit 1963 gleichzeitig Geschäftsführender Direktor des von ihm in Verbindung mit der Wirtschaft gegründeten Betriebswirtschaftlichen Instituts für Organisation und Automation an der Universität zu Köln (BIFOA). 1963–1968 Mitglied des Gründungsausschusses für die Universität Dortmund. Weitere Berufungen an die Universitäten Bochum (1965), Erlangen/Nürnberg (1965) und Hochschule für Welthandel Wien (1970), die nicht angenommen wurden. 1969/70 Dekan der Wirtschafts- und Sozialwissenschaftlichen Fakultät der Universität zu Köln.

Einzelschriften (Autor bzw. Mitautor):

Betrieb und Wirtschaftsordnung (1954); Die Kalkulation von öffentlichen Aufträgen (1954); Materialwirtschaft (1958), 3. Aufl. als »Grundlagen der Materialwirtschaft« (1978); Betriebsverband und Verbandbetrieb (1959); Automation und Organisation (1966); Betriebsverbindungen (1969); Die Aus- und Fortbildung auf dem Gebiet der automatisierten Datenverarbeitung (1970); Unternehmungsorganisation (1972), 7. Aufl. 1978; Gestaltungskriterien für den Aufbau von Datenbanken (1973); Integrierte Gesamtmodelle der Datenverarbeitung (1974); Datenverarbeitung in der Unternehmung, Bd. I, Grundlagen (1974), Bd. II, Gestaltung und Anwendung

(1977); Betriebliche Planung und Informationssysteme (1975); Fallmethode und Gruppenarbeit in der betriebswirtschaftlichen Hochschulausbildung (1975), 2. Aufl. 1978; Kleincomputer in Verbundsystemen (1976); Zeitvarianz betrieblicher Systeme (1977).

Herausgeber bzw. Mitherausgeber der Schriften: Organisation und Rechnungswesen (1964); Handwörterbuch der Organisation (1969); Die Wirtschaftlichkeit automatisierter Datenverarbeitungssysteme (1970); Das Büro als Zentrum der Informationsverarbeitung (1971); Computer-gestützte Entscheidungen in Unternehmungen (1971); Management-Informationssysteme (1971); Modell- und computer-gestützte Unternehmungsplanung (1973); Management (1974); Anwendung der mittleren Datentechnik (1974); Handwörterbuch der Betriebswirtschaft (1974–1976); Systemtheorie und Betrieb (1974); Information Systems and Organizational Structure (1975); Organisationstheorie, 2 Bde (1975 u. 1976); Betriebswirtschaftslehre, 2 Bde (Teil 1: Grundlagen (1978), Teil 2: Betriebsführung (1979); Elemente der organisatorischen Gestaltung (1978).

Weiterhin ca. 180 Forschungsberichte, Beiträge in Sammelwerken sowie Aufsätze in Zeitschriften und Zeitungen.

SAMMLUNG POESCHEL

P 1 Seischab *Betriebswirtschaftliche Grundbegriffe*
P 2 Fischer *Die Führung von Betrieben*
P 3 Nordsieck *Betriebsorganisation*
P 5 Kern *Industriebetriebslehre*
P 7 Kolbinger *Das betriebliche Personalwesen I*
P 8 Loitlsberger *Treuhand- und Revisionswesen*
P 9 Runge *Der Bankbetrieb*
P 11 Völker *Heinrich Nicklisch*
P 12 Nordsieck-Schröer *Organisationslehren*
P 13 Pausenberger *Wert und Bewertung*
P 14 Seischab/Junge *Effekten-Materialienbuch*
P 16 Bloy *Verwaltung (betriebswirtschaftlich)*
P 17 Fischer *Politik der Betriebsführung*
P 18 Kolbinger *Das betriebliche Personalwesen II*
P 19 Illetschko *Innerbetrieblicher Transport und betriebliche Nachrichtenübermittlung*
P 21 Lechner *Verkehrsbetriebslehre*
P 22 Castan *Typologie der Betriebe*
P 23 Hartmann *Preisbildung und Preispolitik*
P 24 Wernet *Handwerks- und Industriegeschichte*
P 27 Bussmann *Kartelle und Konzerne*
P 28 Schwarz *Konzernrechnungswesen*
P 29 Hahn *Geld- und Devisenhandel*
P 30 Kern *Operations Research*
P 31 Schönfeld *Grundlagen des Rechnungswesens*
P 33 Gürtler *Einführung in die BWL der Versicherung*
P 34 Leitherer *Absatzlehre*
P 36 Schwarz *Konrad Mellerowicz*
P 37 Hartmann *Kreditprüfung und Kreditüberwachung*
P 38 v. Wysocki *Kameralistisches Rechnungswesen*
P 39 Everling *Kurzfristige Erfolgsrechnung*
P 40 Sandig *Finanzierung mit Fremdkapital*
P 41 Hampe *Statistik für Betriebswirte I*
P 44 Vormbaum *Kalkulationsarten und Kalkulationsverfahren*
P 45 Behrens *Kurze Einführung in die Handelsbetriebslehre*
P 46 Hill *Unternehmungsplanung*
P 47 Leitherer *Werbelehre*
P 48 Schmidt *Erich Kosiol*
P 49 Lücke *Betriebs- und Unternehmensgröße*
P 50 Bellinger *Geschichte der Betriebswirtschaftslehre*
P 51 Vodrazka *Betriebsvergleich*
P 52 Philipp *Risiko und Risikopolitik*
P 54 Oettle *Verkehrspolitik*
P 55 Sandig/Köhler *Finanzen und Finanzierung der Unternehmung*
P 56 Kluth *Soziologie der Großbetriebe*
P 57 Klein-Blenkers *Rudolf Seyffert*
P 58 Krasensky *Kurzgefaßte Bankgeschichte*
P 59 Hampe *Statistik für Betriebswirte II*
P 60 Castan *Rechtsform der Betriebe*
P 61 Mertens *Simulation*
P 63 Heigl/Uecker *Die aktienrechtliche Prüfung*

P 64 Meissner *Außenwirtschaft*
P 65 Engeleiter *Unternehmensbewertung*
P 66 Schönfeld *Kostenrechnung I*
P 67 Schönfeld *Kostenrechnung II*
P 68 Schönfeld *Kostenrechnung III*
P 69 Gerth *Zwischenbetriebliche Kooperation*
P 70 Seyffert *Über Begriff, Aufgaben und Entwicklung der BWL*
P 71 Ihde *Logistik*
P 72 Schneider *Datenverarbeitung*
P 73 Hansen/Leitherer *Produktgestaltung*
P 74 Hartmann *Bilanzen*
P 75 Büschgen *Grundriß der Bankbetriebslehre*
P 76 Koberstein *Statistik in Bildern*
P 77 Szyperski/Winand *Entscheidungstheorie*
P 78 Kubicek *Empirische Organisationsforschung*
P 79 Weber *Personalplanung*
P 80 Berthel *Betriebliche Informationssysteme*
P 81 Kern *Grundzüge der Investitionsrechnung*
P 82 Meyer *Betriebliche Kennzahlen und Kennzahlen-Systeme*
P 83 Hörschgen *Grundbegriffe der Betriebswirtschaftslehre* (2 Bände)
P 84 Weber/Kolb *Einführung in das Studium der Betriebswirtschaftslehre*
P 86 Bauer *Markt-Segmentierung*
P 87 Szyperski/Winand *Grundbegriffe der Entscheidungstheorie*
P 88 Steinle *Führung*
P 89 Bussmann *Kaufmännisches Rechnen und Finanzmathematik*
P 90 Backhaus *Fertigungsprogrammplanung*
P 91 Szyperski/Winand *Grundbegriffe der Unternehmungsplanung*
P 92 Chmielewicz *Forschungskonzeptionen der Wirtschaftswissenschaft*
P 93 Grochla *Einführung in die Organisationstheorie*
P 94 Heinhold *Buchführung in Fallbeispielen*

Die Reihe wird fortgesetzt. Lieferung durch den Buchhandel.

C. E. POESCHEL VERLAG